Marita Vollborn · Vlad Georgescu
BRENNPUNKT DEUTSCHLAND

MARITA VOLLBORN · VLAD GEORGESCU

BRENNPUNKT DEUTSCHLAND

Warum unser Land vor einer Zeit der Revolten steht

GUSTAV LÜBBE VERLAG

Gustav Lübbe Verlag in der Verlagsgruppe Lübbe

Originalausgabe
Copyright © 2007 by
Verlagsgruppe Lübbe GmbH & Co. KG,
Bergisch Gladbach

Dieses Werk wurde vermittelt durch die
Literarische Agentur Thomas Schlück GmbH, 30827 Garbsen

Satz: Bosbach Kommunikation & Design GmbH, Köln
Gesetzt aus der Weiss Antiqua
Druck und Einband: Friedrich Pustet, Regensburg

Printed in Germany
ISBN 978-3-7857-2282-4

5   4   3   2   1

Sie finden uns im Internet unter: www.luebbe.de

»Das alte Parteiensystem passt nicht mehr zur Gesellschaft.
Die große Frage ist allein, wie lange es noch so weitergehen wird.«

»Die historische Lage der Gegenwart ist gekennzeichnet durch die
mächtigen Umbrüche der Globalisierung, der Demographie und des
wissensintensiven Wirtschaftens. Auf diese Umbrüche reagieren
die Menschen und die politischen Parteien. Sie setzen sich ebenfalls in
Bewegung – oder sie verweigern sich. Selbst aus dem Geist militanter
Beharrung können, so gesehen, ›kraftvolle‹ neue Parteien hervorgehen –
allerdings keine, die die Probleme des Umbruchs bewältigen und
damit konstruktiv auf den Gang der Geschichte Einfluss nehmen können.«

»Ob diese Veränderungen friedlich verlaufen werden, ist fraglich.
Denn die tragenden Strukturen des Staates drohen zu verfallen, weil
keine der politischen Parteien eine Lösung zu bieten hat.«

Bundeszentrale für politische Bildung

INHALT

I. EINFÜHRUNG 11

II. DAS ENDE DER ARBEIT 19
Die Lehren der Vergangenheit 20
Das unaufhaltsame Ende der Arbeit 24
Statistik als Vernebelungstaktik 26
Die Niedriglohn-Lüge 34
Der drohende Kollaps 38
Das Kalkül der Systemverwalter 47
Keine Arbeit: der verschwiegene Protest 54

III. DIE NEUE ARMUT 61
Hartz IV als Armutsfalle 64
Erosion in allen Klassen 68
Die Rückkehr der Klassengesellschaft 77
Steuern – das geteilte Land 82
Die Misere der Finanzämter 92
Lohndumping am Abgrund – das
Märchen von den Lohnnebenkosten 97

IV. MENSCHEN, DIE ANDERS SIND –
ARBEITSLOSIGKEIT, ARMUT
UND DIE FOLGEN 113
Not im Wohlstand 115
Gesundheit ade: wie Arbeitslosigkeit
Körper und Geist zerstört 117
Losgelöst und am Boden zerstört: die invalide Psyche 121
Suizid als letzter Ausweg 130

133 Schwaches Erbe – Kinder arbeitsloser Eltern
142 Die verlorene Generation

147 V. DIE GRÜNDE DES ZORNS
182 Gierige Politiker – von Diäten und Pensionen
207 Gierige Manager – von Shareholder Value und
     goldenen Fallschirmen
224 Gute Nachrichten – über die Beeinflussung der Medien

231 VI. PROTEST, EXTREMISMUS UND
     DER DROHENDE DEUTSCHE TERRORISMUS
237 Das Comeback der NPD
244 Die Erosion der Demokratie
249 Die Wiedergeburt des Klassenkampfs
253 Die Rückkehr der bewaffneten Linken
259 Wirtschaft im Visier der Extremisten
264 Terror als Freizeitbeschäftigung und Frust-Abbau
268 Szenarien des Schreckens: deutsche Extremisten,
     islamische Terror-Kommandos
275 Die kommenden Revolten

283 VII. DEUTSCHE KEHREN DEUTSCHLAND
     DEN RÜCKEN
284 Nichts wie weg hier –
     die junge Generation flüchtet aus der Heimat
288 Deutsche Elite als Exportrenner

297 VIII. DER SCHLAUE STAAT ALS
     LETZTE CHANCE
301 Mehr Geld für mehr Leistung: das Politikergehalt von morgen
308 Steuern: Mut zur Revolution
318 Kluge Köpfe braucht das Land
329 Der aktivierende Sozialstaat – Affront oder Chance?
335 Das bedingungslose Grundeinkommen: Geld für alle

IX. EPILOG:
Warum unser Land vor einer Zeit der Revolten steht   341

DANKSAGUNG   349

ANMERKUNGEN   351

I. EINFÜHRUNG

Die Zeichen stehen auf Sturm. Spätestens seit Einführung der Hartz-Gesetze formiert sich in Deutschland ein massiver, teils militanter Widerstand gegen den Staat. Eine unliebsame Tatsache, die kaum ein Politiker wahrhaben will. Dabei sind die Indizien unübersehbar und liegen den Innenministerien von Bund und Ländern vor. So registrierten Mitarbeiter des Berliner Landeskriminalamts die ersten Zusammenhänge zwischen Sozialabbau und Gewaltbereitschaft in der Silvesternacht des 31. Dezember 2002: Das Finanzamt Neukölln-Süd war in Flammen aufgegangen. Im Rausch des Jahreswechsels blieb der Anschlag, zu dem sich eine bis dahin unbekannte »militante gruppe« (mg) bekannte, wenig beachtet. Doch keine drei Monate später schlug die linksextreme mg erneut zu und ließ mehrere Jeeps der Bundeswehr in Flammen aufgehen.

Nicht minder gewaltbereit zeigen sich rechte Extremisten. Während sich die Nation im WM-Fieber wähnte und Politiker aller Couleur das Bild des toleranten Deutschland vermittelten, sahen die Fakten im Freudesommer 2006 ganz anders aus. Allein die Übergriffe mit antisemitischem Hintergrund waren innerhalb von nur zwölf Monaten um über 25 Prozent angestiegen. Dabei ist das lediglich die Spitze des Eisberges. 18 501 Delikten ordnete der Verfassungsschutzbericht 2005 einen *extremistischen* Hintergrund zu, davon entfielen 15 361 Straftaten auf Täter aus dem rechten Spektrum – über dreitausend Delikte mehr als ein Jahr zuvor. Schon heute bekennen sich mehr als eine Million Menschen offen zu rechtsextremen Parteien und wählten diese mit ihrer Zweitstimme bei den vergangenen drei Bundestagswahlen. Linksextreme bringen es hierzulande auf 33 000 Sympathisanten, wovon etwa 2400 in Berlin zu finden sind. Hinzu kommen mindestens 31 000 isla-

11

mische Fundamentalisten, davon allein 4000 in der deutschen Hauptstadt.

Die Zunahme der Akzeptanz für extremistische Einstellungen geht mit einer beängstigenden Erosion der demokratischen Strukturen und Werte einher. Allein bei den Kommunalwahlen in Niedersachsen im September 2006 blieb jeder zweite Wähler der Urne fern – nie zuvor war der Anteil der Nichtwähler so hoch gewesen. Ähnlich desolate Wahlbeteiligungen verzeichneten Berlin und Mecklenburg-Vorpommern bei den Landtagswahlen im gleichen Monat. Die großen Volksparteien schrumpfen demnach unaufhaltsam ins politische Nirwana, schon heute wählen in einigen Regionen Deutschlands mehr Menschen extreme Links- oder Rechtsparteien als CDU, SPD, Grüne oder FDP.

Angesichts solcher Dimensionen noch von »Protestwählern« oder »Nichtwählern aus Protest« zu sprechen, gleicht einer Bankrotterklärung. In Wirklichkeit geht es um Menschen, die sich von diesem Staat abwenden. Die einen schneller und extremer – ihr Weg führt direkt in die Illegalität –, die anderen, indem sie Parteien wählen, die sich ganz offen für die Abschaffung der demokratischen Grundordnung einsetzen.

Ausgerechnet im Monat des Mauerfalls, einem November, erfuhr die Öffentlichkeit, dass die Mehrheit der Deutschen an der Demokratie zweifelt. Eine im Auftrag der ARD im Jahr 2006 durchgeführte Umfrage ergab Bedenkliches: Lediglich 49 Prozent der Bundesbürger waren mit dem Funktionieren der Demokratie zufrieden – 11 Prozent weniger als ein Jahr zuvor. Der Wert kam einem Warnsignal gleich. Niemals zuvor in der Geschichte der ARD-Deutschlandtrend-Befragungen war die Zahl der Unzufriedenen höher ausgefallen.[1] Rund 60 Jahre nach Gründung der Bundesrepublik verlieren die großen Volksparteien unaufhaltsam an Akzeptanz – dem Land, so scheint es, stehen unruhige Zeiten bevor.

Den Grund hierfür auszumachen fällt nicht schwer: Die im Namen von Globalisierung und Wirtschaft durchgeführten Reformen der vergangenen zehn Jahre haben nicht nur ein real existierendes

12

Heer von sieben Millionen Menschen ohne Arbeit hervorgerufen. Sie haben auch zum De-facto-Zusammenbruch der Mittelschicht geführt: Wer heute als Angestellter sein Lebenseinkommen bestreitet, darf sich nicht in Sicherheit wiegen – der Absturz kann schnell und steil sein, und binnen kürzester Zeit findet man sich als Hartz-IV-Empfänger auf Lebenszeit wieder. Der Staat, bedingt durch die politischen Entscheidungen und Weichenstellungen der Ära Kohl, Schröder und Merkel, hat sein Volk wider besseres Wissen in dem zentralsten Punkt seiner Verantwortung belogen: Entgegen den Beteuerungen der Politiker lässt sich die Arbeitslosigkeit auch in Zukunft nicht mehr spürbar senken.

Während sich die Politik seit der Wiedervereinigung immer wieder um die Vermittlung einer positiven Bilanz ihres Handelns bemüht, belegen Studien führender Wirtschaftsinstitute, Universitäten und Ökonomen, dass die Wahrheit wenig verheißungsvoll aussieht. Zwar sind angebliche »Erfolgsmeldungen« über fallende Arbeitslosenzahlen, wie im Spätherbst des Jahres 2006 verkündet, eine korrekte Momentaufnahme des Arbeitsmarktes. Nur: Der Langzeittrend der vergangenen Jahrzehnte lässt befürchten, dass der in regelmäßigen Abständen aufflackernde »Aufschwung« nicht mehr als ein Strohfeuer ist, das in erster Linie den Unternehmen, kaum aber der Bevölkerung nutzt.

Denn in Wirklichkeit steigt das Heer der Erwerbslosen seit über dreißig Jahren kontinuierlich an – der damit verbundene soziale Absturz der Menschen gehört spätestens seit Hartz IV zum Alltag der Republik.

Darauf reagiert die Politik mit immer wieder neuen »Reformen«. Doch was dem Volk abverlangt wird, gilt oftmals nicht für Abgeordnete, und die massive Verflechtung zwischen Wirtschaft und politischen Entscheidungsträgern hat mittlerweile staatszersetzende Dimensionen angenommen.

Das Versagen der Politik und die Vernachlässigung der Wahrheit hat fatale Folgen, wie unter anderem eine Studie der Heinrich-Böll-Stiftung konstatiert: »In Deutschland nehmen die sozialen Unterschiede seit mehreren Jahrzehnten wieder zu. In unserem

Land ist eine neue Armut entstanden. Es ist ein Leben zwischen Arbeit und Arbeitslosigkeit, zwischen Teilzeitarbeit und Sozialhilfe, zwischen Schwarzarbeit und frustriertem Rückzug aus der Gemeinschaft – und es geht einher mit einer völligen Entpolitisierung und einer Anfälligkeit für Populismus.« Die im Juli 2006 von der Friedrich-Ebert-Stiftung und TNS Infratest Sozialforschung vorgelegte Studie »Gesellschaft im Reformprozess« zur sozialen Lage der Menschen in Deutschland führte zur bundesweiten Debatte über den Begriff der »Unterschicht«, obwohl die Studie diesen Ausdruck gar nicht verwendet.[2] Doch die Analyse ist glasklar: 61 Prozent der befragten Bundesbürger meinten, dass es eine Mitte der Gesellschaft nicht mehr gibt, sondern »nur noch ein Oben und Unten«.[3] Dabei ist das, was im mittlerweile vielfach diskutierten Papier zu finden ist, lediglich die Spitze des Eisbergs.

Unzufriedenheit, Desillusionierung und soziales Ungleichgewicht zerstören unsere Gesellschaft wie ein Krebsgeschwür von innen. Eine gefährliche Mischung, die sich vielleicht schon bald in offenen Revolten entladen wird. Wie schnell sich der Volkszorn manifestieren kann, bekamen die Franzosen im Jahr 2005 zu spüren, als sich in Paris Demonstranten mit der Polizei regelrechte Straßenschlachten lieferten – die zu einer nachhaltigen Änderung der vorgesehenen Arbeitsrechtgesetze durch die Regierung führten. »Du bist Frankreich« heißt inzwischen hierzulande ein beliebter Slogan – ein Vorgeschmack dessen, was der Berliner Republik bevorstehen kann. Es muss aber nicht zwangsläufig zum Aufruhr kommen, wenn rechtzeitig gegengesteuert wird. Denn ganz im Sinne der historischen Revolutionen ist es vor allem der Drang nach Neuem, der nach Umwälzung verlangt. Dabei geht es weniger um die Frage, ob es zu solchen Veränderungen kommen wird. Nach Ansicht führender Politologen und Ökonomen steht das *Wie* im Mittelpunkt der Überlegungen: Ist es die friedliche Umgestaltung oder eher die gewalttätige Entladung der vernachlässigten Massen, die uns bevorsteht?

Was auf Deutschland zukommen kann, schildern verschiedene Szenarien bei Bund und Ländern, doch nur die wenigsten davon sind für die Öffentlichkeit bestimmt. Der »Straßenkampf« von morgen wird weniger mit Pflastersteinen und Geschossen als durch Sabotage vitaler Einrichtungen mit digitalen Mitteln geführt werden, wie eine Studie des Bundesamtes für Verfassungsschutz zeigt. Vor allem die Beendigung der seit zehn Jahren anhaltenden Militanzdebatte innerhalb der linksextremen Szene beunruhigt die Sicherheitsexperten: Lange Zeit schworen Linksgruppierungen der Gewalt als Mittel des Protestes ab. Nun aber rufen sie wieder zum bewaffneten Klassenkampf auf. Anschläge auf Einrichtungen des Bundes und der Länder sind wieder an der Tagesordnung, obwohl darüber so gut wie nie berichtet wird. Und ohne Panik schüren zu wollen: Es scheint nur eine Frage der Zeit, bis auch menschliche Opfer zu beklagen sein werden.

Das Heer der real existierenden sieben bis acht Millionen Menschen ohne Arbeit, oder jener Arbeitnehmer mit Jobs, die lediglich ein Leben in Armut erlauben, rücken ins Visier der Extremisten. Weil die Massen den Glauben an die Demokratie verlieren, avancieren sie zum Zielobjekt der extremen Parteien. Schon das allein wäre dramatisch genug.

Die Effizienz der kommenden Revolten wird jedoch weit höher sein als die der vergangenen, großen sozialen Revolutionen. Es ist nicht mehr das gemeine »Proletariat«, das sich erheben wird. Die Revoluzzer von morgen sind arbeitslose, verarmte, aber gut ausgebildete Eliten, die sich nicht mehr für die Gesellschaft, sondern gegen sie einsetzen. Nie zuvor war eine Bevölkerungsschicht in der Lage, sich dank medialer Vernetzung perfekt zu tarnen, ihr Wissen permanent zu erweitern und ihre Aktionen so zu organisieren wie heute. Die Revolution der Zukunft kennt zunächst nur ein einziges Ziel: die Wirtschaft durch (digitale) Sabotageakte zu destabilisieren. Erst danach werden unzufriedene Menschenmassen möglicherweise auch physisch gegen öffentliche Einrichtungen vorgehen. Der ersten Unruhewelle wird eine Kaskade weiterer Probleme folgen. Mit der Begründung, drohenden ökonomischen Verlusten entgehen zu wollen, werden Unternehmen massiv ins Ausland abwandern – noch mehr Arbeitslose sind die zwangsläufige

Folge. Die damit verbundene zunehmende Verarmung der Gesellschaft lässt ein instabiles System zurück.

Entsprechende Dokumente belegen, dass längst auch staatliche Krisenmanager wie der Verfassungsschutz, die Bundeszentrale für politische Bildung und das Bundesministerium des Inneren (BMI) solche Szenarien für wahrscheinlich halten.

Noch beunruhigender als die Papiere der Staatsschützer sind die Beobachtungen und wissenschaftlich fundierten Aussagen von Medizinern und Psychologen. Seit Jahren verweisen sie auf die psychosozialen und gesundheitlichen Folgen der Arbeitslosigkeit. Die Forschungen belegen: Arbeitslosigkeit macht nicht nur krank. Sie verändert auf Dauer die Psyche der Betroffenen – irgendwann tun sie Dinge, die sie sonst nie akzeptieren würden.

»Welche Auswirkungen hat Massenarbeitslosigkeit auf das persönliche Umfeld der Menschen, wie verändert sich das soziale Klima in den Gemeinden?«, fragten sich die Forscher – und verweisen auf mehr als 5500 Publikationen zu diesem Gebiet, von denen bislang weder Medien noch die Politik berichteten.[4]

Derartiges Material zu ignorieren ist mehr als unangebracht. Denn die Studien belegen, dass das Millionenheer der Arbeitslosen die Grundlage der kommenden Unruhen bildet. Wer vor dem Jobverlust über ein intaktes soziales Verhalten verfügte, kann auf Grund der psychischen und psychosozialen Auswirkungen der Arbeitslosigkeit seine Einstellung gegenüber der Gesellschaft grundlegend ändern – und am Ende seine ganze Energie gegen sie einsetzen.

Die anderen ungelösten und kaum zu bewältigenden Probleme des Landes, etwa die fortschreitende Vergreisung und die zunehmende Energieknappheit, katalysieren diesen Prozess. Denn sie führen zu noch mehr Unzufriedenheit und kaum zu neuen Jobs. Das gesamte Land steuert auf einen Wesenswandel zu, der sich langsam, aber kontinuierlich vollzieht.

Gibt es einen Ausweg? Unter den heutigen Voraussetzungen eher nicht. Zwar bietet die bestehende demokratische Grundordnung eine ganze Reihe von Sicherungsinstrumenten. Doch es sind die Politiker selbst, die durch das Verschweigen der Wahrheit um der eigenen Wiederwahl willen von an sich notwendigen Veränderungen Abstand nehmen – und auf diese Weise den kommenden Revolten Tür und Tor öffnen.

Die von der Politik als Lösung vorgestellten Maßnahmen erweisen sich als wirkungslos und ignorieren die Realität. Denn eine Rückkehr zu Vollbeschäftigung und Wohlstand für alle – zum Sozialstaat von einst – ist faktisch nicht möglich: Wenn Konzerne und Banken gleichzeitig Rekordgewinne erzielen und dennoch Tausende entlassen, wird von dieser Seite weder mit Entgegenkommen noch mit Einlenken zu rechnen sein. Konsterniert stellen Fachleute der Bundeszentrale für politische Bildung daher fest, dass die Strukturen der Republik ins Wanken geraten: »Es ist offensichtlich, dass die alte Mitte der Bundesrepublik als Komplex insgesamt geteilter Einstellungen und Grundannahmen, Wirklichkeitsdeutungen und Mentalitäten nicht mehr tragfähig ist. Wo es die einen zurückzieht in die idyllisierte Vergangenheit des ›Goldenen Zeitalters‹ (Eric Hobsbawm), hält auf der anderen Seite eine ›Generation Reform‹ (Paul Nolte)[5] längst mehr Dynamik und Bewegung, Aufbruch und Erneuerung für dringend geboten.«

Es gibt neue Modelle, die in den Schubladen der führenden Ökonomen existieren – und von der Politik bewusst übersehen werden. So weist beispielsweise ein internes Papier der als unabhängig geltenden Deutschen Bank Research auf die wesentlich bessere Positionierung der skandinavischen Länder in den harten Zeiten der Globalisierung hin – und betont, dass dort ein Mehr an Sozialstaat weitaus positivere Effekte auslöst als die hierzulande getroffenen »Reformen« seit dem Fall des Eisernen Vorhangs.

Und es gibt Szenarien, die viel Fantasie und Mut abverlangen – die aber im Vergleich zu den herkömmlichen »Reformplänen« der großen, ehemaligen Volksparteien SPD oder CDU im Falle der Umsetzung eine Chance bieten, das Ruder herumzureißen. Die aufgezeigten Konzepte sind dabei keinesfalls unbekannt und werden in Ländern wie Frankreich, den US, oder Großbritannien in

verschiedenen Bereichen bereits erfolgreich angewendet. Nur hierzulande wollen Politiker davon nichts wissen – und bestehen auf
der Vermittlung einer großen Illusion: des Absinkens der Arbeitslosenzahlen.

Das Fazit ist unmissverständlich. Nur wenn es gelingt, eine neue,
ehrliche Denkkultur in Politik und Wirtschaft zu etablieren und das
derzeit abhandengekommene Vertrauen in die Politik wiederher-
zustellen, werden die kommenden Unruhen das bleiben, was sie in
diesem Buch sind: lediglich ein bedrohliches Szenario.

II. DAS ENDE DER ARBEIT

- Warum es mehr Arbeitslose gibt als allgemein angenommen
- Warum die sozialen Sicherungssysteme kollabieren
- Wie mit Hilfe der Statistiken die Wahrheit verschleiert wird
- Warum die Ära der Vollbeschäftigung vorüber ist
- Wie die Politik bewusst Proteste ignoriert

Die Polizeiaktion war klar definiert: Unnachgiebig und unangemeldet sollten die Beamten Haus für Haus durchsuchen, um dem Staat sensible Informationen zu verschaffen. Nach wenigen Wochen stand fest, dass das Heer der Arbeitslosen mit fünf Millionen Menschen weitaus größer war als bis dahin angenommen. Jeder Fünfte stand im Osten nicht mehr in Lohn und Brot, im Süden waren 9 Prozent der Menschen von der Jobmisere betroffen. Doch als beunruhigend empfand das so gut wie niemand. Denn die wichtigsten Wirtschaftsindikatoren sahen solide aus. Der Wachstumsindex der Industrie befand sich auf Höchstständen, viele Unternehmen machten Gewinne wie nie zuvor. Den Gesetzen der Ökonomie zufolge bedeutet ein Mehr an Gewinn mehr Wachstum, und das wiederum hatte schon immer als Jobmotor gewirkt. Demnach kein Grund zur Sorge. Ein fataler Trugschluss, wie Historiker heute wissen. Doch im Jahr 1928, als die Polizei in den USA Arbeitslosendaten sammelte, erkannten nur wenige Ökonomen die Zeichen der Zeit. Die auf fünf Millionen Menschen angestiegene Arbeitslosigkeit signalisierte nämlich den schleichenden Beginn vom Ende der Vollbeschäftigung über Jahrzehnte hinweg – nicht nur in den USA.

DIE LEHREN DER VERGANGENHEIT

Nach der Industrialisierung des späten 19. Jahrhunderts war Ende der Goldenen Zwanziger das Zeitalter der Fließbandarbeit und der Massenproduktion angebrochen. »Jede Maschine, die die Arbeit eines Menschen verrichtet, vernichtet drei Arbeitsplätze«, konstatierte der US Commissioner of Labor Statistics, Ethelbert Stewart, im Jahr 1928 und blieb mit solchen Aussagen eher die seltene Ausnahme. Auf der einen Seite brachten die neuen Fertigungsabläufe Vorteile für die Konsumenten. Henry Fords Automobilmodell T, im Volksmund liebevoll Tin Lizzy genannt, begeisterte die amerikanische Nation. Weil die Modelle im Minutentakt vom Band liefen, wurden sie erschwinglich. Jeder, der einen Job hatte, kaufte sich nach Möglichkeit die Tin Lizzy – wenn auch nur auf Kredit. Doch für Ökonom Stewart zählte dieser scheinbare Wohlstand auf Pump nicht. Ungewohnt deutlich skizzierte Stewart, der zu seiner Zeit als ausgesprochener Experte auf dem Gebiet der Arbeitslosenstatistik galt, den aus seiner Sicht einzig möglichen Ausweg aus einer sich anbahnenden, schwerwiegenden Wirtschaftskrise. Die landesweite Einführung der 30-Stunden-Woche sollte, so seine Überlegungen, mehr Menschen einen Arbeitsplatz verschaffen. Andernfalls, prophezeite er, würde dem Land ein »ökonomischer Selbstmord« bevorstehen.

Niemand hörte auf Stewart, doch der Mann behielt Recht. Im Nachhinein erscheinen die im März 1928 veröffentlichten Statistiken und Stewarts kommentierende Aussagen[6] über die Zahl der Arbeitslosen wie erste Vorboten der Weltwirtschaftskrise. Tatsächlich löste die Implosion am amerikanischen Aktienmarkt im Oktober 1929 eine verheerende Kettenreaktion in der globalen Wirtschaft aus. Der massive Abschwung der US-Wirtschaft hatte allerdings lange vor dem Crash begonnen, und die von Stewart mit Sorge registrierten Arbeitslosenzahlen waren dafür ein wichtiges Indiz. Wie sich der Konjunkturhimmel eintrübte, registrierten bereits Anfang 1929 die amerikanischen Farmer. Die bis dahin boomende Landwirtschaft geriet durch stark fallende Preise in eine plötzliche

Krise. Zwar reagierte die Börse auf diese unübersehbaren Anzeichen einer Rezession mit deutlichen Kursrückgängen, doch Anleger ignorierten die immer größeren Schwankungen der Aktienkurse. Selbst den Oktober-Crash des Jahres 1929 empfand der eine oder andere Investor zuerst als reinigendes Gewitter – die Optimisten behielten für ein paar weitere Monate das Sagen. In den ersten vier Monaten des Jahres 1930 kletterte der Dow-Jones-Index von 248,48 Punkte auf über 275 Punkte – ein sattes Plus von mehr als 10 Prozent. In Anbetracht solcher Fakten gab sich auch die Politik betont zuversichtlich. Am 1. Mai 1930 ließ der US-amerikanische Präsident Herbert Hoover die Welt wissen, wie es um die Zukunft der Wirtschaft stand: »Ich bin überzeugt, dass wir nunmehr das Schlimmste überstanden haben und uns mit vereinten Bemühungen bald erholen werden.« Mit dieser Einschätzung lag Hoover mächtig daneben.

Denn der Verfall der Preise, der infolge der Automatisierung schon vor dem Crash eingesetzt hatte, hielt die Nation weiterhin in seinem Bann. Was in unserer Zeit als »Geiz ist Geil«-Slogan seit Jahren aus Produkten Schnäppchen macht, kam in den dreißiger Jahren des vergangenen Jahrhunderts als Preisverfall mit Krisenpotenzial daher – Millionen von Farmern und Arbeitern hatten die Errungenschaften der Fließbandtechnik, Maschinen, Autos und andere Konsumgüter, auf Kredit gekauft und konnten infolge der sinkenden Preise nicht mehr ausreichend Gewinn erwirtschaften, um die Schulden zu begleichen. In diesen Sog gerieten schließlich auch die Unternehmen, mit fatalen Folgen für den gesamten Arbeitsmarkt: Das Heer der bereits vorhandenen fünf Millionen Arbeitslosen wuchs nun von Woche zu Woche weiter an.

Die amerikanische Rezession, die schnell zur Depression mutierte, erfasste jetzt nahezu den gesamten Globus – und traf Deutschland mit voller Wucht. Nach dem Ersten Weltkrieg waren die USA nämlich zum größten Kreditgeber aufgestiegen; im Rahmen des so genannten Dawes-Plans flossen ab 1924 viele US-Kredite nach Deutschland, um den Wiederaufbau zu fördern. Das Gesamtvolumen der ausländischen Kredite betrug in der Weimarer Republik rund 15,7 Milliarden Reichsmark, der größte Teil dieser Summe stammte von amerikanischen Banken. Ähnlich erging es auch den anderen europäischen Ländern. Selbst die Kriegsgewinner Frankreich und England finanzierten ihren Wiederaufbau auf Pump. Der Crash des Jahres 1929 ließ das obskure System der US-Kredite zusammenbrechen. Denn ihre eigenen Verluste an der Börse versuchten die amerikanischen Banken möglichst schnell auszugleichen, indem sie einen Großteil der ausstehenden Gelder von den Europäern zurückforderten. Weil neben den US-Banken selbst private Investoren ihr Geld abzogen, kam auf dem alten Kontinent der Aufschwung zum Erliegen.

Ein letztes Mal ließen die Wirtschaftsdaten Hoffnung auf Besserung aufkommen, als trotz Krise zwischen Januar und April 1931 die Konjunkturindikatoren nach oben drehten. Insbesondere die Entwicklung am Arbeitsmarkt ließ viele Politiker den sehnlich herbeigewünschten Silberstreif am Horizont erkennen: Erstmals hielt der saisonal übliche Rückgang der Arbeitslosen im Frühjahr 1931 deutlich länger an als üblich.

Wie weit hingegen die Erosion des Wirtschaftssystems vorangeschritten war, erfuhr die Welt am 11. Mai 1931, als die größte Bank Österreichs, die Österreichische Credit-Anstalt für Handel und Gewerbe, infolge des versiegenden Kapitalstroms ihre Zahlungen einstellte. Als am 13. Juli 1931 in Deutschland die Darmstädter und Nationalbank (Danat-Bank), damals eine von vier deutschen Großbanken, nach dem Konkurs des Nordwolle-Konzerns ebenfalls ihre Zahlungen einstellte, brach in der Bevölkerung Panik aus. Wer über Sparguthaben verfügte, versuchte es nun mit allen Mitteln zu retten – vergebens. Die ohnehin vorhandene Geldverknappung nahm abermals zu, als die ausländischen Investoren, ebenfalls in Panik, ihre Gelder abzogen. Das Desaster versuchten die deutschen Politiker mit vielen Maßnahmen abzuwehren – von denen die meisten an heutige Aktionen gegen die zunehmende Arbeitslosigkeit erinnern.

So kürzte der Staat im Jahr 1931 die Beamtenbezüge in drei Schritten um insgesamt 23 Prozent. Hinzu kamen Steuererhöhungen, die die Kaufkraft der Bürger massiv schwächten. Dass selbst Renten in solchen Zeiten nicht sicher waren, erfuhren die Menschen am 3. Juni 1931, als die Renten per Notverordnung ebenso wie staatliche Löhne und Gehälter gekürzt wurden. Die Unterstützungssätze für Arbeitslose kürzte der Staat um bis zu 14 Prozent, zudem führte die Regierung eine Krisensteuer von 4 bis 5 Prozent auf sämtliche Einkommen ein.

Derartige Einschnitte veränderten das soziale Gefüge im Land, wie die Marienthalstudie, ein Klassiker der Sozialforschung, aufzeigt. 120 Tage lang hielten sich Forscher im Jahr 1930 im einstigen Weberei-Dorf Marienthal auf und nahmen dabei die Verhältnisse genau unter die Lupe. Die Ergebnisse lieferten ein verheerendes Bild. 77 Prozent der insgesamt 478 Familien waren von Arbeitslosenunterstützung abhängig, wobei die staatliche Hilfe lediglich ein Viertel des Gehalts ausmachte – und maximal dreißig Wochen lang gezahlt wurde. Zudem wurde bei Bekanntwerden einer Gelegenheitsarbeit die Unterstützung ersatzlos gestrichen.[7]

Derartige Maßnahmen verfolgten ein präzises Ziel: Reichskanzler Heinrich Brüning wollte den Siegermächten demonstrieren, dass weitere Einschnitte nicht mehr zu vertreten waren. Tatsächlich hatte diese Strategie am 9. Juli 1932 Erfolg, denn gegen eine geplante Einmalzahlung von drei Milliarden Reichsmark verzichteten die Siegermächte auf weitere Reparationszahlungen der Deutschen. Doch der Preis hierfür war hoch. Soziale Unruhen, die Spaltung der Gesellschaft in rechts- und linksextreme Kräfte und, am Ende dieser Entwicklung, die Machtübernahme durch die Nationalsozialisten unter Adolf Hitler waren die Folgen.

Als gesichert gilt heute die Theorie, dass die hohe Arbeitslosigkeit, entgegen der landläufigen Meinung, Hitler nicht den Weg an die Macht ebnete. Doch als ebenso unbestritten gilt die Tatsache, dass Hitler ohne die Arbeitslosigkeit die errungene Macht nicht dauerhaft hätte sichern können. Es waren demnach viele Faktoren, die zur Destabilisierung der gesamten Gesellschaft führten – die Massenarbeitslosigkeit ist der vielleicht nachhaltigste Faktor in diesem Prozess.

DAS UNAUFHALTSAME ENDE DER ARBEIT

Hatte die Arbeitslosigkeit in Deutschland im Januar 1928 noch bei 2,8 Millionen gelegen, zählte die Statistik Ende 1930 mehr als fünf Millionen Menschen ohne Erwerb. Im Februar 1932 erreichte die Arbeitslosigkeit rund sechs Millionen, über ein Drittel aller Deutschen lebte von öffentlichen Geldern.

Und heute? Allein im Mai 2006 zählte die Bundesagentur für Arbeit (BA) insgesamt 8,67 Millionen Leistungsempfänger, danach sind bereits mehr als 10 Prozent der deutschen Bevölkerung auf staatliche Hilfe von der Bundesagentur für Arbeit angewiesen. Dieses gigantische Heer schlüsselt die Statistik der Bundesagentur akribisch in drei Bereiche auf. Im erwähnten Zeitraum bezogen 1 566 955 Menschen das klassische Arbeitslosengeld, weitere 5 246 724 zählten zum »Rechtskreis Arbeitslosengeld II«, im Volksmund auch als Hartz IV bekannt. Hinzu kamen noch 1 875 759 Menschen, die ihren Lebensunterhalt nur mit Hilfe von Sozialgeld bestreiten konnten. Natürlich gehören zur letzten Gruppe auch Rentner, deren Bezüge aus der staatlichen Rentenkasse unterhalb der Armutsgrenze liegen. Doch Sozialgeld beziehen vor allem junge Selbständige und Freiberufler, die noch nie Beiträge an die Bundesagentur für Arbeit entrichten mussten oder konnten. Die Zahl dieser Leistungsempfänger in einem Atemzug mit den ersten beiden Gruppen zu nennen, ist daher mehr als sinnvoll – die Statistiken der Bundesagentur führen sie entsprechend als einen Block auf.[8] Das angesehene Institut für Arbeitsmarkt und Berufsforschung (IAB) schätzt die Zahl der Menschen ohne Job auf rund sieben Millionen.[9]

Denn in der Statistik erfasst werden nur Menschen, die sich arbeitslos melden. Jene aber, die zwar einen Arbeitsplatz suchen, sich jedoch wegen fehlender Leistungsansprüche nicht an die Agenturen wenden, schlüpfen durch das Netz der Statistikerfassung. So tauchen beispielsweise Frauen, die nach einer familienbedingten beruflichen Auszeit wieder arbeiten möchten, ebenso wenig in der Statistik auf wie jene Arbeitslosen, die an arbeitsmarktpolitischen Maßnahmen wie Arbeitsbeschaffungs-, Weiterbildungs- und Trainingsmaßnahmen oder den so genannten »Ein-Euro-Jobs« teilnehmen. Auch ältere Arbeitslose über 58 Jahren, die nicht mehr der Arbeitsvermittlung zur Verfügung stehen, oder Personen in geförderter Altersteilzeit fehlen in der Arbeitslosenstatistik. Für all diese Menschen hat die Bundesagentur für Arbeit einen irreführenden Begriff parat – sie werden als »stille Reserve« bezeichnet. Bezieht man diese »stillen Reserven« in die offiziellen Statistiken mit ein, beträgt die tatsächliche Zahl der Arbeitslosen allein im Jahr 2004 rund 7,1 Millionen Menschen.[10]

Die Politik sieht das anders. Von so vielen Menschen zu reden, denen Arbeit fehlt oder denen Beschäftigung nicht einmal das elementare Einkommen sichert, gleiche einer Bankrotterklärung in Sachen Arbeitsmarktpolitik. Seit Jahrzehnten hat sich daher, von den Medien mitgetragen, ein anderer, weitaus gefälligerer Usus eingeschlichen. Berichtet wird so gut wie immer über die reinen Arbeitslosenzahlen – und die liegen, je nach Betrachtungsweise und Statistik, seit Mitte der neunziger Jahre bundesweit bei 4,5 bis 5 Millionen.

Was aber bedeutet eigentlich »arbeitslos«? Zählt der vermögende Millionär, der es sich leisten kann, auf eine bezahlte Tätigkeit zu verzichten, genauso zum Kreis der Arbeitslosen wie der Bandarbeiter, dessen Stelle wegrationalisiert wurde? Oder sind Menschen, die beispielsweise erst ab einem Stundensatz von hundert Euro arbeiten wollen, auf Grund der fehlenden Angebote in diesem Segment gleichzusetzen mit jenen, die für einen Niedriglohn von fünf Euro die Stunde arbeiten würden? Und wie sieht es mit jenen aus, die selbständig und freiberuflich sind: Ist der Restaurantbesitzer bei fehlender Klientel arbeitslos oder einfach nur pleite? Schon diese wenigen Fragen zeigen auf, wie vielschichtig der Begriff der Arbeitslosigkeit sein kann. Wer sich über die Zahl der »Arbeitslosen« Gedanken machen will, sollte sich daher einige Aspekte des deutschen Jobmarktes bewusst machen.

Das Fundament aller Statistiken bildet eine einfache Überlegung. Jeder Mensch, der als Angestellter (abhängig) oder selbständig und freiberuflich (unabhängig) eine bezahlte Tätigkeit ausübt, gilt hierzulande als erwerbstätig. Wer das nicht tut, gilt zwar als erwerbslos, taucht aber deshalb noch nicht in einer Statistik der Bundesagentur für Arbeit auf. Denn als arbeitslos gilt dort nur, wer sich auch als arbeitslos meldet und dem Arbeitsmarkt »zur Verfügung steht«. Letztere Bedingung freilich hat einen gravierenden Nachteil: Sie lässt ungezählte Menschen außen vor.

So sind beispielsweise die »Ein-Euro-Jobber« nicht arbeitslos, obwohl sie mit ihrem Erwerb allein den Lebensunterhalt nicht bestreiten könnten. Auch Menschen ohne Job, die sich in Weiterbildungsmaßnahmen befinden, gelten rein statistisch betrachtet nicht als arbeitslos. Und wer älter als 58 Jahre ist und seine Stelle verloren hat, wird ebenfalls nicht ins Heer der 4,5 Millionen Arbeitslosen aufgenommen, weil er dem Arbeitsmarkt auf Grund seines Alters nicht mehr zur Verfügung steht. Die Bundeszentrale für politische Bildung bezifferte die tatsächliche Zahl der Arbeitslosen im Jahr 2004 auf über 7,1 Millionen, auch das zu den fünf Wirtschaftsweisen gehörende ifo-Institut in München bestätigt diese Größenordnung.

Angesichts solcher Dimensionen Parallelen zur Weimarer Republik ziehen zu wollen, ist unschön und provokativ – dennoch wäre es geradezu fahrlässig, die Erfahrungen der Vergangenheit zu ignorieren. Denn entgegen allen Äußerungen, wonach sich der Arbeitsmarkt auf Dauer doch noch erholen könnte, sprechen die Fakten eine andere Sprache. Der deutsche Arbeitsmarkt erodiert seit mehr als drei Jahrzehnten nahezu konstant, und eine nachhaltige Wende scheint illusorisch. Selbst hinter den »guten Nachrichten« verbergen sich in Wirklichkeit Hiobsbotschaften, wie eine »optimistische« Monatsstatistik des Jahres 2006 im Folgenden exemplarisch zeigt.

STATISTIK ALS VERNEBELUNGSTAKTIK

Die frohe Kunde aus Nürnberg verbreitete sich im Mai 2006 wie ein Lauffeuer. Nach einem desolaten Anstieg im Februar des gleichen Jahres auf mehr als fünf Millionen Arbeitslose gab die Bundesagentur für Arbeit endlich wieder Entwarnung: »Die Entwicklung am Arbeitsmarkt war im Mai erfreulich. Die Arbeitslosigkeit sank überraschend stark, die Nachfrage nach Arbeitskräften stieg nochmals an und der Beschäftigungsabbau hat sich weiter verlangsamt«, erklärte der Vorstandsvorsitzende der Bundesagentur für Arbeit, Frank-Jürgen Weise. Die Zahl der Arbeitslosen war um 255 000 auf 4 535 000 zurückgegangen. Im Vorjahresvergleich verzeichnete die Statistik gar einen Abbau der Arbeitslosigkeit um 349 000 Menschen, und die Arbeitslosenquote war um beachtliche 0,7 Prozentpunkte auf bundesweit 10,8 Prozent gesunken. »Der Rückgang fiel damit deutlich stärker aus als in den letzten drei Jahren mit durchschnittlich minus 157 000«, kommentierte die Bundesagentur für Arbeit. Auch die Zahl der Erwerbstätigen hatte im April 2006 im Vergleich zum Vorjahreszeitraum um 168 000 auf 38,56 Millionen zugenommen.

Dass diese Größe, mit Schwankungen nach oben und unten, seit 1991 in diesem Bereich liegt, ging aus der Monatsstatistik nicht hervor. Denn die Zahl der Erwerbstätigen, der Menschen also, die eine Arbeit egal welcher Art verrichten, blieb – von kleinen Schwankungen abgesehen – seit über fünfzehn Jahren nahezu unverändert. So waren im Jahr 2004 rund 38,4 Millionen Menschen erwerbstätig – nahezu ebenso viele wie 1991. Unterscheidet man, rund zwei Jahrzehnte nach der Wiedervereinigung, zwischen den alten und den neuen Bundesländern, sieht die Lage durchaus anders aus: Während im Westen der Republik die Zahl der Erwerbstätigen über den gesamten Zeitraum hinweg nahezu unverändert blieb, verloren im Osten rund 20 Prozent der erwerbstätigen Menschen ihre Beschäftigung.

Der als Erfolg verkaufte Anstieg der Erwerbstätigkeit in der Mai-Statistik 2006 indes war in Wirklichkeit eine Folge negativer Faktoren, denn er ging auf die Zunahme von Gelegenheitsarbeit und Minijobs zurück, deren Zahl innerhalb eines Jahres um 194 000 auf 4,92 Millionen zugelegt hatte. Besinnt man sich auf den Langzeittrend, fällt das Fazit mehr als ernüchternd aus. Während sich die Menge der Erwerbstätigen – bundesweit betrachtet – seit der Wiedervereinigung so gut wie nicht änderte, stieg die Zahl der Arbeitslosen in den letzten dreißig Jahren, von kleinen Unterbrechungen abgesehen, konstant an – und lag schon im ersten Quartal 2005 bei über 5,1 Millionen.

Daraus folgern Ökonomen vor allem eines. Es gibt eine Verlagerung weg von den gut bezahlten und sozialversicherungspflichtigen Vollzeitjobs hin zu schlecht dotierten, sporadischen Arbeiten oder Minijobs. Weil auch diese als Erwerbstätigkeit zählen, sieht die Langzeitentwicklung in diesem Bereich konstant aus – in Wirklichkeit aber gehen die sozialversicherungspflichtigen Stellen seit Jahren unaufhaltsam zurück.

Ausgerechnet jene Erfolgsstatistik des Wonnemonats Mai 2006 belegt diese Entwicklung. Denn sie zeigt einen starken Anstieg der Hartz-IV-Bedarfsgemeinschaften und -Empfänger. Insgesamt lebten Ende 2005 mehr als sieben Millionen Menschen von Hartz IV.

Abb. 1
ENTWICKLUNG DER ERWERBSTÄTIGKEIT IN OST UND WEST

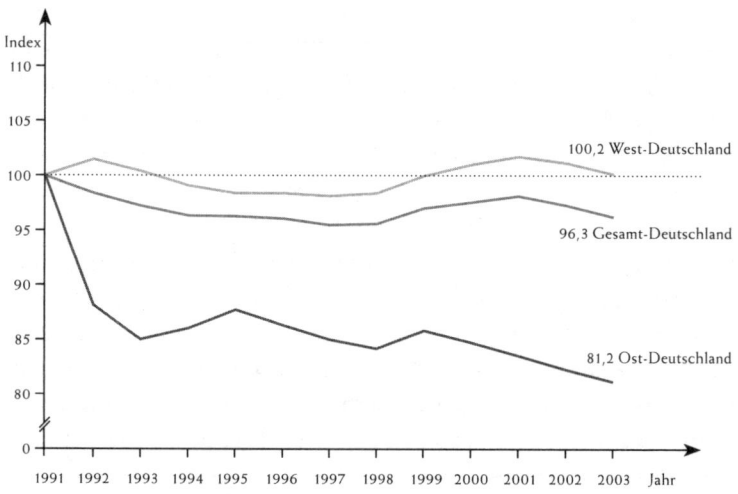

Quelle: *Statistisches Bundesamt*

Abb. 2
ARBEITSLOSE UND ARBEITSLOSENQUOTE

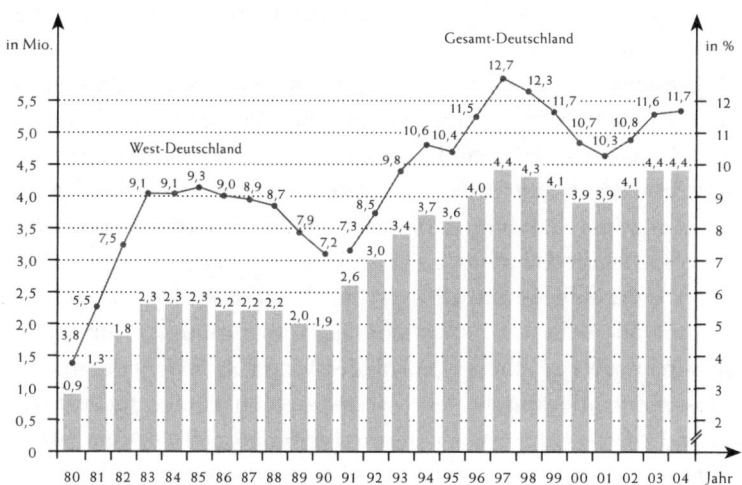

■ Arbeitslosenquote
▨ Arbeitslose

Quelle: Bundesministerium für Gesundheit, Bundesagentur für Arbeit

Auch die Zahl der so genannten Ein-Euro-Jobber verdoppelte sich innerhalb eines einzigen Jahres auf bundesweit 278 000 – sie fließt ebenfalls in die »gestiegene« Erwerbstätigkeit ein. Ausgeblendet blieb, dass die Entwicklung bei den systemerhaltenden sozialversicherungspflichtigen Jobs weiterhin rückläufig war. Nur noch 25,91 Millionen Menschen entrichteten im April 2006 Sozialabgaben, 88 000 weniger als ein Jahr zuvor. Im März 2005 hatte der Rückgang sogar 428 000 betragen. Düster sah die Lage auch am Ausbildungsmarkt aus. Von Oktober 2005 bis Mai 2006 waren den Agenturen für Arbeit insgesamt 362 500 Ausbildungsstellen gemeldet worden – 2 Prozent weniger als im Vorjahreszeitraum. Als nicht vermittelt galten im Mai 2006 sogar 354 500 Bewerber, 15 Prozent mehr als ein Jahr zuvor.

Steigende Arbeitslosenzahlen, aber kein Sinken der Erwerbsquote? Um diese scheinbar widersprüchlichen Entwicklungen zu

29

verstehen, muss man sich vor Augen halten, dass in Deutschland jeder Mensch als erwerbstätig gilt, der eine Arbeit verrichtet, egal ob stundenweise, als Minijob oder als Selbständiger. Legt man allein diese Betrachtungsweise zugrunde, besteht anhand der Daten – ähnlich zu den amerikanischen Statistiken von 1928 – kaum ein Grund zur Panik. Denn der Langzeittrend ist nicht nur stabil, er zeigt sogar nach oben. So führte die Zusammenlegung von Sozial- und Arbeitslosenhilfe (Hartz IV) tatsächlich zu einem Anstieg der Erwerbstätigen schon sechs Monate nach Einführung des Gesetzes. Nur: Was heißt das schon?

Viele der Jobs sind so schlecht bezahlt, dass jene, die sie verrichten, auf staatliche Unterstützung angewiesen sind oder unterhalb der Armutsgrenze leben. Wer im Discounter Regale einräumt oder Büros putzt, gilt zwar als erwerbstätig – davon leben kann er in den meisten Fällen jedoch nicht. Zudem generiert diese Art der Arbeit nicht das, worauf der Staat dringend angewiesen ist: sozialversicherungspflichtige Abgaben. Die aber sind für die Aufrechterhaltung der Sozialsysteme das eigentliche Lebenselixier. Sinkt die Anzahl

Abb. 3
DAS KOSTET DIE ARBEITSLOSIGKEIT

Kosten der Arbeitslosigkeit (2003)	in Mrd. Euro
Ausgaben für Arbeitslosengeld	25,2
Mindereinnahmen Steuern	15,9
Ausgaben für Arbeitslosenhilfe	14,9
Mindereinnahmen Rentenversicherung	9,6
Mindereinnahmen Kranken- und Pflegeversicherung	7,4
Mindereinnahmen der Bundesagentur für Arbeit	5,7
Ausgaben für Sozialhilfe	3,2
Ausgaben für Wohngeld	0,8
Kosten insgesamt	82,7

Quelle: Bundeszentrale für politische Bildung / I A B

der Arbeitenden in diesem Bereich, fehlen dem Staat wichtige Milliarden, um Gesundheits- und Rentensystem oder auf Dauer die Arbeitslosenversicherung aufrechtzuerhalten. Ein Teufelskreis, denn ohne ausreichende finanzielle Versorgung droht auch dem Heer der Einzahler das finanzielle Desaster bei Arbeitslosigkeit, Krankheit oder spätestens im Rentenalter.

Welches Ausmaß die Erosion der sozialversicherungspflichtigen Stellen angenommen hat, belegen weitere Fakten. Allein zwischen 1992 und 2004 gingen über 2,6 Millionen dieser Arbeitsplätze verloren, wie das Jahresgutachten 2005/2006 dokumentiert, das der Sachverständigenrat zur Begutachtung der gesamtwirtschaftlichen Entwicklung als 676 Seiten starkes Papier dem Deutschen Bundestag vorstellte. Der Inhalt ist mehr als brisant, wie schon der erste Absatz der Studie eindrucksvoll zeigt:

»Die Sozialversicherungen leiden unter einer permanenten Einnahmeschwäche, nicht zuletzt als Folge des immer noch anhaltenden Rückgangs der Zahl der sozialversicherungspflichtig Beschäftigten. Die Haushalte des Bundes und vieler Länder sind in einem desolaten Zustand, und es bedarf eines Kraftakts, um die Vorgaben des Europäischen Stabilitäts- und Wachstumspakts zu erfüllen sowie die vom Grundgesetz und den Landesverfassungen gezogenen Verschuldungsgrenzen einzuhalten. In Ostdeutschland schließlich ist eine selbsttragende wirtschaftliche Entwicklung nicht zu erkennen, und die Finanzierung der hohen Transferzahlungen stellt weiterhin eine enorme Belastung für die deutsche Volkswirtschaft dar.«[11]

Unmissverständlich warnen Ökonomen vor den Folgen des seit 1991 anhaltenden Trends. Geht die Zahl der sozialversicherungspflichtigen Stellen weiterhin so rapide zurück, droht dem Land das wirtschaftliche Desaster – und dem Arbeitsmarkt womöglich der endgültige Kollaps. So stellt das Jahresgutachten nicht nur fest, dass »eine Erosion der Normalarbeitsverhältnisse« zugunsten der geringfügigen oder befristeten Jobs zu beobachten ist. Auch das geleistete

Abb. 4
BESCHÄFTIGUNG IN DEUTSCHLAND

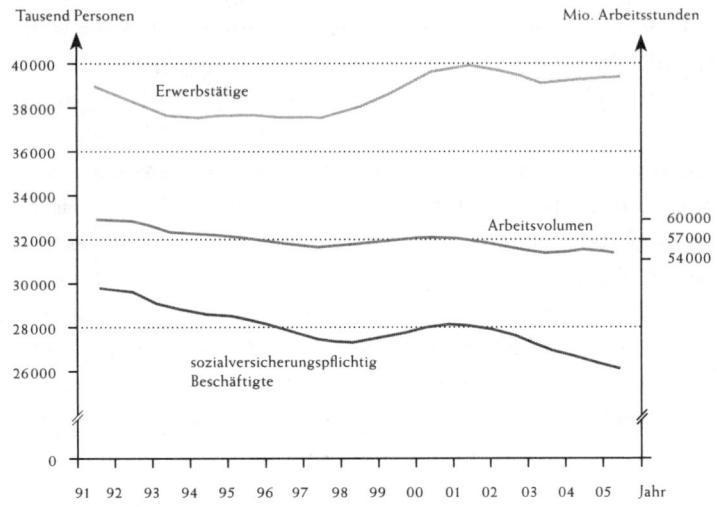

Tausend Personen   Mio. Arbeitsstunden

■ Arbeitnehmer, Selbständige und mithelfende Familienangehörige im Inland
■ Geleistete Arbeitsstunden der Erwerbstätigen im Inland; Quelle: IAB
■ Jahresdurchschnitte aus Monatsendständen berechnet; Quelle: BA

Quelle: Drucksache 16/65, Deutscher Bundestag

Arbeitsvolumen der Erwerbstätigen nimmt ab. Im Klartext: Wer beispielsweise stundenweise Regale einräumt, ist zwar nicht arbeitslos. Doch als sozialversicherungspflichtige Stelle taugt eine solche Tätigkeit nur bedingt – dem Staat fehlen auf diese Weise wichtige Milliarden in den Kassen der sozialen Sicherungssysteme.

Schließlich attestiert der Report das, wovor jeder Regierung grauen dürfte. Neben der Zahl der offiziell registrierten Menschen ohne Job ist die verdeckte Arbeitslosigkeit erheblich. Darunter fallen jene Personen, die sich ihrem Schicksal ergeben haben und bei keinem Amt registriert sind.

Wer keine Vollzeitbeschäftigung mehr hat, sucht nach Auswegen, und so verwundert es nicht, dass beispielsweise allein im Jahr 2003 mehr als 9,4 Millionen Menschen nur noch stundenweise in Lohn und Brot standen, nahezu doppelt so viele wie 1991. Neben der zunehmenden Menge an Teilzeitjobs deuten weitere Indizien auf das langsame Ende der Ressource Arbeit hin. »Die Arbeitszeit der Erwerbstätigen ist in den zurückliegenden Jahren und Jahrzehnten kontinuierlich gesunken«, konstatiert die Bundeszentrale für politische Bildung (BPB) und liefert die Fakten als Beleg: »Musste ein Erwerbstätiger 1970 im Durchschnitt auf Jahresbasis gerechnet noch 1956 Stunden arbeiten, so lag das Jahresarbeitsvolumen im Jahr 2004 bei 1362 Stunden.«[12]

Das verminderte Arbeitszeitvolumen bedeutet demnach keinesfalls mehr Freizeit bei Vollbeschäftigung – es symbolisiert lediglich die Erosion der Arbeit an sich. Selbst Ausbrüche nach oben wie etwa der beobachtete Anstieg der jahresdurchschnittlichen Arbeitszeit im Jahr 2004 bieten daher aus Sicht vieler Fachleute keine Entwarnung.

Abb. 5
ARBEITSLOSE IM LANGZEITTREND – OFFIZIELLE STATISTIKEN

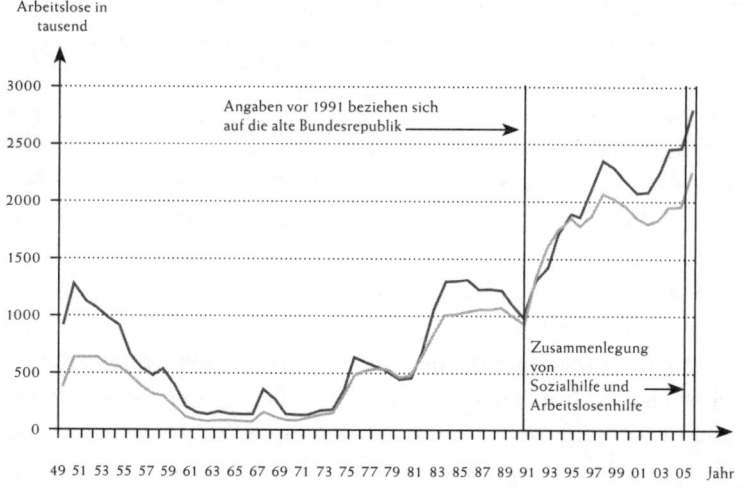

Quelle: Bundesministerium für Familie, Senioren, Frauen und Jugend

Die hohe Arbeitslosigkeit und die Angst vor dem drohenden Job-verlust lässt die Menschen Überstunden und Arbeitszeitverlänge-rungen in Kauf nehmen – Hauptsache, man hat Arbeit.

Ohnehin nimmt die Härte im Kampf um den eigenen Arbeits-platz zu. Politiker wie der SPD-Vorsitzende Kurt Beck, der im Juni 2006 mehr Anstand von Hartz-IV-Empfängern forderte,[13] scheinen die Lage im Lande zu verkennen: Über 4,4 Millionen Menschen hatten allein im Jahr 2003 nur deshalb einen Minijob, weil ihnen kein Unternehmen eine Vollzeitbeschäftigung anbot. Auch sie fallen seit 2005 in die Kategorie der Hartz-IV-Empfänger, die auf Grund der vorgeschriebenen Einkommensgrenzen von vierhundert Euro pro Monat ohne Sozialleistungen nicht auskommen würden. Ein Trend, der seine Tücken birgt. Denn die hohe Zahl der geringfü-gig Beschäftigten stellt für viele Unternehmen eine Alternative zu Vollzeitarbeitsplätzen dar. Wer früher als Arbeiter am Monatsende seinen Lohn nach Hause trug, zahlte auch Sozialabgaben. Heute können mehrere Minijob-Kräfte die gleiche Arbeit bewerkstelligen wie einst Vollzeit-Angestellte. Nur: Der Staat geht dabei leer aus. Von einem »Verdrängungsprozess« sprechen daher Fachleute und weisen auf das Risiko dieser Entwicklung hin, denn neue sozialver-sicherungspflichtige Arbeitsplätze bleiben aus. Neben den mehr als vier Millionen Minijobbern besitzen rund 4,1 Millionen Menschen lediglich einen befristeten Arbeitsvertrag, weitere 300 000 finden als Leiharbeiter eine vorübergehende Stelle.

DIE NIEDRIGLOHN-LÜGE

Dass Arbeit hierzulande im Vergleich zu anderen Ländern teuer ist, beklagen Unternehmensverbände und Politiker nahezu unisono und benutzen diesen Umstand als Erklärung für die hohe Arbeits-losigkeit. Dabei vergessen sie offenbar, dass über 21 Prozent aller abhängig Beschäftigten in Deutschland Niedriglöhne beziehen.[14] Wer im Westen der Republik unter 9,83 Euro und im Osten weniger als 7,15 Euro pro Stunde verdient, arbeitet laut Definition bereits für einen Niedriglohn. Mindestens sechs Millionen Menschen sind demzufolge Niedriglohnbeschäftigte. Eine Studie des Instituts für Arbeit und Technik (IAT) am Wissenschaftszentrum Nordrhein-Westfalen belegt diese Entwicklung. Im Vergleich zu vielen anderen Untersuchungen basierte diese Studie auf den reinen Bruttostundenlöhnen. Das Fazit fällt ebenso schlicht wie ernüchternd aus: »In einem Minijob verdient fast jede/-r schlecht.«[15]

Dabei gibt es deutliche Unterschiede bei der geographischen Verteilung der Niedrigverdiener. Das Deutsche Institut für Wirtschaftsforschung (DIW) kommt für Gesamtdeutschland auf einen Niedriglohnanteil von 23,4 Prozent. Doch diese Zahl spiegelt die wahren Verhältnisse kaum wider: Während in den alten Bundesländern 20,3 Prozent aller Erwerbstätigen Niedriglohn-Bezieher sind, macht dieser Anteil in den alten Bundesländern 38,6 Prozent aus. Rund 2,6 Millionen abhängig Beschäftigte arbeiten sogar für Stundenlöhne von 5,37 Euro (Ost) oder 7,38 Euro (West).

Dass das Thema Niedriglohnbeschäftigung in Deutschland kein Randphänomen ist und massive Auswirkungen auf den Arbeitsmarkt hat, wissen Ökonomen nur zu gut. Den Politikern freilich passt das wenig ins Konzept, belegen die Fakten doch deren Unvermögen in Sachen Arbeitslosigkeitsbekämpfung. Tatsächlich erschüttert die bundesdeutsche Niedriglohn-Realität eine der zentralen Dogmen eines jeden Arbeits- oder Wirtschaftsministers: Die vielfach angebrachte Theorie, wonach niedrige Löhne mehr Beschäftigung garantieren würden, verliert ihre Daseinsberechtigung. Ausgerechnet der Osten der Republik, in dem Niedriglohnbeschäftigung nahezu der Normalfall ist, krankt seit der Wiedervereinigung an Arbeitslosenraten von weit über zwanzig Prozent.

Hinzu kommt ein weiterer Aspekt. »Die Aufstiegschancen aus einem Niedriglohnjob in eine besser bezahlte Tätigkeit war an der Jahrtausendwende innerhalb der EU nur in Großbritannien ebenso schlecht wie in Deutschland«, schreiben die Wirtschaftsforscher des IAT, und die Europäische Kommission sieht das ähnlich.[16] Tatsächlich handelt es sich bei den Empfängern von Niedriglohn keinesfalls lediglich um Menschen ohne Berufsausbildung oder mit einer so genannten niedrigen Qualifikation. Nahezu jeder zehnte Niedriglohn-Bezieher verfügt über einen akademischen Abschluss, jeder fünfte über eine abgeschlossene Berufsausbildung. Selbst das immer wieder vorgebrachte Argument vom schlecht bezahlten Minijob als eigentliche Quelle der Niedriglöhne erweist sich als trügerisch: 14,6 Prozent aller Niedriglohn-Bezieher sind Vollzeitbeschäftigte.

Juristisch sind derartige Beschäftigungsverhältnisse ohnehin problematisch. Denn sie widersprechen dem so genannten Diskriminierungsverbot im Teilzeit- und Befristungsgesetz.[17] Im harten Kampf um Lohn und Brot spielen derartige Überlegungen allerdings bei jenen, die um jeden Preis auf einen Job angewiesen sind, keine Rolle. Arbeitgeber hingegen profitieren vom Geschäft mit dem Billiglohn. Häufig begründen Firmen die fragliche Bezahlpraxis damit, dass die Beschäftigten bei Minijobs keine Sozialabgaben abführen müssen. In Wirklichkeit aber erweist sich diese gesetzlich gewollte Konstruktion als reiner Vorteil für die Arbeitgeber. Nach Ansicht von IAT-Forschungsdirektorin Claudia Weinkopf wird die »Subventionierung« der Minijobs, die eigentlich den Arbeitnehmern gilt, im Grunde an die Arbeitgeber weitergegeben: »Die erhebliche Zunahme der Minijobs seit der Reform von April 2003 lässt sich durch diese Praxis leicht erklären.« Die Liste der Nachteile für Minijobber ist lang. So profitieren sie weder von einer Lohnfortzahlung im Krankheitsfall oder an Feiertagen, noch kommen sie in den Genuss von Urlaubs- und Weihnachtsgeld. Schlimmer noch: Im Alltag müssen sie oftmals Illegales über sich ergehen lassen, wie das IAT unverblümt feststellt: »Aus der betrieblichen Praxis gibt es zudem Hinweise, dass Minijobber Krankheits- und Feiertage häufig nacharbeiten müssen.« Nach ersten Zwischenergebnissen der Hartz-Evaluation sind Minijobs – anders als erhofft – für Arbeitslose kein Sprungbrett in die sozialversicherungspflichtige Beschäftigung. Vielmehr stellte das Team um Weinkopf fest, dass gleichzeitig mit der Ausweitung der Minijobs ein deutlicher Rückgang der sozialversicherungspflichtigen Beschäftigung einherging.

Ein Blick in die europäischen Nachbarstaaten belegt, dass niedrige Löhne keinesfalls als Jobmotor fungieren. Ausgerechnet jene Länder, in denen Mindestlöhne vom Gesetzgeber vorgeschrieben sind, warten mit niedrigeren Arbeitslosenzahlen auf. Vor allem Jugendliche scheinen von staatlich vorgegebenen Margen in Sachen Lohn zu profitieren. So liegen die Arbeitslosenraten bei den 16- bis 24-Jährigen in den Niederlanden und Irland bei rund 8,5 Prozent – die Mindestlöhne betragen dort etwa acht Euro die Stunde. Schon in Großbritannien sinkt der Mindestlohn auf etwa 7,50 Euro, während die Arbeitslosenquote auf 12,9 Prozent steigt. Noch niedrigere Mindestlöhne garantiert Spanien mit 3,80 Euro – und fährt bei den Jugendlichen eine Arbeitslosenrate von 19,7 Prozent ein. Polen schließlich gewährt nicht einmal zwei Euro die Stunde als Mindestlohn und zählt 36,9 Prozent der Jugendlichen zu den Arbeitslosen.[18] Den bestehenden Zusammenhang zwischen höheren Mindestlöhnen und geringerer Arbeitslosigkeit haben mittlerweile die Verantwortlichen erkannt – vorerst in Großbritannien. Dort wurde der Mindestlohn am 1. Oktober 2006 auf 5 Pfund 35 angehoben – und liegt damit bei rund acht Euro pro Stunde (Wechselkurs vom 1. November 2006).

Hierzulande aber wird – noch – auf solche Schritte verzichtet. Und das, obwohl die Europäische Sozialcharta für Deutschland eine verbindliche Mindestlohnnorm verankert. Der Verstoß gegen die Sozialcharta bleibt allerdings folgenlos, denn die nach 1961 von den Mitgliedsstaaten des Europarates unterzeichnete und 1964 von der Bundesrepublik ratifizierte Charta hat keinen Gesetzescharakter. Sie definiert wichtige soziale Grundrechte, darunter die kostenfreie Schulbildung sowie den Arbeits- und Mutterschutz, und enthält darüber hinaus seit nahezu vier Jahrzehnten eine Mindestlohnklausel. Danach müssten sich die Vertragsstaaten an eine Untergrenze von sechzig Prozent des durchschnittlichen Nettolohns orientieren. Beherzigten deutsche Politiker den von der Bundesrepublik Deutschland unterschriebenen Vertrag, müsste ein Mindestlohn von 8,45 Euro die Stunde[19] gezahlt werden.

DER DROHENDE KOLLAPS

Dass die durch die Hartz-Gesetze proklamierte Senkung der Arbeitslosenzahlen um rund 450000 bis Ende 2005 reine Illusion war und das Modell auch in Zukunft nicht trägt, steht seit Februar 2006 selbst für eingefleischte Optimisten fest. Die Zahl der Arbeitslosen überschritt damals, rund ein Jahr nach Inkrafttreten der am 14. März 2004 unter Altbundeskanzler Gerhard Schröder (SPD) beschlossenen Reform, die 5-Millionen-Marke. Doch was besagen solche Zahlen schon? Das Institut für Wirtschaftsforschung (ifo) ging im Februar 2005 von über sieben Millionen Menschen ohne Arbeit aus und berücksichtigte dabei »die stille Reserve der Arbeitswilligen, die sich aus lauter Frust nicht mehr melden.«[20]

Noch beängstigender wirkt diese Zahl, wenn man sie im Kontext der wirtschaftlichen Entwicklung sieht. Normalerweise entsteht Arbeitslosigkeit nämlich immer dann, wenn sich die Wirtschaft in einer Rezession oder in einem Konjunkturtief befindet. Genau das aber war Anfang 2006 nicht der Fall. »Die Weltkonjunktur boomt stärker als jemals zuvor während des letzten Vierteljahrhunderts, und der stark wachsende deutsche Export erzeugt derzeit mehr konjunkturell relevante Nachfrage, als es das verwegenste staatliche Konjunkturprogramm vermöchte«, beschrieb das Institut für Wirtschaftsforschung das ökonomische Umfeld.[21] Besser, so die Kernaussage des zu den fünf Wirtschaftsweisen der Bundesregierung gehörenden Instituts, konnten die ökonomischen Voraussetzungen kaum sein.

Diese Schere macht klar: Die alte und seit Jahrzehnten von jeder Bundesregierung gebetsmühlenartig vorgetragene Formel »Aufschwung = Arbeitsplätze« hat ihre Gültigkeit eingebüßt. Denn der Fall des Eisernen Vorhangs im Jahr 1989 öffnete nicht nur die Grenzen. Er führte ein Drittel der Menschheit in den globalen Wettbewerb um das international mobile Kapital und »offeriert ihm traumhaft hohe Renditen«, wie das ifo konstatiert. Was zu Beginn des neuen Millenniums einen Déjà-vu-Effekt auslöst – schon Karl Marx beschrieb diese Zusammenhänge zwischen Arbeit, Produktivität und Kapital –, erweist sich für den deutschen Arbeitsmarkt angesichts der starken Billiglohnkonkurrenz als kaum zu lösendes Problem der kommenden Jahrzehnte.

Die vielfach angebrachte Forderung nach billigeren Jobs hierzulande erweist sich angesichts der ohnehin bestehenden sechs bis sieben Millionen Niedriglohnbezieher als Weg in die verkehrte Richtung. Auf der anderen Seite lautet das Arbeitgeberargument: Will Deutschland im globalen Wettbewerb mithalten, muss die so genannte Arbeitsproduktivität steigen – nur mehr Maschinen, statt Menschen, würden die Renditen der Konzerne steigen lassen und das Kapital hierzulande binden.

Die Arbeitsressource Mensch hat scheinbar ausgedient, wie folgende Beispiele exemplarisch zeigen:

Siemens: Obwohl Deutschlands größter Elektronikkonzern von Januar bis März 2006 seinen Quartalsgewinn um 14 Prozent auf 887 Millionen Euro steigerte und der Umsatz um 21 Prozent auf 21,51 Milliarden Euro zulegte, baute der Konzern rund 1500 Stellen ab.

Telekom: Das Unternehmen strich zum April 2006 insgesamt 3680 Jobs im deutschen Festnetz-Geschäft der T-Com, bis Ende 2008 will sich die Telekom von 32 000 Beschäftigten trennen.

VW: Bis zu 20 000 Stellen könnten vom Umbau bei VW betroffen sein – jeder fünfte Arbeitsplatz in den westdeutschen Werken fiele damit den Restrukturierungsmaßnahmen zum Opfer. Der Konzern will über Abfindungen rund eine Milliarde Euro in den Stellenabbau investieren, denn der VW-Tarifvertrag vom November 2004 schließt betriebsbedingte Entlassungen bis Ende 2011 aus.

DaimlerChrysler: 7800 Arbeitsplätze sparte DaimlerChrysler im Jahr 2005 bei Mercedes ein.

Commerzbank: Obwohl die Commerzbank Rekordgewinne verzeichnete, kündigte das Unternehmen an, seinen Jobabbau fortsetzen zu wollen. Die Streichung von neunhundert weiteren Stellen gab die Commerzbank im Mai 2006 bekannt.

Postbank: Auch die Postbank will nach der Übernahme der Bausparkasse BHW bis Ende 2007 rund 1200 Stellen streichen.

Die aufgelisteten Beispiele haben für Tausende von Menschen dramatische Folgen, bedeuten sie doch den Abstieg in eine ungewisse Zukunft. Die großen Konzerne lassen sich davon nicht beeinflussen. Sie betreiben einen in der Geschichte der Bundesrepublik beispiellosen Stellenabbau – seit Jahren.

Als im Sommer 2006 in Berlin Hunderttausende in Schwarz-Rot-Gold dem ultimativen WM-Fieber verfielen und sich Kommentatoren und Politiker wie aus einem Munde über den neu entdeckten, lockeren Patriotismus der Bevölkerung erfreuten, wartete die Finanzbranche mit einer gänzlich unpatriotischen Nachricht auf, die in der medial gestützten Fußball-Euphorie des Sommers 2006 faktisch unterging. Ausgerechnet die Allianz, seit Jahren unangefochtener Gigant am Versicherungsfirmament und Besitzer auch der Dresdner Bank, kündigte die Streichung von rund 7500 Stellen in Deutschland an – trotz eines Rekordgewinns von sagenhaften 4,4 Milliarden Euro. Allein in Frankfurt sollten, stellte das Nachrichtenmagazin Der Spiegel auf einer knappen Seite zwischen Merkel und Ronaldo fest, rund 1100 der 2100 Beschäftigten der Allianz ihren Job verlieren. Die Dresdner sollte sogar 2480 Stellen einbüßen, nachdem seit Beginn des neuen Millenniums ohnehin über 16 000 Menschen bei der Bank ihren Posten räumen mussten. Tatsächlich aber sehen die Zahlen der Finanzbranche noch düsterer aus, als es der Allianz-Schock 2006 erahnen ließ: Mehr als 80 000 Stellen strichen Banken zwischen 2001 und 2006.

Als Grund für die massiven Entlassungswellen machen Fachleute die hohen Renditeerwartungen der Konzernbosse aus. Wer als Top-

Manager eines Giganten wie Deutsche Bank oder Allianz bestehen will, muss seinen Aktionären Renditen vorweisen, die international betrachtet attraktiv sind. »Allianz-Sparkurs beflügelt Aktie«, meldete die ARD-Börse[22]: Nur hohe Aktienkurse schützen einen Konzern in Zeiten der globalen Übernahmen davor, von noch größeren Giganten an der Börse geschluckt zu werden. Weniger Stellen aber bedeuten massive Einsparungen, im Falle der Allianz beliefen sich diese auf rund sechshundert Millionen Euro im Jahr. Dass das die Nachrichten sind, die Aktienkurse nach oben schießen lassen, ist eine Binsenweisheit – und nach wie vor die eigentliche Antriebskraft für die gnadenlose Personalpolitik im globalen Wettbewerb. In Anbetracht dessen wird der Ton zwischen Gewerkschaften und Konzernbossen schärfer. »Es gibt in diesem Land Unternehmen, die sich als vaterlandslose Gesellen herausstellen«, sagte der Vorsitzende des Deutschen Gewerkschaftsbundes, Michael Sommer, an die Adresse der Allianz-Manager.[23]

Im Rekordjahr 2005 wiesen zahlreiche Dax-Unternehmen dreistellige Gewinne auf; dem Arbeitsmarkt geholfen hat das nicht.

Abb. 6
REKORDJAHR 2005: DAX-UNTERNEHMEN UND IHRE GEWINNZUWÄCHSE

Konzern	Gewinnsteigerung in Prozent*
Commerzbank	+222
Thyssen Krupp	+206
Bayer	+166
Allianz	+49
Eon	+70
VW	+60
BASF	+49
Münchner Rück	+45
MAN	+43

*Vergleich gegenüber Vorjahr.

Quelle: Frankfurter Rundschau, Jg. 62, Nr. 17/72, Seite 1

Ein Ende der Talfahrt beim Jobabbau ist trotz solcher Rekordgewinne auch langfristig nicht in Sicht. Das Institut für Arbeitsmarkt-
und Berufsforschung (IAB) der Bundesagentur für Arbeit geht in
einer im Dezember 2005 veröffentlichten Prognose davon aus, dass
»in den nächsten Jahren weiterhin mit hoher Unterbeschäftigung
zu rechnen ist«.[24] Treffen die Prognosen des IAB zu, so stehen dem
deutschen Arbeitsmarkt nach dem Jahr 2010 weitere Probleme
bevor. Die demographische Entwicklung – die Alterung der Gesellschaft – führt zu einer massiven Erosion der Erwerbstätigenzahlen.
Weil Nachwuchs fehlt, setzt zwischen dem Jahr 2010 und 2015 der
point of no return ein: Selbst bei einer angenommenen Zuwanderung
von 200 000 Menschen pro Jahr gäbe es immer weniger Menschen,
die arbeiten können. Schon 2020 wird die Zahl dieses so genannten
Erwerbspersonenpotenzials um etwa 1,5 Millionen niedriger liegen
als im Jahr 2005.

Wer angesichts dieser Entwicklung auf einen Rückgang der
Arbeitslosigkeit setzt, liegt falsch. Zwar bedeuten weniger arbeitsfä-
hige Menschen am Markt ein knapperes Angebot für die Unternehmen – doch die Details machen diese Hoffnungen zunichte. Um
nämlich die im Jahr 2020 lebenden Menschen im arbeitsfähigen
Alter zu beschäftigen, müssten die wirtschaftlichen Rahmenbedingungen stimmen. Nur wenn die gesamte Weltwirtschaft jährlich
um 4,5 bis 5,8 Prozent wächst, wäre die Nachfrage nach Arbeitskraft ausreichend groß, um auch hierzulande einen Rückgang der
Arbeitslosigkeit zu bewirken. Zudem dürfte – so die Simulationen
des IAB – der Ölpreis bis 2020 bei lediglich 52 US-Dollar je Barrel
liegen, um den Aufschwungmotor nicht abzuwürgen. Doch ein Blick
auf die Ölpreisentwicklung lässt selbst optimistischste Prognosen
des IAB zum Wunschtraum verblassen. Das Barrel erreichte bereits
im Jahr 2006 und noch vor dem Libanon-Konflikt die 74-Dollar-
Marke, ein Ende der Fahnenstange scheint nicht in Sicht. Auch
die vom IAB vorausgesetzte unveränderte Jahresarbeitszeit der
Beschäftigten bis 2020 erweist sich als nicht haltbar, und der in der
Studie geforderte Verzicht auf Mehrwertsteuererhöhungen ist mit
dem 1. Januar 2007 ebenfalls Makulatur.

Als nahezu sicher gilt hingegen ein anderes Szenario. Weil die Gruppe der 20- bis 35-Jährigen bis zum Jahr 2050 um rund vierzig Prozent auf nur noch etwa acht Millionen Menschen sinkt, geht auch der Großteil der Nachwuchskräfte verloren. Berechnungen des Zentralverbandes Elektrotechnik- und Elektroindustrie (ZVEI) beispielsweise ergaben, dass allein im Jahr 2002 fünf Prozent weniger Ingenieure in Deutschland zu finden waren als noch im Jahr 1998. Der zu erwartende Rückgang beim Nachwuchs wirkt sich auf alle Berufsgruppen aus. Berechnungen des Instituts der Deutschen Wirtschaft (IW) in Köln zeigen, dass von Anfang des neuen Jahrtausends bis Anfang 2007 nahezu eine viertel Million Akademiker fehlten. Die Lücke zu schließen, erweist sich als unlösbares Problem: »Kamen in den Jahren 1993 bis 2000 auf je zehn Ingenieure, die in den Ruhestand gingen, noch 44 Nachwuchskräfte, so werden es im Zeitraum 2001 bis 2007 nur noch 19 sein.«[25]

Die Folgen für die deutsche Wirtschaft sind verheerend. Schon ab 2010 könnte der Nachwuchsmangel an Fachkräften das Wirtschaftswachstum abbremsen. Zudem bedeuten rund zehn Millionen weniger Konsumenten eine geringere Nachfrage, vor allem im Baubereich. Schließlich werden die Unternehmensgründungen und damit die Chancen auf neue Jobs zurückgehen, weil die typischen Existenzgründer in der Regel jünger als vierzig Jahre sind. Hierzulande trifft diese Aussage für sechzig Prozent aller Jungunternehmer zu, nicht einmal jeder Zwanzigste ist älter als fünfzig Jahre. Damit nicht genug. Noch finanzieren sich Bund, Länder und Gemeinden zu achtzig Prozent aus Steuereinnahmen. Brummt der Wirtschaftsmotor, sprudeln auch die Gewinne der öffentlichen Kassen. Weil aber die Zahl der arbeitsfähigen Menschen in Deutschland bis 2050 doppelt so schnell sinken wird wie die Zahl der Einwohner, werden auch diese Quellen zum größten Teil versiegen. Aus den Berechnungen des IW geht hervor, dass im Jahr 2050 die öffentlichen Kassen mit einem Minus von rund sechzig Milliarden Euro im Vergleich zu heute rechnen müssen werden – und diese Summe gibt lediglich die Steuerausfälle im privaten Bereich an. Während demnach die Einnahmen des Staates infolge der schwindenden

Arbeit und der schrumpfenden Bevölkerungszahlen sinken werden, rechnen die Wirtschaftsforscher des IW mit einem weiteren Trend: der massiven Zunahme der Ausgaben bei den sozialen Sicherungssystemen. So werden allein die jährlichen staatlichen Pensionsausgaben von 31 Milliarden Euro im Jahr 2000 auf über 124 Milliarden Euro im Jahr 2050 gestiegen sein. Die Auswirkungen des demographischen Wandels gehen demnach mit massiven Änderungen am Arbeitsmarkt einher. Am Ende dieser unheilvollen Kopplung stehen – sofern die Prognosen zutreffen – weniger Wachstum, weniger Steuereinnahmen des Staates und explodierende Kosten bei den Sozialsystemen. Diese verzeichneten allein im Jahr 2005 ein Minus von rund 3,3 Milliarden Euro, wobei die Rentenkasse die massivsten Einbrüche bei den Einnahmen aufwies.[26]

Als enormer Nachteil erweist sich ausgerechnet jenes Grundprinzip, das seit Bestehen der Bundesrepublik gilt: Die Masse der arbeitenden Bevölkerung stützt durch Sozialabgaben die wichtigsten sozialen Sicherungssysteme. Ob gesetzliche Krankenversicherung (GKV), Pflege- oder Arbeitslosenversicherung und Rentenkasse, sie alle benötigen Arbeit und hohe Löhne als Lebenselixier. Sinkt das Arbeitsvolumen oder jobben Millionen von Menschen für einen Niedriglohn, versiegt der Milliarden-Strom für die Sicherungssysteme.

Auf deren desolate Lage wies das Statistische Bundesamt in Wiesbaden hin. Während die Einnahmen des Staates um 0,5 Prozent auf insgesamt 465,7 Milliarden Euro zurückgingen, stiegen die Ausgaben um 0,6 Prozent auf 469,0 Milliarden Euro. Marode sind im Grunde alle Säulen des Sozialsystems: Neben den Rentenkassen verbuchen auch die Pflegeversicherung und – mit zeitlich begrenzten Ausnahmen – auch die gesetzliche Krankenversicherung (GKV) kräftige Defizite.

Das größte Kollaps-Potenzial birgt die Rentenversicherung, und während viele Politiker Slogans à la »Die Rente ist sicher« neu verpackt unter die Leute bringen, zeichnen Fachleute ein ganz anderes Bild der Situation. Zwar wäre allein der Anstieg des Defizits im Jahr 2005 beachtlich, immerhin nahm dieses um 2,9 Milliarden auf insgesamt 4,3 Milliarden Euro zu. Es sei, so beteuern Politiker und viele Medien unisono, »vor allem die hohe Arbeitslosigkeit, durch die immer mehr Rentenbeiträge fehlen«.[27]

Charts zur demographischen Entwicklung in der Bundesrepublik zeigen, dass es um etwas ganz anderes geht. Seit Jahren legt Herwig Birg, Direktor am Institut für Bevölkerungsforschung und Sozialpolitik (IBS) der Universität Bielefeld, das Datenmaterial vor – ohne in der Politik wirklich Gehör zu finden. Die Vergreisung der Gesellschaft, erklärt der Wissenschaftler unverblümt, werde das soziale System der Bundesrepublik in wenigen Jahrzehnten kollabieren lassen. »Die Alterung der Gesellschaft ist keine Option, die sich durch gesellschaftliches und politisches Handeln gestalten lässt«, sagt Birg, der auch als Berater des Bundesverfassungsgerichts und der Vereinten Nationen tätig ist, »sie wird ablaufen wie ein Uhrwerk.«[28]

Mit mathematischer Präzision ist demnach voraussagbar, dass bis 2080 der Anteil der Menschen über sechzig weiter steigt. Der Grund: Jede Frau gebärt heute – statistisch betrachtet – lediglich 1,3 Kinder in ihrem Leben. Selbst wenn wieder mehr Kinder das Licht der Welt erblicken würden, könnte Birg keine Entwarnung geben. Grund für die programmierte Baby-Baisse ist die generationenbedingte Verzögerung des Bevölkerungswachstums, denn weniger Kinder zeugen weniger Nachkommen. Weil die Lebenserwartung des Einzelnen indes steigt, ist der Effekt für die Gesellschaft unausweichlich: Sie vergreist.

So wird bis zum Jahr 2050 die Zahl der über 60-Jährigen in Deutschland um 9,9 Millionen zunehmen, der Anteil der 20- bis 60-Jährigen jedoch um 16 Millionen zurückgehen. Damit steht schon heute fest, dass die vor knapp 150 Jahren zu Bismarcks Zeiten eingeführte Rentenversicherung faktisch tot ist. Der Grundgedanke nämlich, die Rentenbeiträge im so genannten Umlageverfahren direkt und ohne zeitliche Verzögerung für die Rentenauszahlungen an die heutigen Rentner zu verwenden, wird bereits 2050 nicht mehr umzusetzen sein. Während im Jahr 2000 auf 100 Menschen im Alter zwischen zwanzig und sechzig Jahren noch dreiundvierzig zu Versorgende über sechzig fielen, werden es in fünfzig Jahren über neunzig sein. Zu viel, um das System am Leben halten zu können. Genau drei Möglichkeiten stehen Birg zufolge Politikern zur Verfügung, um diesen gordischen Knoten zu lösen – und alle drei sind politisch nicht durchsetzbare Varianten. Nach einer ersten Berechnung müsste sich der Beitragssatz zur Rentenversicherung im Jahr 2050 auf knapp 42 Prozent verdoppeln, um das heute gängige Rentenniveau von 64 Prozent halten zu können. Alternativ müssten Rentner in Zukunft mit Rentenniveaus von dreißig Prozent leben, wollte man den Beitragssatz bei rund zwanzig Prozent konservieren. Korrekturen dieser Art werden indes gerne ausgesetzt. »Sozialpolitiker, die selbst für die demographisch schwierigen Jahre nach 2020 nur wenig steigende Beitragssätze versprechen, verkennen die Brisanz der weiter steigenden Lebenserwartung«, meint auch Norbert Walter, Chefvolkswirt der Deutschen Bank Gruppe, und urteilt: »Sie wird in vielen Bevölkerungsprognosen – auch in der offiziellen des Statistischen Bundesamtes – nur unzureichend erfasst.«

Auch die zweite Handlungsoption erscheint wenig charmant. Denn wollte Vater Staat den Rentnern auch in zwanzig Jahren noch ihr wohlverdientes Ruhegehalt auf heutigem Niveau zahlen, müssten die nachfolgenden Generationen einen Großteil ihres letzten Lebensdrittels in der Firma verbringen. Schon 2018 würden Berufstätige dann tatsächlich bis zum 65. Lebensjahr, im Jahr 2074 gar bis zum 73. Lebensjahr arbeiten.

Die bereits heute oft nur auf dem Papier existierende Renteneintrittszeit von 65 Jahren wäre demnach in Zukunft die untere Latte des Renteneintrittsalters – darunter ginge nichts. Vorruhe mit 58 oder gar Austritt aus dem Arbeitsleben mit 55 Jahren bei entsprechender Abfindung und anschließender Vorruhestandsregelung, wie heute von Unternehmen und Staat vielfach praktiziert, wären dahin. Vor allem Personalmanager dürften auf die längere Lebensarbeitszeit verstimmt reagieren – zumal die Wirtschaft bereits heute viel Wert auf Jugendlichkeit legt.

Die Ängste der Politiker, die Gunst der Wähler zu verlieren, lassen auch die Umsetzung von Lösungsvorschlag Nummer drei unrealistisch erscheinen. Weil sich das deutsche Volk bis 2080 keineswegs aus eigenem Antrieb heraus selbst verjüngen kann, müssten junge Einwanderer ins Land kommen, um die Renten zu sichern. Die benötigte Zahl dürfte jedem Kanzler den Schweiß auf die Stirn treiben: Insgesamt 188 Millionen Menschen müssten bis 2050 nach Deutschland einwandern, um den Anstieg des Altersquotienten zu stoppen. Doch auch diese Menschenflut hätte nur einen vorübergehenden Effekt, weil die jungen Migranten eines Tages selbst vergreisen. Als flankierende Maßnahme müsste die Lebendgeburtenrate auf 3,8 Kinder je Frau steigen – sogar in den Entwicklungsländern liegt sie derzeit im Durchschnitt bei lediglich 3,0.

Beitragserhöhungen, wie etwa jene des Jahres 2002, seien trotz der erdrückenden Fakten der falsche Weg, sagt Walter: »Wir leben noch in einer demographischen Schönwetterperiode.« Tatsächlich dürfte die unaufhaltsame Vergreisung erst ab 2020 auch für Laien erkennbar einsetzen. Bis dahin, rät der Deutsche-Bank-Chefvolkswirt der Politik, bliebe noch ausreichend Zeit für das Durchforsten des Rentensystems nach unzeitgemäßen Leistungen.

So könne beispielsweise die Frühverrentung ebenso wie die nahezu alljährliche Anhebung der Renten gestrichen werden. Auf Letzteres zu verzichten indes hieße für jede Bundesregierung, rund achtzehn Millionen Wählerstimmen zu riskieren. Doch gravierender als der potenzielle Stimmenverlust sei, die kommenden Generationen durch Ignorieren der Tatsachen bewusst zu betrügen, meint Walter: »Sie zahlen heute ein und bekommen am Ende nichts.«[29]

DAS KALKÜL DER SYSTEMVERWALTER

Seit Jahrzehnten versuchen Politiker dieser Entwicklung gegenzusteuern, mit Vorschlägen, die so gut wie wirkungslos blieben. Was noch mehr wiegt: Offizielle Dokumente der wissenschaftlichen Experten aus Behörden, Ministerien und selbst aus dem Bundestag wurden offensichtlich regelmäßig ignoriert, sobald sie unliebsame

Folgen für die von der jeweiligen Bundesregierung geplante Gesetzgebung aufzeigten. Zwei Beispiele aus der jüngeren Vergangenheit belegen diesen Trend: die Einführung von Hartz IV und die Einführung der Rente mit 67 Jahren. In beiden Fällen existierten Studien, die am Erfolg der Maßnahmen ernsthafte Zweifel aufkommen ließen. Die Papiere stammen aus dem Expertenkreis des Deutschen Bundestages oder der Bundesagentur für Arbeit und sind noch heute für jedermann frei zugänglich – dennoch wurden sie im Kalkül der Gesetzgeber nicht berücksichtigt.

Beispiel Rente mit 67: Als im Februar 2006 die Agenturmeldungen die Nachricht aus dem Kabinett Merkel verbreiteten, klang die Botschaft wie eine Sensation. Ungewohnt schnell hatte die Koalition die Pläne des Bundesarbeitsministers Franz Müntefering (SPD) für gut befunden und sich dafür ausgesprochen, die Rente mit 67 schneller als ursprünglich geplant einzuführen. Der damalige SPD-Vorsitzende Matthias Platzeck lieferte den Medien im gleichen Atemzug die Begründung für den Schritt: »Die große Koalition kann nur erfolgreich sein, wenn beide Partner gemeinsam schwierige Entscheidungen durchtragen«[30], so Platzeck gegenüber der ARD. Er vergaß nicht mitzuteilen, dass das neue Renteneintrittsalter mit 67 eine Folge der demographischen Entwicklung sei: Die zunehmende Veralterung der Gesellschaft lasse »keine andere Möglichkeit zu«.

Auch die erste Bundeskanzlerin der Republik, Angela Merkel (CDU), ließ die Medien über die Notwendigkeit der Heraufsetzung des Rentenalters informieren. Regierungssprecher Ulrich Wilhelm erklärte, dass SPD-Minister Franz Müntefering über die Rückendeckung des gesamten Kabinetts verfügte. In den Kanon der Befürworter fiel letzten Endes auch Arbeitgeberpräsident Dieter Hundt ein, der die Anhebung des Rentenalters als »unverzichtbar« bezeichnete, um die Rentenbeiträge unter zwanzig Prozent zu halten. Selbst der Bundespräsident schien begeistert: »Noch nie waren die Aussichten so gut wie heute, weit jenseits des offiziellen Renteneintrittsalters gesund zu bleiben und gebraucht zu werden.«[31]

In Wirklichkeit sieht die Lage anders aus. Die Entscheidungen in Berlin bestimmen die Situation von Millionen Menschen und führen womöglich zu noch mehr Arbeitslosen im Lande, wie das unter der Nr. 25/06 vom Wissenschaftlichen Dienst (WD) des Deutschen Bundestages publizierte Dokument »Rente mit 67 – Pro und Kontra« belegt. Das Papier, das den verantwortlichen Politikern in Berlin vertraut sein dürfte, klingt ganz anders als die von der Bundesregierung verbreitete Version. So warnt der Wissenschaftliche Dienst des Deutschen Bundestages unmissverständlich vor den Folgen des höheren Renteneintrittsalters:

»Die hohe Arbeitslosigkeit der 50- bis unter 65-Jährigen von 18,1 Prozent (Juni 2005) und das mit 37,3 Prozent niedrige Beschäftigungsniveau dieser Altersgruppe müssten bis zum Wirksamwerden der Altersgrenzenanhebung so grundlegend verbessert werden, dass tatsächlich ein großer Teil der Älteren länger berufstätig sein kann. Zuverlässige Prognosen sind hier kaum möglich. Gelänge dies nicht, würde die Entlastung der Rentenversicherung mit einer Belastung des Arbeitsmarktes und der Arbeitslosenversicherung bezahlt.«[32]

Weiter heißt es:

»Bei Geringqualifizierten ist ... auch künftig eher mit Unterbeschäftigung zu rechnen. Für diese Gruppe steigt das Risiko der Langzeitarbeitslosigkeit bei einem späteren Rentenbeginn. Zudem steigt das Risiko der Altersarmut durch die Verkürzung der Anspruchsdauer auf das Arbeitslosengeld I, der Abschaffung der vorgezogenen Rente wegen Arbeitslosigkeit und der – nach Auslaufen der bis 2007 befristeten Übergangsregelung – für Arbeitslosengeld-II-Bezieher bestehenden Verpflichtung, zum frühestmöglichen Zeitpunkt Altersrente unter Inkaufnahme der entsprechenden Abschläge in Anspruch zu nehmen.«[33]

Im Klartext: Die von der Politik als notwendige Maßnahme verkaufte Anhebung des Renteneintrittsalters führt mit hoher Wahrscheinlichkeit zu mehr Langzeitarbeitslosen und mehr Armut im Land. Davon auszugehen, dass eine Bundesregierung über die Publikationen des Wissenschaftlichen Dienstes im Deutschen Bundestag nicht Bescheid weiß, wäre mehr als unangebracht, gilt der WD doch seit Jahrzehnten als eine der zentralen Informations- und Evaluierungsstellen für die bundesdeutsche Politik. Kaum ein Abgeordneter, geschweige ein Minister, der nicht irgendwann im Laufe seiner Laufbahn auf den WD zugreifen würde. Was aber lässt die Politik so kaltblütig gegen die Interessen der deutschen Bevölkerung entscheiden?

In Wirklichkeit geht es dem Staat um die Einsparung von Rentenbeträgen in Milliardenhöhe, die ihm ohne die Anhebung des Renteneintrittsalters fehlen würden. Denn die wachsende Lebenserwartung verlängert die Rentenbezugszeit – ein Milliardenproblem. Tatsächlich bezogen Frauen beispielsweise im Jahr 1981 im Durchschnitt rund 14,1 Jahre lang Rente – 2003 lag die Dauer der Rentenzahlung bereits bei 18,8 Jahren. Bei Männern kam es ebenfalls zu einem Anstieg von 11,1 (1980) auf 14,8 Jahre (2003).

Obwohl die politischen Entscheidungsträger wissen müssten, dass die geplanten Maßnahmen Langzeitarbeitslose und mehr Armut zur Folge haben können, halten sie an den Veränderungen in Sachen Rente fest. Womöglich ein reines Kalkül, wie man der Studie weiter entnehmen kann:

»Das Deutsche Institut für Altersvorsorge und das Statistische Bundesamt gehen in ihren Prognosen von einer Steigerung der ferneren Lebenserwartung der 60-Jährigen von ca. 1,5 Monaten pro Jahr im Vergleich zum vorhergehenden Jahrgang aus. Bis zur vollen Wirksamkeit der Anhebung des Regelrentenalters im Jahr 2029 bedeutet dies eine durchschnittliche Verlängerung der Lebenserwartung und damit der Rentenbezugszeit um rund 2,7 Jahre. Damit wäre die Anhebung der Regelaltersgrenze um zwei Jahre auf 67, bezogen auf die Gesamtlaufzeit der Rentenzahlungen, mehr als kompensiert.«

Das bedeutet: Die Anhebung des Renteneintrittsalters um zwei Jahre »neutralisiert« die Mehrkosten, die dem Staat durch die zunehmende Alterung der Gesellschaft ohne diese Maßnahme entstehen würden. So simpel diese Aussage auch klingen mag, so schlicht ist auch die Überlegung des Gesetzgebers. Dass die Reform zu mehr Langzeitarbeitslosen und mehr Armut führen könnte, geht aus den IAB-Dokumenten und dem Papier des WD zwar eindeutig hervor – wird aber ignoriert.

Beispiel Hartz IV: Das Übersehen unliebsamer Fakten und realitätsfremde Annahmen gehören zum politischen Repertoire; die Folgen für den Arbeitsmarkt und die Staatskasse sind gewaltig. Während jedes Unternehmen, das derartig dilettantische Prognosen als Entscheidungsgrundlage für die Zukunft einbeziehen würde, zwangsläufig in den Ruin schlitterte, hat das Versagen der Politik faktisch keine Folgen für die Entscheider – die große Masse der Bevölkerung gleicht die Fehler durch immer höhere Abgaben aus.

Wie weltfremd – oder wissentlich – Politiker die ökonomischen Daten der Fachleute ignorieren, zeigt ausgerechnet das als Jahrhundertreform gepriesene Modell Hartz IV. Der Sachverständigenrat zur Begutachtung der gesamtwirtschaftlichen Entwicklung nahm sich in seinem Jahresgutachten der Thematik an und zog eine verheerende Bilanz. Unter dem Titel »Hartz IV – ein Milliardengrab« demontiert das Expertengremium die Überlegungen der Politik und schildert auf sechs Seiten die kapitalen Fehler der Gesetzesmacher in Berlin. Hartz IV, belegt das Dokument unmissverständlich, war ein von Anfang an zum Scheitern verurteiltes Gesetz, weil nahezu alle Annahmen auf Wunschdenken, aber nicht auf den harten Fakten der Ökonomie beruhten.

»Die Ausgaben des Bundes für das Arbeitslosengeld II dürften sich im Jahr 2005 auf rund 25,8 Millarden Euro belaufen; gegenüber der ursprünglichen Haushaltsplanung entspricht dies einem Anstieg von rund elf Milliarden Euro. Überschlägig berechnet, sind davon etwa fünf Milliarden Euro auf die zu optimistische Vorausschätzung der Arbeitsmarktlage zurückzuführen und mindestens drei Millarden Euro auf die ›neuen‹ Bedarfsgemeinschaften im Arbeitslosengeld II. Der Rest erklärt sich unter anderem dadurch, dass die durchschnittlichen Ausgaben je Bedarfsgemeinschaft mit mehr als 550 Euro im Monat höher ausfielen als zunächst gedacht«[34], fassen die Sachverständigen die Liste der politischen Fehlentscheidungen zusammen.

Tatsächlich war der Vermittlungsausschuss, jenes Gremium also, das die vom Bundestag beschlossenen Hartz-Gesetze mit dem Willen der Länderfürsten im Bundesrat in Einklang bringen musste, im Juli 2004 von einer gravierenden Fehleinschätzung der Lage am Arbeitsmarkt ausgegangen. Die Mitglieder des Ausschusses gingen davon aus, dass rund 2,67 Millionen Haushalte in Deutschland im Jahr 2005 das neue Arbeitslosengeld II erhalten würden. Insgesamt rechnete der Vermittlungsausschuss mit rund 3,21 Millionen Menschen, die arbeitsfähig waren und unterstützt werden mussten.

Auch bei der Aufstellung des Bundeshaushaltes für das Jahr 2005 ging die Bundesregierung von diesen Annahmen aus – und revidierte die Zahl der bedürftigen Haushalte sogar auf 2,52 Millionen nach unten. Ein Trugschluss, wie der Sachverständigenrat dokumentiert. »Diese Annahme erweist sich als als deutlich zu optimistisch. Bezieht man Nachmeldungen mit ein, erhielten im Januar 2005 4,5 Millionen erwerbsfähige Hilfsbedürftige in rund 3,3 Millionen Bedarfsgemeinschaften das Arbeitslosengeld II«, heißt es dazu im Jahresgutachten 2005/2006.

Überraschend ist diese Feststellung nicht. Was noch schwerer wiegt: Die Bundesregierung hat bereits am 23. September 2004 wissen müssen, dass die von ihr zugrunde gelegten Daten realitätsfremd waren. Denn an diesem Tag veröffentlichte das Institut für Arbeitsmarkt- und Berufsforschung der Bundesagentur für Arbeit (IAB) eine aktuelle Analyse über die Folgen der geplanten Arbeitsmarkt-Reformen. Das Fazit des internen Papiers der Bundesagentur für Arbeit hätten auch die Verantwortlichen der Bundesregierung verstehen können: »Bei der Zusammenlegung von Arbeitslosenhilfe und Sozialhilfe muss mit höheren Belastungen gerechnet werden«, resümiert das Dokument.[35] Damit nicht genug. Im gleichen Bericht des IAB stellen die Experten fest, dass bereits zum 1. Quartal

2004 die Zahl der bedürftigen Haushalte um mehr als 150 000 über den ursprünglichen Schätzungen lag. Schon in den ersten drei Monaten des Jahres 2004, also lange vor Absegnung des Gesetzes, waren mehr als 250 000 potenzielle Hartz-IV-Empfänger zu verzeichnen.

Unmissverständlich stellt der Bericht daher fest: »Insbesondere beim Start von ALG II ist also mit Risiken zu rechnen: Die Ausgangsbelastung Anfang 2005 wird sich gegenüber den bisherigen Erwartungen erhöhen. Nur bei einem massiven Rückgang der Zahl der bedürftigen Haushalte wäre der bisher erwartete Jahresdurchschnitt zu erreichen.«

Dass es nicht zu einem massiven Rückgang der Arbeitslosigkeit kommen und damit verbunden auch die Zahl der bedürftigen Haushalte nicht abnehmen würde, musste die Bundesregierung im Februar 2006 in einer schriftlichen Unterrichtung eingestehen: »Seit drei Jahrzehnten steigt die Zahl der Arbeitslosen in Deutschland mit einigen Unterbrechungen faktisch kontinuierlich an.«[36]

Wer zwischen den Zeilen liest, mag darin einen Offenbarungseid erkennen, denn die offiziell als Reformen des Arbeitsmarktes durchgesetzten Maßnahmen hatten den Fachpublikationen zufolge von Anfang an mehr Risiken als Chancen geborgen. Gewusst haben es die Entscheidungsträger gewiss – auf die unliebsamen Fakten reagiert haben sie indes nicht. Denn die Anerkennung der ökonomischen Langzeittrends und der internen Papiere des IAB hätte auch bedeutet, nach tragfähigen Alternativen suchen zu müssen. In Zeiten von Rekordgewinnen der Kapitalgesellschaften und einer seit über die Jahrzehnte konstant steigenden Arbeitslosigkeit erscheint die notwendige Konsequenz jedoch naheliegend: Ein schlauer Staat, der Unternehmen die Bedingungen für hohe Gewinne bietet, müsste die Konzerne im Notfall per Gesetz an ihre soziale Verantwortung gegenüber der Gesellschaft erinnern.

Wie sich die unaufhaltsame Erosion am Arbeitsmarkt auf die deutsche Gesellschaft auswirken wird, vermag heute niemand mit Be-
stimmtheit zu sagen, doch die ersten Anzeichen einer wachsenden
Unruhe sind unübersehbar.»Dieses Land braucht Widerspruch«
und»Hausarrest für Merkel« riefen beispielsweise mehr als 3500
Menschen Anfang Juni 2006 in Berlin, als sie gegen Massenarbeitslosigkeit und Sozialabbau demonstrierten. Während derartige Slogans für sich genommen nicht weiter aufgefallen wären, markiert
dieser 3. Juni womöglich den Beginn kommender Unruhen. Denn
erstmals seit Jahrzehnten ging die Polizei gegen Demonstranten,
die gegen die Arbeitsmarktpolitik der Regierung protestierten, mit
Schlagstöcken vor.

Rund 15 000 Menschen hatten sich zu einem Protestmarsch auf
dem Alexanderplatz getroffen, um gegen die Folgen von Hartz IV
zu demonstrieren. Von»Rangeleien am Rande der Demonstration« berichteten die Medien später. Zwar hatte es anlässlich der
Hartz-IV-Gesetze schon ein knappes Jahr zuvor Versammlungen
gegeben; die Montagsdemos in Leipzig erinnerten an das Ende des
SED-Regimes. Doch während in Leipzig die Stimmung friedlich
war, schlug diese nur ein knappes Jahr später um. Neben den körperlichen Auseinandersetzungen mit der Staatsgewalt wurden auch die
Forderungen härter: Einen Mindestlohn von mindestens zehn Euro
die Stunde und die Einführung der 30-Stunden-Woche bei vollem
Lohnausgleich wollten Erwerbsloseninitiativen sowie gewerkschaftliche und linke Gruppen aus ganz Deutschland herbeiführen. Der
3. Juni 2006 verdient im Nachhinein eine besondere Beachtung,
weil im Vergleich zu vorausgegangenen Demonstrationen auf beiden Seiten nervös reagiert wurde. Während Demonstranten die
Beamten mit Farbbeuteln bewarfen, antwortete die Polizei mit Pfef-
ferspray und Schlagstöcken, worauf auch die Demonstranten Pfeffer-
spray einsetzten – so jedenfalls die offizielle Polizeiversion. Mitver-
anstalter Martin Behrsing vom Erwerbslosen Forum Deutschland
schilderte gegenüber Spiegel Online hingegen eine ganz andere

Version. Der zufolge seien die Beamten »wahllos mit Gewalt gegen junge und ältere Demonstranten vorgegangen«[37]. Von mehreren Verletzten war die Rede.

Dass die offiziellen Informationen über Demonstrationen rund um Hartz IV nicht immer vollständig sind, vermuteten im September 2004 etablierte Protestforscher am Wissenschaftszentrum Berlin. So entbrannte um die zu jenem Zeitpunkt schon seit Wochen anhaltenden Proteste gegen Hartz IV ein Streit um die Zahl der Demonstranten, denn die Angaben dazu widersprachen sich zum Teil erheblich. Während Politiker und einige Medien vom »Abebben« der Protestwelle sprachen, verkündeten andere Beobachter einen Zuwachs an Demonstranten. Dieter Rucht, Protestforscher am Wissenschaftszentrum Berlin für Sozialforschung (WZB), forderte aus diesem Grund damals ein Ende der Zahlenspiele und wies auf die Möglichkeit einer objektiven und damit sachlichen Erfassung des Protestpotenzials hin: »Es könnten Zählverfahren angewendet werden, um diesen politisch motivierten Schätzungen entgegenzuwirken«, fordert der bundesweit anerkannte Forscher. Im gleichen Atemzug wies Rucht auf das »interessegeleitete Verwirrspiel um Demonstrantenzahlen«[38] hin.

So zeigt Ruchts Studie, wie die Zahl der Montagsdemonstranten gegen Hartz IV innerhalb von nur zwei Wochen von 90000 auf 70000 Menschen zurückgegangen war – doch nur in den Berichten der Medien, die ihre Informationen aus den amtlichen Pressemeldungen der Polizei und der Länder bezogen. Protestforscher Rucht untersuchte jedoch auch eine andere Informationsquelle und stieß auf eine ganz andere Sichtweise. Die Website der Globalisierungsgegner ATTAC schrieb über dieselben Demos: »In mindestens 145 Städten haben nach bisherigen Angaben zwischen 130000 und 180000 Menschen demonstriert. Damit wurde die Zahl der Vorwoche übertroffen; von einem ›Abebben‹ der Protestwelle‹ kann keine Rede sein.«

Man mag über die reinen Zahlen streiten, aus Sicht der Forscher geht es um einen ganz anderen Aspekt. Entscheidend für den Erfolg oder Misserfolg einer Protestbewegung nämlich ist, wie die

Teilnehmer eine eingeleitete Protestwelle empfinden. Erkennen die Menschen, dass sie von Mal zu Mal mehr Unterstützer auf ihre Seite ziehen, kann eine regelmäßig stattfindende Demonstration à la Montagsdemo zu einer Volksbewegung werden, wie es die DDR-Regierung mit den Montagsdemonstranten im Jahr 1989 erleben musste. Erfahren die Teilnehmer hingegen über die Medien, dass die Zahl der Demonstranten von Woche zu Woche sinkt, fällt irgendwann die Bereitschaft, weiter auf die Straße zu gehen – weil man sich ohnehin auf verlorenem Posten wähnt. Hinter den Zahlenspielen rund um den Hartz-IV-Protest steckt demnach Taktik. Wer die Meinungsführerschaft erlangt, steuert letzten Endes auch die Bewegung. Die Studie des Protestforschers Rucht zeigt unverblümt, dass beide Seiten das Geschäft beherrschen – gleichwohl aber der Staat über die besseren Informationskanäle verfügt.

Das Muster ist dem WZB zufolge »klar und lässt sich für Hunderte von Demonstrationen nachzeichnen: Die Polizei setzt niedrige Zahlen, der Veranstalter setzt hohe Zahlen an«[39].

Die Wahrheit liegt Rucht zufolge häufig, »aber keineswegs immer, irgendwo dazwischen«. Das jedenfalls glauben die Medien und reagieren entsprechend. Sehr oft berichten sie über den Mittelwert beider Angaben – von Veranstalter und Polizei – als die tatsächliche Zahl der Demonstranten. Zudem, gibt Forscher Rucht zu bedenken, beeinflusst die redaktionelle Ausrichtung der Medien die Wahl der Zahlen. So sei es »sicher kein Zufall, dass beispielsweise die FAZ bei linkslastigen Protesten eher mit geringen Zahlen, die taz dagegen eher mit hohen Zahlen operiert.«[40]

Dabei gäbe es Alternativen zum politisch gewollten Zahlenspiel. In den USA liefern Luftbilder genaue Daten über das Ausmaß von Großdemonstrationen in Washington, D. C. Für Deutschland könnten kleine Gruppen, die aus einem Vertreter der Polizei, der Veranstalter und ein oder zwei unabhängigen Beobachtern bestehen, eine objektive Schätzung abgeben: »Es ist an der Zeit, das seit mindestens hundert Jahren währende interessegeleitete Verwirrspiel um Demonstrantenzahlen einzudämmen. Dann ließe sich auch die einfache Frage entscheiden, ob die Protestbewegung gegen Hartz IV in den beiden letzten Wochen zu- oder abgenommen hat.«[41]

Aus Sicht vieler Politiker dürften die Ergebnisse des WZB jedoch mehr als ernüchternd wirken. Denn 75 Prozent aller ostdeutschen Hartz-IV-Demonstranten finden den Sozialismus mittlerweile wieder eine »gute Idee, die schlecht ausgeführt wurde«. Nur fünfzehn Jahre nach der Wiedervereinigung fiel die Zustimmung zur Demokratie unter den Montagsdemonstranten im Osten derart gering aus, dass die Werte selbst der einstigen DDR-Propaganda-Sendung »Der schwarze Kanal« nicht eingefallen wären: Nur noch 58 Prozent der befragten Menschen im Osten der Republik waren der Meinung, dass die Demokratie die »beste Staatsform« sei. Die schockierende Zahl als Ergebnis unzufriedener »Ossis« abzutun, wäre eine fatale Fehldeutung der Stimmung im ganzen Lande, denn auch unter den westdeutschen Demonstranten lag der Anteil der Demokratie-Befürworter bei nur noch 68 Prozent.

Die Befragung unter den Montagsdemonstranten in Berlin, Leipzig, Magdeburg und Dortmund zeigte zudem »dramatische Verschiebungen im Wählerverhalten«, wie das WZB in einer entsprechenden Erklärung mitteilte:

»Die SPD, die noch bei der letzten Bundestagswahl von rund 27 Prozent der Protestierenden aus den alten Bundesländern gewählt wurde, stürzt auf einen Wert von 2,1 Prozent ab. Auch in den neuen Bundesländern verliert die SPD dramatisch an Vertrauen: Sie fällt von rund 21 auf 0,6 Prozentpunkte.«

Zugewinne verzeichnete hingegen vor allem die PDS. Im Westen stieg die Zustimmung zur Politik der PDS von 22 auf 34 Prozent, im Osten von 44 auf 49 Prozent.

Dagegen könnten die rechtsradikalen Parteien bei einer anstehenden Bundestagwahl nur relativ bescheidene Zugewinne verbuchen. Die NPD würde im Osten von 0,2 Prozent auf 2,4 Prozent anwachsen, im Westen von 0,3 Prozent auf 2,6 Prozent. Diese Zahlen zeigen, dass die Hartz-IV-Demonstranten nicht von rechten Parteien in nennenswertem Umfang angezogen werden. Auch ortet sich nur eine verschwindende Minderheit der Demonstranten als

»ganz rechts« ein. Unter den befragten Demonstranten waren nach eigenen Angaben vierzig Prozent arbeitslos. Bezieher von Arbeitslosenhilfe waren in allen vier Städten deutlich stärker vertreten als Sozialhilfe-Empfänger und Bezieher von Arbeitslosengeld. Überraschend hoch war mit 18 Prozent die Beteiligung von Rentnern und Pensionären. Die Mehrheit der Protestierenden (52 Prozent) gab an, zwischen 45 und 64 Jahre alt zu sein. Es protestierte somit jene Altersgruppe, deren Integration in den Arbeitsmarkt am schwierigsten erscheint. Die Befragung der Wissenschaftler bezog sich auf rund 1025 Demonstranten, die am 13. September 2004 an den Montagsdemonstrationen in Berlin, Leipzig, Magdeburg und Dortmund teilgenommen hatten.

Die Verantwortlichen wären gut beraten, aus der Geschichte zu lernen und auf die Ängste und Nöte des Volkes zu hören. Wie schnell Proteste der Arbeiter zur realen Bedrohung einer jeden Gesellschaftsform heranwachsen können, erfuhr vor einem Jahrhundert die russische Zarenfamilie. Im Jahr 1906 schrieb die Verfechterin der marxistischen Theorien und deutsche Revolutionärin Rosa Luxemburg:»Das große Massenstreikgewitter im Süden Russlands 1902 und 1903 entstand, wie wir gesehen, in Baku aus einem Konflikt infolge der Maßregelung Arbeitsloser, in Rostow aus Lohndifferenzen in den Eisenbahnwerkstätten, in Tiflis aus einem Kampf der Handelsangestellten um die Verkürzung der Arbeitszeit, in Odessa aus einem Lohnkampf in einer einzelnen kleinen Fabrik.«[42] Elf Jahre nach diesen Zeilen war das russische Zarenreich Geschichte – die bolschewistische Revolution hatte die Herrscher hinweggefegt.

FAZIT: Die Arbeitslosigkeit nimmt in Deutschland seit über dreißig Jahren kontinuierlich zu, selbst die Phasen der großen Wirtschaftsaufschwünge brachten keine nachhaltigen Jobs. Die Politik verschweigt diesen Aspekt und schönt die Statistiken. So werden die Arbeitslosenzahlen monatlich vorgestellt – danach sind, je nach Jahr und Wirtschaftslage, rund 4,5 bis 5 Millionen arbeitslos. In Wirklichkeit aber leben weit mehr als sieben Millionen Menschen ohne Arbeit. Hinzu kommen jene, die für Hungerlöhne arbeiten müssen – aber nicht als arbeitslos geführt werden. Vom Ende der Arbeit zu sprechen, erscheint daher angebracht. Diesem Trend hat die Politik bislang nichts entgegenzusetzen – im Gegenteil. Die vollmundigen Versprechen vergangener Kanzler (Gerhard Schröder) oder abgetauchter Superminister (Wolfgang Clement) blieben wirkungslos: Die Wirtschaft dominiert die Bedingungen am Arbeitsmarkt und diktiert die Lohnpolitik. Das Risiko für die Konzerne ist begrenzt: Wer Tausende von Menschen entlässt, um die Kapitalrendite zu steigern, riskiert bislang nichts. Der Staat könnte das ändern: Müssten Konzerne im Falle von Massenentlassungen die Kosten der Arbeitslosigkeit für ihre Mitarbeiter selbst tragen und Hartz IV an Stelle des Staates finanzieren, fiele die Bilanz womöglich anders aus – weniger Kapitalrendite, mehr Jobs.

III. DIE NEUE ARMUT

– Warum Deutschland zunehmend verarmt
– Warum die Reformen diesen Prozess noch beschleunigen
– Wie der Staat Unternehmen bevorzugt
– Warum das Steuerrecht den Export von Arbeit fördert
– Wie die Lohnnebenkosten benutzt werden, um Sozialleistungen zu kürzen

Als Bundespräsident Horst Köhler am 21. Juli 2005 den Deutschen Bundestag auflöste, um für den 18. September 2005 vorgezogene Neuwahlen anzusetzen, gerieten Fachleute im Bundesministerium für Gesundheit und Soziale Sicherung (BMGS) in Zeitnot. Denn auf der To-do-Liste des Ministeriums stand, seit Jahren anvisiert, die Fertigstellung des Sozialberichts 2005. Doch im Juli 2005 stand fest: Bis zu den Neuwahlen konnte das Werk nicht mehr vollendet werden, und was nach den Wahlen kommen würde, wusste im Ministerium zu jenem Zeitpunkt ohnehin niemand. Angesichts dieser ungünstigen Konstellation entschied man sich für eine Notlösung. Der 219 Seiten umfassende Bericht erschien, erstmals in der Geschichte der Republik, in einer unfertigen Version. »Bedingt durch die Verkürzung der 15. Legislaturperiode, musste dabei auf den Teil B des Sozialberichts – das Sozialbudget – verzichtet werden. Die ausführliche statistische Beschreibung der sozialen Sicherungssysteme entfällt daher ebenso wie die mittelfristige Prognose der Sozialleistungen und der Materialband«, heißt es entsprechend in der Einleitung der Studie.[43] Auch wenn das Dokument für viele Politiker als Basiswerk zur Wohlstandslage der Bevölkerung gilt, ein echter Verlust an Informationen über Reich und Arm in Deutschland ist die unfertige Fassung vermutlich nicht. Unter welchen Verhältnissen Menschen hierzulande leben, beschreiben nämlich ganz unbeschönigt andere Dokumente – auf die keine Bundesregierung gerne verweist. Sozialforscher und Ökonomen hingegen nehmen die »ungeliebten Studien« der letzten Jahre mit Sorge zur Kenntnis, weil viele der Kernaussagen ein beängstigendes Bild liefern. So sorgte Anfang 2006 eine Studie der Hans-Böckler-Stiftung, die sich der verdeckten Armut in Deutschland annahm, unter Fachleuten für Aufsehen. »Neben den 2,8 Millionen Menschen, die staatliche Hilfe zum Lebensunterhalt erhalten, leben in der Bundesrepublik mindestens 1,8 Millionen Bedürftige ohne öffentliche Unterstützung«[44], kommentiert die Stiftung ihre Forschungsergebnisse. Tatsächlich brachte die von den Frankfurter Wissenschaftlern Richard Hauser und Irene Becker erstellte Untersuchung sensible Daten zu Tage: Weitaus mehr Menschen leben hierzulande in Armut, als von der Politik nach außen hin dargestellt wird. Nach Analyse der Armutsforscher kamen im Beobachtungszeitraum 2003 auf drei Empfänger von Sozialhilfe (Hilfe zum Lebensunterhalt) mindestens zwei, vermutlich aber eher drei Berechtigte, die sich nicht bei den Behörden meldeten. Das entsprach 1,8 bis 2,8 Millionen Menschen.

Zwar gilt mittlerweile als sicher, dass nach der Zusammenlegung von Arbeitslosen- und Sozialhilfe im Rahmen der Hartz-Gesetze der Anteil der »Inoffiziellen« etwas gesunken ist, weil sich viele Sozialhilfeempfänger nun auch wirklich arbeitslos melden. Doch in anderen Gruppen veränderte sich so gut wie nichts. Nach wie vor sind alleinstehende Frauen über sechzig Jahre vom Phänomen der verdeckten Armut besonders betroffen. Noch Anfang der neunziger Jahre hätte das niemanden bekümmert, galt die Frühverrentung doch als schickes Modell, um Menschen ohne Arbeit wenigstens aus der Arbeitslosenstatistik zu bekommen. Nun aber ist der Vorruhestand mit 58 passé, und Politiker aller Couleur streiten nicht einmal mehr darüber, ob Menschen bis 65 oder gar bis 67 Jahren arbeiten sollten. Die Rente mit 67 ist beschlossene Sache. Das riesige Heer der verarmten Generation 60 plus erscheint daher in einem neuen Licht. Diese Menschen stehen dem Arbeitsmarkt sehr oft aus gesundheitlichen Gründen nicht mehr zur Verfügung und tauchen daher in keiner Arbeitslosenstatistik auf. Gleichwohl sind sie auf Gelder wie Hartz IV angewiesen – und leben damit mit einem monatlichen Einkommen von 345 Euro (Stand Juli 2006) plus Übernahme der Wohnkosten und weiterer Leistungen ganz klar am Rande der Armut.

Die von Hauser und Becker durchgeführte Studie definiert schon jene Menschen als arm, die nicht über das gesetzlich festgelegte Existenzminimum verfügen, und das liegt hierzulande bei rund 935 Euro pro Monat.[45] Die Forscher werteten drei große Haushaltsstichproben aus: die Einkommens- und Verbrauchsstichprobe des Statistischen Bundesamtes, das Sozio-oekonomische Panel des Deutschen Instituts für Wirtschaftsforschung sowie das Niedrigeinkommenspanel von Infratest Sozialforschung. Auf dieser Basis kalkulierten sie die verdeckte Armut zunächst für 1998. Ergänzende Auswertungen zeigten schnell, dass kein Silberstreif am Horizont zu erkennen war – die Zahlen hatten sich selbst fünf Jahre nach der ersten Auswertung bis 2003 kaum verändert.

Die zunehmende Armut erfasst demnach alle Altersgruppen, doch Kinder sind davon besonders stark betroffen. Eine Expertise des Paritätischen Wohlfahrtsverbands, die unter dem Namen »Zum Leben zu wenig …« im August 2005 erschien, machte klar, welche Dimension die neue Kinderarmut erlangt hat. Das über Jahrzehnte hinweg garantierte Sozialhilfeniveau reicht nicht einmal mehr dazu aus, um das so genannte soziokulturelle Existenzminimum sicherzustellen. »Der Mindestbedarf – von Nahrungsmitteln über Kleidung, medizinische Produkte bis hin zu Telekommunikation oder minimaler gesellschaftlicher Teilhabe – ist mit 345 Euro im Monat für einen Erwachsenen und 207 Euro für Kinder bis vierzehn Jahren auf keinen Fall mehr gedeckt«[46], schrieb der Verband und lieferte im gleichen Atemzug eine Erklärung für diese Entwicklung: »Die Ursache liegt in gravierenden methodischen Schwächen der empirischen Herleitung des Niveaus und einer ganzen Reihe offensichtlich rein finanzpolitisch motivierter willkürlicher Setzungen im Umgang mit den Statistiken.«

HARTZ IV ALS ARMUTSFALLE

Ausgerechnet die als Reformpaket hoch gelobten und im Jahr 2004 erdachten Hartz-Gesetze scheinen den Prozess der Verarmung zu beschleunigen. Vor allem Kinder sind die Verlierer von Hartz IV, denn das Leistungsniveau des Sozialgeldes nach dem SGB II entspricht nicht einmal dem Niveau der alten Sozialhilfe mit Regelsatz und zusätzlichen einmaligen Leistungen, wie der Paritätische Wohlfahrtsverband kritisiert.

In der Studie des Verbandes wollten die Experten wissen, wie viele Menschen und vor allem Kinder sechs Monate nach Inkrafttreten von Hartz IV »auf dem unzureichenden Niveau der Sozialhilfe leben müssen«. Um das herauszufinden, nahm die Untersuchung neben tatsächlichen Empfängern der verschiedenen sozialen Leistungen auch Schätzungen zur Dunkelziffer in die Berechnungen auf. Die Auswertungen berücksichtigten auch mögliche Überschneidungen: Wer beispielsweise einen Minijob ausübte und zusätzlich Gelder der Arbeitsagentur bekam, tauchte in der Statistik als eine Person auf. Die Studie gilt auf Grund solcher Details als seriöses Werk der Sozialforschung. Dennoch scheint die Politik wenig interessiert, auf die Ergebnisse hinzuweisen. Kein Wunder: Lediglich drei Millionen Menschen lebten Ende 2004 auf Sozialhilfeniveau. Nur sieben Monate nach Einführung von Hartz IV stieg die Zahl auf 6,16 Millionen an. Unter Berücksichtigung jener Menschen, die trotz ihrer Armut keine Ansprüche geltend machen, leben der Studie zufolge sogar 7,18 Millionen Menschen oder 8,7 Prozent der Bevölkerung auf Sozialhilfeniveau.

Wer ist arm?

Als einkommensarm gilt, wer unter fünfzig Prozent des durchschnittlichen Haushaltsnettoeinkommens eines Landes zur Verfügung hat (soziokulturelles Existenzminimum). Von strenger Armut spricht man, wenn nur vierzig Prozent des durchschnittlichen Haushaltsnettoeinkommens oder weniger zum Leben zur Verfügung stehen.

Ende 2004 verzeichnete die offizielle Sozialhilfestatistik 965 000 Kinder in der Sozialhilfe, ein halbes Jahr später waren mehr als 1,5 Millionen Kinder unter fünfzehn Jahren auf Sozialhilfe, Sozialgeld nach dem SGB II oder Kinderzuschläge auf Sozialhilfeniveau angewiesen. Bezieht man auch hier die Dunkelziffer ein, fällt die Zahl der armen Kinder mit 1,7 Millionen noch drastischer aus: Jedes siebte Kind in Deutschland fällt in diese Kategorie. Dabei haben es die westlichen Bundesländer besser als die östlichen. Während die Kinderarmutsquote im Westen der Republik bei 12,4 Prozent liegt, macht sie in Ostdeutschland 23,7 Prozent aus. »Jedes vierte Kind in den neuen Ländern muss als einkommensarm gelten«, konstatiert der Paritätische Wohlfahrtsverband. Kinderarmut kommt in allen Regionen vor, selbst der immer wieder hoch gelobte Süden Deutschlands hat erschreckend hohe Armutsquoten vorzuweisen: In Hof, Schweinfurt oder Nürnberg liegen sie bei bis zu zwanzig Prozent. In Berlin beziehen 29,9 Prozent aller Kinder unter fünfzehn Jahren Sozialgeld, ostdeutsche Städte wie Görlitz, Halle oder Schwerin warten mit Rekorden von bis zu 35 Prozent auf. Jedes dritte Kind ist hier auf Sozialgeld nach dem SGB II angewiesen. »Die Einkommensarmut von Kindern hat in der Bundesrepublik eine historisch neue Dimension und eine neue Qualität erreicht«, stellen angesichts solcher Zahlen die Autoren der Studie fest, und: »Neu ist auch die Tatsache, dass diese Rekordkinderarmut mit Inkrafttreten von Hartz IV quasi über Nacht entstand.«[47]

Die Folgen für die betroffenen Kinder sind dramatisch. Ein Leben auf Sozialhilfeniveau bedeutet Verzicht auf das, was die Zukunft eines Landes ausmacht: eine gute Ausbildung und soziale Teilhabe. Ein Drittel aller Kinder sind heute auf Grund der sozialen Lage ihrer Familien gesellschaftlich ausgegrenzt. Sie besuchen keinen Sportverein, gehen niemals in den Zoo und absolvieren keinen Computerkurs. Selbst der oft nötige Nachhilfeunterricht bleibt unerschwinglich. So machen diese Kinder vor allem eine Erfahrung: dass ihnen der Staat, die Gesellschaft nichts geben. »Es ist nicht absehbar, was es für die bundesrepublikanische Gesellschaft als ganze bedeuten sollte, wenn tatsächlich jedes siebte Kind über längere Zeit in Einkommensarmut verbleiben sollte«, warnte angesichts dieser Lage der Paritätische Wohlfahrtsverband.[48] Arme Kinder, müsste man hinzufügen, wachsen ohne staatliche Unterstützung zu verarmten Erwachsenen heran. Weitaus dramatischer sind die psychologischen Auswirkungen von Armut und Arbeitslosigkeit im Jugendalter.

Ausgerechnet die mit großem Medienwirbel eingeführte Zusammenlegung von Arbeitslosen- und Sozialhilfe im Rahmen der so genannten Hartz-Gesetze verstärkt seit Anfang 2005 diesen Trend. Denn viele bedürftige Eltern und kinderlose Erwachsene verzichten seit Einführung der neuen Gesetze auf staatliche Unterstützung, weil sie nicht ausreichend informiert sind. Tatsächlich gingen in den Befragungen der bundesweit anerkannten Sozialforscher Richard Hauser und Irene Becker mehr als die Hälfte der verdeckt Armen davon aus, Sozialhilfe prinzipiell zurückzahlen zu müssen. Viele der Armen mit einem schlecht bezahlten Job wussten nicht, dass auch sie Anspruch auf ergänzende Sozialhilfe hatten. Nach Ansicht der beiden Forscher haben die Hartz-Gesetze dieses Informationsdefizit sogar vergrößert: »Die Working Poor dürften sich noch seltener als anspruchsberechtigt sehen als vor der Reform – denn sie sind ja nicht arbeitslos.« Auch spielen psychologische Faktoren eine wichtige Rolle. Die Angst vor Stigmatisierung schreckt offenbar viele Menschen ab, den Gang zum Amt zu wagen und das einzufordern, was ihnen per Gesetz zusteht. Wer die Armut im Lande wirklich bekämpfen will, müsse auf mehr Sozialarbeit setzen – aber genau das Gegenteil geschieht. »Debatten um eine vermeintliche Kostenexplosion und angebliche Missbräuche beim Arbeitslosengeld II lenken ab von den tatsächlichen Problemen der Arbeitsmarktreform, etwa dem gestiegenen Armutsrisiko für viele Langzeitarbeitslose«, konstatierte im Sommer 2006 eine Analyse des Wirtschafts- und Sozialwissenschaftlichen Instituts (WSI) in der Hans-Böckler-Stiftung.[49]

Zudem ist die Zahl der Langzeitarbeitslosen deutlich angestiegen. Allein zwischen 2003 und 2005 machte der Zuwachs mehr als 200 000 Menschen aus. Gleichzeitig jedoch sank die Zahl jener Arbeitslosen, die Arbeitslosengeld I (ALG I) bezogen. Dass es zu dieser Verschiebung kam, hat mit Missbrauch so gut wie nichts zu tun. Es war vor allem die verkürzte Bezugsdauer des Arbeitslosengeldes I, die einen Anstieg der Ausgaben bei Harz IV bewirkte. Missbrauch, stellte das WSI daher fest, habe »nur einen geringen Einfluss – anders als in der öffentlichen Diskussion häufig angenommen«.

Unterschätzt wird hingegen, dass als Folge der Arbeitsmarktreform das Armutsrisiko für zahlreiche Langzeitarbeitslose steigt. So zeigt eine Simulationsstudie im Auftrag der Hans-Böckler-Stiftung, dass sechzig Prozent der bisherigen Bezieher von Arbeitslosenhilfe durch die Reform weniger Geld zur Verfügung haben. Auch die Absicherung für das Alter verschlechtert sich in vielen Fällen. Eine Senkung der Regelsätze oder die Abschaffung der befristeten Zuschläge zum ALG II, wie sie bisweilen gefordert werden, »wären weitere drastische Einschnitte in die Existenzsicherung von Langzeitarbeitslosen«.

Während Hartz IV den Betroffenen den Weg in die Armut weist, bescheren die von Sozialdemokraten, Grünen, Union und FDP abgesegneten Reformen dem Staat einen wahren Geldsegen. Das belegen, wenn auch kaum publik gemacht, Zahlen der Bundesagentur für Arbeit (BA). So stiegen im Jahr 2005 die Ausgaben für Langzeitarbeitslose um etwa 5,8 Milliarden Euro. Die Einsparungen beim Arbeitslosengeld I machten jedoch 7,8 Milliarden Euro aus – unterm Strich ein ansehnliches Plus von rund zwei Milliarden Euro für Vater Staat. Die von der Politik im Frühjahr 2006 immer gebetsmühlenartig vorgetragene angebliche »Kostenexplosion« entpuppt sich als Schauermärchen. »Aufs Ganze gesehen führt die Neuregelung von Hartz IV nicht zu einer Kostenexplosion, sondern eher zu einer Kostenimplosion«, resümierten auch die WSI-Experten – der Staat spart Milliardenbeträge auf Kosten der verarmenden Gesellschaft.

EROSION IN ALLEN KLASSEN

Die Erosion der Einkommen hat längst auch die Mittelschicht erfasst, ein Phänomen, das nachdenklich stimmen müsste, war die Mittelschicht bislang doch gesellschaftstragend. Dabei ist das Bruttoinlandsprodukt der Bundesrepublik (BIP), jene Größe also, die den Wert aller hergestellten Waren und Dienstleistungen einer Volkswirtschaft angibt, allein zwischen 1991 und 2004 um rund vierzig Milliarden Euro pro Jahr gestiegen, wie die Langzeitgrafik des Statistischen Bundesamtes belegt:

Doch das kräftige Plus an volkswirtschaftlichem Einkommen erreicht die breite Masse der Bevölkerung nicht mehr, weil die Lohneinkommen in den letzten Jahren so gut wie nicht mehr gestiegen sind.

Abb. 7
NOMINALES BRUTTOINLANDSPRODUKT IN DEUTSCHLAND

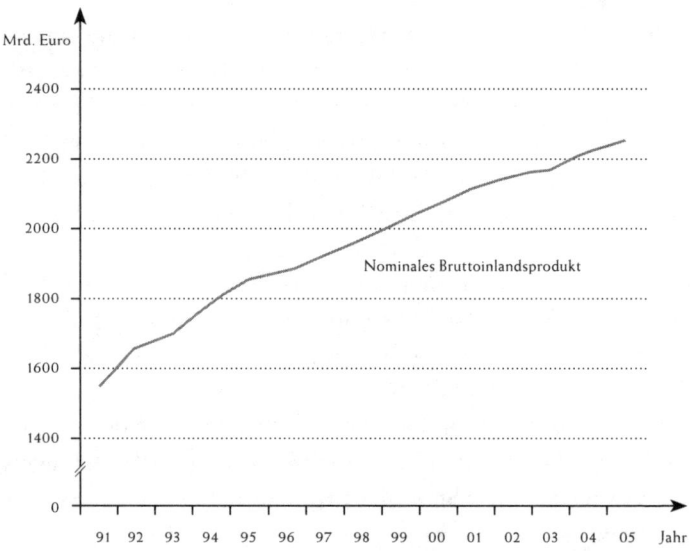

Quelle: *Bruttoinlandsprodukt 2005 für Deutschland. Informationsmaterial zur Pressekonferenz am 12.01.2006 in Frankfurt am Main. Statistisches Bundesamt.*

Abb. 8
DURCHSCHNITTLICHE ARBEITNEHMERENTGELTE IN DEUTSCHLAND*

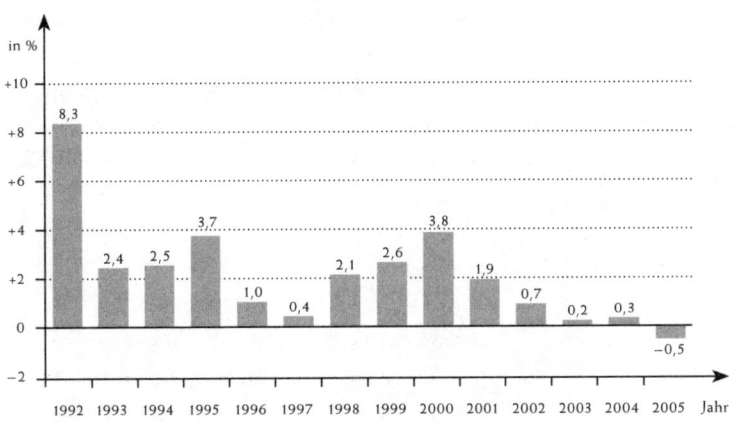

* Veränderungen gegenüber dem Vorjahr.

Quelle: Statistisches Bundesamt

Im November 2005 publizierte der angesehene Verteilungsforscher Claus Schäfer eine Fachstudie, die diesen Trend eindrucksvoll belegt. Schäfer zufolge schlägt die BIP-Erhöhung fast ausschließlich auf die Erhöhung der Gewinn- und Vermögenseinkommen durch.[50] Die offiziellen Daten des Statistischen Bundesamtes geben Schäfers Aussagen Recht. Während die arbeitende Bevölkerung immer weniger verdient, steigen die Unternehmensgewinne stetig und erheblich an.

Um welche Dimension es sich dabei handelt, zeigt der Blick in die Gewinne der Kapitalgesellschaften. So machten im Jahr 1980 die Bruttounternehmensgewinne 39,51 Milliarden Euro aus, im wiedervereinigten Deutschland des Jahres 1991 waren es bereits 195,80 Milliarden. Nur dreizehn Jahre später erreichten die Unternehmensgewinne schließlich 368,77 Milliarden Euro.

So viel wie nie zuvor in der Geschichte der Bundesrepublik verdienten die Konzerne im Jahr 2005 – und mit ihnen die Manager der jeweiligen Unternehmen. Allein die Top-30-Unternehmen der

Abb. 9

UNTERNEHMENS-UND VERMÖGENSEINKOMMEN IN DEUTSCHLAND*

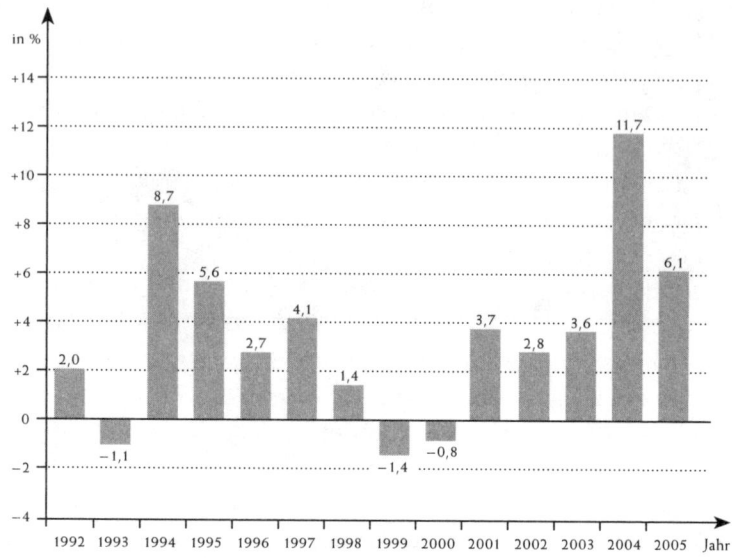

*Veränderungen gegenüber dem Vorjahr.

Quelle: Statistisches Bundesamt

deutschen Wirtschaft brachten es auf eine Gewinnsteigerung von
rund 36 Prozent auf über 51 Milliarden Euro, wie die Frankfurter
Rundschau nach der Auswertung der Bilanzen dieser Kapitalgesellschaften im März 2006 berichtete.[51] Während sich 8,6 Millionen
Menschen in Deutschland nur mit Hilfe staatlicher Unterstützung
von der Bundesagentur für Arbeit über Wasser halten konnten,
schwebten die Bosse in ganz anderen Sphären: Der damalige Chef
der Deutschen Bank, Josef Ackermann, ließ sich die Bezüge gleich
um zwölf Prozent erhöhen und brachte es auf rund 12 Millionen
Euro im Jahr. Der vierköpfige Vorstand des mächtigen Geldinstituts
kassierte 29 Millionen Euro und damit vierzehn Prozent mehr als
im Jahr zuvor. Auch die Umsatzzahlen der Großkonzerne sprechen
für sich. DaimlerChrysler erwies sich im Berichtszeitraum 2005
mit 142 Milliarden Euro als umsatzstärkstes Unternehmen. Energie-

gigant E.ON wiederum wartete mit einer astronomischen Gewinnexplosion von 266 Prozent auf und konnte am Ende des Bilanzjahres 7,5 Milliarden Euro an Gewinn registrieren. Normalerweise wäre das ein Grund zur Freude. Hohe Gewinne müssten nämlich höhere Steuereinnahmen generieren, und dem Staat wäre auf diese Weise doppelt gedient. Zum einen ließen sich die ohnehin maroden Sozialsysteme finanzieren, zum anderen stünden Gelder für Investitionen bereit, die letzten Endes zu mehr gut bezahlten Jobs – und damit verbunden weniger Armut im Lande – führen würden.

Doch nichts davon ist eingetreten, wie ein Ausflug in die Langzeitstatistik lehrt. Zwar gehören die Steuersätze für Kapitalgesellschaften mit rund 38 Prozent in Deutschland zu den höchsten in Europa, doch das nur auf dem Papier. Denn durch Abschreibungen und Vergünstigungen nimmt der Staat weitaus weniger ein, als die realen Gewinne der Unternehmen hoffen ließen. Als beispielsweise die Kapitalgesellschaften im Jahr 1993 über 178 Milliarden Euro an Gewinn einfuhren, flossen davon lediglich 21,87 Milliarden in Form von *direkten* Steuern in die Staatskasse.[52] Elf Jahre später, also 2004, hatte sich der Gewinn der Kapitalgesellschaften auf die eingangs erwähnten 368,77 Milliarden Euro mehr als verdreifacht – die abgeführten *direkten* Steuern hingegen sanken bundesweit auf nur noch 20,81 Milliarden Euro.[53]

Während die Steuerbelastung der Normalbevölkerung kontinuierlich zunimmt und allein die Mehrwertsteuer seit Januar 2007 eine De-facto-Verteuerung von über drei Prozent im Vergleich zum Vorjahr ausmacht, verschenkt der Staat Milliarden an Kapitalgesellschaften, indem er auf die explodierenden Gewinne nicht adäquat reagieren kann oder will. Diesen Trend beobachten Ökonomen seit 1994. Die effektive Steuerbelastung der Kapitalgesellschaften ist auf mittlerweile rund acht Prozent gesunken. Je nach Bundesregierung und wirtschaftlicher Lage konnten sich Kapitalgesellschaften sogar über eine effektive Steuerbelastung von durchschnittlich nur sechs Prozent freuen. Noch im Jahr 1980 betrug diese 33,6 Prozent.

Die Folge der steigenden und kaum besteuerten Gewinne sind nicht Wohlstand und Wachstum für alle. Vielmehr sind seit Jahrzehnten kontinuierlich steigende Arbeitslosenzahlen und ein wachsendes Heer von Armen die Früchte einer offenbar verfehlten Steuerpolitik. Zwar zweifelt kein Ökonom an der Notwendigkeit relativ geringer Unternehmenssteuersätze, um die Firmen international konkurrenzfähig zu halten. Nur: Spätestens wenn die Maximierung der erwirtschafteten Rendite für die Aktienanleger zum einzigen Ziel der Kapitalgesellschaften mutiert und die soziale Verantwortung gegenüber der Gesellschaft schwindet, gelten die Gesetze der sozialen Marktwirtschaft nicht mehr. Die Schere zwischen Arm und Reich, zwischen Besitzenden und Mittellosen öffnet sich seit Jahrzehnten stetig und beängstigend – nicht nur zwischen Unternehmen und Arbeitnehmern. Sie teilt auch die Arbeitnehmer in mehrere Schichten. Es gibt mittlerweile jene, die gut verdienen, und solche, deren Einkünfte sich der Armutsgrenze nähern.

Diese gefährliche Entwicklung registrieren die meisten Menschen erst dann, wenn sie in den Sog der neuen Armut geraten. Denn auf den ersten Blick erscheint die soziale Situation stabil. Einer Berechnung des Statistischen Bundesamtes zufolge erzielten die privaten Haushalte in Deutschland im Jahr 2002 durchschnittlich ein Nettoeinkommen von 32 100 Euro. Verglichen mit 25 700 Euro im Jahr 1991 waren das satte 25 Prozent mehr. Weil zudem der Trend zu kleineren Haushalten ungebrochen ist, erhöhte sich das Nettoeinkommen je Haushaltsmitglied sogar um ganze 32 Prozent. Damit standen, statistisch betrachtet, im Jahr 2002 jedem Einwohner der Republik 15 000 Euro »für Konsum und Sparen zur Verfügung«[54] – und damit 3700 Euro mehr als im Vergleichsjahr 1991. So konstatierten die Statistiker auch, dass sich das reale Durchschnittseinkommen je Haushaltsmitglied zwischen 1991 und dem Jahr 2002 um fünf Prozent erhöhte.

Im Detail allerdings offenbart sich das wahre Ausmaß der sozialen Erosion im Lande. Von den über 80 Millionen Einwohnern der Bundesrepublik gehören knapp 8,6 Millionen Menschen zu den so genannten Leistungsbeziehern von Sozialleistungen. Mehr als 7

Millionen empfangen dabei Gelder aus den Töpfen von Hartz I V.[55] Diesen Menschen, die mit 345 Euro im Monat haushalten müssen, stehen gegenüber: Selbständigenhaushalte mit einem durchschnittlichen Nettoeinkommen von 88 400 Euro im Jahr 2002 (1991: 71 900 Euro). Sie verfügen über die höchsten Durchschnittseinkommen; jedes Haushaltsmitglied bringt es hier auf 32 900 Euro. Die Gruppe ist extrem heterogen: von Kleingewerbetreibenden, selbständigen Landwirten bis hin zu freiberuflich tätigen Ärzten, Anwälten, Architekten und anderen Selbständigen.[56]

Arbeitnehmerhaushalte kamen dem Statistischen Bundesamt zufolge im Jahr 2002 auf durchschnittlich 34 800 Euro, was pro Haushalts-

Abb. 10
EINKOMMEN DEUTSCHER HAUSHALTE

Haushalte nach sozialer Stellung der Bezugsperson	Nominaleinkommen		
	1991 Euro je Haushalt	2002 Euro je Haushalt	Veränderung in %
Private Haushalte insgesamt	25 700	32 100	25
Haushalte von:			
Selbständigen	71 900	88 400	23
Arbeitnehmern	27 200	34 800	28
Beamten	33 900	41 500	23
Angestellten	29 000	37 000	28
Arbeitern	24 100	30 000	24
Nichterwerbstätigen	16 400	21 300	30
darunter:			
Arbeitslosengeld-/ Arbeitslosenhilfeempfänger	15 900	19 000	20
Rentner	16 700	21 600	29
Pensionäre	23 000	29 000	26
Sozialhilfeempfänger	10 700	13 900	29

Quelle: Statistisches Bundesamt

73

mitglied 14 100 Euro ausmacht. Beamtenhaushalte lagen mit 41 500 Euro vor den Angestelltenhaushalten (37 000 Euro) und den Arbeiterhaushalten (30 000 Euro). In Beamten- und Angestelltenhaushalten standen jedem Mitglied rund 16 000 Euro zur Verfügung, Arbeiterhaushalte kamen auf 11 200 Euro pro Kopf. Pensionärshaushalte brachten es auf 17 400 Euro pro Kopf und Rentner auf immerhin 13 100 Euro.[57]

Danach geht es in Sachen Einkommen steil bergab. Denn die Pro-Kopf-Einkommen in Haushalten von Arbeitslosengeld- bzw. Arbeitslosenhilfeempfängern lagen im Jahr 2002 bei jeweils 8600 Euro; die damals noch erfassten Sozialhilfeempfänger bezogen 6100 Euro pro Kopf und Jahr. Das Ende der Fahnenstange ist damit nicht erreicht: »Einkommen der einzelnen Haushalte können nach oben und unten erheblich vom Durchschnitt abweichen.«[58]

Betrachtet man nicht die Einzelpersonen, sondern die Haushalte, ergibt sich ein wenig erfreuliches Bild. Ausgerechnet Familien mit Kindern und Alleinerziehende stehen am unteren Ende der Einkommensskala. Wer beispielsweise sein Kind ohne Partner großzie-

Abb. 11
MONATLICHE HAUSHALTSEINKOMMEN NACH HAUSHALTSTYP

Bedarfsgewichtete Einkommen Deutschland 2002	absolute Zahlen in Euro
Haushalte insgesamt	1 363
Zweipersonenhaushalte ohne Kinder	1 582
Einpersonenhaushalte ohne Kinder	1 339
Haushalte mit Kindern unter 18 Jahren	1 229
Paare mit jüngstem Kind zwischen 6 und 12 Jahren	1 130
Paare mit jüngstem Kind unter 6 Jahren	1 002
Alleinerziehend mit jüngstem Kind zwischen 6 und 12 Jahren	964
Alleinerziehend mit jüngstem Kind unter 6 Jahren	798

Quelle: Deutsches Institut für Wirtschaftsforschung

hen will, muss im Durchschnitt mit 798 Euro im Monat auskommen – die Armutsschwelle aber liegt, wie wir weiter oben zeigten, bei 935 Euro.

Die zunehmende Diskrepanz lässt sich nicht nur innerhalb der einzelnen sozialen Stellungen und unterschiedlichen Lebenslagen feststellen, sie tritt auch regional in Erscheinung. In einem Workshop der Bundesagentur für Arbeit eruierten Experten Ende 2004 die Finanzkraft der Deutschen fünfzehn Jahre nach der Wiedervereinigung. Das von der Öffentlichkeit so gut wie nicht zur Kenntnis genommene Dokument birgt brisante Details über die Einkommensverteilung in Deutschland.

Nach wie vor existiert ein massives Einkommensgefälle zwischen Ost und West, und entgegen der landläufigen Meinung sind auch Teile der westlichen Bundesländer im Norden ebenso einkommensschwach wie die östlichen. Allein im Jahr 2003 waren die Unterschiede erheblich. Während beispielsweise weite Teile Bayerns Pro-Kopf-Einkünfte von durchschnittlich knapp 75 000 Euro verbuchten, deuten die Steuerdaten aus Mecklenburg-Vorpommern auf Einkünfte bis maximal 21 470 Euro hin.[59] Dabei handelt es sich um so genannte positive Gesamteinkünfte je Einwohner – berücksichtigt werden demnach vor allem Menschen, die eine Tätigkeit ausüben und Steuern abführen.

Als ob diese Entwicklung nicht schon hinreichend Anlass zur Sorge gäbe: Die Erosion bei den Einkünften lässt gleichzeitig die Steuereinnahmen des Staates massiv einbrechen. Allein von 2001 bis 2005 flossen rund 35 Prozent weniger Lohnsteuereinnahmen in die Kassen der Finanzämter, vor allem dort, wo die Einkommen ohnehin niedriger sind als im Rest der Republik. Die Folgen dieser Steuerausfälle infolge zunehmender Armut im Land sind fatal.

»Nun scheint es, als könne das größere Deutschland fünfzehn Jahre nach dem Fall der Mauer die Lasten der sozialen Sicherung nicht mehr tragen«,[60] konstatierten Experten auf einem Workshop des IAB im November 2004 angesichts dieser Entwicklung.

Die Kluft zwischen Arm und Reich ist heute noch offensichtlicher als vor wenigen Jahren, dokumentiert auch der zweite Armutsbericht der Bundesregierung. Die Zahl der Haushalte, die mit weniger als sechzig Prozent des Durchschnittsbudgets auskommen müssen, liegt bei 13,5 Prozent. Mittlerweile lebt jede siebte Familie unter der Armutsgrenze. Dagegen ist der Anteil der reichsten zehn Prozent der Bevölkerung am Gesamtprivatnettovermögen von 45 auf 47 Prozent, also auf fünf Billionen Euro, gestiegen.

Die Ungleichheit der Einkommen »hat sich gegenüber 1998 unter anderem aufgrund der hohen Arbeitslosigkeit verstärkt«[61], kommentiert die Bundeszentrale für politische Bildung den kräftigen Anstieg des so genannten Gini-Koeffizienten. Das in den Wirtschaftswissenschaften verwendete Maß kann einen Wert zwischen null und eins annehmen. Je näher der Wert sich der 1 nähert, umso größer ist die Ungleichheit der Einkommensverteilung in einer Volkswirtschaft. In Deutschland lag der Wert im Jahr 2003 bereits bei 0,422.[62] Der Abstand zu Ländern wie Brasilien, in denen der Wert bei rund 0,6[63] liegt, schrumpft seit Jahren.

Die Idee der sozialen Gerechtigkeit ist damit nur noch eine gesellschaftliche Utopie, die als Grundgedanke der deutschen Verfassung zugrunde liegt. Einerseits sollte das Eigentum im Spiel des Marktes frei sein, andererseits sollte der Markt aber neben der freiheitlichen auch eine soziale Komponente aufweisen. Solange es genug zu verteilen gab, ging die Rechnung auf, und der Sozialstaat funktionierte. Arbeitslose und Menschen, die nicht (mehr) arbeiten können, konnten damit rechnen, dass das soziale Netz ihren freien Fall aufhielt. Zehn Prozent Arbeitslosigkeit galt als wirtschaftlich verkraftbar. Mittlerweile ist diese Grenze um bundesdurchschnittlich rund ein Prozent überschritten, in einigen Ländern liegt sie weit darüber – Tendenz seit Jahrzehnten steigend.

Ungeachtet der ursprünglich hehren Ziele der Verfassungsväter läuft seit Gründung der Bundesrepublik ungebrochen ein Umverteilungsprozess von unten nach oben. Keine Regierung hat sich ernsthaft um Verteilungsgerechtigkeit bemüht. Die wenigen Maßnahmen milderten lediglich die krassen Gegensätze ein wenig ab.

Doch obwohl Deutschland, wie schon erwähnt, bei den nominalen Steuersätzen für Kapitalgesellschaften mit fast 39 Prozent an erster Stelle in Europa steht, nimmt der Staat in keinem anderen EU-Land so wenig Geld ein wie hierzulande. Der Grund sind zahllose Ausnahmeregelungen und Verrechnungsmöglichkeiten. Selbst in den wirtschaftsfreundlichen USA bezahlen Firmen mehr als zehn Prozent der Staatseinnahmen; in Deutschland sind es im Durchschnitt nur acht. Demgegenüber steht eine Staatsverschuldung von rund 17 200 Euro pro Kopf, für die gesamte Bundesrepublik also rund 1,4 Billionen Euro; die tägliche Neuverschuldung steigt pro Sekunde um weitere 1714 Euro. Einer der schwerwiegendsten Gründe hierfür ist die Last der Subventionen, die etwa 160 Milliarden Euro beträgt. Es fällt auf, dass der Kreis der Begünstigten recht klein ist und alte Problembranchen wie Landwirtschaft und Steinkohlebergbau die größten Subventionsempfänger sind. Solche Subventionen konservieren Strukturen, statt sie zu erneuern. Geradezu symptomatisch für eine Politik der Inkompetenz an den wahren Erfordernissen vorbei, nämlich Entscheidungen für den Erhalt der sozialen Komponente der Marktwirtschaft zu treffen, ist die Subvention durch die Bundesmonopolverwaltung: Sie unterstützt die Herstellung von Branntwein in Deutschland mit jährlich etwa 150 Millionen Euro.

Mittlerweile herrscht in Deutschland nur ein ökonomisches Grundprinzip: das der Gewinnmaximierung. Dass jene, die zum Erfolg der Kapitalgesellschaften beitragen, oft auf der Strecke bleiben, interessiert die Vorstände kaum. Das einstige Modell der sozialen Marktwirtschaft, über Jahrzehnte hinweg Garant einer stabilen Gesellschaft, scheint ausgedient zu haben.

DIE RÜCKKEHR DER KLASSENGESELLSCHAFT

Dass die Armut in Deutschland seit den siebziger Jahren langsam, aber stetig zunimmt, ist vielfach belegt. Eine Trendanalyse zeigt: Armut betrifft zunehmend Arbeiter. Wie sehr sich dabei die Strukturen der sozialen Spaltung verfestigt haben, hat auf eindrucksvolle

Weise der Soziologe Olaf Groh-Samberg von der Universität Münster untersucht.[64] Im Mittelpunkt seiner Arbeit standen dabei drei Fragen: Handelt es sich bei dem zu beobachtenden Auflösungsprozess um die dauerhafte Ausgrenzung eines bestimmten Teils der Gesellschaft? Oder vollzieht sich die Ausbreitung der »neuen Armut« von ihrer Mitte aus? Und schließlich: Könnte die zu beobachtende Armut lediglich eine vorübergehende Notlage sein?

Um das herauszufinden, nahm Groh-Samberg Daten aus dem Sozio-oekonomischen Panel (SOEP) unter die Lupe. »Die dauerhafte Einkommensarmut nimmt in West wie Ost zu«, stellte Groh-Samberg am Ende seiner Untersuchungen fest. Tatsächlich belegten die Daten, dass immer mehr Menschen über einen Zeitraum von über zwei Jahren hinweg weniger als die Hälfte des Durchschnittsverdienstes der restlichen Bevölkerung bezogen. Besonders ausgeprägt ist der Trend zur Verarmung in den östlichen Bundesländern. Dort passen sich die Ausmaße der Ungleichheit zwischen ganz unten und ganz oben allmählich jenen im Westen des Landes an.

Besonders beunruhigend ist eine weitere Kernaussage der Studie. Der Sozialforscher konnte nämlich belegen, dass in der Bundesrepublik eine neue Schicht der mehrfach Benachteiligten entsteht, von Menschen also, die nicht nur über ein geringes Einkommen verfügen, sondern auch in schlechten Wohnungen leben oder arbeitslos sind. Im Westen registrierten die Forscher einen Anstieg der andauernden Armut von 7,5 auf 10 Prozent der Bevölkerung. In den neuen Bundesländern wiederum »wächst die Armut quasi von unten nach oben: Die mehrfach Armen werden mehr (von acht auf zwölf Prozent)«[65]. Die Armutsgrenzen verfestigen sich in Ost und West.

Über 75 Prozent der dauerhaft Armen gehören heute zur Arbeiterklasse. »Vertiefende Analysen zeigen, dass insbesondere Arbeiterfamilien mit mehreren Kindern sowie ausländische Arbeiter/-innen, und erst recht ausländische Arbeiterfamilien, zu den Kerngruppen der Armut in Deutschland gehören«, konstatiert Groh-Samberg. Doch auch die von der Politik massiv beworbene Dienstleistungsgesellschaft entpuppt sich als reine Wohlstands-Illusion.

Groh-Samberg sieht in den ausgewerteten Daten eher den Beleg für die Entstehung eines neuen Dienstleistungsproletariats. »Die Armutsrisiken der ›Service-Dienstleister/-innen‹ steigen im Osten dramatisch, im Westen leicht«, resümiert das Papier. Die Folgen sind dramatisch und treffen in erster Linie die Bildungschancen der neuen Armen. Wer nur noch mit Hilfe des Staates über die Runden kommt, kann entsprechend wenig in die Ausbildung seiner Kinder investieren. Zudem beobachten Forscher seit Jahren eine zunehmende Aggression unter Jugendlichen innerhalb der sozial schwachen Schichten. Während die Lust auf Gewalt steigt, sinkt die Bereitschaft zum Lernen. Vor diesem Hintergrund erscheinen auch die PISA-Studien der letzten Jahre in einem ganz anderen Licht. Denn sie könnten, neben dem desolaten Zustand des Bildungsstandortes Deutschland, noch einen ganz anderen Trend belegen – »erschreckende strukturelle Benachteiligungen von Kindern aus Arbeiter- und Migrantenfamilien«[66]. Auf diese Weise enttarnte Groh-Samberg ein altbekanntes Phänomen. Vor allem die Arbeiterklasse ist vom Umbau des Wohlfahrtsstaates betroffen. Zudem tragen Niedriglöhne dazu bei, dass immer mehr der gering qualifizierten Arbeiter in Armut abrutschen.

Dass die Ungleichheit der verfügbaren Einkommen im Jahr 2006 gegenüber den neunziger Jahren zugenommen hat, attestiert auch das Deutsche Institut für Wirtschaftsforschung (DIW) in Berlin[67]: »Diese Entwicklung ist unter anderem auf die höhere Ungleichheit der zugrunde liegenden Markteinkommen, das schwache Wirtschaftswachstum sowie die gestiegene Zahl an Arbeitslosen zurückzuführen«, schrieb das Institut im Mai 2006 und: »In der Folge hat das Armutsrisiko zugenommen.«

Zur Kenntnis genommen haben Politiker derartige warnende Worte indes nicht. Im Gegenteil. Der im Jahr 2006 amtierende SPD-Vorsitzende Kurt Beck (SPD) sorgte bundesweit für Schlagzeilen, als er seine eigene Vorstellung von Sozialstaat und Hartz IV kundgab: »Man muss nicht alles rausholen, was geht.«[68] Der arbeitsmarktpolitische Obmann der Unionsfraktion im Bundestag, Stefan Müller, forderte sogar einen »Gemeinschaftsdienst für Langzeitarbeitslose«. Auf diese Weise, so der Hobby-Soziologe, kämen die Empfänger acht Stunden am Tag zum Einsatz: »Die Langzeitarbeitslosen haben so nicht länger das Gefühl, überflüssig zu sein.«[69]

Jene Politiker, die neben Kanzler und Opposition trotz entsprechender Warnungen das zum Scheitern verurteilte Modell Hartz IV auf Kosten von Millionen Menschen durchsetzten, glänzen durch Ideenlosigkeit, Inkompetenz und Überheblichkeit. Der schleswigholsteinische CDU-Fraktionschef Martin Kayenburg beispielsweise sagte, Langzeitarbeitslose müssten sich wieder an »regelmäßiges Arbeiten« gewöhnen und deshalb Jobs wie »die Säuberung verdreckter Bushaltestellen, dreckiger Straßenlampen und Lichtreflektoren« übernehmen. Selbst die Beseitigung von Hundekot in öffentlichen Parks erachten führende Politiker für Arbeitslose als adäquat und durchaus zumutbar – während sie selbst für sich ganz andere Maßstäbe ansetzen.

So müssen Arbeitslose seit Januar 2005 beim Bezug des Arbeitslosengeldes II ihre Vermögensverhältnisse offenlegen. Regierungschefs mit Abgeordnetenmandat hingegen beziehen neben dem offiziellen Amtsgehalt rund vierzig Prozent an »Schatteneinkünften« – Bezügen also, die aus nicht zu versteuernden Zusatzeinkommen bestehen und die nicht in Einklang mit dem Grundgesetz zu bringen sind. Das Amtsgehalt des bayerischen Ministerpräsidenten Edmund Stoiber beispielsweise betrug im Jahr 2000 323 327 Mark. Sein Bruttogesamteinkommen indes bezifferte sich auf 603 256 Mark. An dieser Praxis hat sich bis heute nichts geändert.

Minister, Ministerpräsidenten und hohe Amtsträger verdienen viel Geld – für katastrophale Fehlentscheidungen, wie folgende Beispiele exemplarisch belegen:

• Nahezu zwanzig Milliarden Euro gehen dem Finanzamt verloren, weil eine unglückliche Gesetzesänderung dem Mobilfunkanbieter Vodafone die Abschreibung seiner Verluste aus der Übernahme von Mannesmann erlaubt. Der Staat wird auf Grund von

Verlustvorträgen in den kommenden zwanzig Jahren vermutlich keinen Cent Steuern vom britischen Konzern mehr sehen.

• Milliardenbeträge in zweistelliger Höhe zahlten Finanzämter in den Jahren 2002 bis 2003 an Konzerne wie VW, Siemens & Co. zurück, weil ebenfalls ungeschickt formulierte Gesetzesänderungen die Verlustabschreibungen ermöglichten.

• 330 Millionen Euro verpufften, weil in den Jahren 1989 bis 1994 Deutschland, Frankreich, Großbritannien und die Niederlande den Europäischen Transschall-Windkanal in Köln bauten. Der Bund unterstützte den Bau mit rund 91 Millionen Euro und den Betrieb mit weiteren Millionenbeträgen. Heute ist der Kanal ungenutzt – und wird nach Meinung des Bundesrechnungshofes ein Millionengrab bleiben.

• Um den Auftrag für ein satellitengestütztes Aufklärungssystem hatte sich eine Firma beworben, der das Finanzamt eine Umsatzsteuerbefreiung zugesagt hatte. Als Begründung für die Befreiung gab das Finanzamt an, es handele sich nicht um den »Erfüllungsort« Deutschland, sondern um den »Erfüllungsort« Weltall. Und dieser sei nicht umsatzsteuerfähig. Der Bundesrechnungshof widersprach dem zwar. Aber weil die Zusage des Finanzamts verbindlich ist, ließ sich die Entscheidung nicht rückgängig machen. Pech für den Staat: Ihm gingen durch die Inkompetenz der Finanzbehörde 47 Millionen Euro an Steuern verloren.

Solche und ähnliche Schlampereien kosten den Bund pro Jahr mindestens zwei Milliarden Euro – Geld, mit dem Langzeitarbeitslose und Menschen über fünfzig umgeschult oder wieder in den Arbeitsmarkt integriert werden könnten. Allerdings ist Hartz IV kaum geeignet, dieses Ziel zu erreichen. Denn indem Langzeitarbeitslose Hundekot von Pflastersteinen kratzen oder Mülleimer in Parks leeren, entstehen keine neuen Jobs, die die Produktivität erhöhen und somit das Bruttoinlandsprodukt einer Volkswirtschaft stützen würden. Für Hunderttausende vor allem ältere Arbeitslose bedeuten die Hartz-Gesetze, dass ihr Arbeitsleben in Armut endet. Bürokratische Vorgaben, die bisher nur für Sozialhilfeempfänger galten, legen fest, wie viel Wohnraum eine Familie haben darf – für mehr übernimmt auch das Wohnungsamt die Kosten nicht. Gerade Häuslebauer im Osten, die ihre eigenen vier Wände noch nicht abbezahlt haben und in deren Familien einer der Partner bereits arbeitslos ist, stehen im Falle des Arbeitsplatzverlustes vor dem Aus. Wohin die Reise geht, zeigt ein Blick über den Atlantik. In den Vereinigten Staaten leben, bei einer Bevölkerung von rund 280 Millionen Menschen, über 30 Millionen in absoluter Armut; rund zehn Prozent der Bevölkerung. Nahezu den gleichen Anteil erreicht mittlerweile auch Deutschland in der neuen Zeitrechnung seit Hartz IV.

STEUERN – DAS GETEILTE LAND

»Wachstum« ist ein Götze, dem es zu dienen gilt. Gefüttert wird er mit Arbeitsplätzen und politischen Zugeständnissen, und der Einsatz rechnet sich. Allerdings nur für die Konzerne: Die großen börsennotierten Unternehmen verdienen wie nie zuvor. 2005 stiegen die Gewinne in Europa um acht, in den USA um durchschnittlich zehn Prozent. Eigentlich müsste der Staat kräftig mitverdienen, seine Bevölkerung vom Boom profitieren. Doch BMW, Daimler-Chrysler, BASF, die Deutsche Bank & Co. zahlen immer weniger Steuern. Schätzungen zufolge fließen maximal fünfzehn Prozent der Konzerngewinne dem Staat als Steuern zu – das ist nicht einmal die Hälfte der rechnerischen Steuerlast. Zudem werden diese fünfzehn Prozent in erster Linie von kleinen und mittleren Kapitalgesellschaften aufgebracht; die großen haben in den vergangenen Jahren entweder so gut wie keine Steuern mehr bezahlt oder sie sogar netto zurückerhalten.[70] Dank der rot-grünen Steuerpolitik unter ihrem Kanzler Gerhard Schröder (SPD) stürzten die Steuereinnahmen vom Jahr 2000 an regelrecht ab: Mehr als sechzig Milliarden Euro Mindereinnahmen waren es bis 2005. Keine andere Bundesregierung zuvor hatte das fertiggebracht.

Das laut damaligem Bundesfinanzminister Hans Eichel (SPD) »größte Sparpaket in der Geschichte der Bundesrepublik«, 1999 verabschiedet, und das ein Jahr später folgende »Gesetz zur Senkung der Steuersätze und zur Reform der Unternehmensbesteuerung« (Steuersenkungsgesetz) feierten Politiker als »Meilenstein in der Finanzpolitik« und als Anfang vom Ende des Haushaltsdefizits.[71] Zu den nachhaltigsten Entscheidungen gehörten:

• Die Senkung der Einkommenssteuer. Der Spitzensteuersatz, der 1998 bei 53 Prozent lag, sank bis 2005 auf 42 Prozent. Chefärzten, Topmanagern, Sportgrößen und anderen Einkommensmillionären bleiben dadurch pro Jahr mindestens zehn Prozent mehr von ihrem Einkommen (siehe Abbildung).

• Die Körperschaftssteuer, die die Einkommenssteuer von Aktiengesellschaften, Gesellschaften mit beschränkter Haftung (GmbH), Körperschaften öffentlichen Rechts, Versicherungsvereinen usw. darstellt, sinkt von 40 auf 25 Prozent.

Abb. 12
ENTLASTUNG DURCH DIE STEUERREFORM 2005*

Jahreseinkommen in Euro	Ersparnis in Euro	in Prozent
20 000	940	4,7
30 000	1 308	4,4
50 000	2 202	4,4
75 000	4 639	6,2
100 000	7 532	7,5
500 000	53 985	10,8
1 000 000	111 990	11,2

*Im Vergleich zu 1998.
Quelle: Institut für sozial-ökologische Wirtschaftsforschung München

83

Tatsächlich hatten die Finanzämter ein Jahr nach der rot-grünen Reform mehr Körperschaftssteuer erstattet als eingenommen. Vordem hatten Unternehmen stets gründlich abgewägt, ob sie ihre Gewinne an die Eigentümer ausschütten oder im Unternehmen belassen. Für ausgeschüttete Gewinne, zum Beispiel Aktiendividenden, mussten sie nämlich dreißig Prozent Körperschaftssteuer zahlen, für einbehaltene vierzig Prozent.

Die Schröder-Regierung bescherte den Unternehmen nicht nur einheitliche 25 Prozent, sondern setzte auch noch ein Sahnehäubchen obenauf: Entschloss sich das Unternehmen, die bis dahin einbehaltenen Gewinne aus den vergangenen Jahren doch noch auszuschütten, konnte es die Differenz zwischen den einst gezahlten 40 Prozent Körperschaftssteuer und dem jetzt geltenden Satz von 25 Prozent vom Fiskus zurückverlangen – eine verkehrte Steuerwelt: Nicht die Finanzämter kassierten von den Konzernen, sondern umgekehrt die Konzerne von den Finanzämtern. Allein Bayern zahlte 3,6 Milliarden Euro an die im Land ansässigen Unternehmen aus; andere Bundesländer bluteten ähnlich. Für die Konzerne dagegen war die Steuerreform 2000 ein Fest. Die Deutsche Telekom strich 1,4 Milliarden Euro ein, der Stromgigant RWE 800 Millionen Euro und Vodafone-Mannesmann rund eine halbe Million Euro.[73] Auch der Chemiegigant Bayer gehörte zu den großen Gewinnern. Bayer schüttete über eine Milliarde Euro aus, pro Aktie 1,40 Euro – sieben Prozent mehr als im Jahr 2000 –, und erhielt vom Land Nordrhein-Westfalen 250 Millionen Euro Körperschaftssteuer zurücküberwiesen. Zu verdanken hatte Bayer dieses Steuergeschenk insbesondere seinem ehemaligen Mitarbeiter Heribert Zitzelsberger. Bevor Bundesfinanzminister Hans Eichel (SPD) ihn als Staatssekretär mit der Unternehmenssteuerreform betraute, war Zitzelsberger Leiter der Steuerabteilung von Bayer gewesen.

Die massive Senkung der Körperschaftssteuer war nicht die einzige Vergünstigung für Unternehmen, die die Regierung zu bieten hatte, denn die Steuerreform 2000 enthielt noch eine ganze Reihe weiterer Boni. So bestand unter anderem die Möglichkeit, Verluste mit zukünftigen Gewinnen steuersparend zu verrechnen – im Gegensatz zu früher ohne jede zeitliche Begrenzung. Außerdem blieben ab 2002 Gewinne beim Verkauf von Beteiligungen[74] steuerfrei. Verschärfend wirkte dabei noch der Konjunktureinbruch, so dass dem Fiskus Milliarden verloren gingen (siehe Abbildung). Allein die Einnahmen aus der Körperschaftssteuer, die im Jahr 2000 noch 23,6 Milliarden Euro ausmachten, brachen 2001 drastisch ein. Die Deutsche Bundesbank errechnete, dass die Finanzämter 2001 sogar 426 Millionen Euro mehr an Körperschaftssteuer erstatteten, als sie einnahmen.[75]

Als Folge des Milliarden-Desasters gerieten die Kommunen, die die Gelder auszuzahlen hatten, in wirtschaftliche Turbulenzen, die sie an die Bevölkerung weiterreichten. Landauf, landab sparten die Städte- und Gemeinderäte, wo sie nur konnten, legten geplante Projekte wie den Bau von Kinderkrippen und Altenheimen oder die Sanierung von Straßen und Plätzen auf Eis, schlossen Freibäder, kürzten Finanzhilfen für Jugendzentren, Schulen und Kindergär-

Abb. 13
ABSTURZ DER STEUEREINNAHMEN

Mindereinnahmen gegenüber einer Steuerquote wie im Jahr 2000

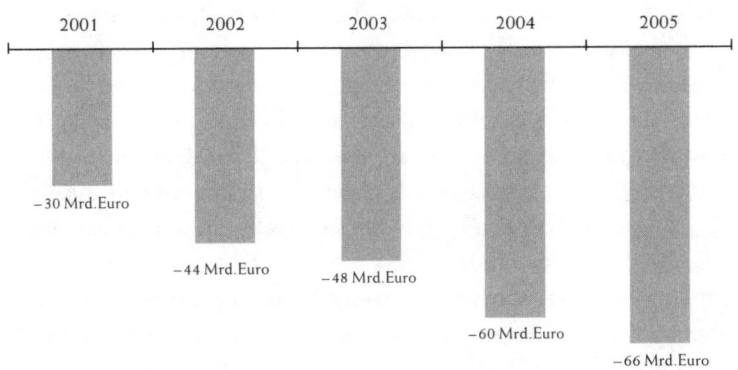

Quelle: Bundesfinanzministerium

85

ten, erhöhten die Eintrittspreise für Schwimmbäder, Museen und Theater, verlangten mehr für die Müllabfuhr und sparten bei der Denkmalpflege. Da auch solche Maßnahmen nicht ausreichten, die desolate Lage zu entschärfen, gingen viele Kommunen dazu über, einzelne Bereiche abzustoßen, so die Energieversorgung, den öffentlichen Nahverkehr, kulturelle Einrichtungen oder die Abfallwirtschaft. Die Privatisierung hatte für die Einwohner wiederum negative Auswirkungen: Die Preise stiegen, Gebühren und Abgaben erhöhten sich.

Weniger zimperlich als bei den Unternehmen geht der Staat mit der Steuerlast seiner Bürger um, wie die Spanne von 1999 bis 2002 exemplarisch demonstriert: Im gleichen Zeitraum stiegen die Lohnsteuereinnahmen des Staates um 2,4 Prozent und die Einnahmen aus Verbrauchssteuern um 8,9 Prozent.[76] Der Trend setzt sich unaufhörlich fort. Geplant ist, die Steuern für Unternehmen weiter zu senken – so sind fünfzehn Prozent Körperschaftssteuer geplant. Dann würde für Großkonzerne der gleiche Steuersatz gelten wie für Geringverdiener.[77]

Die unter Gerhard Schröder (SPD) eingeführte und unter Angela Merkel (CDU) fortgesetzte drastische Steuerpolitik schröpft Arbeitnehmer und pusht Kapitalgesellschaften. Politiker aller Parteien deklarieren die Steuergeschenke an die Unternehmen als einzig gangbaren Weg aus dem Konjunkturtief, doch das ist ein Lippenbekenntnis. Sie wissen, dass der verhaltene wirtschaftliche Aufschwung überwiegend vom Export getragen wird, und die Konzerne, die ihn erwirtschaften, will kein Politiker vergrätzen. Das Ankurbeln der Binnenwirtschaft steht nicht auf dem Portfolio der Regierung. Im Gegenteil. Die Einkommen sinken im Jahr 2007 um 1,25 Prozent.[78] Folglich gehen die Kaufkraft und mit ihr die Nachfrage zurück: Mit weniger Geld in der Tasche lässt sich eben nicht konsumieren. Zusatzbelastungen wie die um drei Prozent steigende Mehrwertsteuer, höhere Versicherungssteuern, die Kürzung oder Streichung von Steuervorteilen wie beispielsweise der Pendlerpauschale, steigende Krankenkassenbeiträge und höhere Rentenversicherungsbeiträge leeren das Portemonnaie der Bürger.

Seit zwanzig Jahren senken die Länder der Welt ihre Steuern auf Kapital um die Wette, und Deutschland macht da keine Ausnahme. Die durchschnittliche Besteuerung von Unternehmensgewinnen ist in den Industrieländern seit 1985 im Schnitt von 51 auf 33 Prozent gesunken, die von Zinserträgen von 47 ebenfalls auf 33 Prozent und die Spitzensätze der Einkommenssteuer von 52 auf 42 Prozent, wie die Organisation für wirtschaftliche Entwicklung und Zusammenarbeit (OECD) konstatiert. Manche Ökonomen meinen sogar, dass Gewinne längerfristig überhaupt nicht mehr besteuert werden könnten.[79] Noch aber gibt es Unterschiede zwischen den einzelnen Ländern, und Unternehmen wissen sie für sich zu nutzen, denn die permanente Steuersenkung im eigenen Land ist nicht das einzige Mittel im internationalen Kampf um die Gunst der Unternehmen:

• Manche Staaten bieten ausländischen Investoren und Kapitalanlegern wesentlich niedrigere Steuersätze an als inländischen. Solche steuerlichen Sonderangebote sind so gestaltet, dass sie von den Finanzbehörden in den Heimatländern der Konzerne nur schwer zu durchschauen sind.

• Die Konzerne können für neue Produktionsstätten aus etwa neunhundert Freihandelszonen/Sonderwirtschaftszonen wählen. Die Vorteile: Ein- und Ausfuhrzölle fallen weg, Auflagen wie Arbeitsschutzbestimmungen, gewerkschaftliche Rechte oder Umweltauflagen sind marginal oder gänzlich außer Kraft gesetzt; Gewinne werden entweder gar nicht oder für lange Zeit nicht besteuert.

• Steueroasen – Staaten oder einzelne Staatsgebiete – locken Konzerne mit besonders niedrigen Steuern und einem strengen Bankgeheimnis. Derzeit gibt es weltweit rund siebzig Steueroasen. Das mittlerweile in Steueroasen angelegte Kapital schätzt Vito Tanzi, Chef der Steuerabteilung des Internationalen Währungsfonds (IWF), auf sieben bis acht Billionen US-Dollar – ein Volumen, das den Wert des jährlichen Welthandels übersteigt.[80]

Kleine und mittelständische Unternehmen, die keine Briefkastenfirma in Steueroasen unterhalten, sind gegenüber multinationalen Konzernen massiv benachteiligt.

Dass das deutsche Steuerrecht sogar den Export von Arbeitsplätzen subventioniert, halten Kritiker wie Wirtschaftsprofessor Lorenz Jarass von der Fachhochschule Wiesbaden für besonders verwerflich. Jarass demonstriert das an einem Beispiel:
Siemens gründet in Tschechien ein Tochterunternehmen und baut dafür in Deutschland Arbeitsplätze ab. Eine Reihe der anfallenden Kosten kann das Unternehmen in Deutschland geltend machen, so den größten Teil der Planungskosten für die Investition, die laufenden Verwaltungskosten in der Konzernzentrale, den Transfer nach Tschechien, die Abfindungszahlungen für den Abbau der deutschen Arbeitsplätze sowie sämtliche Schuldzinsen, die für die Kapitalausstattung der Tochterfirma anfallen. Die vielfachen Aufwendungen schmälern den steuerpflichtigen Gewinn und damit die Steuerlast der Muttergesellschaft. In Tschechien wären nur die reinen Produktionskosten, Löhne und Abschreibungen, bei niedrigem Satz zu versteuern. Erzielt die Tochter dank der billigeren Arbeitskräfte in Tschechien Gewinn und transferiert ihn an die Siemens-Zentrale, verlangt der deutsche Fiskus dafür lediglich zwei Prozent Steuern.[81/82]

Der neoliberalen Steuerpolitik ist zu verdanken, dass der Reichtum in Deutschland umverteilt wird. Reich und Arm: Das sind die beiden Pole, die immer mehr auseinanderdriften. Während wir recht viel über Armut, ihre Entstehungsgeschichte und ihre Auswirkungen wissen, gibt es zum Reichtum und seinem Entstehen kaum wissenschaftliche Untersuchungen. Auch Statistiken sind nicht besonders verlässlich, zumal sie auf Selbstauskünften beruhen – und die Bereitschaft dazu ist gerade im oberen Einkommensbereich nicht allzu stark ausgeprägt. Nur so viel ist gewiss: Das Bruttoeinkommen der Unternehmen und Vermögenden stieg dem Statistischen Bundesamt in Wiesbaden zufolge zwischen 1993 und 2003 um rund die

Hälfte, und auch in Zukunft sind stolze Zuwächse gewiss. Der Staat – und damit das Volk – hat allerdings wenig vom Reichtum der anderen. Denn wie die Unternehmen machen es viele Wohlhabende: Sie entziehen sich dem Zugriff des Fiskus. Wohlhabende Deutsche sind weltweit anzutreffen, aber zunehmend seltener in der Heimat. Steuerflucht ist en vogue. Einige Länderbeispiele:

– Monaco und Andorra verzichten vollständig auf die Erhebung der Einkommenssteuer.

– Steueroasen sind die Isle of Man (Spitzensteuersatz: zwanzig Prozent) sowie die Kanalinseln Alderney und Guernsey (pauschal zwanzig Prozent).

– Steuerliche Vergünstigungen gewähren Belgien, Großbritannien, Irland und Österreich.

– Steuervorteile für Zuzügler bieten Luxemburg, die Niederlande, Malta, Belgien, die Schweiz und Zypern.[83]

Angeprangert wird der Missstand nicht – Steuerflucht gilt immer noch als Kavaliersdelikt, als verständliche Reaktion auf einen gefräßigen Fiskus. Hier und da berichtet die Boulevardpresse über prominente Steuerflüchtlinge und ruft damit höchstens mit Bewunderung gepaarten Neid hervor; auch zeigt die Anzahl der Beratungsdienste im Internet und der Ratgeber im Buchhandel, dass die Bereitschaft zur Steuerflucht groß ist. Wie viel Schaden dadurch dem Staat entsteht, weiß indes niemand. 2001 hatte das Bundesfinanzministerium von 960 Millionen Euro Auslandseinkommen gesprochen, davon zwischen dreihundert und vierhundert Millionen schwarz. Geht man davon aus, dass allein bei der Credit Suisse Kundenvermögen von rund 1,2 Billionen Schweizer Franken lagern, scheint diese Annahme gar nicht so weit hergeholt zu sein: Der Großteil der Kunden sind Deutsche.[84] Dass die Schweiz Steuerunwilligen passive Fluchthilfe leistet, ist kein Geheimnis. Der Grund dafür ist, dass das

Alpenland nicht zwischen Steuerbetrug und Steuerhinterziehung unterscheidet – Letzteres ist nach schweizerischer Rechtsauffassung kein Verbrechen. Das Bankgeheimnis wird nur in begründeten Ausnahmefällen gelüftet: bei Verdacht auf Terrorkonten, Insidergeschäfte, Geldwäsche oder Korruptionsdelikte.[85]

In Deutschland ist Steuerhinterziehung strafbar und wird nach § 370 und 370a der Abgabenverordnung (AO) mit einer Freiheitsstrafe von bis zu zehn Jahren oder Geldstrafe geahndet. Doch es gibt wohl kaum ein anderes Delikt, das mit so viel Nachsicht behandelt wird – wenn der Täter zur Oberschicht oder zumindest zur oberen Mittelklasse gehört.

Um die Steuersünder zur Ehrlichkeit zu bewegen, lockte die Bundesregierung gar mit einer Amnestie. Zwischen Januar 2004 und März 2005 gewährte das Strafbefreiungserklärungsgesetz (StraBEG) Straffreiheit, selbst die verlangten Nachzahlungen waren marginal. Ausdrücklich nicht verlangt war die Rückführung von Geld oder Kapital aus dem Ausland in die Heimat. Der reuige Sünder musste lediglich eine Amnestieerklärung unterschreiben, einen selbst errechneten pauschalen Betrag mit einem vorgegebenen Steuersatz multiplizieren und diesen innerhalb von zehn Tagen beim Finanzamt bezahlen. Der Ärger derjenigen, die stets ordnungsgemäß ihre Steuern entrichtet hatten, über das freizügige Angebot des Weißwaschens von Schwarzgeldern war verständlich: Während sie sich an Recht und Gesetz hielten und brav ihre Steuern abführten, wurden die Machenschaften der Steuerflüchtlinge auch noch mit einer Pauschalsteuer belohnt, die nur einen Bruchteil der tatsächlich anfallenden Steuern ausmachte.[86]

Dennoch nutzten nur wenige die von der Regierung geschlagene Brücke in die Steuerehrlichkeit. Schweizer Banken meldeten, dass es kaum Bestrebungen der Kunden gebe, Geld abzuziehen. Die Motive sind nachvollziehbar, fürchten die Steuerflüchtlinge doch das in Zukunft besonders wachsame Auge des Finanzamts. Tatsächlich ist es Finanzämtern erlaubt, die Inhalte der abgegebenen Erklärungen für Besteuerungszeiträume zu nutzen, die nach den für das Amnestiegesetz festgelegten Zeiträumen folgen. Maßgeblich für die offensichtliche Zurückhaltung dürfte aber gewesen sein, dass die Gefahr der Entdeckung erfahrungsgemäß gering ist – trotz der EU-Zinsrichtlinie, die ab Juli 2005 in Kraft trat. 22 EU-Staaten tauschen seitdem Informationen über Zinserträge von Ausländern aus. Allerdings haben sich die traditionellen Steuerfluchtstaaten Schweiz, Luxemburg, Liechtenstein und Österreich von dieser Vereinbarung ausgenommen. Zudem werden nur Zinsen, also die altertümlichste Form des Kapitalgewinns, erfasst, nicht aber Gewinne aus Hedge-Fonds, Derivaten, aus Aktiengeschäften oder kumulierenden Fonds. Ein weiterer Schwachpunkt ist, dass nur individuelle Privatkonten erfasst werden. Der traditionelle Weg der Vertuschung wird nicht aufgedeckt: Wenn zum Beispiel eine Luxemburger Bank für die zwei Millionen Euro eines betuchten deutschen Geldanlegers eine Briefkastenfirma gründet, bleiben diese Gewinne unentdeckt – selbst wenn es sich um Zinsen handeln sollte.[87]

Außerdem halten Einkommensmillionäre in Deutschland einen besonderen Trumpf in der Hand. Sie besitzen ein »Gestaltungsprivileg«, das heißt, sie können mit dem Finanzamt verhandeln: Übersteigt die vom Finanzamt veranschlagte Summe ihre Vorstellung von Angemessenheit, drohen sie, ihren Wohnsitz ins Ausland zu verlegen. Das geht so weit, dass sie nicht nur bestimmen, wie hoch das Vermögen ist, das sie beim Finanzamt angeben, sondern auch festlegen, wie viel Steuern sie bezahlen. Finanzämter, froh über jeden Steuerzahler, geben dem regelmäßig nach.[88] Doch es geht auch krasser. Beispielsweise hat der Rennfahrer Michael Schumacher, mit einem geschätzten bisherigen Gesamtverdienst von 600 Millionen Euro[89], seinen Steuersitz in die Schweiz verlegt. Dort zahlt er den zuvor ausgehandelten Steuerbetrag von 250 000 Schweizer Franken jährlich. Obwohl er deutscher Staatsbürger bleibt, verzichtet der deutsche Fiskus auf die Besteuerung seiner Einkommen. Eine solche Regelung ist nur für diejenigen Bürger möglich, die in der Schweiz ein Einkommen von mehreren Millionen nachweisen können.

Weil der deutsche Staat auf die Vermögen und Einkommen von Konzernen und besonders begüterten Bürgern immer weniger zugreift, werden Normalbürger vermehrt zur Kasse gebeten – eine

91

soziale Ungleichbehandlung ersten Ranges, die ihren Ausdruck in einer seit langem praktizierten Umverteilungspolitik von unten nach oben findet: Das Gros der Bevölkerung wird zu Verlierern, der zahlenmäßig kleinste Teil profitiert.

DIE MISERE DER FINANZÄMTER

Für die meisten Menschen sind Finanzämter ein rotes Tuch: Auf der Suche nach Fehlern durchforsten die Beamten die eingereichten Bescheide, sind selten ansprechbar, doch stets unerbittlich. Sie vollstrecken, wann immer sie Anlass dazu sehen – effizient und allein ihren Vorschriften verpflichtet. Dabei wird in Deutschland mit zweierlei Maß gemessen. Auf der einen Seite lernen Normalbürger die Macht der Finanzämter fürchten, auf der anderen Seite wissen Konzerne und Unternehmerverbände deren Schwächen auszunutzen. Der Länderfinanzausgleich, ein finanzieller Ausgleichsmechanismus zwischen den einzelnen Bundesländern sowie zwischen Bund und Ländern, ebnet der Wirtschaftslobby den Weg, die eigene Steuerbelastung massiv zu drücken und effektive Betriebsprüfungen zu verhindern.

Für die Unternehmerverbände wie den Bundesverband der Deutschen Industrie (BDI), die Bundesvereinigung der Deutschen Arbeitgeberverbände (BDA) und den Deutschen Industrie- und Handelskammertag (DIHK) ist es ein Leichtes, die persönlichen Interessen der Landespolitiker auszunutzen und ihre Einflussnahme für sich zu nutzen. So ist es nicht verwunderlich, dass pro Jahr Steuern hinterzogen werden, die im Bereich von siebzig bis hundert Milliarden Euro liegen,[90] und geschätzte neunzig Prozent aller Steuererklärungen falsche Angaben enthalten. Die von den Finanzbehörden vorgesehenen Stichproben von drei bis fünf Prozent fördern eher die betrügerische Absicht, als sie zu unterbinden. So konnte sich im Laufe der Zeit in Deutschland eine Schattenwirtschaft etablieren, die ein geschätztes Volumen von 370 Milliarden Euro hat – etwa ein Drittel des Bruttosozialprodukts wird jährlich am Finanzamt vorbeigeschoben.[91]

92

Schuld an der ungleichen Behandlung von Normalbürgern und Unternehmen sind zunächst die beiden Systeme, nach denen Steuern erhoben werden: das Quellenabzugsverfahren und die Selbstdeklaration. Ersteres ist ein Zwangssystem, das im Wesentlichen Arbeitnehmer und Verbraucher betrifft. Einkommen aus abhängiger Beschäftigung wird vollständig erfasst und versteuert. Der Gesetzgeber hat festgelegt, welche Ausgaben abzugsfähig sind; wer mehr als diese pauschal angesetzten Kosten hat, muss eine Einkommenssteuererklärung abgeben und versuchen, nachträglich Steuern erstattet zu bekommen. Dadurch zahlen die meisten Beschäftigten eher zu viel als zu wenig Steuern.

Die Selbstdeklaration dagegen gilt für Bezieher von Einkommen aus selbständiger oder gewerblicher Tätigkeit und aus Vermögen. Sie lässt viele Freiheiten zu, so dass solche Steuerpflichtige verschiedene Möglichkeiten nutzen können, ihre Kosten hoch und ihre Einkünfte niedrig zu rechnen. Untersuchungen haben gezeigt, dass neunzig Prozent der Arbeitseinkommen versteuert werden, aber nur die Hälfte des Einkommens aus Vermögen und Gewerbe. Die Kreativität bei der Gewinnermittlung, die Defizite bei der Steuerkontrolle und beim Steuervollzug sind die Zutaten, die den Steuercocktail für Unternehmen, Selbständige und Wohlhabende schmackhaft machen.

Der Länderfinanzausgleich ist ein weiterer Grund für Steuergeschenke in Millionenhöhe: Die finanzstarken Länder müssen für die finanzschwächeren sorgen – ein ständiger Streitpunkt, der immer wieder zu heftigen Auseinandersetzungen führt. Erst im Mai 2006 hatten die Finanzminister von Hessen und Baden-Württemberg, Karlheinz Weimar (CDU) und Gerhard Stratthaus (CDU), damit gedroht, den Länderfinanzausgleich aufzukündigen, sollten immer mehr ärmere Länder zusätzliche Hilfen einklagen. Kurz zuvor hatte das Land Berlin eine Verfassungsklage angestrengt, um eine Unterstützung in Milliardenhöhe durchzusetzen, weil es seinen Schuldenberg mittlerweile nicht mehr allein abtragen könne.[92] Es liegt in der Natur der Sache, dass die Geberländer herzlich wenig Interesse daran haben, ihre Einnahmen mit den Nehmerländern zu teilen. Damit möglichst viel Geld im eigenen Bundesland verbleibt, halten sie das Steueraufkommen mit Hilfe leistungsschwacher Finanzämter niedrig. Eine starke Finanzverwaltung ist auch deshalb nicht gewünscht, weil die Landespolitiker die ansässige Wirtschaft nicht vergraulen wollen und sie entsprechend steuerlich schonen, denn aus der Sicht eines Unternehmens ist der attraktivste Standort der, an dem sich die meisten Steuern sparen lassen. Politiker wissen um die enorme Verhandlungsmacht der Konzerne und beugen sich ihr. Denn nie zuvor waren Unternehmen so mobil wie heute. Die neoliberale Wirtschaftspolitik in den sechziger und siebziger Jahren hat einen freien Kapitalverkehr geschaffen, und Unternehmen können heute quasi auf Knopfdruck Kapital und Vermögen in ein anderes Land verlagern.[93]

Finanzämter, denen es an Personal und technischer Ausrüstung mangelt, sind für Unternehmen die beste Voraussetzung für eine Gewinnsteigerung: In den westlichen Bundesländern fehlen mehr als 25 000 und in den östlichen Bundesländern rund 17 000 Beschäftigte in den Finanzämtern.[94] Bezeichnend für die Ohnmacht der Finanzämter in Anbetracht dieses Mangels sind die »Grundsätze zur Neuorganisation der Finanzämter und zur Neuordnung des Besteuerungsverfahrens« (GNOFÄ), die die Beamten dazu anhalten, sich auf »steuerrechtlich relevante Fälle« zu beschränken. Die »intensiv zu bearbeitenden Fälle« sind von den »übrigen Fällen«[95] zu unterscheiden; allerdings setzt man hierbei nicht mehr auf den »guten Riecher« des Sachbearbeiters, sondern auf die Fallauswahl des Computers. Dass diese keineswegs mit der menschlichen Kompetenz konkurrieren kann, ist seit langem bekannt. Auch der Landesrechnungshof Schleswig-Holstein stellt dem GNOFÄ ein Armutszeugnis aus: Weder führen die Grundsätze zu einer Arbeitsentlastung, noch sind sie geeignet, Prüfungswürdiges zu erkennen oder den notwendigen Aufwand zu bestimmen.[96] Weil die Finanzbeamten zwar nicht an die GNOFÄ gebunden sind, ohne sie aber das Pensum nicht bewältigen können, liegt die Vermutung nahe, dass die GNOFÄ eine unterschwellige interne Anweisung zur Großzügigkeit darstellt – schließlich erhöhen nicht gezahlte Steuern unmittelbar den Unternehmensgewinn. Und noch etwas spricht für diese These: das eindrucksvolle Plus, das jeder einzelne Bearbeiter erwirtschaften würde – wenn er denn dürfte. Während nämlich ein Mitarbeiter durchschnittliche Kosten von rund 52 500 Euro im Jahr verursacht, erzielt er beachtliche Erträge von jährlich 106 054 Euro. Großbetriebsprüfer und Steuerfahnder bringen es sogar auf das Zehnfache ihrer eigenen Personalkosten.[97] Aus kaufmännischer Sicht ist daher vollkommen unverständlich, dass Finanzämter ihr Personal nicht entsprechend aufstocken.

Um die Justiz zu entlasten, die jährlich von Verfahren aller Art regelrecht überschwemmt wird, hat der Gesetzgeber den Finanzämtern erstaunliche Rechte zugestanden. So ist ihnen nicht nur gestattet, Strafbefehle mit einer Freiheitsstrafe bis zu einem Jahr auf Bewährung zu beantragen, sondern – umgekehrt – sogar ohne richterlichen Beschluss von einer Strafanzeige abzusehen, selbst wenn eine Steuerhinterziehung aufgedeckt wurde. Und tatsächlich werden Steuerdelikte nur selten der Staatsanwaltschaft gemeldet. Es scheint politisch gewollt zu sein, dass Finanzämter personell überlastet und technisch nicht auf dem neuesten Stand sind, andererseits aber über ganz besondere Befugnisse verfügen.

Der Flowtex-Skandal ist hierfür ein Beispiel. Flowtex-Verantwortliche hatten durch Scheingeschäfte mit nicht existierenden Maschinen über zwei Milliarden Euro ergaunert und damit 113 Banken, Leasinggesellschaften, Firmen und Einzelpersonen betrogen. Ein Gutachten kommt zum Schluss, dass die zuständigen Finanzbeamten schon seit 1996 von diesem Betrugssystem gewusst, die Ermittlungsbehörden aber trotzdem nicht informiert haben. So hatte eine Geschädigtengemeinschaft von mehr als hundert Banken das Land Baden-Württemberg auf Schadenersatz verklagt, war aber vor dem Landgericht Karlsruhe im Januar 2005 gescheitert. Im Juli 2006 ging die Staatshaftungsklage mit einem Streitwert von rund 1,1 Milliarden Euro in die zweite Runde.[98]

In Deutschland gibt es stets die, die gleicher sind als andere. So müssen Schwarzfahrer als Wiederholungstäter mit einer Verurteilung rechnen. Sie »erschleichen sich Leistungen« im Sinne des Paragraphen 265 Strafgesetzbuch. Im August 2005 gelang es dem damaligen Bundeswirtschaftsminister Wolfgang Clement (SPD) sogar, eine ganze Bevölkerungsgruppe zu diffamieren. Mit seinem umstrittenen Report »Vorrang für die Anständigen – gegen Missbrauch, ›Abzocke‹ und Selbstbedienung im Sozialstaat«[99] prangerte er das Verhalten von Hartz-IV-Empfängern an, deren »Hemmschwelle für Sozialbetrug offensichtlich gesunken« sei und die sich »Sozialleistungen zu erschleichen versuchen«, indem sie »Schlupflöcher und geschickte Interpretationen von Bestimmungen« ausnutzten. Der Report zählt einzelne Beispiele auf und erweckt so den Eindruck, der größte Teil der Hartz-IV-Empfänger betriebe Sozialleistungsmissbrauch. Zahlen oder Untersuchungen bleibt der Report schuldig, spricht aber von Abzockern und Trittbrettfahrern und versteigt sich in folgende Allegorie:

»Biologen verwenden für ›Organismen, die zeitweise oder dauerhaft zur Befriedigung ihrer Nahrungsbedingungen auf Kosten anderer Lebewesen – ihren Wirten – leben‹, übereinstimmend die Bezeichnung ›Parasiten‹. Natürlich ist es völlig unstatthaft, Begriffe aus dem Tierreich auf Menschen zu übertragen. Schließlich ist Sozialbetrug nicht durch die Natur bestimmt, sondern vom Willen des Einzelnen gesteuert …«

Entrüstet erstatteten Arbeitsloseninitiativen, die Wahlalternative (WASG) und zahlreiche Privatleute Anzeige gegen Clement wegen Volksverhetzung, übler Nachrede und Beleidigung, hatten aber keinen Erfolg: Die Verfahren wurden eingestellt.

Unmissverständlich droht der Clemens-Report denjenigen, die danach trachten, »Leistungen der Grundsicherung für Arbeitssuchende abzuzocken«, mit harten Strafen:

Schon der Versuch, beim Ausfüllen der Antragsformulare Einkommen oder Vermögen zu verheimlichen, kann als Betrug geahndet werden: »Wir geben jeden Fall an die Staatsanwaltschaft weiter, egal in welcher Höhe«, sagt ein erfahrener Sozialdezernent. Für

Betrug sieht das Strafgesetzbuch im Paragraphen 263 Freiheits-
strafen in Höhe von bis zu fünf Jahren vor. Ein Kollege ergänzt:
»Wer verurteilt wird, gilt als vorbestraft.« Und die Geldstrafen vor
Gericht sind oft viel höher als die erschwindelte Leistung: 2500
Euro Strafe für 500 Euro Leistungsmissbrauch können schon mal
vorkommen.«[100]

Keine Frage – es ist weder rechtmäßig noch moralisch vertretbar,
sich auf Kosten der Solidargemeinschaft mehr anzueignen, als das
Gesetz zugesteht. Nur scheint in diesem Land der Sinn für Ver-
hältnismäßigkeit und Gerechtigkeit verloren gegangen zu sein. Wie
sonst ist zu erklären, dass Politiker zusätzlich zu ihren aus Steuergeldern finanzierten Einkünften und Vergünstigungen hochdotierte
Nebenjobs in der Industrie annehmen und sich als deren Interes-
senvertreter ganz legal kaufen lassen können? Wie kann vertretbar
sein, dass sich Top-Manager sündhafte Millionengehälter und -ab-
findungen genehmigen, gleichzeitig jedoch dramatische Fehlentscheidungen treffen und Tausende Arbeitsplätze streichen? Und ist
drittens erträglich, dass Unternehmen, die keinerlei Verantwortung
für ihr Land oder ihre Belegschaft an den Tag legen, mit horrenden
Steuergeschenken belohnt werden, gleichzeitig aber die im Land
verbliebenen Noch-Beschäftigten unter der Abgabenlast ächzen?
Traditionelle Werte wie Solidarität, Verantwortung, Anstand, Gewissen oder Pflichtbewusstsein drohen einer Art wirtschaftsolym-
pischem Dogma »schneller, höher, weiter« (mehr Wachstum!) zum
Opfer gefallen zu sein: Die Quantität hat der Qualität längst den
Rang abgelaufen.

LOHNDUMPING AM ABGRUND – DAS MÄRCHEN
VON DEN LOHNNEBENKOSTEN

»Lohnnebenkosten« ist das Wort, das ein Übermaß an Harmonie
in den höchsten Ebenen von Politik, Wirtschaft, Wissenschaft
und Medien hervorruft. Ganz gleich, ob Rot oder Grün, Gelb
oder Schwarz, ob Konzernmanager oder Mittelständler, ob Wirt-

schaftsökonom oder Leitartikler – beim Thema »Lohnnebenkosten« spricht die Elite dieses Landes eine gemeinsame Sprache. Nur wenige Begriffe haben es zu solcher Popularität gebracht, und fast scheint es, als hätten sich alle ökonomischen Erkenntnisse und Erfahrungen um diesen Begriff herum organisiert.[101] Die Forderung nach einer Senkung der Lohnnebenkosten mündet in der Behauptung, alle wirtschaftlichen Krankheitssymptome dieses Landes damit schlagartig therapieren zu können: Eine Senkung der Lohnnebenkosten belebe die Beschäftigung, unterbinde die Schwarzarbeit, forciere das Wirtschaftswachstum, stärke die Wettbewerbsfähigkeit und sichere den Standort Deutschland, so das einhellige Credo.

Weil der Gewinn eines Unternehmens umso größer ausfällt, je größer er im Verhältnis zum investierten Kapital ist, beurteilt ein Unternehmer auch den Lohn nach seiner Eignung, einen Beitrag zur Gewinnmaximierung zu leisten. Für eine solche Kalkulation unterteilt er den Lohn in eine Art »Bruttolohn für Arbeit« und einen Teil »Nebenkosten«. Lohnnebenkosten werden von vielen mit Sozialversicherungsbeiträgen gleichgesetzt, das heißt mit den Beiträgen von Arbeitnehmern und Arbeitgebern zur Renten-, Kranken-, Arbeitslosen- und Pflegeversicherung. Doch neben den Lohnnebenkosten zählen auch die tariflichen und betrieblichen Übereinkünfte zu den Arbeitsbedingungen. Sie werden vom Arbeitgeber im Rahmen der verfassungsrechtlich geschützten Tarifautonomie mit ausgehandelt und unterschrieben. Zu den unumstrittenen Lohnnebenkosten zählen die Arbeitgeberbeiträge zur Sozialversicherung sowie arbeitsplatzbezogene Abschreibungen wie EDV, Telefon, eine spezifische (technische) Einrichtung oder der anteilsmäßige Stromverbrauch, sofern solche Parameter genau diesem Arbeitsplatz zugeordnet werden können. Zusätzliche Faktoren, die in die Berechnung als Lohnnebenkosten einfließen können, sind:[102]

– Arbeitgeberbeiträge zur Sozialversicherung (Renten-, Kranken-, Arbeitslosen-, Pflegeversicherung)
– Aufwendungen für die betriebliche Altersversorgung

- Weitere freiwillige Sozialleistungen (Kantinenessen, betriebliche Kindergärten, Betriebsausflug …)
- Aufwendungen für die berufliche Bildung (Aus- und Weiterbildung …)
- Krankengeld
- Entlohnung für arbeitsfreie Tage (Urlaub, gesetzliche Feiertage)
- Weihnachtsgeld
- Zuschläge für Mehrarbeit, Sonderzuschläge
- Beihilfen für Arzt-, Zahnarztbehandlungen
- Berufsgenossenschaftsbeiträge
- Gestellte Berufskleidung
- Naturalleistungen
- Erfolgsbeteiligungen

Dass zum Beispiel Weihnachts- und Urlaubsgeld, Lohnfortzahlung im Krankheitsfall, Mehrarbeits- und Sonderzuschläge, verbilligtes Kantinenessen oder Tantiemen als Lohnnebenkosten definiert werden, ist problematisch: Sie sind eine Lohn-Kompromisslösung zwischen den Tarifpartnern und gelten damit als Bestandteil des Lohns.[103]

Die Dauerklage der Unternehmer über zu hohe Lohnnebenkosten wird von der Politik offiziell zum maßgeblichen Standpunkt einer ganzen Nation erklärt. Vor weniger als sechzig Jahren fühlten sich deutsche Politiker einer ganz anderen Maxime verpflichtet. Sie schufen Sozialkassen und verschiedene arbeitsrechtliche Regelungen, um für annähernde Chancengleichheit zu sorgen. Die »soziale Marktwirtschaft«, vom ersten Bundeswirtschaftsminister Ludwig Ehrhard etabliert, verband das Prinzip der Freiheit mit dem des sozialen Ausgleichs und der sozialen Gerechtigkeit. Heute aber betrachtet der Staat die von ihm gesetzten arbeits- und sozialrechtlichen Standards als Bremsklotz für die deutsche Wirtschaft inmitten einer globalisierten Welt. Wird das unliebsame Adjektiv »sozial« auf dem Altar der Globalisierung geopfert? Die Bundeszentrale für politische Bildung schreibt:

»Unter Globalisierungsdruck gerät auch der Sozialstaat – vor allem in Deutschland. Die Absicherung der Menschen gegen Risiken von Krankheit und Arbeitslosigkeit sowie die Versorgung im Alter werden hier zu Lande in erster Linie über Sozialbeiträge auf Löhne und Gehälter finanziert … Beliefen sich die Lohnzusatzkosten – nach den Berechnungen des Instituts der deutschen Wirtschaft – im Jahre 1972 noch auf 55,6 Prozent des Bruttoarbeitslohnes, so machten sie im Jahre 2001 schon 81,2 Prozent aus. Für jeden Euro Bruttolohn muss ein Arbeitgeber also noch 81 Cent mehr an Lohnnebenkosten aufbringen. Unter den Bedingungen globaler Produktion und Konkurrenz ist diese Finanzierungsweise des Sozialstaates für die deutsche Wirtschaft ein Nachteil … Je höher die Lohnnebenkosten steigen, desto größer ist der Konkurrenznachteil der deutschen Wirtschaft.«[104]

Mit Hilfe von Zahlen des Instituts der Deutschen Wirtschaft (IW) verkauft die Politik eine Strategie, die auf ein Umdenken, auf eine Umerziehung der Bevölkerung zielt. Dem Leser wird nicht offensichtlich, wer die Fakten diktiert: Das IW ist bekannt für seine Wirtschaftsnähe; ihr Präsident, Hans-Dietrich Winkhaus, stand dem Chemiekonzern Henkel vor und war Mitglied in den Aufsichtsräten bei der Lufthansa, BMW, Degussa und der Deutschen Telekom; Direktor und Mitglied des Präsidiums ist Michael Hüther, bis 2004 Chefvolkswirt der DekaBank und Botschafter der neoliberalen »Initiative Neue Soziale Marktwirtschaft«.[105] Der Druck einflussreicher, finanzstarker Lobbyisten auf die Politik ist enorm – und trägt reichlich Früchte.

Die Zahlen, auf die sich Politik und das Institut der Deutschen Wirtschaft stützen, fußen auf einer Berechnung, die einer näheren Betrachtung nicht standhält. Bereits 2002 hatte die Hans-Böckler-Stiftung die Behauptung aus Politik und Wirtschaft, Deutschland leide unter zu hohen Lohnnebenkosten, als »Mär«[106] entlarvt. Ihrer Studie zufolge lagen die Lohnnebenkosten selbst nach der deutschen Einigung beinahe durchgehend bei etwa 46 Prozent – und nicht, wie von Arbeitgeberseite – oder wie oben von der Bundeszentrale für politische Bildung – häufig behauptet, bei horrenden

81,2 Prozent. Diese beruhten auf einem »rechnerischen Konstrukt, das so weder in der betrieblichen Kostenstatistik noch in der volkswirtschaftlichen Gesamtrechnung in Gebrauch oder von Belang« sei, monierte Claus Schäfer vom Wirtschafts- und Sozialwissenschaftlichen Institut (WSI) der Hans-Böckler-Stiftung. Ein weiterer Schwachpunkt ist laut WSI, dass die Zahlen auf die gesamte Wirtschaft bezogen werden – eine Verallgemeinerung, die nicht korrekt ist, weil die Berechnung lediglich eine Basis von rund zehn Prozent aller Beschäftigten aus überwiegend industriellen Bereichen einbezieht und die meisten Dienstleistungsbereiche in dem Konzept dagegen einfach ausgeklammert werden. Selbst das Argument, im Vergleich zu anderen Ländern seien die Lohnnebenkosten in Deutschland zu hoch, lässt das WSI nicht gelten. Denn ursprünglich wurde das Berechnungsverfahren eingeführt, um die Kosten zwischen den Ländern einander gegenüberstellen zu können. Das scheitert allerdings daran, dass nur beitragsfinanzierte, nicht aber steuerfinanzierte öffentliche Sozialleistungen erfasst werden können. In Ländern, die einen hohen oder sogar überwiegenden Teil ihrer Sicherungssysteme mit Steuern finanzieren, werden die Lohnnebenkosten daher systematisch zu niedrig ausgewiesen. Das WSI fordert deshalb ein Überdenken des gesamten Berechnungskonzepts.[107]

Alle erklärten Gegner des Sozialstaates werden nicht müde, die »gigantisch hohen« Lohnnebenkosten für das Emporschnellen der Arbeitslosigkeit verantwortlich zu machen. Sie unterschlagen, dass die »echte Quote« der Lohnnebenkosten, der Anteil der Lohnnebenkosten an den gesamten Arbeitskosten, im Zeitraum zwischen 1972 und 2002 um gerade einmal acht Prozent gestiegen ist, wobei ein überproportionales Anwachsen nur für die Zeit von 1972 bis 1981 zu verzeichnen war.[108]

»Arbeit muss bezahlbar sein«, lautet die Quintessenz des derzeitigen ökonomischen Mainstreams. Sie wird mit einem solchen medialen Nachdruck verbreitet, dass eine Tatsache dabei gänzlich untergeht: In Deutschland herrscht seit Jahren Lohnzurückhaltung. Während die Unternehmensgewinne steigen, sinken die Löhne kontinuierlich (siehe Abbildung).

Abb. 14
IM VERGLEICH: GEHÄLTER UND UNTERNEHMENSEINKOMMEN

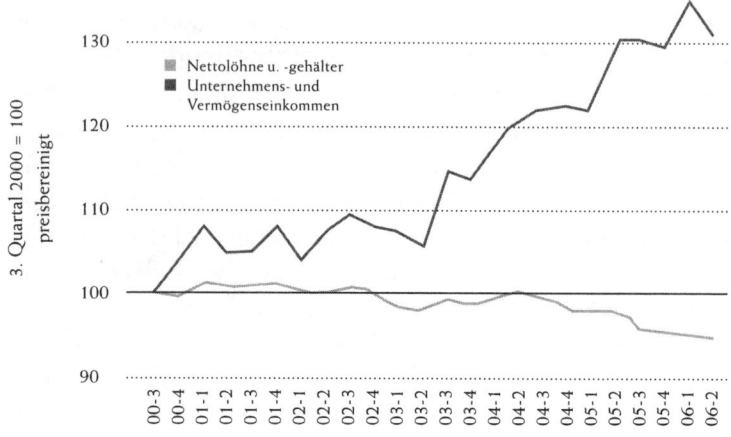

*Quelle: Statistisches Bundesamt, 2. Quartal 06. Werte zu Preisen von 2000, Nettolöhne u. -gehälter
verbraucherpreisbereinigt, Unternehmens- und Vermögenseinkommen BIP-Inflator-bereinigt
© Joachim Jahnke – http//:www.jjahnke.net/*

Dass Deutschland kein Arbeitskostenproblem hat, belegen sämtliche statistischen Daten des Statistischen Bundesamtes, der Europäischen Kommission, der Organisation für wirtschaftliche Zusammenarbeit und Entwicklung (OECD), der Bundesbank, des Deutschen
Instituts für Wirtschaftsforschung (DIW) und des Rheinisch-Westfälischen Instituts für Wirtschaftsforschung (RWI). Sie alle kommen zu dem Schluss: Die preisliche Wettbewerbsfähigkeit der
deutschen Volkswirtschaft hat seit Mitte der neunziger Jahre zu-
und nicht abgenommen. Treibende Kraft dieser Entwicklung sind
die nur gering gestiegenen Arbeitskosten.[109] Lediglich das unter-
nehmerfreundliche Institut der deutschen Wirtschaft (IW) sträubt
sich aus verständlichen Gründen gegen diese Erkenntnis, widerlegt
die Tatsache doch die These neoliberaler Ökonomen, dass sinkende
Löhne maßgeblich dazu beitragen, Arbeitsplätze zu schaffen. Obwohl die Lohnzurückhaltung nun schon seit mehr als zehn Jahren
anhält, ist eine Genesung des Arbeitsmarktes nicht in Sicht. Im Ge-

genteil. Registrierte die damalige Bundesanstalt für Arbeit 1991 noch 2,6 Millionen offizielle Arbeitslose, betrug deren Zahl im Jahr 2004 etwa 4,4 Millionen. Trotz eindeutiger statistischer Befunde ist keine Umkehr im Denken eingetreten. Geradezu beispielhaft lässt sich hierfür der Sachverständigenrat zur Begutachtung der gesamtgesellschaftlichen Entwicklung (SVR) anführen, der seit 2005 unter dem Vorsitz von Hans-Adalbert Rürup (SPD) steht, des Namenspatrons der Kommission, die von der Bundesregierung zur Klärung der Finanzierbarkeit der Renten-, Kranken- und Pflegeversicherung eingesetzt wurde. Der Sachverständigenrat ist umgangssprachlich als die »fünf Wirtschaftsweisen« bekannt. Er setzt sich für Tarifabschlüsse unterhalb der Produktivitätsentwicklung und für eine Arbeitszeitverlängerung ohne Lohnausgleich ein – was faktisch einer Lohnkürzung gleichkommt. Er geht sogar noch einen Schritt weiter und bedient sich eines »populären Totschlagarguments«:[110] Dauer und Stärke der Lohnzurückhaltung in den neunziger Jahren hätten nicht ausgereicht, um positive Beschäftigungseffekte auf dem Arbeitsmarkt herbeizuführen. Dass das wirtschaftspolitische Ziel verfehlt worden ist, wird mit einem angeblich unzureichenden Zeitraum vom Tisch gefegt.

Der internationale Vergleich der Lohnentwicklung führt die Litanei der zu hohen Löhne ad absurdum. So stiegen die deutschen Nominallöhne – das Arbeitnehmerentgelt je Beschäftigter, das auch die Lohnnebenkosten enthält, also der reine Geldbetrag – jährlich um 2,9 Prozent. Unter den führenden OECD-Staaten war in den vergangenen zehn Jahren das Nominallohn-Wachstum lediglich in Frankreich, Kanada und Japan geringer als in Deutschland – sprich, in allen anderen Ländern steigen die Nominallöhne deutlich stärker als hierzulande. Ein anderes Maß für die Entwicklung der Löhne ist der Reallohn, eine rechnerische Größe, bei der der Nominallohn um den Preisindex des Bruttoinlandsprodukts, des so genannten BIP-Deflators, bereinigt wird. Der Reallohn ist ein Maß für die Kaufkraft.[111] Im Zeitraum zwischen 1995 und 2005 sind die Reallöhne um 0,9 Prozent zurückgegangen, so dass Deutschland den letzten Rang der fünfzehn alten EU-Länder belegt (siehe Abbildung).[112]

Abb. 15

SCHLUSSLICHT DEUTSCHLAND

Reallohnentwicklung in Deutschland, Europa und den USA 1995–2004 (in Prozent)

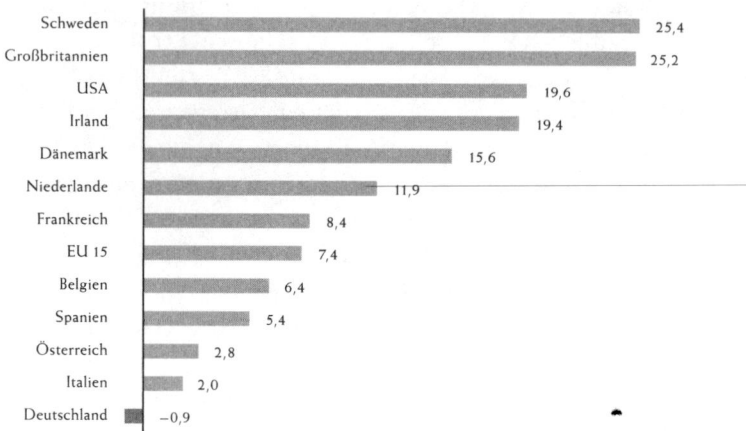

Quelle: *Europäische Kommission, WSI-Tarifarchiv*

Eine dritte Größe widerlegt ebenfalls den derzeit beschworenen Zusammenhang zwischen Arbeitslosenzahlen und hohen Löhnen: die nominalen Lohnstückkosten. Sie geben Auskunft über die preisliche Wettbewerbsfähigkeit von Volkswirtschaften. Ob sie sinken oder steigen, ist abhängig davon, wie groß der Lohndruck ist, dem die Unternehmen ausgesetzt sind. Zwischen 1992 und 2004 gehörte Deutschland mit plus siebzehn Prozent zu den Ländern, in denen die nominalen Lohnstückkosten am geringsten stiegen. Eine ähnliche Entwicklung verzeichneten nur noch Frankreich (plus siebzehn Prozent), Österreich (plus fünfzehn Prozent), Kanada (plus zwölf Prozent), Finnland (plus vier Prozent) und Japan (minus neun Prozent). Im Gegensatz dazu lagen die nominalen Lohnstückkosten im EU-Durchschnitt bei plus vierundzwanzig Prozent. In diesen Ländern führt also der im internationalen Vergleich zurückhaltende Anstieg der Nominallöhne zu einer relativen Verbesserung der preislichen Wettbewerbsfähigkeit (siehe Abbildung).[113]

Abb. 16

NOMINALE LOHNSTÜCKKOSTEN* IM INTERNATIONALEN VERGLEICH

Von 1991 bis 2003 (1991 = 100)

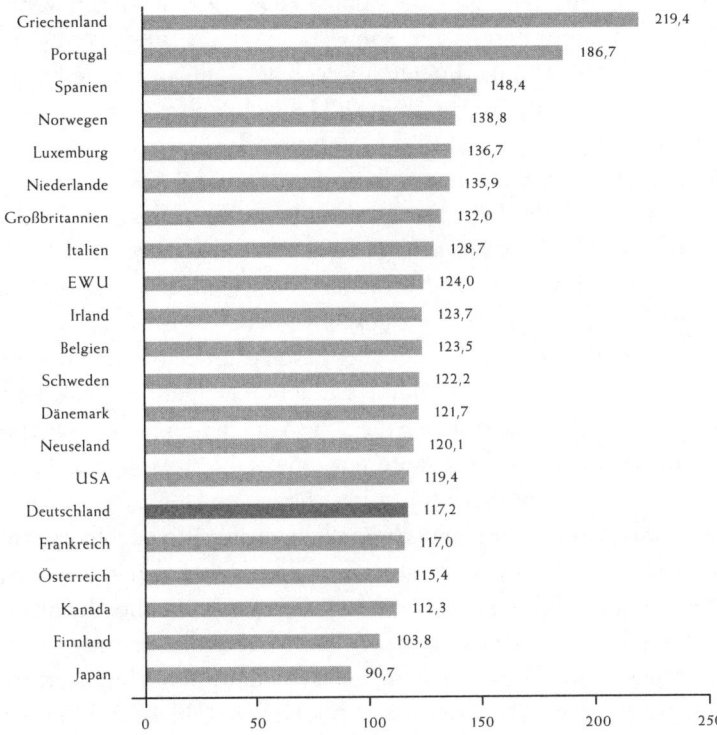

Griechenland	219,4
Portugal	186,7
Spanien	148,4
Norwegen	138,8
Luxemburg	136,7
Niederlande	135,9
Großbritannien	132,0
Italien	128,7
EWU	124,0
Irland	123,7
Belgien	123,5
Schweden	122,2
Dänemark	121,7
Neuseland	120,1
USA	119,4
Deutschland	117,2
Frankreich	117,0
Österreich	115,4
Kanada	112,3
Finnland	103,8
Japan	90,7

*Einkommen aus unselbständiger Tätigkeit je Arbeitnehmer/reales Bruttoinlandsprodukt je Beschäftigten.

Quelle: EU-Kommission, AMECO-Datenbank, 2003

Deutschland ist deshalb im hinteren Mittelfeld zu finden, weil einerseits die Produktivität hoch ist, andererseits aber die Nominallohnsteigerungen keinen Kostendruck auf die Unternehmen ausüben. Übersetzt heißt das: Die deutsche Wirtschaft ist leistungsfähig, die Löhne sind keineswegs zu hoch. Das beweist auch die Spitzenstellung Deutschlands im Export. Als Exportweltmeister hat Deutschland seinen Exportüberschuss (Export minus Import von Waren und Dienstleistungen) in den vergangenen Jahren rund verdreifachen können; Tendenz steigend. Mehr als neunzig Milliarden Euro betrug der Exportüberschuss 2003, 120 Milliarden waren es 2004. Kein anderes Land kann seine Waren auf dem internationalen Markt so gut verkaufen – welcher Indikator wäre besser geeignet, die Wettbewerbsfähigkeit Deutschlands zu beweisen, als dieser?

Betrachtet man allein den Export, könnte die Lage nicht besser sein. Dennoch bleibt Deutschland beim Wirtschaftswachstum in der Europäischen Wirtschafts- und Währungsunion (EWWU) zurück. Ein Widerspruch? Mitnichten. Selbst für das exportorientierte Deutschland ist die Produktion für den heimischen Markt weitaus wichtiger: Vier Fünftel aller Beschäftigten arbeiten hierfür, für den Export direkt oder indirekt lediglich ein Fünftel.[114] So können starke Exportsteigerungen die Schwäche der Binnenkonjunktur nicht ausgleichen – das könnte nur eine starke inländische Kaufkraft, getrieben von entsprechenden Löhnen und Gehältern. Unterdurchschnittliche Lohnzuwächse sorgen zwar für eine verbesserte internationale Wettbewerbsfähigkeit. Gleichzeitig aber schwächen sie die Binnennachfrage:[115] Die Menschen haben weniger Geld zur Verfügung, und sie geben weniger aus. Wegen mangelnder Nachfrage stagniert der Konsum und kann keinen positiven Impuls mehr geben; außen- und binnenwirtschaftliche Entwicklung halten sich nicht mehr die Waage.

Wer dennoch in das übliche Standortgejammer einstimmt und weiterhin niedrigere Löhne fordert, verkennt die Lage. Einer der fünf Wirtschaftsweisen, der seit 2004 zugehörige Peter Bofinger, teilt die neoliberale Mehrheitsauffassung seiner Kollegen nicht. Bofinger erkennt die Diskrepanz zwischen florierendem Export und lahmender Binnennachfrage und die gravierenden Probleme derjenigen Anbieter, die den Inlandsmarkt bedienen. Er zieht den Schluss: »Ohne eine steigende Kaufkraft der Arbeitnehmer kann keine dynamische Wirtschaftsentwicklung in Gang kommen, ohne eine entsprechende Lohnentwicklung wird das Land nicht in Schwung kommen.«[116]

Logische Schlussfolgerung ist also: Die Löhne müssten eigentlich steigen, nicht fallen. Das könnten sie auch, denn die Produktivität der Beschäftigten ist kontinuierlich gestiegen, die Lohnsteigerungen blieben dagegen immer weiter zurück. Während Arbeitnehmer 1980 mit je hundert Euro Lohn noch einen Wert von 153 Euro erwirtschafteten, waren es 2004 bereits 171 Euro.[117] Dass niedrige Löhne die Arbeitslosigkeit keineswegs minimieren, belegte Heiner Flassbeck, 1998/99 Finanzstaatssekretär unter Oskar Lafontaine, anhand eines Vergleichs.[118] So sanken die Lohnstückkosten inflationsbereinigt von 1975 bis 2000 um 6,2 Prozent, während in der gleichen Zeit die Arbeitslosenzahlen auf das Achtfache hochschossen.

Kein Tag vergeht, an dem die Medien nicht über Lohnnebenkosten lamentieren und lamentieren lassen. In Wirklichkeit aber steckt hinter der künstlich hochgepeitschten öffentlichen Debatte das Kalkül, Arbeit zu verbilligen, um nicht nur die Gewinne zu maximieren, sondern auch, um die sozialen Sicherungssysteme zu untergraben – nur so lassen sich Leistungen wie Kranken-, Renten- oder Arbeitslosenversicherung privatisieren. Ein Milliardenmarkt winkt.

Bei der Diskussion um einen Zusammenhang zwischen Lohnnebenkosten und Arbeitslosigkeit wird die Schuldfrage häufig sehr einseitig auf die Sozialversicherungsbeiträge abgewälzt – und der Eindruck entsteht, dass nur die Unternehmen mit den Kosten der sozialen Sicherung belastet würden. Dabei werden die Arbeitnehmer zumindest ebenso, wenn nicht stärker in die Pflicht genommen, denn anteilig betrachtet sind ihre Beiträge zur gesetzlichen Kranken- und Pflegeversicherung höher. Nur bei der gesetzlichen Unfallversicherung bringt der Arbeitgeber höhere Beiträge auf. Hinzu kommen die vielfältigen Reformen der vergangenen Jahre, die das Nettogehalt der Arbeitnehmer zusätzlich schmälern, wie Leistungen für Zahnersatz, Rezeptgebühren und quartalsmäßige Arztpraxis-

gebühren. Eine Schieflage ergibt sich zudem durch die Beitrags-
bemessungsgrenzen – beim Überschreiten dieser Grenzen[119] steigen
die Sozialabgaben nicht weiter prozentual an. Auf diese Weise
werden untere und mittlere Einkommen zur Finanzierung der sozialen Sicherung herangezogen, dagegen tragen höhere Einkommen
aus abhängiger Beschäftigung weniger zur Sozialversicherung bei.
Hohe Einkommen sind von einer Pflicht zur gesetzlichen Krankenversicherung ausgenommen, wenn sie die so genannte Versiche-
rungspflichtgrenze überschreiten. Das sind derzeit 47 250 Euro im
Jahr oder 3937,50 Euro pro Monat. Alle Beschäftigten also, die ein
jährliches Arbeitseinkommen über diesem Betrag beziehen, werden
von Gesetzes wegen weder an den Leistungen noch an der Finanzierung der gesetzlichen Krankenversicherung beteiligt. Darüber
hinaus sind Einkommen aus nicht abhängiger Beschäftigung, zum
Beispiel aus Zinsen, Dividenden oder Mieteinnahmen, gänzlich
vom solidarischen Prinzip der Sozialversicherungsfinanzierung ausgenommen – ebenso wie die Einnahmen von Selbständigen, Rentnern, Politikern und Beamten.

Dass die Arbeitgeber die paritätische Finanzierung der Sozialversicherung in Frage stellen, ist nicht neu. Die Politik hat darauf
mit zahlreichen Zugeständnissen reagiert. Beim außerordentlichen
Parteitag der SPD im August 2005 in Berlin sagte SPD-Parteivor-
sitzender Franz Müntefering:

»Dann fordern sie die Senkung der Lohnnebenkosten. Das haben
wir getan. In den 1990er Jahren sind die Lohnnebenkosten von
35,5 Prozent auf 42,1 Prozent gestiegen, und zwar auch, weil die
deutsche Einheit an vielen Stellen falsch über die Sozialsysteme
finanziert worden ist. Wir haben die Lohnnebenkosten auf 41 Prozent gesenkt und haben – unter Protest mancher – dafür gesorgt,
dass die Arbeitgeberseite heute 19,9 Prozent bezahlt.«[120]

Um den Unternehmen weitere Vorteile in puncto Lohnnebenkosten zu verschaffen, verabschiedete die rot-grüne Regierung unter
dem Banner der Agenda 2010 die Hartz-Gesetze. Mini- und Midi-

jobs, Beschäftigungen im Niedriglohnbereich, haben zu einer Senkung der Sozialversicherungsbeiträge geführt. Zudem gliederte die damalige Regierung weitere Teile der bis dahin von Arbeitgeber und Beschäftigten paritätisch getragenen Sozialversicherungskosten aus und lastete sie dem Nettoeinkommen der Arbeitnehmer an. Um auch den Wählern eine Senkung der Lohnnebenkosten als vorteilhaft zu verkaufen, argumentieren Politiker damit, dass einerseits Unternehmen mehr Geld für Investitionen haben – was die Wirtschaft ankurbeln und Arbeitsplätze schaffen soll – und andererseits die Beschäftigten mehr einkaufen und damit die Binnennachfrage beleben könnten – was die Konjunktur in Deutschland ankurbeln soll. Dem Ruf nach der Begrenzung der Lohnnebenkosten ist die Schröder-Regierung mit der Renten- und Gesundheitsreform einen erheblichen Schritt gefolgt. Erste Schritte auf dem Weg zur Ablösung der paritätischen Finanzierung der Sozialversicherungen sind mit dem Zwang zur privaten Vorsorge bei der Rente und einer Reihe von Gesundheitsleistungen erfolgt. Arbeitnehmern werden immer höhere Kosten aufgebürdet – auf der anderen Seite steigt aber der Lohn, wie oben gezeigt, nicht adäquat an.

Doch wird allzu leichtfertig ausgeblendet, dass auch die von den Arbeitgebern aufzubringenden Beiträge ein Teil des von den Beschäftigten erarbeiteten Gesamtlohns sind: ein nicht ausbezahlter Soziallohn also, der für Arbeitnehmer keineswegs »Neben«kosten darstellt. Dieses Geld dient dem Schutz vor Krankheits- und Armutsrisiken und kommt über die Arbeitslosen- und Rentenversicherung direkt den Haushalten zugute, die damit ihre Lebenshaltung finanzieren. Werden sie gekürzt, leidet die Binnennachfrage noch mehr, weil den Verbrauchern Kaufkraft entzogen wird – und Unternehmen, die für den Binnenmarkt produzieren, geraten weiter unter Druck. So ist die Botschaft für die Beschäftigten klar: Finde dich mit niedrigeren Sozialleistungen ab oder sorge privat vor.

Die gesetzliche Sozialversicherung als Hauptschuldigen für die Misere im Land verantwortlich zu machen, birgt Optionen – weniger für die Beschäftigten als vielmehr für Versicherungen und Banken.

109

Wer nicht das Risiko eingehen will, im Fall von Krankheit, Arbeitslosigkeit oder im Alter ohne Schutz dazustehen, wird sich privat
(zusatz)versichern und privat noch mehr vorsorgen müssen als bisher. Das Ganze hat nur einen Haken: Private Versicherer bieten ihre
Leistung meist teurer an; sie buhlen um junge, gesunde und zah-
lungskräftige Mitglieder. Denkbar sind Systeme wie in Chile, wo
Privatkassen berechtigt sind, alle zwölf Monate ihre Police an die
Marktbedingungen und an den individuellen Gesundheitszustand
ihrer Versicherten anzupassen. Wer dann nicht mehr bereit oder in
der Lage sein sollte, mehr zu zahlen oder eine Beitragserhöhung
hinzunehmen, muss gehen oder sich im Krankheitsfall mit einer
Unterversorgung abfinden. Bestes Negativbeispiel sind die USA,
wo vierzehn Prozent der Bevölkerung über keinerlei Krankenversi-
cherungsschutz verfügen. Falls es in Zukunft noch eine öffentliche
Kasse geben sollte, dürfte klar sein, welche Mitglieder ihr beitreten:
Alte, chronisch Kranke und Einkommensschwache. Eine perfide
Entwicklung, denn die Umverteilung gerät gänzlich aus den Fugen,
so dass sich die Schere zwischen Arm und Reich noch weiter öff-
net, Schwerkranke und Bedürftige nicht mehr aufgefangen werden.
Länder, die diese Entwicklung durch entsprechende Maßnahmen
aufzuhalten versuchen, werden Wettbewerbsnachteile erleiden
müssen – zumal sich die Welthandelsorganisation WTO über das
»Allgemeine Abkommen über den Handel mit Dienstleistungen
(General Agreement on Trade Services, GATS)« seit einem Jahrzehnt für eine Liberalisierung und den internationalen Handel mit
Dienstleistungen einsetzt. Weil der Dienstleistungssektor in den
Industrieländern rund zwei Drittel ausmacht, ist das Interesse an einer Privatisierung und Liberalisierung entsprechend groß. Betroffen
wären nicht nur Post, Energie, Bildung, Medien oder Transport[121],
sondern eben auch soziale Absicherungs- und Grundversorgungs-
bereiche wie Kranken-, Pflege- oder Rentenversicherung. Auf diese
Weise könnte Solidarität zu einem ungerechtfertigten Handels-
hemmnis werden.[122] Setzen sich private Krankenkassen durch,
werden sie auf Grund ihrer jungen, gesunden und finanzstarken
Klientel und der damit einhergehenden Minimalrisiken beachtliche

Renditen erwirtschaften, die wiederum die privaten Anleger begeistern werden und vorgaukeln, private Versicherungen wären den öffentlichen weit überlegen.

FAZIT: In Deutschland gibt es eine neue Armut, die mittlerweile auch die Mitte der Gesellschaft erreicht. Den Grund hierfür auszumachen, fällt nicht schwer: Fehlende Jobs und massive Kürzungen bei den Sozialausgaben des Staates lassen aus Arbeitnehmern innerhalb von zwei bis drei Jahren langfristige Hartz-IV-Bezieher werden. Gesetze wie Hartz IV wiederum entpuppen sich als unausgegorene Überlegung der Politik: Sie schaffen kaum neue Arbeitsplätze, sondern entlassen die Menschen in eine anhaltende Armut. Im Gegenzug verschenkt der Staat in Form von Förderungen und Steuerentlastungen Milliarden an Unternehmen – die dafür keine neuen Arbeitsplätze offerieren. Dabei gäbe es Alternativen. Eine effektive Besteuerung der Kapitalgesellschaften ließe Gelder in die Kassen des Staates fließen – Arbeitslose könnten die joblose Zeit mit mehr Geld und damit in Würde überbrücken, Investitionen des Staates könnten neue Stellen generieren.

IV. MENSCHEN, DIE ANDERS SIND – ARBEITSLOSIGKEIT, ARMUT UND DIE FOLGEN

- Wie Arbeitslosigkeit die Psyche verändert
- Warum Krankheiten unter Arbeitslosen zunehmen
- Wie bereits Kinder mit der Arbeitslosigkeit leben müssen
- Warum sich Menschen ohne Job als »Menschen zweiter Klasse« fühlen

In unserer Gesellschaft bestimmt die Arbeit den Wert des Menschen. Wie produktiv und effektiv sie ist und wie viel er damit verdient, entscheidet darüber, welches Maß an sozialer Anerkennung er erfährt und welchen gesellschaftlichen Einfluss er besitzt. Suggeriert über Gemeinschaft und Medien, ist für viele der Job bis heute die wichtigste, wenn nicht die einzige Möglichkeit, Zugehörigkeit und Wertschätzung zu erfahren: Als Quelle für alles Erstrebenswerte avanciert Arbeit im Bewusstsein der Mehrheit zum höchsten Lebensziel.

Untersuchungsergebnisse bestätigen regelmäßig den hohen Stellenwert der Arbeit. In einer Telefonbefragung des Bundesverbandes der Betriebskrankenkassen und des Hauptverbandes der gewerblichen Berufsgenossenschaften ließen 2000 interviewte Erwerbstätige keinen Zweifel daran, dass Arbeit glücklich macht:

- 92 Prozent stufen ihre Arbeit als vielseitig und abwechslungsreich ein.
- Über achtzig Prozent meinen, ihre Arbeit fördere und fordere sie.
- Mehr als siebzig Prozent würden weder den Beruf noch die Branche wechseln.
- Rund sechzig Prozent finden, dass die Arbeit in ihrem momentanen Leben den richtigen Stellenwert einnimmt.

113

- Siebzig Prozent würden ihren jetzigen Arbeitgeber nicht wechseln.
- Fünfzig Prozent können sich vorstellen, ihre Arbeit bis zum 65. Lebensjahr auszuüben.[123]

Doch in Lohn und Brot zu stehen ist längst nicht mehr selbstverständlich, und so treffen an der »Schnittstelle Arbeit« individueller Wunsch und ökonomische Wirklichkeit hart aufeinander. Eine Arbeitsgesellschaft, der die Arbeit ausgeht, kann die Bedürfnisse nicht mehr befriedigen, die sie selbst geschaffen hat. Wohl verbessert Arbeit das Wohlbefinden und trägt damit wesentlich zur Erhaltung der Gesundheit bei – nur, wo es an Arbeit mangelt, sind persönliche Entfaltung und Identitätsfindung, für viele die wichtigsten immateriellen Ansprüche an eine Erwerbstätigkeit, kaum mehr realisierbar. So verwundert es nicht, dass für Arbeitslose die finanziellen Einschränkungen als weniger belastend empfunden werden als die psychosozialen Folgen[124] und der Arbeitsplatzverlust zu den zehn traumatischsten Lebenserfahrungen zählt. Arbeitslose haben Schwierigkeiten, mit der Situation umzugehen, denn wer seinen Job verliert, verliert den Halt.

Dabei ist Arbeitslosigkeit kein Problem der heutigen Zeit, obwohl in Deutschland derzeit prozentual mehr Menschen erwerbslos sind als während der Weltwirtschaftskrise in den zwanziger und dreißiger Jahren. Während früher die allgemeine materielle Not im Vordergrund stand, sind es heute psychische, soziale und gesundheitliche Auswirkungen, die die Konsequenzen für den Einzelnen, seine Familie und schließlich für die gesamte Gesellschaft bestimmen. Damit gehört die Arbeitslosigkeit als psychosozialer Stressfaktor nicht nur zum Alltag[125] – sie offenbart sich auch als gesamtgesellschaftliches Krankheitssymptom.

NOT IM WOHLSTAND

Politiker und Wirtschaftsexperten üben sich darin, die Arbeitslosigkeit als bestimmenden Faktor für Armut auszublenden. Dabei hat Arbeitslosigkeit maßgeblich Anteil an deren Entwicklung – und das nicht nur in materieller Hinsicht. Echte Finanzsorgen verwandeln den täglichen Einkauf in ein Konsumroulette, Mehrfachbelastungen potenzieren sich. Durch beengte und schlechte Wohnverhältnisse, eine hohe Verschuldung und nicht zuletzt durch die Brandmarkung durch Boulevardblätter und die öffentliche Meinung, angeblich auf Gemeinschaftskosten der eigenen Behäbigkeit zu frönen, finden sich viele im gesellschaftlichen Abseits wieder.

Natürlich ist Armut nicht gleich Armut. Um zwischen den Entbehrungen der Menschen in den Entwicklungsländern und dem sozioökonomischen Niveau Bedürftiger in den Industrienationen zu unterscheiden, führte der ehemalige Präsident der Weltbank Robert McNamara zwei Begriffe ein: für Erstere den der absoluten Armut, für Letztere den der relativen Armut. Für die absolute Armut verwenden die Vereinten Nationen den Indikator »ein Dollar pro Tag«. Die relative Armut drückt dagegen eine soziale Ungleichheit innerhalb eines Landes aus: Hier wird der Lebensstandard unterschiedlicher Bevölkerungsgruppen verglichen. Als einkommensschwach gilt, wem weniger als sechzig Prozent des Durchschnittseinkommens von Haushalten mit gleicher Personenzahl zur Verfügung steht, als relativ arm, wer mit weniger als fünfzig Prozent auskommen muss, und als streng arm, wer weniger als vierzig Prozent nutzen kann.

Erstaunlich sind die wissenschaftlichen Befunde, die der tatsächlichen relativen Armut die »gefühlte Armut« gegenüberstellen. Demnach grassiert die gefühlte Armut unter Arbeitslosen wie eine Seuche: Während nur knapp siebzehn Prozent der Einkommensarmen, die Arbeit haben oder nicht auf Arbeitssuche sind, mit ihrem Leben unzufrieden sind, hadert mehr als ein Drittel der einkommensarmen Arbeitslosen mit ihrem Dasein. Selbst bei Arbeitslosen, deren Einkommen oberhalb der üblichen Armutsgrenzen liegt, ist die Unzufriedenheit stärker. Laut Sozio-oekonomischem Panel (SOEP)[126] waren 64 Prozent der Arbeitslosen trotz ausreichenden Einkommens von Zeit zu Zeit trübsinnig. Das Motto »lieber arm als arbeitslos« erfährt unter diesem Aspekt einen ganz neuen Sinn. Neben den Arbeitslosen sind es Alleinerziehende, kinderreiche Familien und Ausländer, die viel häufiger in Armut geraten als der Rest der Bevölkerung.[127] Gestern war Deutschland noch mit dem Problem der Altersarmut konfrontiert, heute sind Ältere dank der Rentenerhöhungen der vergangenen Jahrzehnte seltener arm als der Bevölkerungsdurchschnitt. Die Spitze der neuen Risikogruppen bilden Kinder. Wie die Zahlen belegen, beginnt das Rückgrat unserer Gesellschaft zu bröckeln: Kinderarmut, vor allem bei den jüngsten unter sieben Jahren, ist an der Tagesordnung und nimmt ständig zu. In den westlichen Bundesländern lebt bereits jedes achte und in Ostdeutschland jedes fünfte Kind in Haushalten, die von Armut betroffen sind. Im Gefolge wachsender Arbeitslosigkeit und einer zunehmenden Zahl von Alleinerziehenden verarmen immer mehr Familien mit mehreren Kindern. Schon zu Beginn der achtziger Jahre waren Familien, in denen mindestens ein Mitglied arbeitslos war, dreimal so häufig arm wie andere Bevölkerungsgruppen, und noch immer beträgt das Armutsrisiko Arbeitsloser dreißig Prozent.[128] Arbeitslosigkeit setzt einen Prozess des physischen und psychischen Verfalls in Gang, der nur mit erheblichem Aufwand – und mit politischem Weitblick – zu stoppen ist.

Je länger die Arbeitslosigkeit andauert, desto verheerender sind ihre Folgen für den Einzelnen, die Familie, die nachfolgende Generation und letztlich für die Gesellschaft. Die Zahl derer, die ein Jahr und länger ohne Job sind, ist beängstigend hoch. Rund ein Drittel aller Arbeitslosen sind Langzeitarbeitslose. 1980 lag ihr Anteil noch bei fünfzehn Prozent. Der Zusammenhang zwischen Alter und Langzeitarbeitslosigkeit ist unübersehbar: Nur 1,3 Prozent der unter 20-Jährigen ist länger als ein Jahr arbeitslos, dagegen sind es mehr als 59 Prozent der 55- bis 60-Jährigen. Vor allem in den östlichen Bundesländern ist der Anteil der Frauen an den Langzeitarbeitslosen besonders hoch, denn dort beträgt er doppelt so viel wie der der Männer.[129] In puncto extremer Langzeitarbeitslosigkeit wird Deutschland der unrühmliche Titel eines Europameisters zuteil. In keinem anderen europäischen Land leben mehr Menschen, die länger als 24 Monate ohne Job sind – 3,5 Prozent sind es derzeit.[130] Einen ersten Nachkriegsrekord verzeichnete der Deutsche Gewerkschaftsbund 1998.

Die Bedeutung der Langzeitarbeitslosigkeit wird im Allgemeinen unterschätzt, weil mehr Menschen als statistisch offensichtlich durchs Raster fallen. Das liegt an der Art und Weise der Erfassung. Selbst wer kurzzeitig, sogar nur tageweise, seine Arbeitslosigkeit unterbricht, wird als neuer Arbeitsloser umgebucht – die vordem absolvierte Arbeitslosenzeit wird nicht mitgerechnet. Auch diejenigen, deren Langzeitarbeitslosigkeit wenige Tage oder Wochen nach dem Stichtag der Zählung beginnt, werden nicht als Langzeitarbeitslose berücksichtigt. Schon 1998 monierte daher das Forschungsinstitut der damaligen Bundesanstalt für Arbeit in Nürnberg, dass der »Umfang der Langzeitarbeitslosigkeit systematisch und in beachtlicher Größenordnung untererfasst«[131] wird.

Wer aber die Arbeitsmarktpolitik der vergangenen Jahre beurteilen will, wird nicht umhinkommen, deren Qualität an der Zahl der Langzeitarbeitslosen zu messen – denn sie ist ein Indiz für ihren Misserfolg. Zwar schrillen seit langem die Alarmglocken, doch ihr Klang läutet keine Wende ein. Im Gegenteil. Während sich die Politik scheut, das Übel an der Wurzel zu packen, siecht das Heer der Arbeitslosen an den schwerwiegenden Symptomen.

GESUNDHEIT ADE: WIE ARBEITSLOSIGKEIT
KÖRPER UND GEIST ZERSTÖRT

Geld allein macht weder glücklich noch gesund, doch hat es maßgeblichen Einfluss auf den Gesundheitszustand. Über den Zusammenhang zwischen sozialer Lage und Gesundheit bzw. Krankheit gibt es gesicherte Erkenntnisse. Unter Arbeitern ist das Risiko, vorzeitig zu sterben, doppelt so hoch wie unter Akademikern; ebenso ist das Verhältnis zwischen Angestellten mit einem Jahreseinkommen von 15 000 Euro und ihren Kollegen, die 30 000 Euro pro Jahr verdienen. Ebensolche Korrelationen finden sich bei Armutsrisikogruppen wie Arbeitslosen, Wohnungslosen, Alleinerziehenden, Kindern und Ausländern. Der Vergleich zwischen Arbeitslosen und Beschäftigten offenbart das Ausmaß:

– Das Risiko, in vergleichsweise jungen Jahren zu sterben, ist bei Arbeitslosen um zwanzig bis neunzig Prozent erhöht.
– Körperliche Erkrankungen treten zu dreißig bis achtzig Prozent häufiger auf.
– Das Maß psychischer Leiden erhöht sich um etwa hundert Prozent.[132]

Längst ist die Zahl der Veröffentlichungen zum Thema Gesundheit und Arbeitslosigkeit nicht mehr zu überblicken, doch gleichen sich die Ergebnisse auf frappierende Weise. Forscher kommen zum Schluss, dass Arbeitslose häufiger unter Bluthochdruck, Übergewicht, koronaren Herzkrankheiten und Schlaganfall, Krebs, Depressionen und Verhaltensauffälligkeiten, Krankheiten des Bewegungsapparates, des Atmungssystems und des Verdauungstraktes leiden. Auch greifen Arbeitslose öfter zur Zigarette: Während 34 Prozent der Berufstätigen rauchen, sind es laut Bundesgesundheitssurvey 49 Prozent der Menschen ohne Job. Geringer sind die Unterschiede bei den Frauen. Hier stehen 28 Prozent berufstätige Raucherinnen 31 Prozent arbeitslosen Raucherinnen gegenüber. Auch andere Abhängigkeiten mehren sich unter den Bedingungen der Arbeitslosigkeit erheblich. Alkohol-, Drogen- und Medikamentensucht mit all ihren spezifischen Folgeerkrankungen treffen Arbeitslose wesentlich öfter (siehe Abbildung).

Die negativen Effekte mindern sogar die Lebenserwartung. Sie liegt bei Arbeitslosen im Schnitt sieben Jahre unter der von Beschäftigten.

Abb. 17
AUSWIRKUNGEN DER ARBEITSLOSIGKEIT

Psychische Auswirkungen		Physische Auswirkungen	
Zunahme von	Abnahme von	Zunahme von	Außerdem
Depression	Selbstwertgefühl	Kopfschmerzen	Fehlen regelmäßiger Tätigkeiten
Angst	Lebenszufriedenheit	Schlafproblemen	Nichtteilnahme an kollektiven Zielen
Anspannung	Anspruchsniveau	Antriebslosigkeit	Statusverlust
Selbstmord-versuchen	Vertrauen in eigene Kompetenzen	Herz- und Nieren-erkrankungen	Verlust an Sozial-kontakten
Alkoholmissbrauch	Konzentration	Bluthochdruck	Verlust des Zeit-gefühls und der Zeitstruktur
Gewalttätigkeit	sozialer Identität	Sehbeeinträch-tigungen	

Eine über drei Jahre laufende Untersuchung der Gmünder Ersatz-kasse (GEK) nahm das Problem genauer unter die Lupe. Zu Beginn des Auswertungszeitraums waren die Mitglieder zwischen zwanzig und fünfzig Jahre alt, gleichzeitig lagen für sie Angaben zum Er-werbsstatus in den vorangegangen Jahren vor. Die GEK hatte das Panel in Gruppen aufgeteilt, die sich in Bezug auf die Länge ihrer jeweiligen Arbeitslosenzeit unterschieden. Der besseren Übersicht halber wurden die Ergebnisse auf 100 000 Mitglieder hochgerech-net. Die Unterschiede sind beträchtlich:

– In der Gruppe der durchgehend Beschäftigten starben 277 Menschen.

– In der Gruppe der Arbeitslosen mit ein bis zwei Jahren Arbeitslosigkeit starben 468 Menschen (Mortalität 1,6-fach erhöht).

– In der Gruppe der Langzeitarbeitslosen starben 965 Menschen (Mortalität 3,4-fach erhöht).

Auf Grund ihrer höheren Erwerbsorientierung sind bei erwerbslosen Männern stärkere gesundheitliche Auswirkungen zu beobachten als bei Frauen: Sie geben vier Mal so häufig einen schlechteren Gesundheitszustand an wie ihre berufstätigen Geschlechtsgenossen. Frauen dagegen versuchen, den Verlust ihres Arbeitsplatzes mit Haus- und Kinderarbeit zu kompensieren, selbst wenn diese traditionell nicht ihrem Lebensziel entspricht.

In solchen Daten spiegelt sich die persönliche Einschätzung der Arbeitslosen wider. 23 Prozent bezeichnen ihren Gesundheitszustand als miserabel oder weniger gut, im Gegensatz zu nur elf Prozent der Berufstätigen.[134] Obwohl es ihnen sowohl objektiv als auch subjektiv schlechter geht als dem Bevölkerungsdurchschnitt, nehmen sie seltener Vorsorgeuntersuchungen wahr. Was für sie selbst gilt, gilt erst recht für ihre Kinder.

So verwundert es nicht, dass Arbeitslose öfter Leistungen des Gesundheitssystems in Anspruch nehmen. Arbeitslose Männer verbringen mehr als doppelt so viele Tage im Krankenhaus wie berufstätige; bei arbeitslosen Frauen sind es 1,7-mal so viele.[135] Besonders krass treten die Unterschiede zwischen Arbeitslosen und Beschäftigten bei der Betrachtung der psychiatrischen Erkrankungen zutage. In diesem Zusammenhang suchen arbeitslose Männer achtmal häufiger fachliche Hilfe auf, arbeitslose Frauen 3,6-mal.[136]

Bei Langzeitarbeitslosen verschärft sich die Situation noch, denn je länger die Arbeitslosigkeit andauert, desto schlechter wird ihr Gesundheitszustand[137] und desto schwerwiegender sind die Folgen. Ihre Arbeitslosigkeit reißt Löcher in die Erwerbsbiographie, die im Nachhinein kaum mehr zu stopfen sind. Arbeitslose nehmen kaum an den notwendigen Weiterbildungen teil, um auf dem neuesten Stand zu bleiben. Auch das erschwert ihre Rückkehr ins Berufsleben. Kommt dann noch eine körperliche oder psychische Erkrankung dazu, tendiert ihre Chance gegen null. Auch dass Langzeitarbeitslose gezwungen sind, ihre Altersvorsorge und ihr Vermögen aufzubrauchen, trägt dazu bei, dass sich ihre Situation verschlechtert. Ganz entscheidend aber sind die vielen negativen gesundheitlichen Probleme, die einen Arbeitslosen mit der Zeit aus dem Takt bringen. Die vielfachen Belastungen potenzieren sich und reißen ihn immer tiefer in einen wirtschaftlichen und gesundheitlichen Abgrund. Die Frustration, der ständige Gedanke an die eigene Unzulänglichkeit und die Annahme, wertlos zu sein und den Status quo nicht ändern zu können, bleiben nicht ohne Auswirkungen. Die inneren Anspannungen können so stark werden, dass sie sich in Hass, Aggression und kriminellen Handlungen entladen. Einige Forscher wie der US-amerikanische Harvard-Professor Richard B. Freeman sind schon seit längerer Zeit der Auffassung, dass der Zusammenhang zwischen wachsender Armut und Kriminalität nicht vom Tisch zu wischen ist.[138]

Was die Fakten nüchtern nachzeichnen, ist das desaströse Bild einer gesellschaftlichen Misere: Arbeitslosigkeit kostet nicht nur den Einzelnen und seine Familie Kraft, Energie und Geld, sondern belastet das gesamte Gesundheitssystem. Dass dieses ohnehin marode, durch Ineffizienz, Überteuerung und Bürokratie charakterisierte Konstrukt dieser permanent steigenden Belastung langfristig nicht gewachsen ist, steht außer Frage.

LOSGELÖST UND AM BODEN ZERSTÖRT: DIE INVALIDE PSYCHE

Hinauskatapultiert aus einem Beziehungsgeflecht, das sich einzig um die Arbeit als gesellschaftlichen Dreh- und Angelpunkt formiert hat, wird der Mensch ohne Job zum sozialen Mündel. Seine Arbeitslosigkeit kommt einer Katastrophe gleich, die lebensbestimmend wird. Erst folgt dem Schock eine kurze Phase der Urlaubsstimmung, um später, wenn das Geld knapper wird und der Berg erfolgloser Bewerbungen anschwillt, in einen Zustand der Resignation und Apathie zu münden. Kein Kollege, mit dem man fachsimpeln, kein geselliges Beisammensein nach Feierabend, mit dem man den Arbeitstag ausklingen lassen, und kein befriedigendes Thema, über das man am Familientisch reden kann. An die Stelle von Gesprächen treten Streitigkeiten um Geld und Zukunft; die Sprösslinge müssen kurzgehalten, Nachbarn, Bekannten und Lehrern muss der Einblick in die wahren Verhältnisse verwehrt werden. Die Last der Sorgen ist das Einzige, das die Leere in den eigenen vier Wänden füllt. Wer keiner regelmäßigen Beschäftigung mehr nachgehen kann, merkt, dass Arbeit mehr ist als Geldverdienen – sie ist »der Schlüssel zur Welt«:[139]

– Sie teilt die Zeit in Arbeitszeit und Freizeit und schafft Zeiterfahrung: Sie strukturiert den Tag, macht den Wechsel zwischen Arbeitswoche und arbeitsfreiem Wochenende, zwischen Arbeit und Urlaub erfahrbar.

– Der Horizont wird erweitert, Meinungen, Wissen und Gefühle werden ausgetauscht, es entstehen Kontakte über Familie und Nachbarschaft hinaus.

– Ein Ziel – Produkt oder Projekt – wird gemeinsam mit anderen in Angriff genommen. Man erlebt Teamarbeit und Mitverantwortung. Arbeit stiftet Sinn.

– Arbeit weist uns einen bestimmten sozialen Status zu, der bei der Identitätsfindung eine Rolle spielt. Sie verleiht Anerkennung und hebt das Selbstwertgefühl.

– Arbeit stellt Anforderungen an Körper oder Geist und macht Selbstverwirklichung möglich.[140]

Erwerbstätigkeit erfährt in unserer Arbeitsgesellschaft eine herausragende Bedeutung als Architektin des Selbstbildes – und Arbeitslosigkeit zertrümmert es. Wer seine Arbeit verliert, fühlt sich losgelöst und orientierungslos, körperlich wie geistig verarmt. So scheint es eine logische Konsequenz zu sein, dass Arbeitslose dreimal häufiger wegen psychiatrischer Erkrankungen arbeitsunfähig gemeldet sind als freiwillig Versicherte. Eine internationale Metaanalyse[141] gibt einen Überblick über insgesamt 324 Studien, die die psychischen Folgen von Arbeitslosigkeit belegen. Sie kommt unter anderem zu diesen Ergebnissen:

- Arbeitslosigkeit beeinträchtigt die psychische Gesundheit.
- Diese Beeinträchtigung lässt sich für mehrere Indikatoren nachweisen: für unspezifische Belastungssymptome, Depressionssymptome, Angstsymptome, psychosomatische Beschwerden, emotionales Wohlbefinden und Selbstwertgefühl.
- Psychische Belastungssymptome korrelieren nicht nur mit der Arbeitslosigkeit, sondern werden durch diese auch (mit)verursacht.[142]

Eine der ersten und wohl bekanntesten sozialwissenschaftlichen Arbeiten zu Arbeitslosigkeit und Psyche stammt aus dem Jahr 1933. Die empirische Untersuchung »Die Arbeitslosen von Marienthal« von Marie Jahoda, Paul F. Lazarsfeld und Hans Zeisel beschreibt, wie sich die Stilllegung einer Fabrik in der niederösterreichischen Gemeinde Marienthal auf die Verfassung der nunmehr arbeitslos gewordenen Menschen auswirkte. Schon damals konstatierten die Wissenschaftler, die sich den Betroffenen gegenüber nicht als solche offenbarten und als »Winterhilfe« verdeckt arbeiteten, typische Symptome wie Sinnverlust und Orientierungslosigkeit. Anhand ihrer Beobachtungen stellten sie ein Phasenmodell auf, das den Verlauf der Arbeitslosigkeit unter dem Gesichtspunkt der Befindlichkeit beschreibt:

1. Antizipationsphase
2. Schock unmittelbar nach der Arbeitslosigkeit
3. Erholungsphase (erster bis zweiter Monat)
4. Latenzphase (dritter bis sechster Monat)
5. Pessimistische Reaktion (siebter bis zwölfter Monat)
6. Phase der fatalistischen Anpassung (über ein Jahr)

Heute geht man von einem Prozess der Arbeitslosigkeit aus, der nicht nur die Zeit der Arbeitslosigkeit selbst, sondern auch die Phasen davor mit einbezieht:

1. Einstieg in eine »negative Berufskarriere«/in ein beschäftigungsunsicheres Arbeitsmarktsegment
2. Beginn der Arbeitslosigkeit
3. Situation in der Arbeitslosigkeit
4. Beendigung der Arbeitslosigkeit, z. B. durch eine neue Beschäftigung, durch Krankheit, Rente, Bildung oder als »stille Reserve«
5. Über die Arbeitslosigkeit hinausgehende Konsequenzen für die weitere Berufsbiographie[143]

Dass sich die Alltagsstruktur auflöst, die Grenze zwischen Freizeit und Beschäftigung verwischt, ist wohl der nachhaltigste Effekt der Arbeitslosigkeit: Der Arbeitslose versinkt in einem Stundendschungel, aus dem er nicht mehr herausfindet. Weil im Übermaß vorhanden, verliert die Zeit für ihn an Wert. Seine ihm auferlegte Untätigkeit verdammt ihn dazu, Zeit als Stressor zu empfinden, weil sie ihn zwingt, immer wieder nach Pseudobeschäftigungen Ausschau zu halten. Pseudobeschäftigungen aber zermürben ihn und laugen ihn aus; selbst banalste Aufgaben werden zur Qual. Wenn es ihm nicht gelingt, seinen Tagesablauf diszipliniert zu gestalten, verliert er das Gefühl für die Zeit und kann sich nicht einmal mehr daran erinnern, was er die vergangenen Tage erlebt oder getan hat.[144] Wenn er spürt, wie ihn sein Erinnerungsvermögen verlässt, wie er mangels Training geistig verarmt und sich körperlich immer schwächer fühlt, verstärkt sich seine Perspektivlosigkeit. Er erlebt sich als »Mensch zweiter Klasse«. Diese verhängnisvolle Entwicklung behindert die Rückkehr in ein aktives Arbeitsleben. Tief gekränkt zieht er sich in sich selbst zurück; Depressionen folgen. Selbst Menschen, die wieder Arbeit finden, vergessen nicht. Eine über fünfzehn Jahre andauernde Studie[145] mit mehr als 24 000 befragten Deutschen zeigt, wie ausdauernd einmal erlebte Arbeitslosigkeit das zukünftige Berufsleben überschattet. Sie widerspricht der Behauptung vehement, dass abstumpft, wer mehrmals arbeitslos wird. Das Gegenteil ist der Fall: Der Verlust schmerzt gleich stark; die Symptome sind identisch, die Ängste schaukeln sich auf. Die Monate als Arbeitsloser kann niemand ad acta legen.

Es war der Psychologe Martin E. P. Seligmann von der University of Michigan, der den Begriff der »gelernten Hilflosigkeit« prägte und so eine passende Hypothese dafür lieferte, was Depression mit Arbeitslosigkeit und Arbeitslosigkeit mit Depression zu tun hat. Lange bevor die Arbeitslosigkeit boomte wie zuvor die Wirtschaft, hatte er sich mit Menschen und Tieren befasst, die sich unangenehmen Reizen wie lauten Geräuschen ausgesetzt sahen, über die sie vorerst keine Kontrolle hatten: Sie benahmen sich meist extrem hilflos, und zwar selbst dann, wenn sie später durch eine einfache Reaktion, beispielsweise einen Tastendruck, den unangenehmen Reiz einfach ausschalten konnten. Derart eingeengt in ihrem Handlungsspielraum, ziehen sich Betroffene zurück, sind nur begrenzt lernfähig, leiden unter psychosomatischen Problemen und eignen sich einen »negativen Attributionsstil« an: Sie suchen eine Erklärung für ihre Hilflosigkeit in einem globalen Muster. Für Arbeitslose heißt das: »Ich bin arbeitslos geworden, weil ich nichts tauge.« Je depressiver sie werden, desto negativer werden ihre Erklärungsmuster.[146]

Unter den Behinderungen verursachenden Erkrankungen werden Depressionen im Jahr 2020 den zweiten Rang einnehmen, meint die »Global Burden of Disease Study« von Weltgesundheitsorganisation und Weltbank[147], eine Studie, die seit 1992 die Belastung der Bevölkerung durch Krankheit und Verletzung zu quantifizieren sucht. National zeigt sich ein ähnlicher Trend. Ein vom Robert-Koch-Institut in Berlin durchgeführter Bundesgesundheitssurvey geht davon aus, dass beinahe jeder zweite Bundesbürger im Laufe seines Lebens wenigstens einmal an einer psychischen Störung erkrankt und jeder dritte mindestens einmal professionelle Hilfe in Anspruch nehmen muss. Bereits heute steigt die Zahl der Betroffenen ständig. Während der Krankenstand insgesamt sinkt, ist seit etwa zehn Jahren ein kontinuierlicher Anstieg an Arbeitsunfähigkeitstagen

Abb. 18
ARBEITSUNFÄHIGKEIT UND PSYCHISCHE ERKRANKUNGEN
BEI BERUFSTÄTIG VERSICHERTEN 2004

Krankenkasse	Anteil an AU-Tagen	Dauer (gerundete Werte)
Techniker Krankenkasse	14 %	52 Tage
	Arbeitslose 28 %	
BKK	7,5 %	29 Tage
	Arbeitslose 16 %	

Zitiert nach: A. Weber, G. Hörmann, V. Köllner: Psychische und Verhaltensstörungen – die Epidemie des 21. Jahrhunderts? Deutsches Ärzteblatt, Jg. 103, Heft 13, 2006

(AU-Tage) infolge psychischer Erkrankungen zu beobachten. Beispielsweise stellte die Deutsche Angestellten-Krankenkasse (DAK) fest, dass der Krankenstand zwischen 1997 und 2004 von 4,19 Prozent auf 3,39 Prozent abnahm, die Anzahl der AU-Tage wegen psychischer Erkrankungen dagegen um siebzig Prozent zunahm.[148] Arbeitslose sind noch häufiger betroffen (siehe Abbildung).

Natürlich reagiert kaum ein Arbeitsloser wie ein anderer auf die veränderte Lebenssituation. Wie er damit umgeht, ist von vielen Variablen abhängig: unter anderem von der finanziellen Situation, der Dauer der Arbeitslosigkeit, dem Gesundheitszustand, dem Bildungs- und Qualifikationsniveau, der sozialen Schicht, dem Selbstwertgefühl und der persönlichen Belastbarkeit. Auch das Maß an Unterstützung, die ihm zuteil wird, der familiäre Status, das Alter und nicht zuletzt das Geschlecht spielen eine Rolle.

Bereits in der Untersuchung von 1933 zeigte sich, dass vor allem Männer unter Arbeitslosigkeit leiden – und zwar umso mehr, je ehrgeiziger sie gewesen waren und je höhere Ansprüche sie an ihr Leben gestellt hatten. Nachdem sie mehr als hundert Bewerbungen verfasst und nirgends untergekommen waren, folgte der Absturz, berichteten die Autoren in der über siebzig Jahre zurückliegenden Studie. Frauen gelang es besser, mit der Arbeitslosigkeit umzugehen:

Sie verliehen ihrem Tag Struktur und füllten ihn mit Arbeit, indem sie sich verstärkt der Hausarbeit widmeten und mehr mit den Kindern beschäftigten. Für Männer stand diese Tätigkeit außer Frage – was sich für viele bis heute nicht geändert hat. Damals überhaupt nicht vorstellbar, stellt das Dasein als Hausmann noch immer einen oft belächelten Lebensentwurf dar. So präferieren zwar 25 Prozent der Männer in Großbritannien diese Arbeitsform, 20 Prozent in den USA, aber nur 15 Prozent der Männer Kontinentaleuropas. Hier wird die Bereitschaft zum häuslichen Arbeitsplatz zwar toleriert oder als Übergangslösung gebilligt, erfährt aber kaum gesellschaftliche Anerkennung. Als Hausmann einzuspringen, bedeutet für den Mann, in doppelter Hinsicht sein Gesicht zu verlieren, hat er doch im Laufe seiner Sozialisation gelernt, dass er seine Leistungsfähigkeit – seinen Wert – hauptsächlich über Beruf und Karriere beweisen kann. So gerät die Geschlechterdemokratie spätestens dann ins Wanken, wenn es um Arbeitsplätze und Familienarbeit geht, denn Arbeitslosigkeit bedeutet für Männer eine wesentlich größere narzisstische Kränkung als für Frauen. Allerdings beobachten Soziologen seit längerem einen Wertewandel, der überwiegend von den Mädchen getragen wird: Sie sind ehrgeiziger und selbstbewusster geworden und sehen den Einstieg ins Berufsleben nicht mehr als Zwischenlösung vor einer endgültigen Familienarbeit. Mittlerweile streben mehr Mädchen als Jungen eine höhere Bildung an; in der Schulbildung haben sie die Jungen sogar schon überholt.[149]

Noch aber definieren erlernte Rollenstereotype, welche Verhaltensweisen, Persönlichkeitseigenschaften, Interessen und Gefühle Männer und Frauen haben sollen und dürfen. So gleichen typisch weibliche Eigenschaften einer gesunden Frau in der Beschreibung denen eines psychisch kranken Mannes. Ebenso wie Frauen einseitig auf Haus- und Kinderarbeit festgelegt sind, gilt es als selbstverständlich, dass Männer arbeiten gehen und die »Ernährerrolle« übernehmen. Kein anderes Kennzeichen unserer Gesellschaft verspricht mehr Prestige als die Arbeit. Vor allem über sie erfahren Männer Macht und Anerkennung. Nur: Wie können Männer ihrer erwarteten rollenkonformen Vormachtstellung gerecht werden, wenn es immer weniger Arbeit gibt? Ohnehin kann nur eine Minderheit das Männlichkeitsideal über die Arbeit realisieren; die Mehrheit der Männer muss sich mit vergleichsweise niedrigen Positionen begnügen. Männer messen sich dennoch an diesem Männerbild – und scheitern fast zwangsläufig. Dieser »dramatische Kontrast zwischen kollektiver Privilegiertheit und persönlicher Unsicherheit«[150] endet in Konflikten. Dass immer mehr Frauen Karriere machen wollen, trägt noch zur Verunsicherung von Männern bei. In Zwangslagen wie der Arbeitslosigkeit entscheidet die gesellschaftlich vorgegebene Rolle auch über die Art, wie die Geschlechter mit dem Problem umgehen. Frauen reagieren eher mit manischen, depressiven oder psychosomatischen Symptomen. Männer neigen dagegen zu Persönlichkeitsstörungen, zu Gewalt gegen sich oder andere, zu extremer Risikobereitschaft und Alkoholabhängigkeit.[151]

Mittlerweile hat jeder fünfte Langzeitarbeitslose Alkoholprobleme. Wer länger als zwei Jahre arbeitslos ist, wird zwar nicht zwangsläufig zum Alkoholiker, aber der Alkoholismus ist unter Arbeitslosen weiter verbreitet als im Bevölkerungsdurchschnitt, weil die Kontrolle der Kollegen fehlt und die Intensität und Häufigkeit von Verstimmungen zunimmt. Suchtgefährdet sind jene Arbeitslosen, die schon während ihrer Berufstätigkeit gerne zur Flasche gegriffen haben. Belege für einen Zusammenhang zwischen Arbeitslosigkeit und Alkoholismus gibt es längst. Beispielsweise zählt die Schweizerische Fachstelle für Alkohol- und andere Drogenprobleme (SFA) immer mehr Alkoholkranke. Sie konstatiert, dass sich seit 1992 der Anteil an Erwerbslosen in der Schweiz verdreifacht hat; ebenso ist die Zahl Alkoholkranker in Fachkliniken gestiegen: Der Anteil an Erwerbslosen in Kliniken hat sich zwischen 1990 und 1997 bei den Männern verdoppelt, bei den Frauen stieg er um 67 Prozent. Deutsche Daten malen ein ähnlich düsteres Bild. Egal ob in Kliniken, psychiatrischen Krankenhäusern oder Beratungsstellen – auch hier nimmt die Zahl besorgniserregende Ausmaße an. Dass alkoholabhängige Arbeitslose weit größere Schwierigkeiten haben, wieder einen Job zu finden, verschärft die Problematik noch. Selbst wenn sie trocken sind, mindert ihr Handicap ihre Chancen, weil sie schlechte Referenzen des vorherigen Arbeitgebers rechtfertigen müssen. Gelingt es ihnen jedoch nicht, wieder Fuß zu fassen, droht ihnen ein neuerlicher Absturz.

Dabei ist Alkohol längst zur Volksdroge avanciert, eine Selbstverständlichkeit, die auf keiner Feier fehlen darf. Sie soll die Stimmung heben, Probleme mildern, Kontakte knüpfen und die Scheu überwinden helfen. Wer nicht trinkt, ist Außenseiter, wird belächelt und ausgegrenzt. Im weltweiten Verbrauch von Hochprozentigem rangiert Deutschland ebenso wie beim Bierkonsum in der Spitzengruppe. Etwa dreizehn Liter reinen Alkohols rinnen Jahr für Jahr durch deutsche Kehlen – knapp sechs Liter Spirituosen, hundertzwanzig Liter Bier, zwanzig Liter Wein und rund vier Liter Schaumwein. Wohlgemerkt handelt es sich hierbei um einen Pro-Kopf-Verbrauch, in den rein rechnerisch auch die Anzahl der Säuglinge, Abstinenzler und Kranken einfließt, derjenigen also, die keinen Tropfen Alkohol anrühren. Statistiken zeigen zwar, dass der Verbrauch an alkoholischen Getränken stagniert, das Einstiegsalter jedoch immer weiter sinkt – schon innerhalb der Familien herrscht eine ausgeprägte Trinkkultur.[152] Dass Alkoholkonsum einen volkswirtschaftlichen Schaden von zwanzig bis vierzig Milliarden Euro pro Jahr verursacht, wird gern vergessen. Schätzungen gehen von 4,3 Millionen alkoholabhängigen Deutschen aus, darunter dreißig Prozent Frauen, doch dürfte die Dunkelziffer erheblich höher liegen. 42000 Menschen pro Jahr sterben durch Alkoholmissbrauch. Auch lässt sich schwer ermessen, wie hoch der Prozentsatz der alkoholbedingten Verkehrsunfälle oder begangenen Straftaten ist. Den staatlichen Einnahmen aus der Alkoholsteuer, derzeit rund 3,5 Milliarden Euro, stehen damit enorme Kosten gegenüber – vom Leid der Betroffenen und ihrer Familien ganz abgesehen.

So schließt sich der Kreis zwischen einer wachsenden Zahl von Arbeitslosen, zunehmend verarmenden Familien und einem hohen Prozentsatz Arbeitsloser unter den Alkoholkranken. Kinder aber lernen von ihren Eltern – wie sie ihre Tage verbringen, wie sie mit

Konflikten umgehen und Schwierigkeiten meistern. Wenn auch eine genetische Veranlagung zum Alkoholismus noch nicht zweifelsfrei bewiesen ist, besitzen Kinder aus suchtbelasteten Familien ein dreifach erhöhtes Risiko, ebenfalls Alkoholiker zu werden. Auf diese Weise reproduziert sich Alkoholabhängigkeit immer wieder neu. Zu Zeiten der Vollbeschäftigung spielte es kaum eine Rolle, dass die Finanzierung der Folgekrankheiten mehrheitlich durch Abgaben auf den Faktor Arbeit erfolgten. Heute aber ist es illusionär zu glauben, dass dieses Konzept auch in Zukunft trägt.

SUIZID ALS LETZTER AUSWEG

Dass Selbstmörder, lange bevor sie Suizid begehen, Selbstmörder sind, ist eine Binsenweisheit der Psychologie; dass Selbstmord Folge psychischer Erkrankungen wie Depressionen oder Schizophrenie ist, ebenso. Eine Reihe wissenschaftlicher Untersuchungen, im British Medical Journal veröffentlicht,[153] weist auf eine starke gesellschaftliche Komponente hin: die »soziale Deprivation«. Definiert als jede Form sozialer Ausgrenzung, kann sie Menschen in Alkoholismus, Tabletten- oder Drogensucht stürzen und sie ihre Selbstachtung verlieren lassen. Betroffene neigen zur Verwahrlosung, vermüllen ihre Wohnung und pflegen sich nicht mehr – grundlegende Hygieneregeln bleiben unbeachtet. Von ihrer Umwelt abgeschottet, fehlt es den Betroffenen an gesellschaftlicher Nestwärme, sie leiden unter der eigenen Hilflosigkeit und haben jede Hoffnung aufgegeben. Ihr Tag wird von Depressionen und Selbstmordgedanken bestimmt. In dieser Zwangslage gefangen, ist der Suizid kein »Freitod« mehr, kein Ausdruck größter Freiheit, sondern eine im Tod gipfelnde »subjektiv erlebte Not«[154] durch soziale Rahmenbedingungen. Der für Selbstmörder typische Tunnelblick verhindert, dass sie Auswege finden und Hilfsangebote erkennen. Um das für sie Unerträgliche zu beenden, wählen sie den Tod. Dem eigentlichen Selbstmord gehen in der Regel mehrere Versuche voraus, die nach Ansicht von Psychologen das Ziel haben, unter Einsatz des eigenen Lebens etwas ändern zu wollen, um ein Weiterleben zu ermöglichen.

Die Wissenschaft unterscheidet zwei verschiedene Modelle: das Krisenmodell und das Krankheitsmodell.[155] Das Krisenmodell geht von einer psychisch unauffälligen Persönlichkeit aus, die eigene Bewältigungsstrategien entwickelt hat, um Probleme meistern und Belastungen standhalten zu können. Hat die Arbeit den größten Stellenwert im Leben dieses Menschen eingenommen, kann plötzliche Arbeitslosigkeit ein Ereignis sein, bei dem sämtliche bisherigen Taktiken versagen. Das zweite Modell, das Krankheitsmodell, geht von einer »Vorbelastung« aus. Hierzu gehören bestehende oder vorangegangene psychische Erkrankungen, Alkohol- oder Drogensucht. Ganz gleich, welchem Modell ein Betroffener zugeordnet werden kann, die Folgen sind ähnlich. Er verfällt in einen inneren Spannungszustand, der mit negativen Gefühlen wie Angst und Wut einhergeht und zu manifesten Depressionen mit körperlichen und psychischen Symptomen führen kann, und er fühlt sich eingeengt, überflüssig und unerwünscht.

Wie die Statistiken der Weltgesundheitsorganisation belegen, sind Männer besonders suizidgefährdet: 4,5-mal mehr Männer als Frauen beenden ihr Leben durch die eigene Hand. Während die Suizidrate bei Frauen bis zum 54. Lebensjahr kontinuierlich ansteigt, sind bei den Männern Häufigkeitsgipfel um das zwanzigste Lebensjahr, gegen Ende des fünfzigsten Lebensjahres und gegen Ende des siebzigsten Lebensjahres festzustellen. Suizidauslöser bei Männern ist häufig soziale Desintegration, zum Beispiel als Folge von Scheidung. Aber auch Arbeitslosigkeit spielt eine tragende Rolle, denn wer arbeitslos ist, gehört nicht mehr dazu. Derart sozial isoliert, gerät der Betroffene in die Spirale von Selbstvorwürfen, Enttäuschung, subtiler und körperlicher Aggressivität gegen die Familie und sich selbst.

Bei Frauen und Männern besteht gleichermaßen ein deutlicher Zusammenhang zwischen Arbeitslosigkeit und dem Risiko, Selbstmord zu begehen; eine neuseeländische Studie[156] bezifferte die erhöhte Wahrscheinlichkeit auf das Zwei- bis Dreifache. Für Männer gilt: Je niedriger der sozialwirtschaftliche Status, desto höher das Suizidrisiko.[157] Auch arbeitslose Frauen neigen eher dazu, sich selbst zu töten, als Frauen mit festem Job. Die Gefahr wächst, je länger die Arbeitslosigkeit andauert. Die Suizidrate bei Männern steigt dagegen in den ersten drei Jahren der Erwerbslosigkeit an, später nicht mehr.

Die Unterschiede zwischen den Geschlechtern erklären sich aus der Vorstellung traditioneller Männlichkeit. Als typisch männlich gelten nach wie vor Eigenschaften wie Leistungsfähigkeit, Konkurrenzfähigkeit, Macht, Kontrolle, Dominanz und Härte – auch und vor allem gegen sich selbst. Traditionelle Männlichkeit lässt keinen Raum für Selbstreflexion, Ängste, Belastungen und soziale Eigenschaften, die als typisch weiblich definiert werden. Für den Mann gelten gesellschaftliche Standards von Erfolg und Misserfolg, er wird gemessen an seinem sozialen Status, an seinem Durchsetzungsvermögen und an seiner Fähigkeit, Emotionalität auszublenden. Im permanenten Wettbewerb mit anderen würde ihm die Preisgabe von Schwierigkeiten als Schwäche ausgelegt werden und ihn für seine Konkurrenten angreifbar machen. Obwohl er Hilfe braucht, lässt das maskuline Klischee die Suche danach nicht zu, denn in der Vorstellung des Mannes wäre sie gleichbedeutend mit einem Verlust an Autonomie, Status und Kontrolle.[158]

In Deutschland sterben jährlich rund 12 000 Menschen durch Suizid. Allerdings ist die Dunkelziffer sehr hoch, so dass diese Zahl nur wenig Aussagekraft hat. Wie viele Selbstmorde sich hinter Verkehrstoten, Drogentoten oder ungeklärten Todesfällen verstecken, weiß niemand. Klar ist nur, dass die Zahl der erfolgten Selbstmorde die der Verkehrstoten übertrifft: Im Jahr 2005 starben 5362 Menschen durch Verkehrsunfälle. Außerdem gibt es 150 000 ernsthafte Suizidversuche, und auch hier ist von einer enormen Dunkelziffer auszugehen. Suizide haben selten nur einen Grund – in der Regel sind es eine ganze Reihe von Ereignissen, die einen Menschen dazu bringen, Selbstmord zu begehen. Thomas Kieselbach, Professor für

Psychologie und seit 2000 Vorsitzender des Wissenschaftskomitees »Arbeitslosigkeit und Gesundheit« der International Comission on Occupational Health (ICOH), hat den Faktor Arbeit als einen der wesentlichen Gründe für Suizid ausgemacht. Er geht davon aus, dass suizidale Phasen, Suizidversuche und vollzogene Selbsttötungen zwanzigmal häufiger bei Arbeitslosen als bei vergleichbaren Gruppen von Erwerbstätigen auftreten.

Unabhängig von den Ursachen der Depression erhält längst nicht jeder Depressive die Hilfe, die er benötigt, was eine rasche Lösung des Problems nicht gerade wahrscheinlicher macht: Fünfzig Prozent der Fälle werden vom Hausarzt nicht oder falsch diagnostiziert.[159] Nicht zuletzt deshalb katapultiert sich die Depression als Erkrankung in eine neue Dimension – besonders vor dem Hintergrund der wachsenden Arbeitslosigkeit. Noch besteht erheblicher Forschungsbedarf über die Entstehung und Manifestation der Depression; doch werden Vorbeugung, Behandlung und Rehabilitation über die Tragfähigkeit des Gesundheitssystems mitentscheiden und müssten unter dem Gesichtspunkt seiner Zukunftsfähigkeit bereits heute in politischen Entscheidungen mitbedacht werden.

SCHWACHES ERBE –
KINDER ARBEITSLOSER ELTERN

Im Vergleich zu Menschen mit Arbeit leben Arbeitslose ungesünder. Sie rauchen häufiger, trinken öfter Alkohol, greifen verstärkt zu Drogen oder Medikamenten. Damit gefährden sie nicht nur sich selbst, sondern auch indirekt oder direkt ihre Familie. Das gilt insbesondere für werdende Mütter.

Schon als Ungeborenes erlebt das Kind die Nöte seiner Familie mit. Die Pränatalforschung hat gezeigt, wie sehr sich der Gesundheitszustand der Mutter auf den Fötus auswirkt: Weil dieser über die Plazenta und die Nabelschnur mit dem mütterlichen Organismus verbunden ist, ist er gezwungen aufzunehmen, was die Mutter konsumiert – auch Gifte. Raucht die Mutter, gelangen krebserregende Substanzen wie Nitrosamine und polyzyklische aromatische Kohlenwasserstoffe in seinen Körper; Kohlenmonoxid bremst seine körperliche Entwicklung. Babys von Raucherinnen haben häufig kleinere Köpfe und bleiben im Längenwachstum zurück, ihre Lungen funktionieren schlechter, Fehlbildungen wie Lippen-Gaumen-Spalten treten vermehrt auf. Auch besteht die erhöhte Gefahr einer Fehl- oder Totgeburt und, nach der Entbindung, eines plötzlichen Kindstods. Auch Kinder passiver Raucherinnen sind gefährdet. Noch schlechter ist die Prognose, wenn die Mutter regelmäßig trinkt. Weil seine unreife Leber Alkohol noch nicht abbauen kann, sinkt der Alkoholspiegel im Körper des Embryos wesentlich langsamer als im Körper der werdenden Mutter, wodurch er länger und stärker der toxischen Wirkung ausgesetzt ist. Alkohol ist die am stärksten Missbildungen fördernde Droge: Kinder mit fetalem Alkoholsyndrom leiden unter körperlichen Fehlbildungen, geistiger Retardierung und neurologischen Auffälligkeiten; viele weisen stigmatisierende Gesichtsmerkmale auf. Rund dreitausend solcher Kinder, deren Krankheitssymptome zu hundert Prozent vermeidbar gewesen wären, kommen in Deutschland pro Jahr zur Welt. Wie Nikotin und Alkohol dringen einige andere Drogen sowie Wirkstoffe von Medikamenten ungehindert in die Plazenta und fügen dem Embryo bei entsprechendem Konsum ebenfalls bleibende Schäden zu.

Bei Mehrfachkonsum schädlicher Substanzen potenziert sich die Gefahr. Gerade sozioökonomisch unterprivilegierte Mütter bekommen signifikant mehr entwicklungsgestörte Kinder; auch entbinden viele zu früh. Eine Untersuchung zur Langzeitentwicklung frühgeborener Kinder zeigte, dass knapp ein Drittel von ihnen unter schwerwiegenden Lernstörungen, Verhaltensauffälligkeiten und Intelligenzentwicklungsstörungen litten. Fatalerweise erhielten diese Kinder erschreckend häufig eine unzureichende oder gar keine dringend notwendige Frühförderung oder Therapie.[160] Falls solche Maßnahmen überhaupt begonnen werden, werden sie erschreckend oft abgebrochen. Warum das so ist, ist bislang nicht ausreichend untersucht worden.

Eine Einschulungsuntersuchung im Land Brandenburg aus dem Jahr 2000 belegte den Zusammenhang zwischen der Zugehörigkeit zu einer sozialen Gruppe und der Notwendigkeit, das Kind noch vor dem Schuleintritt pädagogisch und therapeutisch zu fördern: Fast jedes fünfte Kind aus sozial benachteiligten Familien wurde zu einer entsprechenden Frühförderung überwiesen.[161] Diese Ergebnisse decken sich mit denen aus den Jahren 1994 und 1999. Zugespitzt sind die Zusammenhänge im Brandenburger Landkreis Oberspreewald-Lausitz zu beobachten, der zu den Kreisen mit der höchsten Arbeitslosigkeit in Brandenburg und in Deutschland zählt. Während 1998 in Brandenburg 23,6 Prozent der Kinder in Familien mit niedrigem Sozialstatus aufwuchsen, waren es in Oberspreewald-Lausitz 27 Prozent; das dortige Gesundheitsamt stellte doppelt so viele frühförderfähige Befunde bei Kindern aus sozial benachteiligten Familien fest wie bei Kindern, die zur Gruppe mit hohem Sozialstatus gehören.[162] Die folgende Abbildung zeigt den Vergleich einiger nach dem Sozialstatus ausgewählter medizinischer Befunde.

Um die körperliche Fitness von Kindern aus sozial schwachen Schichten ist es nicht besser bestellt. Schon der Durchschnitt der Deutschen ernährt sich nicht gesund; dies gilt besonders für Kinder,

Abb. 19
MEDIZINISCHE BEFUNDE NACH SOZIALSTATUS

Befund	hoher Sozialstatus	mittlerer Sozialstatus	niedriger Sozialstatus
Einschränkungen im Hören/Sehen	16,5 %	15,5 %	23,1 %
Sprachstörungen	2,8 %	10,1 %	15,4 %
Psychosomatische Störungen	0 %	1,9 %	3,4 %
Einnässen u. a. psychiatr. Erkrankg.	0 %	1,6 %	2,9 %

Quelle: Gesundheitsamt des Landkreises Oberspreewald-Lausitz

die von Armut betroffen sind. Zu viel Fett und zu wenige Vitamine und Kohlehydrate, dazu ein ausgesprochener Bewegungsmangel sorgen für eine ungesunde Lebensweise mit Folgen. Adipositas ist die augenscheinlichste, aber auch weniger offensichtliche wiegen schwer: Im Vergleich zu anderen Kindern nehmen die betroffenen Kinder zu wenig Milch und Milchprodukte und damit zu wenig Calcium auf – bis zu 25 Prozent unter den Empfehlungen. Als Baustoff für Knochen, Zähne und Gewebe ist Calcium jedoch unersetzlich. Ebenso wichtig ist es für die Blutgerinnung, zum Aufbau von Muskeln und zur Funktion der Nerven. Die typischen Wohlstandserkrankungen wie Bluthochdruck und Zuckerkrankheit, Schlaganfälle und Herzinfarkte mehren sich damit nicht nur, sondern treten bereits in so jungen Jahren auf, wie es früher undenkbar gewesen wäre. Beispielsweise gibt es Elfjährige mit Osteoporose, und der umgangssprachlich als Alterszucker bezeichnete Diabetes Typ II trifft schon die Kleinen. Wissenschaftler rechnen damit, dass die Fallzahlen in den nächsten Jahren um bis zu vierzig Prozent steigen könnten. Erschwerend kommt hinzu, dass sozial benachteiligte Kinder auch ein niedrigeres Selbstwertgefühl besitzen als Kinder aus höheren sozialen Schichten. Weil sie sich in der Regel weniger bewegen, kann Sport weder kompensatorisch noch entlastend wirken – die Möglichkeit, Stress zu bewältigen und etwas für seine Gesunderhaltung zu tun, fallen damit weg.

In einer Studie über die soziale Lage und den Gesundheitszustand von Kindern hat Klaus Hurrelmann, Professor für Sozial- und Gesundheitswissenschaften und Leiter des Collaborating Center for Health in Children and Adolescents (HBSC) der Weltgesundheitsorganisation festgestellt, dass sich Gesundheitszustand, Wohlbefinden und psychische Gesundheit in erschreckendem Maß verschlechtern. Infektionskrankheiten, Asthma bronchiale, Zahnkrankheiten, Magen-, Kopf- und Rückenschmerzen spiegeln das Bild wachsender gesundheitlicher Probleme wider. Eine Reihe anderer Untersuchungen belegt einen ähnlichen Zusammenhang, so eine Studie des Gesundheitsamtes Göttingen, wonach dreißig Prozent der Kinder arbeitsloser Eltern einen unzureichenden Impfschutz aufwiesen und

Vorsorgeuntersuchungen für sie nicht oder nicht im ausreichenden Maß in Anspruch genommen wurden.[163] Aus einem Modellprojekt der Stadt Brandenburg geht hervor, dass Kinder mit höherem Sozialstatus fast doppelt so häufig kariesfreie Gebisse hatten wie Kinder mit niedrigem Sozialstatus.[164]

Kinder haben keinerlei Einfluss auf die Lebensverhältnisse ihrer Familie. Sie werden in eine Gemeinschaft hineingeboren, von deren Problemen sie geprägt werden und die ihre Zukunft maßgeblich beeinflusst. Wenn soziale Unterschiede gesundheitliche Ungleichheit mit sich bringen, muss sich eine Gesellschaft die Frage nach Fairness und Chancengleichheit seiner wehrlosesten Mitglieder, der Kinder, gefallen lassen. Schließlich stellt das Grundgesetz der Bundesrepublik Deutschland das Kind unter den Schutz des Staates. So aber sind Kinder aus sozial schwachem Milieu nicht nur von materieller Armut, sondern auch von Bildungs- und Kompetenzarmut betroffen. Ohne die Ursachen dafür zu verstehen, lernen sie ökonomische Benachteiligung und soziale Ausgrenzung kennen. Wie aber soll ein von vornherein benachteiligtes Kind seinen Weg und seinen Platz in der Gesellschaft finden?

Kinder arbeitsloser Eltern sind physisch und psychisch, ökonomisch und sozial der Willkür des Arbeitslosenschicksals ausgesetzt. Je länger die Arbeitslosigkeit eines Elternteils andauert, desto größer wird die Belastung für die gesamte Familie. Untersuchungen bestätigen immer wieder, dass sich die Grundstimmung verschlechtert. Arbeitslosigkeit verändert das Familiengefüge nachhaltig. Wenn auch mehr Männer als noch vor Jahren einen Teil der Haus- und Erziehungsarbeit übernehmen, widmet sich das Gros nach dem Eintritt in die Arbeitslosigkeit nicht solchen Tätigkeiten. Viele sehen sich als Ernährer demontiert und empfinden ein Machtgefälle zwischen sich und ihrer Frau, das sich noch verstärkt, wenn die Frau einer Erwerbsarbeit nachgeht. Ihre Unzufriedenheit führt zu häufigen Streitigkeiten und zu Aggressionen, die sich in körperlicher oder seelischer Gewalt gegen die Partnerin und die Kinder entladen können. Auch dort, wo es nicht so weit kommt, vergiftet die zunehmende Verbitterung des arbeitslosen Elternteils die Familienatmosphäre. Plötzlich das Gefühl zu haben, unter permanenter Aufsicht zu stehen, kann beim Kind zusätzlich Konflikte heraufbeschwören und Meinungsverschiedenheiten eskalieren lassen. Häufig verlieren arbeitslose Eltern den Blick für die Nöte ihrer Kinder, weil sie sich von ihren eigenen Sorgen nicht befreien können: Nicht selten steht ihre Paarbeziehung zur Disposition, Scheidung droht; die Fronten verhärten sich, man redet kaum mehr miteinander. Nicht selten münden verbale Attacken in körperliche Gewalt. Bis zum Zeitpunkt der Arbeitslosigkeit nur unterschwellig und zeitweise anklingende Dissonanzen brechen sich nun Bahn, Schläge werden als Instrument eingesetzt, sich Luft zu machen und seinen Willen durchzusetzen. Eine Studie des Kriminologischen Forschungszentrums Niedersachsen (KFN) aus den Jahren 1998 und 2000 zeigte, dass innerfamiliäre Gewalt besonders dann anzutreffen war, wenn es in der Partnerschaft der Eltern zu Auseinandersetzungen kam und wenn die Familie in wirtschaftliche und soziale Notlagen geriet wie Arbeitslosigkeit und Sozialhilfeabhängigkeit. Das KFN hatte etwa zehntausend Schüler überwiegend aus dem 9. Jahrgang interviewt – Heranwachsende jenes Alters wie die Schüler der PISA-Studie. Rund die Hälfte gab an, in ihrer Kindheit unter Anwendung physischer Gewalt erzogen worden zu sein, knapp ein Drittel wurde auch noch als Jugendlicher in den zwölf Monaten vor der Befragung Opfer elterlicher Gewalt. Junge Migranten waren zwei- bis dreimal häufiger betroffen als ihre deutschen Altersgenossen.[165]

Gerade das Beispiel der Migranten macht den Zusammenhang zwischen sozialer Lage, problematischen Familienverhältnissen, Empathiefähigkeit und (späterer) Gewaltbereitschaft deutlich. Wie der »Armuts- und Reichtumsbericht«[166] dokumentiert, ist das Armutsrisiko für Migranten erheblich höher als das der Gesamtbevölkerung. Die Hauptursache von Armut und sozialer Ausgrenzung sieht der Bericht in der hohen Arbeitslosigkeit. 2004 lag die Arbeitslosenquote von Ausländern mit 20,4 Prozent deutlich höher als die der Gesamtbevölkerung mit 11,7 Prozent, und die Sozialhilfequote von Migranten ist mit 8,4 Prozent fast 3,5-mal so hoch wie für die deutsche Bevölkerung (2,9 Prozent). Die Sozialhilfequote von Migrationskindern lag mit 14,9 Prozent mehr als doppelt so hoch wie bei deutschen Kindern und Jugendlichen. Sprachliche Schwierigkeiten und die geringere schulische und berufliche Qualifikation sind dem Bericht zufolge untrennbar mit dem schlechteren Status von Migranten verbunden.[167] Außerdem sind ausländische Kinder an Sonderschulen deutlich überrepräsentiert.[168]

Dass Gewalt in sozioökonomisch benachteiligten Schichten bedeutend öfter auftritt, bestätigen eine ganze Reihe von Untersuchungen. Wo Arbeitslosigkeit, relative Armut und Perspektivlosigkeit herrschen, wo individuelle und soziale Wege der Problembewältigung fehlen, wo Eltern-Kind-Beziehungen desolat sind, wo es an Bildung mangelt, wo Versagen und Unsicherheit die bestimmenden Empfindungen und Zukunftsängste an der Tagesordnung sind, wird die Gewalt zum häufigen Ausdrucksmittel. Kinder, die in einem solchen Umfeld aufwachsen, lernen kaum andere Möglichkeiten kennen, sich durchzusetzen, sich Anerkennung und damit Selbstwertgefühl zu verschaffen – auch sie neigen zu Gewalt.

Selbst in Familien, in denen es nicht zu körperlicher oder seelischer Gewalt kommt, reagieren die Kinder auf die wirtschaftliche und soziale Not ihrer Eltern. Während einige wenige sogar ihre schulischen Leistungen steigern, entwickeln überproportional viele Kinder psychische Störungen, Verhaltensauffälligkeiten oder Lernschwierigkeiten. Manche nässen wieder ein, leiden unter Schlafstörungen und häufigen Bronchialattacken, sind motorisch unruhig oder fügen sich absichtlich Schmerzen und Verletzungen zu. Um das Gefühl von Geborgenheit beraubt, kranken sie an diffusen Ängsten, verlieren Zuversicht und Selbstvertrauen und scheitern bereits an kleinsten Aufgaben. Psychologen beobachten, dass vor allem Kinder Langzeitarbeitsloser zunehmend »sprachlos« werden: Sie können sich nicht mehr so gut artikulieren wie Gleichaltrige; in Extremfällen beginnen sie zu stottern, sich ständig zu verhaspeln oder verlieren die Fähigkeit, Sätze aneinanderzureihen und einen

Sinnzusammenhang herzustellen. Weil arbeitslose Eltern ebenso wie ihre kinderlosen Leidensgenossen dazu neigen, sich zurückzuziehen, bricht der Kontakt zu Kindergarten und Schule oft ab. Selbst bei offensichtlichem Schulversagen ihrer Sprösslinge verweigern sich die Eltern der Zusammenarbeit mit den Bildungseinrichtungen. Ebenso wenig unterstützen sie ihre Kinder darin, weiterführende Bildungsangebote wahrzunehmen: Kinder arbeitsloser Eltern wechseln seltener an Realschulen oder Gymnasien.[169] Die Kinder bleiben in ihrer geistigen Entwicklung zurück, ihre Ausbildungs- und Arbeitsmarktchancen sinken.

Auf diese Weise wächst mit dem Heer der Arbeitslosen das Heer der Ungebildeten – ein Nährboden für die kommenden Revolten.

Seit langem stellt der Psychologische Dienst der Bundeswehr beim Vergleich der Bundesländer Unterschiede bei den Intelligenztestleistungen wehrpflichtiger junger Männer fest:[170] Das auffällige Gefälle des Intelligenz-Niveaus zwischen den einzelnen Bundesländern ist abhängig von der Wirtschaftslage in der jeweiligen Region – und in einem unerwartet hohen Maß von der Arbeitslosenquote. Deutlich niedrigere kognitive Fähigkeiten machten die Psychologen in Bremen, Brandenburg, Mecklenburg-Vorpommern und Sachsen-Anhalt aus, eindeutig höhere in Bayern, Baden-Württemberg und Hessen, teils auch in Thüringen und Sachsen. Sie schlussfolgerten:

– Durch schlechte ökonomische Rahmenbedingungen fehlt es an Investitionsmitteln, so dass die Qualität des Bildungsangebots sinkt.

– Wirtschaftlich schwache Gebiete sind Fortzugsgebiete, wirtschaftlich starke Zuzugsgebiete. Die Mobilität ist primär eine »Wanderung von Höherqualifizierten« und von Familien, die gegenüber der Förderung ihrer Kinder eher aufgeschlossen sind.

Obwohl Arbeitslose heute weniger stigmatisiert sind als in den siebziger Jahren, lernen Kinder die auch heute noch gängigen Vorurteile und Diskriminierungen hautnah kennen. So manches Kind beginnt, sich seiner arbeitslosen Eltern oder seiner selbst zu schämen, und versucht, angehalten von der Familie, die momentane Lage nach außen zu verbergen und den schönen Schein zu wahren. Gleichzeitig reichen die Einkünfte und finanziellen Rücklagen der Eltern oft nicht aus, um die Wünsche und wachsenden materiellen Ansprüche der Kinder zu erfüllen. Geburtstage, Klassenfahrten, Zoo- und Kinobesuche, Kleidung, Handy, Computer und das »richtige« Spielzeug werden dann zur Zerreißprobe für Familien-Harmonie und -Etat. Selbst die Finanzierung von Lehrmitteln wird immer schwieriger, weil arbeitslose Eltern in der Regel Unterstützungs- und Hilfsangebote ablehnen. Um Sticheleien zu entgehen und von der Gruppe nicht ausgestoßen zu werden, neigen manche Kinder dazu, sich selbst zu beschaffen, was sie auf (legalem) Weg nicht bekommen können. Von den rund sechs Millionen durch Kinder und Jugendliche ausgeführten Straftaten waren zwei Drittel Eigentumsdelikte. Kinder bis vierzehn Jahre und Jugendliche bis achtzehn stellen dabei »unverhältnismäßig große« Gruppen dar; die Dunkelziffer bei Eigentumsdelikten beträgt achtzig Prozent.[171] Obwohl ein kausaler Zusammenhang zwischen Eigentumsdelikten und Arbeitslosigkeit der Eltern kaum nachweisbar ist, liegt es nahe, dass die Arbeitslosigkeit als soziale Komponente sehr wohl die Bereitschaft zu delinquentem Verhalten beeinflusst. Darauf deuten Untersuchungen wie die der Max-Planck-Schulbefragung Breisgau/Markgräfler Land[172] hin, die an dreizehn Schulen des Landkreises Breisgau-Hochschwarzwald durchgeführt wurde und sich auf Selbstauskünfte der dort lernenden Schüler stützt. Sie kommt zum Schluss, dass »Jugendliche aus Familien, bei denen die Eltern von Arbeitslosigkeit betroffen sind bzw. Sozialhilfe beziehen, ... häufiger delinquent (sind) als Jugendliche aus Familien, bei denen derartige Belastungen nicht bestehen«.

DIE VERLORENE GENERATION

Im Mittelpunkt des Erwachsenwerdens steht die Vorbereitung auf die berufliche Laufbahn. Der Beruf hat auch bei Jugendlichen nicht allein zum Ziel, die eigene ökonomische Existenz zu sichern, sondern soll auch zur persönlichen Entfaltung und gesellschaftlichen Anerkennung beitragen. Doch Arbeitslosigkeit ist das Damoklesschwert der Moderne – das spüren auch die Jugendlichen. Überall in Europa schwelt ihre Unzufriedenheit. Während sich in den achtziger Jahren auf Grund einer wirtschaftlichen Hochphase die Situation auf dem Arbeitsmarkt entschärft hatte, stiegen die Zahlen in den neunziger Jahren wieder an. Im Vergleich der einzelnen Länder schwankt das Ausmaß der Jugendarbeitslosigkeit teils erheblich. Irland, Luxemburg, Österreich und die Niederlande erreichten um das Jahr 2000 die niedrigsten Quoten; in Spanien, Belgien und Finnland war dagegen jeder vierte Jugendliche arbeitslos. Spitzenreiter war Italien: Hier musste jeder dritte ohne Job zurechtkommen. In Deutschland schwankt die Jugendarbeitslosigkeitsrate um die allgemeine Arbeitslosenrate und liegt zusammen mit denen Großbritanniens, Schwedens und Portugals unter dem europäischen Durchschnitt von rund fünfzehn Prozent.

Jugendliche leben mit der Angst vor dem Arbeitsplatzverlust, kennen die meisten von ihnen doch die Situation aus ihrem Elternhaus. Mittlerweile ist Arbeitslosigkeit eine Generationserfahrung, mit der schon Kinder gezwungen sind, fertig zu werden. In der Shell-Studie[173] von 1997 gaben 64 Prozent der dort befragten Jugendlichen an, Arbeitslosigkeit sei das Hauptproblem junger Menschen. Die fünf Jahre später folgende Shell-Studie zeigt ähnliche Ergebnisse. Befragt nach ihrer Einstellung zum gesellschaftlichen Leben, beschrieben 67 Prozent der jungen Männer und 64 Prozent der jungen Frauen den Arbeitsmarkt als wichtigste Zukunftsaufgabe von Politik und Gesellschaft. Ihnen graut vor einer schlechten Wirtschaftslage und vor drohender Arbeitslosigkeit – sie nehmen Erwerbsarbeit als Ziel mit hoher Priorität wahr. Klaus Hurrelmann, Professor für Sozial- und Gesundheitswissenschaften an der Universität Bielefeld und Mitkoordinator der 14. Shell-Jugendstudie, attestiert der Jugend auch weiterhin eine karriereorientierte Einstellung – trotz der derzeitigen wirtschaftlichen Krise. Doch die Jugend bildet keine homogene Einheit, sondern besteht im Wesentlichen aus zwei Gruppen. Zur ersten Gruppe zählen die »selbstbewussten Macher«, die besonders ehrgeizig sind, sowie die »pragmatischen Idealisten«, die stärker auf eine Humanisierung der Gesellschaft setzen. Ihnen stehen in der zweiten Gruppe die »robusten Materialisten« und die »zögerlichen Unauffälligen« gegenüber.[174] Während die erste Gruppe eher optimistisch in die Zukunft schaut, sich stark und unabhängig gibt, sieht die andere Gruppe die Zukunft weniger rosig – sie reagiert auf Problemsituationen häufig mit Resignation. Jugendliche, die die Erfahrung machen, auf dem Arbeitsmarkt nicht gebraucht zu werden, werden massiv in ihrer Entwicklung beeinträchtigt. Arbeitslosigkeit oder drohende Arbeitslosigkeit nach dem Schulabschluss wirken als Verstärker. Problematische Verhaltens- und Denkweisen brechen sich Bahn, negative Gefühle gewinnen die Oberhand. Es kommt zu einer Eruption des Verdrusses; oft neigen die Betroffenen zum Nihilismus, verneinen die eigene Tauglichkeit und Zukunft, sind unmotiviert und verweigern jede Art von Hilfe. Wie bei Erwachsenen auch schwindet ihr Selbstwertgefühl. Um sich nicht mit anderen – in Lohn und Brot stehenden – messen zu müssen, meiden viele arbeitslose Jugendliche soziale Kontakte oder brechen sie ganz ab. Diese Art Selbstschutz manövriert sie immer weiter ins soziale Abseits: Weil sie sich »anders« fühlen, verschließen sie sich dem öffentlichen Treiben ihrer Altersgruppe, mutieren zu Sonderlingen, mit denen schließlich kaum mehr jemand etwas zu tun haben will. Fachleute verwenden für das ökonomische, kulturelle, soziale und kulturelle Ausgegrenztsein den Begriff »Exklusion«. Erstaunlich ist, dass die subjektiv empfundene Exklusion unter arbeitslosen deutschen Jugendlichen größer ist als unter denen des Mittelmeerraums – obwohl dort wesentlich mehr junge Leute arbeitslos sind. Das hat mehrere Gründe. Einerseits spielt die Zahl eine Rolle: Wo es weniger Leidensgenossen gibt, fühlen sich die Einzelnen von der Gruppe, die ihre Probleme nicht teilt, isoliert. Ein weiterer Grund für die geringere Exklusion unter arbeitslosen Jugendlichen im Mittelmeerraum ist, dass diese sehr viel häufiger einer Tätigkeit in der Schattenwirtschaft nachgehen. In nordeuropäischen Ländern waren das lediglich 24 Prozent, in den südeuropäischen Ländern dagegen 82 Prozent – so fungiert die Schwarzarbeit als sozialer Puffer für die aktuelle psychosoziale Lage dieser Jugendlichen.[175/176]

Die eigentliche Ursache liegt jedoch woanders. In nordeuropäischen Ländern ist die Berufsorientierung Jugendlicher sehr viel stärker ausgeprägt, in Spanien und Italien grenzt es dagegen schon an Normalität, in Übergangsphasen arbeitslos zu sein; auch leben neunzig Prozent der arbeitslosen Jugendlichen in Spanien und Italien bei ihren Familien – in nordeuropäischen Ländern dagegen nur zwanzig Prozent.[177] Dabei ist das Maß an Zuwendung und Unterstützung aus dem unmittelbaren sozialen Netzwerk für den Betroffenen der erste Schritt von der Hilfe zur Selbsthilfe. Selbst wenn man die Unterstützung nicht in Anspruch nimmt, vermittelt sie ein Gefühl der Sicherheit, das ansonsten verloren ginge. Indes, die traditionell hohe Verbundenheit zum Elternhaus in Südeuropa als mögliche Alternative auf nordeuropäische Verhältnisse übertragen zu wollen, ist nicht so einfach. Denn obwohl zum Beispiel viele Deutsche die zunehmende soziale Kälte beklagen, wächst die Zahl der Single-Haushalte von Jahr zu Jahr; mittlerweile lebt etwa jeder Fünfte zwischen 20 und 29 Jahren allein. Womöglich würde ein großer Teil die durch Arbeitslosigkeit erzwungene Heimkehr ins Elternhaus als Entwicklungsrückschritt werten. Denkbar ist, dass sich eine solche verzögerte »Emanzipation« vor allem unter den Bedingungen der Dauerarbeitslosigkeit zur Zwangsinfantilität auswachsen könnte: »Soziale Entwicklungsdefizite und der Verlust von Berufs- und Zukunftsperspektiven machen die davon Betroffenen beinahe zwangsläufig zu Problemgruppen von heute und Randgruppen von morgen.«[178]

Wo das über Jahre gewachsene familiäre Netzwerk keine Sicherheit bietet, müsste die Gesellschaft mit Alternativen aufwarten. Zeiten der Arbeitslosigkeit sind Phasen des Umbruchs, in denen vor allem Jugendliche gefährdet sind, weil viele orientierungs- und hilflos reagieren. Bis heute lernen sie nicht, wie sie damit umgehen und produktive Elemente für ihr späteres Berufsleben herausholen sollen. In den neunziger Jahren war es sogar noch üblich, dass allein Langzeitarbeitslose Anspruch auf Maßnahmen hatten – diejenigen also, deren Probleme sich bereits zementiert hatten. Erst als der Zusammenhang zwischen zu später Intervention und geringer Chance auf eine (Wieder-)Eingliederung in das Arbeitsleben klar wurde, setzte langsam ein Umdenkprozess ein. Bei den Ansätzen ist es allerdings geblieben.

Die Erfahrung wie die Forschung haben gezeigt, dass besonders über einen langen Zeitraum hinweg arbeitslose Jugendliche gar nicht mehr in der Lage sind, gesellschaftliche oder soziale Angebote anzunehmen – sie verfallen in Apathie, neigen zu vermehrtem Drogenkonsum und informieren sich nicht mehr über Möglichkeiten, ihrer misslichen Lage zu entkommen. Die Gefährdetsten unter ihnen sind Jugendliche ohne qualifizierte Bildungsabschlüsse. Orientierungslos in einer Welt der Arbeit und des Konsums, setzen sie sich keine Ziele mehr und begraben ihre Träume.

Was nach vorübergehender Situationsdramatik klingt und schleichend beginnt, endet in psychischer Destabilisierung, Depressivität und Angriffslust. Denn obwohl auch die Betroffenen gerne Karriere machen würden, gelingt ihnen das wesentlich schlechter als ihren höher qualifizierten Altersgenossen. Ihre Enttäuschung darüber, den Anschluss an die Gesellschaft zu versäumen, wird nicht nur durch Rückzug, sondern auch durch das Misstrauen in das aktuelle politische System deutlich. Ihre Demokratieverdrossenheit wird sich sogar noch stärker akzentuieren. Schon 2002 machten zehn Prozent dieser Gruppe ihrer Unzufriedenheit Luft, indem sie Fremdenfeindlichkeit, Gewalt sowie primitive Macht- und Hierarchiestrukturen befürworteten. Die Zahl könnte sich leicht verdoppelt haben:[179] Damit wäre theoretisch jeder fünfte Jugendliche bereit, zu Mitteln zu greifen, die das derzeitige Gesellschaftssystem in Gefahr bringen könnten – von der Wahl extremer Parteien bis hin zu Aggressivität gegen staatliche oder wirtschaftliche Einrichtungen. Die Erfahrung von Arbeitslosigkeit als Kontrollverlust, wie ihn Thomas Kieselbach, Leiter des Instituts für Psychologie der Arbeit, Arbeitslosigkeit und Gesundheit (IPG) der Universität Bremen, postuliert, könnte damit zum Motor für eine unheilvolle Gegenbewegung werden: »Wenn ich den Eindruck habe, es ist ganz egal, was ich mache, der Arbeitsmarkt ist mir versperrt, die Situation ist meinem Einfluss entzogen, ich weiß nicht, wie lange es dauert – dann gibt es auch Formen des gewaltsamen Versuchs eines Wiedergewinns von Kontrolle ...«[180]

FAZIT: Wer lange Zeit ohne Arbeit ist, verliert nicht nur die finanzielle Existenzgrundlage. Er gerät zwangsläufig in einen psychischen Teufelskreis: Depressionen, Alkoholsucht oder aufkeimende Aggressionen können die Folge sein. Zudem erkranken Menschen ohne Arbeit häufiger, und leben kürzer – weil eine real existierende Zweiklassenmedizin schon heute zwischen arm und reich differenziert. Die Aussichtslosigkeit aber erweist sich als die größte Gefahr. Denn jeder einzelne Mensch ohne Perspektive versucht dieser Entwicklung gegenzusteuern. Weil eine Rückkehr in die Arbeitswelt nicht möglich ist, erschließt sich vielen eine neue Welt: Hass und Ablehnung gegen den Staat, Abkehr von den demokratischen Grundwerten. Diese psychosozialen Folgen werden von der Politik ignoriert – es sind unliebsame Indizien des politischen Versagens auf breiter Front. Dabei gäbe es auch hier einen Weg, Menschen ohne Arbeit zumindest eine Perspektive und Anerkennung zu verschaffen: die vorübergehende Besetzung staatlicher Stellen beispielsweise oder eine Aufstockung des Personals im ohnehin de facto mit Steuergeldern finanzierten öffentlichen Dienst. Die Milliarden dazu wären vorhanden – bei einer konsequenteren und vereinfachten Steuerpolitik.

V. DIE GRÜNDE DES ZORNS

– Wie Wirtschaft und Politik verflochten sind
– Warum Konzernbosse die heimlichen Machthaber sind
– Warum für Manager nur maximale Rendite zählt
– Wie der Sozialabbau medial begleitet wird

Friedrich Merz (CDU) weiß, was er will. Den »Umbau« des Sozialstaates fordert er, »Steuergerechtigkeit« in Form einer Entlastung
der Spitzenverdiener oder mehr Markt bei der Altersversorgung.
Unvergessen bleibt sein Wort zum Bundestagswahlkampf 2005.
»Wir haben in Deutschland kein Einnahmenproblem, sondern ein
Ausgabenproblem«, hatte er gesagt. Merz mag dabei nicht weit
nach rechts und links, sondern eher in den Spiegel geschaut ha-
ben: Denn auch Merz gehört zu den Politikern, die sicher kein
Einnahmeproblem haben. Der gelernte Anwalt war während der
15. Legislaturperiode ein viel beschäftigter Mann. Neben seinem
Sitz im Bundestag war er Vorsitzender des Konzernbeirates bei
der AXA Konzern AG, Mitglied des Aufsichtsrates bei der AXA
Versicherung AG, Mitglied des Verwaltungsrates des Chemieriesen
BASF, Mitglied des Beirates bei der Commerzbank AG, Mitglied
des Aufsichtsrates der Deutsche Börse AG und bei der Intersoh
AG zur Verwertung von Sekundärrohstoffen, Beiratsmitglied bei
Möller & Förster KG Baumärkte und Baustoffe sowie bei der Ode-
wald & Compagnie Gesellschaft für Beteiligungen mbH, Mitglied
des Aufsichtsrates bei der Rockwool Beteiligungs GmbH sowie
Mitglied des Beirates der Wirtschaftsprüfungsgesellschaft Ernst &
Young. Vollständig ist diese Aufzählung nicht; es fehlen noch Nebentätigkeiten in Vereinen und Stiftungen sowie Honorare für di-
verse Vorträge.[181] Vergleichsweise mager nahm sich da die Liste des

Unternehmers Heinrich Leonhard Kolb (FDP) aus. Kolbs Neben-jobs beschränkten sich in der Zeit vor der Großen Koalition auf die Mitgliedschaft im Sozialpolitischen Beirat des Gothaer Konzerns und auf die des Beirates für die Region Dieburg, Babenhausen und Schaafheim für die Vereinigte Volksbank Maingau eG.[182] Zurück-haltend ebenfalls die FDP-Genossen Sibylle Laurischk und Hans-Joachim Otto sowie SPD-Mann Peter Danckert, alle Rechtsanwälte: Laurischk war Mitglied des Aufsichtsrates bei der Messe Offenburg GmbH,[183] Otto lediglich ehrenamtlich und damit unentgeltlich bei der Frankfurter Volksbank eG, bei der Main FM Frankfurt Business Radio GmbH & Co sowie bei der RTL-Television GmbH aktiv[184] und Danckert Aufsichtsratsmitglied der Hamburger Marseille-Kli-niken sowie Kuratoriumsmitglied im Brandenburgischen Haupt- und Landgestüt.[185] Ähnlich ausgelastet wie Laurischk, Danckert, Otto und Kolb war Max Straubinger, für die CDU/CSU im Bundestag. Er arbeitete nebenberuflich als Generalvertreter der Allianz-Versi-cherungen.

Was die auf den ersten Blick so verschiedenen sechs Politiker eint, ist nicht nur ihre Nähe zu Kapitalgesellschaften. Sie wehren sich gegen ein Gesetz, das mehr Einkommens-Transparenz bei Poli-tikern vorschreibt, und haben Klagen eingereicht. Streitpunkt ist eine Bundestagsentscheidung vom Juni 2005, die eine Verschärfung der Anzeigepflichten vorsieht. Bis dahin schrieb das »Amtliche Handbuch des Deutschen Bundestages« lediglich die Art der »ver-öffentlichungspflichtigen Angaben« vor, nicht aber Angaben über die Höhe der erzielten Bezüge. Ob beispielsweise der außerparla-mentarische Posten im Aufsichtsrat einer Bank oder einer privaten Krankenversicherung hundert, tausend oder hunderttausend Euro im Jahr einbringt, blieb der Öffentlichkeit verborgen.

Die neu beschlossene Ehrlichkeit war kein Resultat eines Be-wusstseinswandels, sondern die nackte Angst vor dem Verlust von Ansehen im Volk. Vorausgegangen war eine Affäre nach der ande-ren. Sozusagen scheibchenweise erhielt das Volk Einblick in das, was hinter den Kulissen vorgetäuschter politischer Geradlinigkeit ablaufen kann. Da musste Verteidigungsminister Rudolf Scharping

(SPD) kurz vor der Bundestagswahl 2002 aufgeben, nachdem er mittels Airbus der Regierung und Bundeswehrmaschinen zwischen Mazedonien und Mallorca hin- und hergependelt war – dem Standort deutscher Soldaten und seinem Liebesnest. Schätzungsweise 400 000 Mark sollen die Trips zwischen Pflicht und Neigung den Steuerzahler gekostet haben. Im gleichen Jahr flog die Gewohnheit mancher Politiker auf, dienstlich angesammelte Bonuspunkte bei Flugreisen für private Flüge zu nutzen. Cem Özdemir von den Grünen und PDS-Politiker Gregor Gysi traten daraufhin zurück, unter Verdacht gerieten auch der damalige Staatsminister im Auswärtigen Amt Ludger Vollmer und Ex-Umweltminister Jürgen Trittin. Neben harmlos anmutenden Vergehen à la Özdemir und Gysi nimmt sich die Affäre um Jürgen Möllemann (FDP) wie ein Mafia-Streifen aus. Möllemann stürzte bei einem Fallschirmsprung in den Tod, nachdem er infolge schwerer Vorwürfe seine Immunität eingebüßt hatte und sich Polizei und Staatsanwaltschaft an seine Fersen geheftet hatten. Steuerhinterziehung und Verstoß gegen das Parteiengesetz hatten die Vorwürfe gelautet, außerdem soll seine Firma WebTec mit Waffengeschäften im arabischen Raum in Verbindung gestanden haben. Ebenfalls 2003 geriet der damalige Leiter der Bundesanstalt für Arbeit, Florian Gerster (SPD), in die Schlagzeilen. Er hatte mit dem Vorstand des Berliner Kommunikations-Beratungsunternehmens WMP Eurocom, Bernd Schiphorst, einen hoch dotierten Beratervertrag abgeschlossen und in der Folge einen PR-Auftrag in Höhe von 1,3 Millionen Euro vergeben, ohne diesen zuvor ausgeschrieben zu haben. Pikant auch, dass zur gleichen Zeit Rainer Wend (SPD) als Aufsichtsratsvorsitzender bei WMP tätig gewesen war und gleichzeitig dem Ausschuss für Wirtschaft und Arbeit im Bundestag vorgesessen hatte. Bevor Gerster dem Bundestagsausschuss Rede und Antwort über das WMP-Geschäft stehen musste, gab Wend sein Amt bei WMP umgehend auf. Er begründete seinen Entschluss damit, nicht den Anschein erwecken zu wollen, keine unabhängigen politischen Entscheidungen mehr treffen zu können. Auch Gerster und WMP reagierten. Nach der Ankündigung des Bundesrechnungshofs, den Vorgang prüfen zu wollen, beendeten die Beteiligten den Vertrag vorzeitig. 2004 wurde bekannt, dass Gerster außerdem seit September 2002 mit dem Münchener Unternehmensberater Roland Berger sechs Verträge mit einem Gesamtvolumen von 12,5 Millionen Euro abgeschlossen hatte. Summa summarum sollen es fünf Beraterfirmen gewesen sein, mit denen Gerster Vereinbarungen in Höhe von 38 Millionen Euro getroffen haben soll. Noch im Januar 2004 entzog der Verwaltungsrat der in Bundesagentur für Arbeit umbenannten Institution Gerster das Vertrauen.

2004 war auch das Jahr, in dem die Tragweite wirtschaftspolitischer Verflechtungen ins Bewusstsein der Bevölkerung drang. Erst traf die Wucht der Wahrheit CDU-Generalsekretär Laurenz Meyer, später noch weitere Bundestagsabgeordnete. Meyer, ehedem engster Mitarbeiter von Parteichefin Angela Merkel, hatte zeitweise nicht nur doppelt, sondern dreifach Gehalt bezogen: als CDU-Generalsekretär, als Vizelandtagspräsident von Nordrhein-Westfalen und von seinem ehemaligen Arbeitgeber, der VEW Energie AG, die 2000 mit dem Energiekonzern Rheinisch-Westfälische Elektrizitätswerke (RWE) fusionierte. Vergleichsweise marginal, aber schon anrüchig genug war das Vergehen Meyers, trotz seines Ausscheidens aus der Firma Strom zum verbilligten Mitarbeitertarif in Anspruch genommen zu haben; erschreckend dagegen sein Selbstverständnis, insgesamt 250 000 Mark (127 822 Euro) als angebliche Abfindung zu kassieren, obwohl er nach den verlorenen Landtagswahlen in NRW zunächst zu REW zurückkehrte und die Abfindung damit gar keine Abfindung im eigentlichen Sinne war. Später berichtete der Spiegel, dass Meyer zwischen Juni 2000 und April 2001 zusätzlich dazu nicht nur sein volles Gehalt von RWE, das jährlich zwischen 130 000 und 200 000 Mark betrug, sondern auch noch weitere Zahlungen in Höhe von mindestens 130 000 Mark erhalten haben soll.[186] Obwohl Meyer ankündigte, 81 806 Euro an SOS-Kinderdörfer spenden zu wollen, konnte er seinen Kopf nicht retten. Am 22. Dezember 2004 trat Laurenz Meyer als Generalsekretär zurück. 2005 folgte eine Vereinbarung zwischen RWE und Meyer, wonach dessen Arbeitsverhältnis rückwirkend zum 31. Dezember 2004 mit einer Abfindung von 400 000 Euro beendet wurde. Die Staatsanwaltschaft sah keine hinreichenden Gründe für ein Verfahren gegen Meyer, da es sich ihrer Ansicht nach weder um Bestechlichkeit noch Vorteilsnahme handele, wenn ein Abgeordneter Geld entgegennimmt.

Vor Meyer war sein Parteikollege Hermann-Josef Arentz über eine ähnliche Gehaltsaffäre mit RWE gestolpert. Der ehemalige Bundesvorsitzende der Christlich-Demokratischen Arbeitnehmerschaft (CDA) hatte von RWE ebenfalls verbilligten Strom sowie jährlich 60 000 Euro kassiert, obwohl er als Landtagsabgeordneter seiner Arbeit bei RWE gar nicht mehr nachgehen konnte. So liegt es nahe, einem Bericht der Financial Times Deutschland Glauben zu schenken, wonach vierzig weitere Landes- und Bundespolitiker auf der Payroll des Essener Energiekonzerns RWE stehen.[187] RWE dementierte diese Angaben und räumte lediglich ein, dass im Konzern rund zweihundert Politiker arbeiteten, die überwiegend ehrenamtlich auf kommunaler Ebene tätig seien.[188] Zumindest fraglich sind auch Vergütungen für die rund hundert Mitglieder in den so genannten Regionalbeiräten, die das Netz- und Vertriebsunternehmen RWE Energy in Nordrhein-Westfalen gebildet hat: Landräte und Bürgermeister. Sie vertreten Gemeinden, die mehr als 10 000 RWE-Aktien halten oder dem Verband der kommunalen RWE-Aktionäre angehören. Ihre Jahresvergütung liegt bei 6650 Euro plus Sitzungsgeld von 100 Euro. Ob und wie viel dieser Gelder ordnungsgemäß an die Gemeindekassen abgeführt werden, ist nicht bekannt.[189] Da der Energiekonzern RWE auch so umstrittene Energiequellen wie Atomkraft und Kohle anbietet, wäre es schon hilfreich zu wissen, wer auf den Gehaltslisten des Konzerns steht, denn nur so können Wähler die energiepolitischen Äußerungen ihrer Volksvertreter besser einordnen.

RWE ist nicht das einzige Unternehmen, das ein Auge auf Politiker geworfen hat. Die Aufzählung sämtlicher bekannt gewordener Fälle aus den vergangenen Jahren würde den Rahmen dieses Buches sprengen. Nur die folgenden Beispiele aus Politik und Wirtschaft seien noch genannt:

- Martin Bangemann (FDP), Ex-Wirtschaftsminister und ehemaliger EU-Kommissar für Industriepolitik, Informationstechnologie und Telekommunikation wurde 2000 Mitglied des Vorstands der spanischen Telefon-Konzerns Telefonica und 2001 Mitglied des Aufsichtsrats der Hunzinger Informations AG, was die EU-Kommission zum Anlass für einen Verhaltenskodex und zur Einberufung einer Ethikkommission veranlasste.

- Die Hunzinger Informations AG, vor dem Börsengang Hunzinger PR GmbH, rühmte sich ihrer guten Kontakte zur Politik. Sie soll im Laufe der Jahre mehr als sechshundert Politiker, Parteien, Richter und Militärs unterschiedlich hohe Beträge überwiesen haben. Zu ihren Kunden gehörten ebenfalls namhafte Wirtschaftsunternehmen und Banken. Im Jahr 2002 spendete Hunzinger den Grünen 7500 Euro. Zuvor hatte Verbraucherministerin Renate Künast einen Vortrag in Hunzingers »Politischem Salon« gehalten, dafür aber kein Honorar verlangt. Für Hin- und Rückflug hatte die Ministerin ein Flugzeug der (öffentlich finanzierten) Bundesluftwaffe benutzt. Über Hunzinger-Kontakte stolperten mehrere Politiker. Rudolf Scharping soll für Vorträge und eine nicht realisierte Buchveröffentlichung rund 72 000 Euro und Cem Özdemir soll einen »privaten Kredit« von 41 000 Euro erhalten haben. Auch Guido Westerwelle stolperte über seine Kontakte zu Hunzinger. Hunzinger soll dem FDP-Fraktionsvorsitzenden bis 1998 drei Mal Schecks über insgesamt 29 999,999 Mark ausgestellt haben. Ein Scheck habe mit 9999,99 Mark einen Pfennig unter der Grenze gelegen, ab der damals Abgeordnete Spenden beim Bundestagspräsidenten melden mussten. Hunzinger, der bis 2003 Bundesschatzmeister der Christlich-Demokratischen Arbeitnehmerschaft (CDA) war, wurde 2006 wegen Insiderhandels rechtskräftig verurteilt.

- Walter Döring (FDP), bis 2004 Wirtschaftsminister von Baden-Württemberg, geriet im Skandal um die Scheinfirma Flow-Tex ins Zwielicht. Er hatte bei der Hunzinger-Tochter infas, Institut für angewandte Sozialwissenschaft GmbH, eine Umfrage zu seiner Wirtschaftspolitik in Auftrag gegeben. Bezahlt werden sollte die zehntausend Mark teure Umfrage von Bettina Morlok, Geschäftsführerin der Flow-Tex-Tochter Flow-Waste, einer Abfallfirma. Bettina Morlok ist die Nichte des FDP-Ehrenvorsitzenden in Baden-Württemberg, Jürgen Morlok. Jürgen Morlok wiederum »hatte sich mit seinen Kontakten zur Politik für Manfred Schmider nützlich gemacht«[190], seines Zeichens Flow-Tex-Boss und später wegen Betrugs zu zwölf Jahren Haft verurteilt. Ex-Wirtschaftsminister Döring hatte sich schon 1997 für Bettina Morloks Firma stark gemacht, als sie sich in Kärnten um den Bau eines Müllofens beworben hatte: Döring schickte ein Empfehlungsschreiben an den FPÖ-Rechtsaußen Jörg Haider. Außerdem hatten er und Bettina Morlok den damaligen CDU-Ministerpräsidenten von Baden-Württemberg gedrängt, sich in Österreich für Flow-Waste zu engagieren. Teufel war die Sache nicht geheuer, und er lehnte ab. Nachdem Flow-Tex immer weiter ins Schussfeld von Justiz und Öffentlichkeit geriet, deklarierte Döring die zehntausend Mark der Morlok-Nichte als Parteispende – allerdings wurde diese als solche nie auf dem Konto der FDP verbucht, und Moritz Hunzinger behauptete, die Umfrage habe überhaupt nichts gekostet, weil er sie spendiert habe.[191]

- Ulrike Flach (FDP), ehemals stellvertretende Vorsitzende des Landesverbandes NRW und Vorsitzende des Bundestagsausschusses für Bildung, Forschung und Technikfolgenabschätzung, bezog ab 1999 von Siemens ein jährliches Gehalt von 60 000 Euro – ohne entsprechende Gegenleistung, so der Vorwurf.

- Im Jahr 2005 ließ VW die Katze aus dem Sack. Der Konzern hat seit 1990 Mitarbeitern, die in die Politik gewechselt sind, ihr Gehalt weiterbezahlt. Dass die Zahlungen gegen das Abgeordnetengesetz verstießen, weil es Vergütungen nur für eine Arbeitsleistung erlaubt, scheint die beiden Bundestagsmitglieder Jann-Peter Janssen und Hans-Jürgen Uhl, die niedersächsischen Landtagsabgeordneten Günter Lenz, Ingolf Viereck und Hans-Hermann Wendhausen sowie den bayerischen Landtagsabgeordneten Hans Joachim Werner, alle SPD-Mitglieder, nicht weiter gestört zu haben. Die Genossen hatten von den VW-Grundsätzen von 1990 profitiert, wonach »Mandatsträgern weitgehende Autonomie in der Arbeitszeitgestaltung bei Fortzahlung ihrer Bezüge« zustand. VW kündigte an, diesen Grundsatz rückwirkend zum ersten Januar 2005 ersatzlos zu streichen. Während der niedersächsische CDU-Fraktionschef David McAllister mehr Transparenz bei Nebeneinkünften forderte, lobte Ministerpräsident Christian Wulff (CDU) die Bereitschaft des Konzerns zur Aufklärung. Wulff sitzt im Aufsichtsrat von VW, an dem Niedersachsen 18,2 Prozent Anteile hält.[192] Kaum einen Monat nachdem die Bundesregierung der Verschärfung des Abgeordnetengesetzes und der »Verhaltensregeln für die Mitglieder des Bundestages« zugestimmt hatte, kam der VW-Korruptionsskandal ans Licht. Um die einflussreichen Betriebsräte milde zu stimmen, soll die Firmenleitung Mitglieder des Betriebsrates mit finanziellen Zuwendungen, Einladungen zu Partys, mit Luxusreisen und Dienstleistungen von Prostituierten bestochen haben. Zahlreiche SPD-Mitglieder sind in die Affäre verwickelt, unter anderem auch Günter Lenz. Er ist nicht nur Mitglied des Aufsichtsrates der Volkswagen AG, der VW pension trust e. V. und der VW-Tochter Auto 5000 GmbH, sondern darüber hinaus seit 1998 Betriebsratsvorsitzender bei VW Nutzfahrzeuge in Hannover, Landesvorsitzender der Arbeitsgemeinschaft für Arbeitnehmerfragen (AfA) und seit 1989 Vorsitzender des AfA-Bezirksvorstandes Hannover. Jetzt drohen dem umtriebigen Volks- und Arbeitnehmervertreter unliebsame Nachforschungen: Die Ermittlungsakten der Staatsanwaltschaft Braunschweig erhärten den Anfangsverdacht, Lenz habe auf Firmenkosten an mehreren Sexpartys teilgenommen. Hätte Lenz die professionellen Gespielinnen aus eigener Tasche bezahlt, wäre es seine Privatangelegenheit gewesen. Falls sich aber bestätigt, dass V W die Rechnungen bezahlt hat, würden seinem Verhalten juristische Schritte folgen. Das strafbare Delikt ist Untreue, bis zu fünf Jahre Gefängnis stehen darauf. Zeugen belasten auch Hans-Jürgen Uhl (SPD), der bis 2003 Generalsekretär des Weltkonzernbetriebsrats von V W war, und den ehemaligen Vorstand Peter Hartz, Namenspatron der umstrittenen Arbeitsmarktreformen. Weil Uhl sogar eidesstattlich abstritt, ermittelt jetzt die Staatsanwaltschaft wegen des Verdachts einer falschen eidesstattlichen Versicherung. Auch gegen Hartz ist die Staatsanwaltschaft aktiv; sie vermutet ebenfalls Untreue. Über Hartz' Vorstandskonto mit der Nummer 1860 sind Millionenbeträge abgerechnet worden, »darunter in erheblichem Umfang Vergnügungsspesen«.[193]

Nunmehr ist Gesetz, dass »die Ausübung des Mandats« im Mittelpunkt der Tätigkeit eines Abgeordneten zu stehen hat und dass die Mandatsträger nur dann Geld oder andere Zuwendungen annehmen dürfen, wenn sie eine »angemessene Gegenleistung« gewähren. Was genau für dieses Geld getan wird, darüber wird sich das Bundestagshandbuch auch in Zukunft ausschweigen. Auch besteht keine Pflicht, die Einkünfte aus einem parallel ausgeübten Beruf zu veröffentlichen. Verstoßen die Abgeordneten gegen die neuen Regeln, droht ihnen ein Ordnungsgeld, das bis zur Hälfte der jährlichen Diät betragen kann. Das Gesetz sieht außerdem vor, Nebeneinkünfte gestaffelt in Einkommensstufen bis 3500, 7000 Euro und über 7000 Euro pro Monat publik zu machen. Nur der Bundestagspräsident, dem die zusätzlichen Einnahmen gemeldet werden müssen, kennt die genaue Höhe. Als jedoch bekannt wurde, dass sechs Abgeordnete gegen die neuen Regeln klagten, setzte Bundestagspräsident Norbert Lammert (CDU) im März 2006 die Veröffentlichung aus – er wolle erst das Urteil des Bundesverfassungsgerichts abwarten, hieß es. Wie lange die Entscheidung des Gerichts auf sich warten lassen wird, ist allerdings ungewiss. Bereits in seiner Antrittsrede im Bundestag[194] hatte Lammert von notwendigen »Nachjustierungen« und »Übertreibungen« gesprochen, als er Bezug auf den vom 15. Bundestag beschlossenen Verhaltenskodex nahm. Das Protokoll vermerkt an dieser Stelle Beifall von der CDU/CSU, der FDP und von Abgeordneten der SPD. Was haben die Volksvertreter zu verbergen? Dass Unmut und Widerstand gegen das Gesetz so groß sind, lässt vermuten, dass Geld eben doch stinkt. Auch Lammert war während der 15. Legislaturperiode als bezahltes Aufsichtsratsmitglied einer Aktiengesellschaft tätig: der RAG in Essen, früher Ruhrkohle AG, ein Unternehmen mit den Schwerpunkten Energie, Chemie, Bergbau und Immobilien, mit mehr als 100 000 Mitarbeitern und einem Jahresumsatz von 22 Milliarden Euro. Kamen Lammert damit die Klagen der sechs Politiker gelegen? Sein Verhalten spricht dafür: Vorerst bleiben sämtliche Angaben unter Verschluss. Das betrifft auch die bisher gängige Veröffentlichung von Posten, die von der Klage gar nicht betroffen sind. Staatsrechtler Hans Herbert von Arnim kritisiert das Vorgehen Lammerts in einem Interview mit dem Netzwerk campact, Demokratie in Aktion, das sich dem Kampf gegen Lobbyismus und Korruption verschrieben hat, heftig:[195]

»Die Entscheidung von Bundestagspräsident Lammert, vorerst keine Angaben zu Nebeneinkünften der Bundestagsabgeordneten zu veröffentlichen, stellt die Ankündigung eines offenen Gesetzesbruches dar. § 44 des Abgeordnetengesetzes sowie die Verhaltensregeln für Bundestagsabgeordnete verlangen zwingend die Veröffentlichung der Angaben. Der Bundestagspräsident ist nicht befugt, die Anwendung des Gesetzes auszusetzen. Das könnte allenfalls das Bundesverfassungsgericht.«

Lammert sieht den ganzen Fall freilich aus seiner eigenen Perspektive. Unsere Anfrage ließ der Bundestagspräsident von einer Mitarbeiterin des Pressereferats des Deutschen Bundestags beantworten. Darin heißt es:

»Der Bundestagspräsident hat nach der Geschäftsordnung den Bundestag zu vertreten und seine Rechte zu wahren. Dazu zählen selbstverständlich auch die Rechte seiner Mitglieder.«[196]

Überhaupt nicht mehr nachvollziehbar werden Lammerts Position und die der sechs klagenden Abgeordneten im Hinblick darauf, wie viel Strenge Politiker bei anderen walten lassen:

• Jeder Hartz-IV-Empfänger muss seine Einkünfte offenlegen. Laut 60 bis 64 Sozialgesetzbuch I (SGB I) muss ein Hilfeempfänger alle Fakten angeben, die für die Leistung »erheblich« sind. Er ist verpflichtet, »auf Verlangen Beweisurkunden vorzulegen oder ihrer Vorlage zuzustimmen«. Kontoauszüge sind grundsätzlich Beweisurkunden.

• Selbst Vorstände von Aktienunternehmen müssen neuerdings ihre Bezüge detailliert kundtun. Das Bundeskabinett beschloss im Mai 2005 das »Vorstandsvergütungs-Offenlegungsgesetz (VorstOG)«, weil »wirksame Kontrolle und Transparenz erforderlich sind, um Vorwürfe wie ›Selbstbedienungsmentalität‹ zu vermeiden.«[197]

• Dem »Gesetz zur Förderung der Steuerehrlichkeit« ist ab 1. April 2005 das Bankgeheimnis zum Opfer gefallen. Seitdem können Finanzbehörden die Kontodaten jedes Steuerzahlers abfragen: Name, Adresse, Geburtsdatum, Kontonummern sämtlicher Konten, Art der Konten und wer verfügungsberechtigt ist. Kein Giro-, Spar- und Anlagekonto bleibt verborgen. Außerdem melden Rentenversicherer die Rentendaten, die Nachlassgerichte den Inhalt von Testamenten, Notare Immobiliengeschäfte und die Versicherungsunternehmen die Auszahlung von Lebensversicherungen an das Finanzamt. Diese Daten kann das Finanzamt auf Anfrage an die Agentur für Arbeit, an das Sozialamt, das Bafög-Amt und die Wohngeldstelle weitergeben.

Die Politik misst mit zweierlei Maß, und die Bürger fragen sich, für wen die gewählten Volksvertreter eigentlich wirklich tätig sind. So ist auch nicht weiter verwunderlich, dass das Ansehen von Politikern seit Jahren sinkt, den Wahlaufrufen immer weniger Menschen folgen und viele den Glauben an eine rosige Zukunft Deutschlands verloren haben. Bereits im Jahr 2002 hatte die Arbeitsgruppe Perspektive Deutschland eine Umfrage gestartet, die den verheerenden Schwund an Zuversicht belegte. Demnach vertrauten schon damals nur drei Prozent der Bundesbürger den politischen Parteien. 57 Prozent bewerteten deren Aufgabenerfüllung als schlecht und 80 Prozent forderten dringend eine Leistungskontrolle und eine Verbesserung der Transparenz. Doch der Appell verschallte ungehört. Beauftragt von Reader's Digest, wollte das Meinungsforschungsinstitut TNS Emnid im Juni 2005 wissen, wie es um die Stimmung der Deutschen bestellt war. Emnid kam zu einem erschreckenden Ergebnis: Das Vertrauen der Bürger in die politischen Parteien hatte im Vergleich zu 1995 einen neuen Tiefstand erreicht. Waren damals noch 41 Prozent der Bürger überzeugt von Können und Unabhängigkeit ihrer politischen Elite, machte deren Anteil zehn Jahre später nur noch siebzehn Prozent aus. Auch das Korruptionsbarometer der Antikorruptions-Organisation Transparency International stellte 2005 deutschen Politikern ein Armutszeugnis aus, stuften doch 59 Prozent der Befragten die Parteien als bestechlich ein und meinten 34 Prozent, das Parlament sei käuflich. Das Meinungsforschungsinstitut Gallup hatte im Auftrag der Organisation anlässlich des weltweiten Antikorruptionstages am 9. Dezember 55 000 Menschen in 69 Ländern interviewt und erfahren, dass auch in Deutschland die Bürger nach wie vor besonders empfindlich auf Vorfälle aus dem politischen Umfeld reagieren. Seit langem setzt sich Transparency für die Ratifizierung der 2003 in Mérido, Mexiko, verabschiedeten UN-Konvention gegen Korruption ein. 95 Länder hatten mit ihrer Unterschrift zugesichert, das Übel auszurotten, das weltweit jährlich vier Billionen US-Dollar und deutschlandweit rund fünfzig Milliarden Euro verschlingt. Am 14. Dezember 2005 war die UN-Konvention in Kraft getreten, doch bislang ist Frankreich das einzige G8-Land, das die Konvention ratifziert hat.

Solche Zahlen spiegeln die Beobachtung wider, dass in Deutschland nur eine Hand voll Abgeordneter sich gegen die offensichtliche Ignoranz und Rückschrittlichkeit des Bundestagspräsidenten und vieler Parteigenossen wehren. Die wenigen, die sich entrüsten, haben kaum eine Chance, der konzertierten Aktion gegen die Neuerungen des Abgeordnetengesetzes eine eigene Macht gegenüberzustellen. Im September 2006 ließ die Bundestagsverwaltung in einem Gutachten wissen, dass es »kein allgemeines Recht auf Gesetzesvollzug« gäbe: »Eine Organklage eines einzelnen Abgeordneten ist mangels Antragsbefugnis unzulässig«, hieß es darin. Außerdem stünde es einem Abgeordneten frei, »jederzeit seine eigenen Nebeneinkünfte (zu) veröffentlichen«. Dem Gutachten zufolge könne der Bundestagspräsident nicht zu gesetzeskonformem Verhalten gezwungen werden. Ein unglaubliches Fazit – bedeutet es doch, dass der Bundestagspräsident die Macht hat, ein Gesetz zu übergehen. Dabei hatte das Bundesverfassungsgericht erklärt, die anhängige Klage habe »keine aufschiebende Wirkung«, so dass das neue Gesetz bis zur Veröffentlichung des Urteils angewandt werden könne. Bis zur Urteilsverkündung hält Lammert die Angaben vermutlich unter Verschluss. Damit blockiert er nicht nur die Umsetzung eines Gesetzes, sondern setzt sich auch über die Forderung des Bundesverfassungsgerichts hinweg, der Gesetzgeber solle endlich klare Regelungen für mehr Transparenz schaffen. Diese Mahnung des obersten deutschen Gerichts stammt aus dem Jahr 1975.

Die Beweggründe der Blockierer liegen auf der Hand. Posten in Aufsichtsräten und Beiräten sind heiß begehrt – weil nicht nur üppig honoriert, sondern bestens geeignet, an die politische eine Wirtschaftskarriere anzuschließen. Schon bevor Ex-Bundeskanzler Gerhard Schröder (SPD) demonstrierte, wie klein der Schritt von der Spitze des Staates zur Spitze eines Top-Unternehmens ist, haben viele Abgeordnete ihre Position als Sprungbrett in die Wirtschaft genutzt: Das vom Volk bewilligte Mandat befähigt sie, Kontakte

Abb. 20

WECHSEL EHEMALIGER SPITZENPOLITIKER IN DIE WIRTSCHAFT*

Name/Partei	Ehemalige Position	Unternehmen
Martin Bangemann (FDP)	Bundeswirtschaftsminister, EU-Kommissar für Binnenhandel	Telefonkonzern Telefonica
Klaudia Martini (SPD)	Umweltministerin Rheinland-Pfalz	Opel
Gerhard Schröder (SPD)	Bundeskanzler	Gazprom Investmentbank Rothschild
Helmut Kohl (CDU)	Bundeskanzler	Politik- und Strategieberatung, P & S, Versicherungsgruppe, AMB Generali, Beraterverträge u. a. beim Medienunternehmen Leo Kirch
Lothar Späth (CDU)	Ministerpräsident Baden-Württemberg	Investmentbank Merrill Lynch
Otto Graf Lambsdorff (FDP)	Bundeswirtschaftsminister	IVECO Magirus AG
Wolfgang Clement (SPD)	Bundeswirtschaftsminister	Stromversorger RWE Power, Dienstleistungskonzern Dussmann
Otto Wiesheu (CDU)	Bay. Staatsminister für Wirtschaft, Infrastruktur, Verkehr, Technologie	Deutsche Bahn AG
Caio Koch-Weser	Finanzstaatssekretär	Deutsche Bank
Werner Müller	Bundeswirtschaftsminister	RAG AG (vordem Ruhrkohle)
Alfred Tacke	Staatssekretär im Bundeswirtschaftsministerium	Stromversorgungsunternehmen STEAG
Norbert Röttgen	Parlam. Geschäftsführer der Unionsfraktion	Bundesverband der Deutschen Industrie (BDI)
Andreas Renner (CDU)	Sozialminister Baden-Württemberg	Energieversorgungsunternehmen EnBW

160

Name/Partei	Ehemalige Position	Unternehmen
Axel Horstmann (SPD)	Energieminister NRW	Energieversorgungsunternehmen EnBW
Simone Probst (Grüne)	Statssekretärin im Bundesumweltministerium	Energiekonzern E.ON
Otto Schily (erst Grüne, später SPD)	Bundesinnenminister	Biometric Systems
Manfred Overhaus	Staatssekretär im Bundesfinanzministerium	RAG-Tochter Deutsche Steinkohle

*Die Beispiele geben keinen zeitlichen Bezug wieder.

auf höchster Ebene zu knüpfen. Tatsächlich hat der Wechsel eine lange Tradition.

Immer wieder kommt die Debatte auf, für Abgeordnete eine Karenzzeit zwischen politischem Adieu und unternehmerischem Willkommensgruß einzurichten: Ein Zeitfenster könne den abrupten Wechsel mildern, meinen die wenigen Kritiker. Von fünf Jahren ist die Rede, fünf Jahre, in denen das in der Politik gesammelte Insiderwissen veraltet ist und die neue Beziehung nicht mehr nach Korruption riechen kann. So standhaft diese Forderung ist, so wenig Aussicht auf Erfolg hat sie. Es sind wieder Politiker der ersten Reihe, die sich gegen eine Karenzzeit aussprechen: Bundestagspräsident Norbert Lammert zum Beispiel. Dem Deutschlandradio Kultur sagte Lammert am 17. Dezember 2005, er halte Schröders Einstieg beim Ostseepipeline-Projekt für »instinktlos«; von einer gesetzlich festgelegten Wartefrist zwischen Politikarbeit und Wirtschaftsjob wollte er jedoch nichts wissen. Vielmehr setze er auf »eine hochkritische und hochsensibilisierte Öffentlichkeit« – wohl, weil die Erfahrung gelehrt hat, dass diese bislang nicht allzu viel ausgerichtet hat.

Beinahe einhellig vertreten die Bundestagsfraktionen die Meinung, das Aufstellen eines Ehrenkodex würde der Moral Genüge tun. Bei näherem Hinsehen wird allerdings schnell klar, dass die Parteien eine Scheinfrömmigkeit zur Schau tragen, die mehr die erhitzten Gemüter im Volk beruhigen als das Ärgernis aus der Welt schaffen will – findet sich doch für ein gesetzliches Verbot keine Mehrheit. Ehrenkodex klingt gut, in Wirklichkeit handelt es sich um Anstandsregeln, die ein Politiker einhalten sollte – aber eben nicht muss. Jenen, die vor einer Verquickung von Interessen, Macht und Geld warnen, werfen die Verfechter der Mauscheleien vor, eine chinesische Mauer zwischen Politik und Wirtschaft hochziehen zu wollen. Doch darum geht es gar nicht. Dass Ex-Politiker auf Grund ihres Insiderwissens nicht nur als Berater, sondern vor allem als Lobbyisten und Türöffner in der Wirtschaft gefragt sind, ist ein offenes Geheimnis. Man schätzt ihre Erfahrung auch auf dem internationalen Parkett, schließlich kennen sie den Reigen der Schlüsselfiguren und die Standardtänze gut. Ein Politiker in hoher Position hat im Laufe der Zeit zahlreiche Amtsgeheimnisse erfahren, die er mit in die Privatwirtschaft nimmt. Dort setzt er sie im Eigeninteresse um – ein Skandal. Besonders schal ist der Beigeschmack dann, wenn Ex-Abgeordnete dort ihr Geld verdienen, wo sie zuvor während ihrer politischen Laufbahn Wege geebnet haben:

- Schillerndstes Beispiel ist Ex-Bundeskanzler Gerhard Schröder (SPD). Er und der russische Präsident Wladimir Putin machten sich stark für einen Deal zwischen den deutschen Unternehmen E.ON und BASF und dem russischen Gasmonopolisten Gazprom. Der Vertrag wurde unterzeichnet und besiegelte damit den Bau einer Gaspipeline zwischen Russland und Deutschland durch die Ostsee. Erst im April 2006 wurde bekannt, dass die Bundesregierung kurz vor Schröders Rücktritt eine Bürgschaft für einen Kredit an Gazprom übernommen hat; Volumen: neunhundert Millionen Euro. Falls Gazprom nicht in der Lage sein sollte, den Kredit zurückzuzahlen, würde der deutsche Staat dafür aufkommen. Staatliche Bürgschaften für solche Projekte seien allerdings üblich, hieß es. Noch Anfang Dezember, kurz nachdem die Große Koalition die Regierungsgeschäfte übernahm, startete das Pipelineprojekt. Am 9. Dezember nahm Ex-Bundeskanzler Schröder das Angebot an, Aufsichtsratsvorsitzender der Nordeuropäischen Gaspipelinegesellschaft (NEGPC) zu werden, die die Verantwortung für den Ostseepipeline-Bau trägt. Schröder erhält ein Jahressalär von schätzungsweise 250000 Euro. Zusätzlich stehen ihm die Bezüge aus der Altersversorgung aus seiner aktiven politischen Zeit zu.

- Unter »Superminister« Wolfgang Clement (SPD), einem der Hartz-Väter, wurde Umweltpolitik zweitrangig. »Wirtschaftliche Wertschöpfung ist immer mit der Emission von Treibhausgasen verbunden«, behauptete er, und: »Die fossilen Energieträger Erdöl, Erdgas und Kohle sind und bleiben ... noch auf lange Zeit gewissermaßen der Treibstoff für unsere Volkswirtschaft.«[198] Clement machte sich vehement stark für eine Energiewirtschaft, die maßgeblich für den Ausstoß des Klimakillers Kohlendioxid verantwortlich ist. Er nahm damit in Kauf, dass die Bundesrepublik das im Kyoto-Protokoll[199] festgelegte Klimaschutzziel, ihren CO_2-Ausstoß bis 2012 um 21 Prozent zu verringern, nicht erreicht. Nachdem Clement abgewählt wurde, ging er in die freie Wirtschaft – zum Stromproduzenten RWE. Der Konzern ist mit jährlich 168 Millionen Tonnen Kohlendioxid der größte europäische Verursacher von Treibhausgasen und für fünfzehn Prozent der europäischen Kohlendioxid-Emissionen aus der Stromproduktion verantwortlich.

- Im Oktober 2005 kündigte das Bundesinnenministerium unter Otto Schily (SPD) an, dass Deutschland als eines der ersten EU-Länder ab 1. November den neuen elektronischen Reisepass mit biometrischen Merkmalen herausgeben wird. Zunächst stützte sich der biometrische Ausweis auf Gesichtsmerkmale, ab 2007 kamen Fingerabdrücke hinzu. Obwohl Datenschützer die technische Reife der Erkennungssoftware immer wieder bemängelten, mahnte Schily zur Eile. Als der Bundesdatenschutzbeauftragte Peter Schaar ein Moratorium forderte, bezichtigte ihn Otto Schily der Kompetenzüberschreitung. Auch Informatikprofessor Andreas Pfitzmann von der Technischen Universität Dresden bekam den Gegenwind aus Schilys Ministerium zu spüren. Pfitzmann hätte auf dem jährlichen Kongress des Bundesamtes für Sicherheit der Informationstechnik (BSI) einen Vortrag über Biometrie halten sollen. Dazu kam es nicht. Er wurde ausgeladen, nachdem er sein Manuskript eingereicht hatte. Das BSI ist dem Innenminister unterstellt; das Gerücht, Schilys Vertraute hätten bei der Ausladung die Fäden gezogen, sind bis heute nicht aus der Welt. Im August 2006 meldeten die Agenturen, dass Schily einen neuen Platz gefunden hatte: Er zog in den Aufsichtsrat der Biometric System AG ein. Das Unternehmen entwickelt Software zur Iris-Erkennung, wie sie unter anderem bei der biometrischen Grenzkontrolle am Frankfurter Rhein-Main-Flughafen verwendet wird.

• Im November 2005 kehrte Otto Wiesheu (CSU), bayerischer Minister für Wirtschaft, Infrastruktur, Verkehr und Technologie, der Stoiber-Landesregierung den Rücken. Zu Beginn seiner Amtszeit gestaltete Wiesheu als Vorsitzender der Verkehrsministerkonferenz die Bahnreform mit, und auch während der zwölf Jahre als Wirtschaftsminister hatte er ständig mit Bahn-Chef Hartmut Mehdorn zu tun. Die Bahn kommentierte: »Wir arbeiten besonders im Personennahverkehr eng mit den Verkehrsministern der Länder zusammen und kommen mit den meisten gut aus – ganz besonders mit Otto Wiesheu.«[200] Schon im September war Wiesheu von Mehdorn angesprochen worden, und Wiesheu signalisierte Interesse. Er blieb jedoch in der Politik und handelte sogar noch den Koalitionsvertrag zwischen der CDU, CSU und der SPD zum Thema Verkehr aus – der die Bedeutung einer leistungsfähigen und modernen Schieneninfrastruktur hervorhebt. Seine Befangenheit als zukünftiger Deutsche-Bahn-Vorstand hätte sein Engagement beim Aushandeln des Koalitionsvertrages eigentlich verbieten müssen.

Allein dem verabschiedeten 15. Bundestag gehörten siebzig Abgeordnete an, die neben ihrem Mandat für 105 Aktiengesellschaften tätig waren; 51 dieser Abgeordneten sind auch im 16. Bundestag wieder vertreten.[201] Interessenskonflikte scheinen hier programmiert. Denn wie können solche Parlamentarier politische Entscheidungen treffen, die ihrem Zweit- oder Drittarbeitgeber Schaden zufügen, selbst wenn sie Millionen Menschen nutzen würden?

Geradezu nahtlos fügen sich die beiden Teile einer verführbaren Politikerpersönlichkeit zusammen: die strikte Weigerung, Nebentätigkeiten und Nebeneinkünfte dem Wählervolk mitzuteilen, und die umgehende Übernahme lukrativer und machtstarker Jobs nach Ablauf der Amtszeit. Zwar dürfen Kanzler und Bundesminister laut Paragraph fünf des Bundesministergesetzes neben ihrem Amt »kein Gewerbe und keinen Beruf« ausüben und auch nicht dem Vorstand, Aufsichtsrat oder Verwaltungsrat »eines auf Erwerb gerichteten Unternehmens« angehören. Die Regierungsmitglieder sollen nicht einmal »ein öffentliches Ehrenamt« bekleiden. Ausnahmen sind allerdings erlaubt – wenn der Bundestag zustimmt.

Kaum ein ehemaliger Spitzenpolitiker, der sich mit Peanuts zufriedengibt, womöglich den elterlichen Betrieb weiterführt, bei einem Mittelständler vorstellig wird oder sogar den Schritt in die eigene Selbständigkeit wagt. Es müssen die ganz Großen sein: die Energieversorger, Banken und etablierten PR-Unternehmen. Dass Energiekonzerne wie die RAG, vormals Ruhrkohle AG, seit Jahrzehnten mit Subventionen verwöhnt werden und bei entsprechenden Kürzungen mit Entlassungen drohen, schmerzt doppelt: nicht nur, weil der Abbau von Braunkohle Landschaften, Natur und Dörfer zerstört und diese, verbrannt selbst im modernsten Kraftwerk, immer noch doppelt so viel CO_2 ausstößt wie ein Gaskraftwerk, sondern auch, weil Ex-Politiker dadurch indirekt mitsubventioniert werden.

Insiderwissen in bare Münze zu verwandeln, ist in Deutschland nicht strafbar, obwohl schnell der Eindruck des Schmierens und der Vetternwirtschaft entsteht. Eine Verfolgung oder gar Klage wegen Vorteilsnahme, Vorteilsgewährung oder Bestechlichkeit droht ohnehin in den seltensten Fällen. Die Ermittlungsarbeit wird jedoch dann erleichtert, wenn zum Beispiel Politiker von Unternehmen kostenlose Vergünstigungen in Anspruch nehmen, gleichzeitig aber für ein Fachgebiet zuständig sind, das sich mit der Tätigkeit dieses Unternehmens deckt. Reisen, Essen, Eintrittskarten oder Einkaufsgutscheine, die der »Klimapflege« dienen sollen und auf das Wohlwollen des Amtsträgers zielen, rufen demnach ebenso den Staatsanwalt auf den Plan wie Parteispenden, die nicht im Rechenschaftsbericht der Partei offengelegt werden, oder Schmiergelder, die Unternehmen zahlen, um eine bestimmte Entscheidung herbeizuführen. Allerdings: Die Vergangenheit hat gezeigt, dass die meisten solcher Verfahren eingestellt worden sind.

Das laue Lüftchen, das Gebern und Nehmern de jure um die Nasen weht, entwickelt sich deshalb nicht zum Sturm: Jeder weiß, was erlaubt und verboten ist, und weil Vorsicht und Heimlichkeit gerade bei Mauscheleien selbstverständlich sind, fällt der Staatsanwaltschaft der Nachweis schwer, dass es sich um einen Deal handelt. »Die Justiz ist entmachtet«, urteilt Peter-Alexis Albrecht, Professor für Kriminologie an der Universität Frankfurt am Main.[202] Staatsanwaltschaften ist klar: Korruption ist ein Kontrolldelikt – und wo es an Kontrolle fehlt, birgt sie kaum ein Risiko. In Deutschland mangelt es nicht an Wirtschaftskriminellen, es mangelt an Wirtschaftskriminalisten.[203] Staatsanwaltschaften und Polizei sind chronisch unterbesetzt, und unter dem Personalmangel leidet das Management der Ermittlungsarbeit. Hinweise, die möglicherweise wichtig gewesen wären, warten in irgendeiner Ablage, Informanten werden abgewimmelt oder vertröstet.[204] Zerfaserte Organisationsstrukturen erschweren die Ermittlungsarbeit ungemein, denn Korruption schert sich nicht um Zuständigkeiten und die »Revieraufteilung« zwischen den Behörden. Die Qualität der Kooperation ist miserabel, gibt es doch nicht einmal eine Zentralstelle, die sämtliche

Informationen sammelt und auswertet. Auch können die Ermittler nicht auf eine Vernetzung der verschiedenen Stellen hoffen, so dass sie Erkenntnisse der Kartellbehörden, der Rechnungshöfe, der Landesarbeitsämter, der Zollbehörden oder der Innenrevisionen der Verwaltung nicht nutzen können.

Das Beispiel Hessen belegt, dass die Politik selten Interesse daran hat, die Antikorruptionsarbeit zu erleichtern. In Frankfurt am Main gibt es seit Anfang der 1990er Jahre eine mager ausgestattete Abteilung Organisierte Kriminalität/Korruption, die aus lediglich einem Abteilungsleiter und vier Dezernenten besteht. Sie ist nur im Bereich des Landgerichts Frankfurt zuständig, wo spezielle Strafkammern für Korruptionsdelikte tätig sind. Obwohl überaus effizient, ist die Abteilung maßlos überlastet – allein schon aus dem Grund, da Frankfurt Börsen- und Wirtschaftsmetropole ist und hier besonders viele Korruptionsstraftaten anfallen. Das Argument, dass durch eine Ausweitung der Abteilung auf eine für ganz Hessen zuständige Schwerpunktstaatsanwaltschaft der finanzielle Erfolg die Kosten aufwiegen, schmetterte das Justizministerium mit der Begründung ab, das »Mehr an schwerfälliger Bürokratie und personalintensivem Verwaltungsaufwand« sei nicht zu rechtfertigen, und außerdem genüge die Ausstattung vollends.[205] Über die Gründe, warum sich Spitzenpolitiker so schwer tun, Filz und Kungeleien in den eigenen Reihen wirkungsvoll zu bekämpfen, lässt sich nur spekulieren. Es gilt das geflügelte Wort, dass Deutschland einen entscheidenden Standortvorteil besitzt: den der gemäßigten Korruptionsverfolgung. Die gewaltigen Gesetzeslücken und die geschilderten Schwierigkeiten bei der Strafverfolgung sind hierbei nur die eine Seite der Medaille. Die andere ist, dass Staatsanwälte – im Gegensatz zu Richtern – laut § 152 Gerichtsverfassungsgesetz weisungsgebunden sind: Staatsanwälte sind nicht nur verpflichtet, ihren Vorgesetzten über die durchgeführten oder geplanten Maßnahmen in Kenntnis zu setzen, wenn sich das Verfahren gegen einen Politiker richtet, sie müssen der Weisung ihres Vorgesetzten auch Folge leisten. So kann die Weisungsabhängigkeit so weit führen, dass Fälle politischer Korruption nicht mit der erforderlichen Konsequenz verfolgt werden und schlimmstenfalls Gesetze erlassen werden, die in dieser Form nur zustande gekommen sind, weil große Interessengruppen ihren Einfluss geltend machen konnten. Geht man noch einen Schritt weiter und bedenkt, dass die Polizei letztlich gezwungen ist, auch solche Gesetze mit aller Macht durchzusetzen, wird klar, wie perfide Korruption wirken kann.

Das Fatale ist, dass Korruption sich an der Grenze zum Lobbyismus bewegt. Was im umgangssprachlichen Gebrauch ähnlich nach Unrechtmäßigkeit klingt, betrachtet das Gesetz als grundlegend verschieden. Während Ersteres tatsächlich die Behörden auf den Plan rufen kann, ist Letzteres legal. Wenn es auch unglaublich scheint, Lobbyismus ist in einer parlamentarischen Demokratie erlaubt und sogar erwünscht. Das Bundesverfassungsgericht hat die Einflussnahme von Interessengruppen bereits 1956 als rechtmäßig anerkannt:

»Es ist nicht zu bezweifeln, dass außerparlamentarische Aktionen vielfältiger Art denkbar sind, die einer legitimen Einwirkung auf das Parlament dienen können, vor allem soweit sie dazu bestimmt sind, Abgeordneten über die bei den Wählern zu bestimmten politischen Fragen vorhandenen Meinungen zu unterrichten. An sich ist es daher verfassungsrechtlich nicht zu beanstanden, dass ›Interessengruppen‹ auf die Mitglieder des Parlaments einzuwirken suchen...«[206]

Obwohl jedem klar ist, dass es Lobbyisten um die Durchsetzung individueller – häufig egoistischer – Interessen geht, wird ihr Einfluss explizit zugelassen. Dem 16. Bundestag gehören 614 Abgeordnete an, denen schätzungsweise fünftausend Lobbyisten aus Verbänden und Unternehmen gegenüberstehen. Hinzu kommen rund vierzig Public-Affairs-Agenturen, Dienstleistungsunternehmen, die an der Schnittstelle von Politik, Wirtschaft und Gesellschaft agieren, professionelle Beratung und Kommunikation anbieten, Netzwerke knüpfen, Beziehungen pflegen und ausbauen. Die Zahl der in der Lobbyliste des Bundestages verzeichneten Lobbyisten wächst ständig. Waren es 1972 in Bonn noch 635, wuchs ihre Zahl 2002 auf rund 1700. Weil Lobbyisten mit der Registrierung auch das Recht erhalten, an Gesetzgebungsverfahren beteiligt zu werden, mutieren Anhörungen immer öfter zu unproduktiven Massenveranstaltungen. Beispielsweise hatten sich zur Debatte um die neue Gesundheitsreform unter Ulla Schmidt (SPD) 140 Verbände angemeldet. Einen Hausausweis für den Bundestag erhalten diejenigen Lobbyisten, die neben der offiziellen Registrierung auch noch eine Bürgschaft von fünf Abgeordneten oder einem Fraktionsvorsitzenden vorweisen können. Bis Ende 2003 wurden 4500 dieser Ausweise an Lobbyisten verteilt.[207]

Für Wähler – und für manche Parlamentarier – ist lobbyistisches Wirken nicht gleich auf den ersten Blick identifizierbar. So wurde beispielsweise erst im Juli 2006 bekannt, dass Bundesfinanzminister Peer Steinbrück (SPD) in seinem Ministerium zwei hochrangige Mitarbeiter beschäftigt, die gleichzeitig noch anderen Herren dienen: Einer von ihnen ist bei der HSH Nordbank AG beschäftigt, der andere bei der Deutschen Börse in Frankfurt. Kaum fassbar, dass die beiden als Finanzexperten im Bankenreferat tätig sind und an Gesetzestexten mitarbeiten. Zusätzlich zu ihrem Gehalt, das sie von den Finanzunternehmen bekommen, erhalten sie »als Ausgleich für die besondere Arbeitsbelastung« eine Ministerialzulage.[208] Ein anderer Politiker macht aus seinem Spagat zwischen Politik und Wirtschaft keinen Hehl. Reinhard Göhner (CDU) ist Mitglied im Wirtschaftsausschuss und gleichzeitig Geschäftsführer der Bundesvereinigung Deutscher Unternehmer (BDA) – einerseits also gewählter Volksvertreter und andererseits Arbeitgeber-Lobbyist. Wie viel Göhner neben seinen Bezügen als Abgeordneter bei der BDA verdient, ist nicht bekannt. Das Beratungsunternehmen Kienbaum beziffert das Einkommen eines Hauptgeschäftsführers eines Wirtschaftsverbandes auf durchschnittlich 118 000 Euro pro Jahr; Bandbreiten bis 300 000 Euro seien möglich. 22 Prozent aller Hauptgeschäftsführer verdienen Kienbaum zufolge mehr als 140 000 Euro. Göhners Doppelrolle, die er nach eigenem Bekunden bis 2009 ausfüllen und dann zugunsten des BDA-Postens aufgeben will, brachte ihm schon vielfach Schelte ein. Im Frühjahr 2006, als die Diskussion um Kündigungsschutz und Probezeit ihren Höhepunkt erreicht hatte, ließ er keinen Zweifel an seiner Gesinnung. Die Probezeit solle per Tarifvertrag von 24 auf 48 Monate verlängert werden können, forderte er, innerhalb dieser Frist dürfe es keinen Sonderkündigungsschutz etwa für Schwerbehinderte geben. Auch die Möglichkeit einer Kündigung innerhalb dieser Frist ohne Angaben von Gründen war eine Forderung Göhners, deren Erfüllung davon abhänge, »ob die Umsetzung der Koalitionsvereinbarung sinnvoll ist«.[209] Haarig war der Streit vor allem deshalb, weil es sich um eine Vereinbarung zwischen SPD und CDU handelte, die im Koalitionsvertrag fest verzurrt wurde. Einen Spielraum zur Nachjustierung gab es im Prinzip nicht. Dass sich Göhner nun von der Verbindlichkeit verabschieden wollte, obwohl er dem Vertrag mit zugestimmt hatte, reizte die SPD. Kanzlerin Angela Merkel (CDU) musste sich einschalten und beteuern, dass die CDU in diesem Punkt zu ihrem Wort stehe, und verhinderte damit das Platzen des Koalitionsvertrages. Beim Antidiskriminierungsgesetz hatte die Republik 2005 Ähnliches erlebt. Göhner als BDA-Vertreter war dagegen, seine Partei, die CDU, dafür. Göhners Ausweg aus dem Dilemma: Er blieb dieser Abstimmung ebenso fern wie der über die Mehrwertsteuererhöhung.

Wie aber steht es um die Maxime, dass Abgeordnete »Vertreter des ganzen Volkes« sind, »an Aufträge und Weisungen nicht gebunden und nur ihrem Gewissen unterworfen«, wie es das Grundgesetz, Artikel 38 Absatz 1, vorschreibt? Bleibt das Gewissen auf der Strecke, wo die Position mehr Gewinn verspricht als das Mandat?

Lobbyisten treten als »unverzichtbare Berater«[210] auf. Unbestritten bringen sie ein immenses Fachwissen mit, verfügen über einen beachtlichen Pool an jahrelang angehäuften Fakten und können Hilfestellung bei der Informationssuche und Meinungsfindung geben. Politiker aller Couleur loben dieses Know-how und nutzen es in immer größerem Umfang. Allerdings liegt die offensichtliche Liebe zum Lobbyismus nicht nur an der Flut von Gesetzesentwürfen, Beschlussempfehlungen, Anträgen oder Kleinen und Großen Anfragen, die das Parlament zu bewältigen hat. Vielmehr scheint es dem Gros der Abgeordneten schlicht an weltlichem Weitblick zu fehlen. Der Grund hierfür liegt auf der Hand: Herkunft und Ausbildung der meisten Abgeordneten sind ähnlich. Die Zusammensetzung des Parlaments spiegelt nicht die kollektive Lebenserfahrung eines ganzen Volkes wider, sondern die einer wirklichkeitsfernen politischen Klasse, deren berufliche Laufbahn weder wirtschaftlicher noch wissenschaftlicher Wettbewerb prägte, sondern Sicherheitsdenken und vorprogrammierte Karriereschübe:

- Fünfzig Prozent der Bundestagsabgeordneten sind durch ihren beruflichen Hintergrund mit Politik, Verwaltung oder Staat verbunden: Vierzig Prozent stammen aus dem öffentlichen Dienst; jeder Dritte war zuvor Beamter, die meisten Lehrer oder Beamte im höheren Verwaltungsdienst; zehn Prozent arbeiteten als Angestellte von politischen und gesellschaftlichen Organisationen, insbesondere Parteien oder ihren Fraktionen.

- Nur ein Drittel kommt aus der Wirtschaft. Einer von zweihundert war zuvor Arbeiter, sieben von hundert waren selbständig. Führende Köpfe aus der Industrie oder dem Bankenwesen sucht man vergeblich.

- Zu den verbleibenden rund vierzehn Prozent gehören Freiberufler, darunter vor allem Rechtsanwälte und Notare, sowie Angestellte aus der Industrie, dem Handwerk oder entsprechenden Verbänden.

- Betrachtet man den Anteil der Abgeordneten, die aus der Wirtschaft kommen, fällt auf, dass auch viele von diesen mit administrativen und politisch-organisatorischen Aufgaben betraut waren und keiner echten unternehmerischen Tätigkeit nachgingen.[211]

171

Werner J. Patzelt, Professor für Politikwissenschaft an der Technischen Universität Dresden, spricht in diesem Zusammenhang von einem »parlamentarischen Biotop, das gewissermaßen immer inzüchtiger geworden« ist: Die Rekrutierung von politischem Nachwuchs erfolgt aus den eigenen Reihen. Dieser Trend setzt sich seit langem fort. 1957 war das Jahr mit der höchsten Rate an Selbständigen und Freiberuflern. Mehr als ein Drittel waren es damals, heute ist es nur noch ein Fünftel. Dagegen strebten Beamte und Angestellte des öffentlichen Dienstes, die damals nur ein Viertel stellten, unaufhaltsam an die politische Machtspitze. Sie kennen sich ausgezeichnet mit Machtstrukturen und Machterhalt aus, was ihre Professionalität in der Politik begründet. Ihren langen Atem auf dem Weg zum Parlament aber haben sie nicht zuletzt Berufen zu verdanken, die ihnen genug Zeit zur politischen Arbeit lassen. Anwälte und Lehrer sind privilegiert gegenüber Unternehmern und Handwerkern. Wer in den Bundestag kommen will, muss jung anfangen, um an seiner politischen Laufbahn zu feilen – und »das bringt jene um realistische Chancen, die sich erst im Wirtschaftsleben ihre selbständige Existenz aufbauen wollen, statt soziale Sicherheit rasch im öffentlichen Dienst oder unter den Fittichen von Gewerkschafts- und Parteiapparaten zu suchen«.[212] So verwundert es nicht, dass Politiker von heute sich schwer tun im Verständnis um wirtschaftliche und gesellschaftliche Zusammenhänge und befangen gegenüber außerhalb der Politik gelegenen Lebensbereichen sind – noch dazu, da sich gesellschaftliche Realität heute schneller wandelt als noch in den sechziger Jahren. Den notwendigen Halt finden sie bei Lobbyisten.

Gegen Lobbyismus wäre weniger einzuwenden, wenn das Kräfteverhältnis zwischen den einzelnen Interessengruppen ausgewogen wäre. Doch es ist naiv zu glauben, dass Lobbyisten untereinander gleichberechtigt sind. Auch hier gilt: Wer das Geld hat, hat den Fuß in der Tür. Den größten Einfluss besitzt zweifellos die Wirtschaft. Gegenüber finanzschwachen erhalten finanzstarke Lobbyisten immer wieder privilegierten Zugang zur Politik – und sorgen damit für einen Tunnelblick der Politiker. Weder werden die Interessen der anderen zur Kenntnis genommen, noch finden sie Zugang in Entscheidungsprozesse oder gar ihren Niederschlag in Gesetzestexten. Wirtschaftslobbyisten beherrschen ihr Handwerk, haben sie es doch von Grund auf gelernt. Praxisbezug, Fachkenntnis, Medienkontakte und vor allem intensives Training in PR und Lobbying sind das Rüstzeug im Kampf um Stimmanteile. Nicht nur das Deutsche Institut für Public Affairs bietet Kurse à la »Master Class Lobbying« an. In Anbetracht dieser Überlegenheit sind »viele Ministerialbeamte (...) den professionellen Lobbys nicht mehr gewachsen, so dass sich Teile des politischen Apparates bereits ergeben haben und zu einer Außenstelle von Konzernen und Verbänden geworden sind«, sagt Götz Hamann, Wirtschaftsredakteur bei der *Zeit*.

Lobbyisten mit ihren vielfältigen Verbindungen und juristischen Beiständen wissen meist, dass Abgeordnetenbestechung sich nur dann strafrechtlich verfolgen lässt, wenn nachweislich Stimmen gekauft wurden, um im Bundestag Einfluss zu gewinnen – nicht aber, wenn der gleiche Vorgang in den vorbereitenden Ausschüssen abläuft. Heute werden die Vorentscheidungen in Ausschüssen getroffen und danach vom Parlament nur noch durchgewinkt. Die Wirtschaftssouffleure hatten ihren Auftritt, bevor die Abgeordneten ihren Arm zur Abstimmung heben. Die »Unterstützung kann auch einmal bis zur Überlassung komplett ausgearbeiteter Gesetzentwürfe ... reichen«, macht der Präsident des Bundesverfassungsgerichts, Professor Hans-Jürgen Papier, klar.[213] Papier warnt vor dem Aushöhlen der Demokratie durch Kommissionen, Räte und Sachverständigengremien, wie sie in der jüngsten Vergangenheit den politischen Alltag prägten, wie beispielsweise die Rürup-Kommission, die Hartz-Kommission oder das Bündnis für Arbeit. Sie belegen den Trend, dass politische Entscheidungen zunehmend außerhalb der staatlichen Institutionen und verfassungsmäßig vorgesehenen Verfahren getroffen werden: Kein Mitglied einer solchen Einrichtung wurde je von den Wählern bestimmt; niemand muss sich bei Meinungsfindung und Beschlussfassung um ein Prozedere scheren, wie es in unserem derzeitigen demokratischen Parlamentarismus üblich ist. Dem Volk weder verpflichtet noch vom Volk gewählt, können die Lobbyisten so über die Hintertür dennoch über die Geschicke des Volkes bestimmen. Sie sind keine Informationsübermittler mehr, sondern Weichensteller. »Das eigentlich berufene Parlament sieht sich dagegen... in die Rolle einer ›Ratifikationsinstanz‹ gedrängt, die zu einer ihr unterbreiteten Vorlage nur mit ›ja‹ oder ›nein‹, häufig genug aber eben nur mit ›ja‹ antworten kann...«[214] Deutschland hat den Weg zu einer Marionettendemokratie eingeschlagen.

Ein gutes Beispiel für das Funktionieren des lobbyistischen Netzwerks liefert die Energiewirtschaft. Ganz Deutschland stöhnt über zu hohe Strompreise, Steigerungsraten in zweistelliger Höhe sind üblich. Erst im Sommer 2006 kündigten die Stromversorger wieder einmal Preiserhöhungen von 6 bis 22 Prozent an.[215] Schuld daran ist nicht allein das Öl, denn von den durchschnittlich 19,6 Cent, die private Haushalte für jede Kilowattstunde bezahlen müssen, berechnen die Lieferanten allein für die Stromerzeugung und Netznutzung 10,3 Cent. Um bis zu fünfzig Prozent berappen die Deutschen damit mehr für Strom als ihre europäischen Nachbarn. Das Oligopol aus den vier Unternehmen RWE, E.ON, EnBW und Vattenfall Europe kontrolliert hundert Prozent des Hochspannungsnetzes und über vier Fünftel der Kraftwerkskapazitäten. Wettbewerb? Fehlanzeige.

Schon als Gerhard Schröder (SPD) noch Ministerpräsident in Niedersachsen war, streckte der damalige Energiekonzern VEBA, 2000 in E.ON aufgegangen, seine Fühler aus. Zur fachlichen Unterstützung Schröders trat ein Spitzenmanager der VEBA an: Werner Müller – derselbe Müller, der 1998 unter der Schröder-Regierung Bundesminister für Wirtschaft und Technologie wurde und ein Jahr später für kurze Zeit auch die kommissarische Leitung des Bundesfinanzministeriums übernahm.

Auch im Energiewirtschaftsgesetz (EnWG) verewigten Verbände und Konzerne ihre Interessen. Das Gesetz, das 1998 in Kraft trat und 2005 eine nochmalige Änderung erfuhr, ist ein Produkt, das im Wesentlichen von zwei Seiten konzipiert wurde: Der Minister stimmte mit den Konzernvorständen Grundsätzliches ab, Lobbyisten »halfen« den Referenten des Wirtschaftsministeriums bei der Formulierung der Paragraphen. Die 39 Millionen Haushalte in Deutschland, die mit Strom versorgt werden, hatten keinen Einfluss. Das Gesetz regelt unter anderem die Befugnisse einer neuen, auf Druck der EU eingerichteten Aufsichtsbehörde, die als »Bundesnetzagentur« über die Strom- und Gasnetze wachen und für sinkende Preise sorgen soll. Der Branche gelang es, die Regelungen zu ihren Gunsten zu entschärfen. Der Energiemarktbericht der Bundesregierung, der die Grundlage für das Energiewirtschaftsgesetz bilden sollte, war eigentlich noch streng geheim, als sich E.ON-Generalbevollmächtigter Gert von der Groeben dazu äußerte, indem er an den federführenden Staatssekretär Georg Wilhelm Adamowitsch am 25. Juli 2003 eine dreizehn Seiten lange Erwiderung schickte. Die kritischen Anmerkungen von der Groebens flossen in das nicht veröffentlichte Papier ein; in der späteren offiziellen Fassung waren Passagen durch E.ON-Argumente ersetzt worden.

Auch die Entwürfe des Energiewirtschaftsgesetzes dokumentieren die Macht der Energielobby: Im Entwurf der Verordnung über den Zugang zu den Elektrizitätsversorgungsnetzen vom 20. April 2004 finden sich unter Abschnitt zwei diese Randbemerkungen: »Forderungen der Netzbetreiber ... bisher nicht berücksichtigt. Gespräch hierzu mit dem Verband der Netzbetreiber am 22. April 2004«. Entsprechende Fußnoten unter dem Paragraphen 18 im Verordnungsentwurf zur Kalkulation der Entgelte zeigen das Diktat der Konzerne: »wörtlich RWE«, »Vorschlag RWE«, »fast wörtlich RWE«, »Zusatz RWE klären«. Paragraph 18 regelt, was die Verbraucher für Strom bezahlen müssen.[216/217/218]

Bundesregierung und Stromkonzerne gaukeln indes eine Vielfalt vor, die gar nicht existiert. »Die Unternehmen der deutschen Strom- und Gaswirtschaft gewährleisten eine ... preisgünstige ... Versorgung von Wirtschaft und Bevölkerung mit Strom und Gas«, lässt zum Beispiel das Bundesministerium für Wirtschaft und Technologie wissen und führt weiter aus: »Die Marktstruktur der Stromversorgung hat sich mit der Liberalisierung der leitungsgebundenen Energien Strom und Erdgas im Jahre 1998 deutlich verändert. Die

Stromwirtschaft ist pluralistisch strukturiert; in Deutschland gibt es rund 1100 Stromversorgungsunternehmen...«[219] Liberalisierung bedeutet: Jeder, der will, kann Strom produzieren und an seine Kunden verkaufen. Die Konzerne sind nun gesetzlich verpflichtet, den Strom von den Konkurrenten bis zu deren Endkunden durch ihre Netze zu leiten. Die Tatsache der Liberalisierung verschweigt allerdings, wie es wirklich um den Strommarkt bestellt ist. Vor der Liberalisierung gab es noch acht große Stromanbieter in Deutschland, heute sind es vier, und auch die mehr als fünfhundert Stadtwerke und kommunalen Energieversorger schließen sich immer weiter zusammen – eine wettbewerbsfeindliche Konzentration. Indem sie Fantasiepreise für die Nutzung ihrer Netze fordern, halten sich die Energiegiganten unliebsame Konkurrenten vom Hals. Das Nachsehen haben die Haushalte: Berechnungen des Bundesverbandes der Verbraucherzentralen zufolge bezahlen sie fünf Milliarden Euro zu viel für ihren Strom. Eigentlich soll eine Bundesbehörde, die »Bundesnetzagentur«, für faire Strompreise sorgen, denn sie hat die staatliche Aufgabe, den Strom- und Gasmarkt zu überwachen und Genehmigungen für die Nutzungsentgelte zu erteilen. Dazu teilt sie sich die Aufgaben mit den Bundesländern, indem Unternehmen mit weniger als hunderttausend Kunden und Versorgungsnetzen innerhalb der Landesgrenzen von den Landesbehörden reguliert werden, alle anderen von der Bundesbehörde. Doch die Genehmigungsbehörden erweisen sich als zahnlose Tiger. Die Anträge der Stromversorger auf Preiserhöhungen werden in der Regel abgenickt; in Baden-Württemberg müssen sich die Versorger ihre Strompreise seit einigen Jahren überhaupt nicht mehr genehmigen lassen und informieren über Erhöhungen nur sehr kurzfristig.[220]

Die Handschrift der Lobbyisten findet sich auch in anderen Gesetzen, Regelungen und politischen Strategien wieder. Zum Beispiel besitzt der Gemeinsame Bundesausschuss (G-BA), dem hauptsächlich Vertreter der Krankenkassen und der Kassenärztlichen Vereinigungen angehören, in Sachen Gesundheitswesen ohne jede demokratische Legitimation de facto Gesetzeskraft.[221] Mit Verweis auf ihre Wettbewerbsfähigkeit und den Erhalt von Arbeitsplätzen haben sie in Diskussionen um die Biotechnologie, um Softwarepatente, Atomkraft oder Urheberrecht stets die Nase vorn.

Die Bevölkerung betrachtet den Einfluss der Wirtschaftslobby als heikel. Wie das Meinungsforschungsinstitut Forsa im Auftrag des *stern* und des Fernsehsenders RTL 2005 herausfand, fürchten die Deutschen die Macht der Bosse. Wer hierzulande wirklich das Sagen hat, dafür haben sie einen siebten Sinn: 76 Prozent gehen davon aus, dass die führenden Köpfe der Wirtschaft viel oder sehr viel Einfluss auf die Geschicke des Landes haben. Lediglich acht Prozent meinen, dass die Bürger selbst Einfluss nehmen können. »Es ist der Eindruck entstanden, dass die Wirtschaft hier ungebändigt von anderen Kräften in der Gesellschaft wirken kann«, fasste Forsa-Chef Manfred Güllner zusammen, »insgesamt halten die Bürger die wirtschaftlichen Kräfte für böse.«

Dieses ungute Gefühl macht sich Luft an der Urne – oder eben anders. Der Zuspruch für Parteien jenseits der etablierten, Wahlverweigerung, Auswanderung, sozialer Rückzug, Identifikationsverlust, Persönlichkeitsveränderungen und zunehmende Protestbereitschaft sind nur einige Kennzeichen einer instabiler werdenden Gesellschaft. Nicht, dass Spitzenpolitiker blind für diesen Prozess wären, im Gegenteil. Sehenden Auges nehmen sie ihn hin, forcieren ihn gar, indem sie immer mehr Entscheidungen gegen das Volk und für Großkonzerne treffen. Sie sind sensibel für die Argumente der Lobbyisten, die Zugeständnisse verlangen und Sozialabbau fordern. Wirtschaftslobbyisten ist gelungen, was man schon als Revolution des Kapitals bezeichnen kann: die Unterwanderung des Staates, die inhaltliche Führung einflussreicher Politiker und das Verwischen der Grenzen zwischen etablierten Parteien. Tatsächlich sind kaum mehr Unterschiede in der Zielsetzung und Orientierung von SPD und CDU auszumachen. Verwunderlich ist das nicht, bedenkt man, dass die SPD die Marschrichtung zum Abbau des Sozialstaates festgelegt hat. Einst wurde die staatliche Sozialversicherung – bis auf die Unfallversicherung – auf die Schultern von Unternehmern und Lohnempfängern gleichermaßen verteilt. Die rot-grüne Regierung hat dieses Prinzip gekippt, indem sie 2001 die Riester-Rente und damit die Teilprivatisierung der Altersvorsorge einführte. Gleichzeitig wurde der Leistungskatalog der gesetzlichen Krankenversicherung beschnitten, die Zuzahlung zu Medikamenten und ärztlichen Diensten erhöhte sich. Pharmakonzernen wurden bei der Ausarbeitung des Gesundheitsmodernisierungsgesetzes massive Zugeständnisse gemacht[222] und Hartz-Reformen eingeführt. Noch im Januar 2006 hatte der damalige Parteichef Matthias Platzeck von »uneinlösbaren Sicherheitsversprechen« gesprochen – Worte, die ein CDU-Politiker nicht besser hätte wählen können. Die Kämpfe zwischen linkem und rechtem Flügel der SPD sind offiziell längst beigelegt. Um den linken herrscht Funkstille, während der rechte Wirtschaftsnähe lebt.

Nachdem die Großwirtschaft die Politik erobert hat, muss sie noch das Volk überzeugen. Gezielte mentale Manipulation durch gefilterte Informationen, tausendfach unters Volk gestreut und in erinnerungsfähigen Designs verbreitet, sollen einstimmen auf den Umbruch. Hierbei bedient sich die Industrie bewährter Mechanismen – als Helfer agieren Politikerpersönlichkeiten ebenso wie Präsidenten und Direktoren namhafter Universitäten, Institute und Stiftungen, Wissenschaftler, Publizisten und Journalisten. Bestes Beispiel hierfür ist die »Initiative Neue Soziale Marktwirtschaft« (INMS):

Im Jahr 2000 vom Arbeitgeberverband Gesamtmetall gegründet, ist die Initiative die bislang erfolgreichste Lobby aus Wirtschaftsliberalen. Für die INMS sind acht feste und vierzig freie Mitarbeiter tätig, darüber hinaus rund zweitausend Kuratoren, Botschafter und Unterstützer. Mit einem Jahresetat von rund 8,8 Millionen Euro, finanziert durch die Arbeitgeberverbände der Metall- und Elektroindustrie, streitet sie für mehr Unternehmensfreiheit, unter anderem für:

— die Beschränkung des Staates auf »Kernkompetenzen«,
— den Abbau von Bürokratie und Vereinfachung von Genehmigungsverfahren,

– die Senkung der Steuern und Abgaben,
– die Beschneidung der »Alimentierung« von Arbeitslosen,
– die Lockerung des Kündigungsschutzes,
– die Senkung von Lohnnebenkosten.

In den Medien, auf Kongressen und in Pressekonferenzen, in Anzeigen, Broschüren, Magazinen und Büchern macht sie der Bevölkerung ihre Ansichten von einer sozialpolitischen Wendezeit schmackhaft, organisiert Kampagnen und Studien. Lehrmaterialien mit wirtschaftsliberalen Inhalten für Lehrer sollen das Umdenken der Jugend ebenso fördern wie Veranstaltungen der Kinderuniversität.

Die INMS konzentriert sich dabei auf den Stachel, der tief im Fleisch des Volkes steckt: die Arbeitslosigkeit, die Wohlstand und soziale Sicherung bedroht. Auf ihrer Internetseite,[223] auf der sie kritische Fragen beantwortet, präsentiert sie sich als Verbalmeister des Ungefähren, so dass nur Geübte zwischen den Zeilen lesen können: Marketing in Perfektion. Mittlerweile ist es der INMS sogar gelungen, den Begriff »sozial« umzuwerten. Einer ihrer bekanntesten Slogans, »Sozial ist, was Arbeit schafft«, zielt darauf, dass jeder für die Sicherung seines persönlichen Wohlstands selbst verantwortlich ist – nicht der Staat und erst recht nicht die Unternehmen.

Wie keine andere Bewegung hat die INMS den Medienmainstream geprägt. Sie hat mit 66000 Euro den Filmemacher Günther Ederer unterstützt, der die Filme »Das Märchen vom gerechten Staat« und »Das Märchen von der sicheren Rente« für die ARD produzierte. Auch Printmedien sind Ziel der INMS-Lehren. So hatte *Die Welt* einen Recherche-Auftrag zum Thema »Die größten Jobvernichter der Bundesrepublik« an die INMS vergeben,[224] auch Pressemitteilungen der INMS werden häufig ohne Nachrecherche übernommen, ebenso wie der Grüne Oswald Metzger oft und gern interviewt und um seine Meinung gebeten wird. Metzger wird allgemein als Politiker wahrgenommen, und nur wenige wissen, dass er Kurator der INMS ist und deren Botschaften verkündet. »Viele Politiker glauben heute noch an die Vaterfunktion des Staates«, zitiert ihn die INMS auf einer ihrer Internetseiten. »In Deutschland wurde unter dem Etikett ›Sozialstaat‹ über Jahrzehnte eine Volksbeglückungspolitik betrieben von allen politischen Lagern. Heute ächzen wir unter der Unfinanzierbarkeit solcher sozialen Wohltaten.«[225] Mit seinen neoliberalen Thesen kommt Metzger in allen Medien zu Wort – in ARD und ZDF, im Deutschlandradio Kultur, bei BR-Alpha, Radio Brocken, beim Südwestfunk, bei PHOENIX, im Berliner Rundfunk, bei Hitradio Antenne Niedersachsen, bei N-TV und im Bayern-TV, beim WDR, bei N24, im *Handelsblatt*, im *Focus* ... Sein Terminkalender[226] zeichnet ein Bild von beeindruckender Medienpräsenz nach.

Auch die Strategie der INMS, ehemalige Medien-Profis als Geschäftsführer einzusetzen, geht auf. Max A. Höfer war Ressortleiter Politik und Leiter des Hauptstadtbüros des Wirtschaftsmagazins *Capital*, Dieter Rath war Chef der Abteilung Öffentlichkeitsarbeit im Bundesverband der Deutschen Industrie (BDI). Auch Höfers Vorgänger, Tasso Enzweiler, war Kommunikationsprofi. Er arbeitete als Chefreporter für die *Financial Times Deutschland* und war Mitglied im Netzwerk Recherche. Außerdem setzen sich zahlreiche Politiker für die Überzeugungen des Instituts ein. Ehemals waren das Bert Rürup (SPD), Gerhard Schröder (SPD), Peter Glotz (SPD), Wolfgang Clement (SPD) und Christine Scheel (Bündnis 90/Grüne). Heute gehören zu den Botschaftern unter anderem Lothar Späth (CDU), bis 2003 Vorsitzender des Aufsichtsrats der Jenoptik AG und heute Vorsitzender der Geschäftsführung der Investmentbank Merrill Lynch, Dagmar Schipanski (CDU), Präsidentin des Thüringer Landtags, sowie Karl-Heinz Paqué (FDP), Finanzminister von Sachsen-Anhalt und Mitglied des Bundesfachausschusses Finanzen und Steuern.

Die Zeitschrift *The International Economy* bezeichnete die INMS treffend als »nationales Kampagnen-Hauptquartier der Neokonservativen«.[227] Unterstützung findet die INMS beim (arbeitgeberfinanzierten) Institut der deutschen Wirtschaft (IW), das mit wissenschaftlichen Expertisen und Analysen aufwarten kann, beim Institut für Demoskopie Allensbach, als »Mutter der Meinungsforschungsinstitute« bekannt, das Markt- und Medienanalysen liefert, sowie bei der Stiftung Marktwirtschaft mit ihren Vorständen Professor Bernd Raffelhüschen und Michael Eilfort, ehemaliger Büroleiter von Friedrich Merz (CDU). Wahrscheinlich ist, dass die Kommission »Steuergesetzgebung« der Stiftung Marktwirtschaft, der Eilfort mit seinen guten Kontakten zur CDU vorsteht, als Stichwortgeber in der Politik fungiert – ebenso wie die Bereiche »Soziale Sicherung« und »Markt und Wachstum«. Wenn es der Initiative wirklich gelingt, die öffentliche Meinung in ihrem Sinne zu beeinflussen, winkt ihr der goldene Gral der Marktwirtschaft: eine Politik nach ihren Vorstellungen.

Das Verständnis für das Engagement vieler Politiker für Großunternehmen und deren Interessen stößt im Volk an seine Grenzen: Kaum jemand kann nachvollziehen, warum eine Nebentätigkeit notwendig sein sollte, obwohl die staatliche finanzielle Versorgung doch so mager nicht ist. Fünf Millionen Arbeitslose, dazu Hartz-IV-Empfänger und mehr als sechs Millionen Niedriglohnempfänger auf der einen Seite, auf der anderen Seite unter anderem 614 Abgeordnete und 31 parlamentarische Staatssekretäre sowie zwischen zwei und drei beamtete Staatssekretäre je Bundesministerium, die nicht nur einen sicheren Arbeitsplatz haben, sondern oft auch einem lukrativen Nebenjob nachgehen – das birgt schon einen Widerspruch in sich.

Aus rechtlicher Sicht steht es jedem Abgeordneten frei, neben seinem Mandat noch einen Beruf auszuüben oder eine Nebentätigkeit anzunehmen. Hintergrund dafür ist der Umstand, dass Abgeordnete ihr Mandat nur auf Zeit haben. Vielfach wäre es deshalb notwendig, Kontakt zum Beruf zu halten und für die Zeit nach dem Ausscheiden aus dem Parlament Vorsorge zu treffen. Aber: Welcher Arbeitnehmer hat heute eine Arbeitsplatzgarantie? Um »Vorsorge zu treffen«, müsste ein Abgeordneter sich regelmäßig fortbilden, doch wie hat er dann noch Zeit, sein Mandat auszufüllen, da Abgeordnete ohnehin klagen, für ihr Mandat wären sie 120 Stunden pro Woche im Einsatz?

GIERIGE POLITIKER –
VON DIÄTEN UND PENSIONEN

Wann immer das Reizwort »Diät« in der öffentlichen Debatte auf-
taucht, kochen die Gemüter hoch. Gesetze fürs Volk, Geld für
sich – das ist ein weit verbreiteter Eindruck, wenn es um die Bezüge der Politiker geht. Während diese klagen, ihr Einkommen sei
nicht angemessen, kann die Bevölkerung nicht verstehen, warum
sich ihre gewählten Vertreter gerade in Zeiten knapper öffentlicher
Kassen nicht bescheiden wollen. Dabei machen Diäten nur einen
Teil der Politikerbezüge aus – und sie sind nicht das eigentliche
Problem bei der Entlohnung der Staatsdiener. Das System krankt
an vielen Enden:

Recht und Gesetz Immer wieder fällt das böse Wort der Selbstbedienung, wenn Bundestagsabgeordnete alljährlich über ihre Diäten
entscheiden sollen. Das Prozedere an sich basiert allerdings nicht
auf Freiwilligkeit: Das Bundesverfassungsgericht hat das Parlament
aufgefordert, über seine auch als »Abgeordnetenentschädigung«
bezeichneten Diäten selbst zu bestimmen.

1958 hatte der Bundestag die Diäten an die Beamtenvergütung
gekoppelt: In dem Maß, in dem die Beamten mehr erhielten, wuch-
sen auch die Diäten der Parlamentarier. Einen Automatismus wie
diesen untersagte das Bundesverfassungsgericht 1975. Es schrieb
vor, dass jeder Abgeordnete die gleiche Diät erhalten sollte, und
mahnte an, über die Höhe der Diäten »vor den Augen der Öffentlichkeit« zu befinden (BVerfGE 40,296). Außerdem sollten die Abgeordneten für eine »angemessene, ihre Unabhängigkeit sichernde
Entschädigung« sorgen. Diese allgemeinen Regeln der Abgeord-
netenvergütung finden sich in Artikel 48 des Grundgesetzes. Das
Bundesverfassungsgericht hat lediglich die Vorgehensweise vorgeschrieben, jedoch keine konkreten Beträge. Das ist nach wie vor
Aufgabe des Parlaments.

Per Gesetz ist das Parlament also gezwungen, über seine Diäten
selbst zu entscheiden. Damit es das nicht nach eigenem Gutdünken
tun kann, ist Kontrolle notwendig. Doch wer kontrolliert das Par-

lament? In erster Linie sind es die Bürger – und die Massenmedien, die ihnen die notwendigen Informationen liefern. In Deutschland allerdings ist es um die Kontrolle durch die Bürger nicht gut bestellt, denn der Bundestag entzieht sich dieser. Statt eine Entscheidung zu treffen, die die jeweils folgende Wahlperiode betrifft, wird die Debatte um die Diäten bis *nach* der Wahl verschoben, auf einen Zeitpunkt also, der denkbar weit weg von den nächsten Wahlen liegt. Das ist nicht in allen Demokratien so. In den USA zum Beispiel dürfen Änderungen bei der Bezahlung von Kongressabgeordneten nur noch mit Wirkung für die jeweils folgende Wahlperiode getroffen werden.[228]

Von 1977 an war die Diät für die Abgeordneten steuerpflichtig. Bei ihrer Einführung entsprachen die Bundestagsdiäten mit damals 7500 DM den Einkünften eines Richters an einem obersten Bundesgericht (Besoldungsgruppe B 6) oder eines Beamten mit der Besoldungsgruppe R 6. Heute hinken die Diäten um etwa 950 Euro hinter diesem Vergleichsmaßstab her, weil die Abgeordneten wiederholt auf eine Erhöhung verzichtet haben (siehe Abbildung).

Das ungute Gefühl, das die Abgeordneten bei der Festlegung ihrer Diäten beschleicht, offenbart sich darin, dass sie innerhalb von

Abb. 21
ENTWICKLUNG DER STEIGERUNGSRATEN VON DIÄTEN UND LÖHNEN

Jahr	Diäten Bundestag	Renten	Löhne und Gehälter
2000	+0,6 %	+0,6 %	+2,4 %
2001	+1,9 %	+1,9 %	+2,1 %
2002	+1,9 %	+2,2 %	+2,6 %
2003	+1,9 %	+1,0 %	+2,4 %
2004	0 %	0 %	+2,0 %
2005	0 %	0 %	+1,6 %

Quellen: Deutscher Bundestag (Diäten), Bfa (Renten), Hans-Böckler-Stiftung (Löhne/Gehälter). Bei Renten, Löhne und Gehälter Werte für die alten Bundesländer Ulrich Kelber, MdB (SPD).

achtzehn Jahren neun Mal auf eine Erhöhung verzichteten. »Die traditionelle deutsche Mentalität einer extremen ›Zurückhaltung‹ in Sachen Einkommen lässt daraus beinahe eine Zumutung werden«, heißt es dazu im Deutschen Bundestag.[229] »Man stelle sich vor: Die Geschäftsführung einer Bank würde jede Gehaltserhöhung im Vorhinein allen Kunden mitteilen. Oder die Chefredaktion eines Magazins müsste in jeder Ausgabe den Lesern erläutern, wie viel jedes Mitglied verdient. Möglicherweise gäbe es erstaunliche Einsichten, wenn der Fernsehkommentator vor seiner Kritik an den Abgeordnetendiäten seine eigenen Einkünfte und Altersabsicherungen darlegen sollte ...« Der Seitenhieb auf die Medien ist unverkennbar: Journalistenschelte, nicht Selbstreflexion ist bei Politikern an der Tagesordnung.

In den Augen der meisten Bundestagsabgeordneten tragen die Medien eine Hauptschuld am Vertrauensschwund der Bevölkerung. Bei einer Umfrage des Wissenschaftszentrums Berlin für Sozialforschung stimmten 97 Prozent der befragten Parlamentarier dieser Aussage zu. Affären und Skandale, in die Politiker verwickelt waren, halten nur wenige von ihnen für ausschlaggebend – dieser Grund landete lediglich auf Platz vier der Ursachen-Skala.[230] Dass Politiker in Wirklichkeit die Nähe der Medien suchen, um sich selbst und ihre Partei zu preisen, Statements abzugeben oder um den politischen Gegner wortreich zu diffamieren, anstatt die Öffentlichkeit über Zusammenhänge und Ziele ihrer politischen Arbeit zu informieren, blenden die Parlamentarier gerne aus. An die Stelle von Aufklärung treten Verschweigen, Vertuschen und Verdrehen von Tatsachen.

Bestes Beispiel für die oft mangelhafte Kommunikationsqualität von Problemthemen sind die Abgeordnetenbezüge, die stets von Geheimnissen umwittert scheinen. Während das Volk, wie ursprünglich vom Bundesverfassungsgericht gewollt, tatsächlich ein Auge auf das Zustandekommen der nächsten Diätenerhöhung hat, verliert es den Blick für das Gesamteinkommen von Politikern, die aus den Abgeordnetenbezügen resultierenden Vergünstigungen und andere finanzielle Zuwendungen. Die öffentliche Debatte um die Diäten ist eine vordergründige Diskussion, die wichtige systemimmanente Zusammenhänge einfach ausblendet. Sie wird genährt von den Abgeordneten selbst: Indem sie ihre zahlreichen anderen Vergünstigungen gar nicht erst zur Sprache bringen und die Aufmerksamkeit immer wieder um die Diäten kreisen lassen, zimmern sie Scheuklappen fürs Volk. Grundlegende Fragen über das derzeitige System und über die Qualität der politischen Arbeit, gemessen an den Privilegien, sind unerwünscht. Sowohl die nachstehende Abbildung als auch das anschließende Zitat stellen diese bewusst induzierte Fehlsicht der Dinge dar, aus der der Leser nur eine Schlussfolgerung ziehen soll: Politiker sind für den anspruchsvollen Job, den sie leisten, maßlos unterbezahlt.

Zum Thema »Was ist die Arbeit eines Bundestagsabgeordneten wert?« schrieb der Bundestag 2002: So viel wie die eines 29-jährigen Polizisten in Darmstadt (2343 Euro)? Die eines 33-jährigen Börsenanalysten in Frankfurt (8950 Euro)? Oder die 6878 Euro, die das Gesetz zurzeit für die Höhe der Diäten vorschreibt? Der Polizist würde sein Einkommen sicherlich gern mit dem der Politiker

Abb. 22
MONATSGEHÄLTER IM VERGLEICH

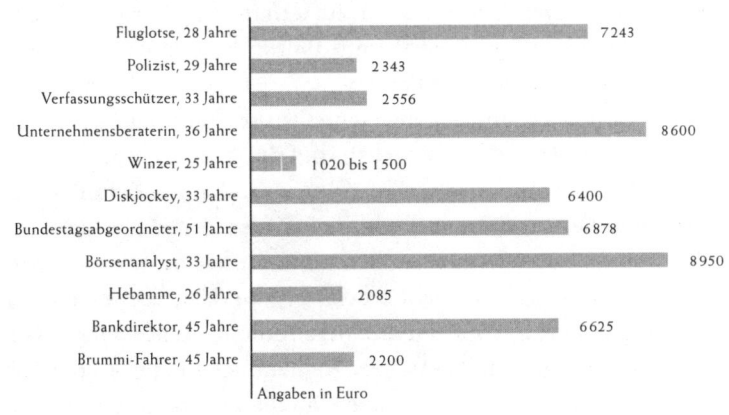

Quelle: Deutscher Bundestag

tauschen. Aber auch den Stress in 70- bis 120-Stunden-Wochen? Die Verantwortung für Entscheidungen über Krieg und Frieden und für Milliarden-Haushalte? Würde auch der Börsenprofi auf ein Viertel seines Gehaltes verzichten, um noch mehr arbeiten zu müssen – auch am Wochenende? Um dabei stets Zielscheibe der Kritik zu sein? Und sich nach vier Jahren vielleicht einen neuen Job suchen zu müssen?«

Der Vergleich zwischen den einzelnen Berufsgruppen hinkt, denn es werden Fakten unterschlagen und Tatsachen verdreht. Denn über die Annehmlichkeiten, die Politikern neben ihren Diäten zugute kommen, schweigt sich der Bundestag aus.

Diäten und steuerfreie Kostenpauschale Derzeit erhalten die Parlamentarier als Diät monatlich 7009 Euro (Stand 2006). Die Diäten bilden mit zwei Dritteln die Grundlage eines Politikereinkommens, ein weiteres Drittel macht die so genannte steuerfreie Kostenpauschale aus, die jedem Abgeordneten im Bundestag zusteht. Deren Höhe beträgt derzeit 3647 Euro pro Monat, also 43 864 Euro im Jahr. Die steuerfreie Kostenpauschale ist an die Lebenshaltungskosten in Deutschland gekoppelt und wird jedes Jahr am 1. Januar angepasst: Beispielsweise hat eine Steigerung der Lebenshaltungskosten von zehn Prozent eine ebenso große Erhöhung der steuerfreien Kostenpauschale zur Folge. Dieses Geld muss im Gegensatz zu den Diäten nicht versteuert werden. Diät und steuerfreie Kostenpauschale zusammen ergeben einen Monatsbruttobezug von 10 656 Euro, also 127 872 Euro brutto im Jahr.

»Was sein muss, muss sein«, schreibt der Bundestag auf seiner Internetseite wörtlich[231] und rechtfertigt die steuerfreie Kostenpauschale, »zum Beispiel eine Zweitwohnung in Berlin. Zum Beispiel ein leistungsfähiges Büro im Wahlkreis. Zum Beispiel ein Auto, um in ländlichen Stimmbezirken überhaupt vor Ort sein zu können. Und hier eine Spende für soziale Belange, dort eine Spende für Vereine und Verbände ... und nicht zuletzt erhebliche Zuwendungen für Veranstaltungen und Aktionen der heimischen ›Basis‹, die von ihrem Abgeordneten ganz selbstverständlich erwartet, dass er mit gutem Beispiel vorangeht.« Die Abgeordneten müssen keinen Nachweis über solche Ausgaben erbringen – egal, welchen Aufwand der Einzelne wirklich hat.

Was sein muss, muss sein? Jeder Steuerzahler, der Betriebsausgaben steuerlich geltend machen will, muss diese mit entsprechenden Nachweisen auch belegen. Gleiches gilt für Werbungskosten,[232] die über die festgelegte Pauschale von 920 Euro hinausgehen. Sich selbst muten die Abgeordneten diese bürokratische Last nicht zu. Zudem ist das Parlament alles andere als homogen. Egal, ob ein Abgeordneter aus Berlin und Umgebung oder einem fernen ländlichen Wahlkreis in Süddeutschland kommt, ob er überhaupt einen Wahlkreis betreut oder nur auf die Liste gewählt wird – jedem Einzelnen steht die Pauschale zu. Und das, obwohl deren Grundlage nie objektiv ermittelt wurde. So verfügt so mancher Abgeordneter über ein steuerfreies Zubrot von jährlich 43 864 Euro.

Für den Bund der Steuerzahler ist die Kostenpauschale ein Ärgernis ersten Ranges. Er hat deshalb ein Rechtsgutachten in Auftrag gegeben. Ergebnis: Die Steuerfreiheit der Kostenpauschale ist verfassungswidrig. Auch Michael Balke, selbst Richter an einem Finanzgericht, wollte dieses Privileg nicht einleuchten. Er sah den Gleichbehandlungsgrundsatz nach Artikel 3 Absatz 1 des Grundgesetzes verletzt und klagte vor dem Finanzgericht Münster. Im Januar 2006 entschied der 10. Senat des Gerichts, der Kläger könne einen Anspruch auf Steuerfreistellung eines Drittels seiner Einnahmen nicht daraus herleiten, dass die Gesamtbezüge von Abgeordneten des Deutschen Bundestages ebenfalls zu rund einem Drittel aus einer steuerfreien Kostenpauschale bestehen. Zudem gehöre er keiner Gruppe von Steuerpflichtigen an, der im Zusammenhang mit der Ausübung ihrer Tätigkeit in vergleichbarer Weise wie Abgeordneten des Bundestages häufig Mehraufwendungen für doppelte Haushaltsführung und Verpflegung sowie erhebliche Fahrtkosten entstünden. Es liege innerhalb des dem Gesetzgeber zustehenden Gestaltungsspielraums, »typisierend an unterschiedliche Sachverhalte unterschiedliche Rechtsfolgen« zu knüpfen (Az 10 K 2114/04 E). Richter Balke erhielt Unterstützung vom Steuerzahlerbund und ging beim Bundesfinanzhof in Revision (Az VI 13/06). Eine Entscheidung steht noch aus (Stand September 2006).

Neben seinem Mandat, das ihm ein jährliches »Bruttogehalt« von 127 872 Euro garantiert, steht einem Abgeordneten ein Fraktionsgehalt zu, wenn er innerhalb der Fraktion zusätzliche Funktionen innehat.

Im Übrigen werden parlamentarische Staatssekretäre und Bundesminister, die gleichzeitig Abgeordnete sind, vom Volk doppelt alimentiert: Sie erhalten nicht nur ihre Amtsbezüge als Staatssekretäre und Minister, sondern zusätzlich bis zu dreistellige »Aufwands-

Abb. 23
DIÄTEN UND STEUERFREIE KOSTENPAUSCHALEN DER ABGEORDNETEN
IN BUND UND LÄNDERN (STAND 2006)

	Diäten in Euro (zu versteuern)	Steuerfreie Kostenpauschale*
Bund	7 009	3 647
Baden-Württemberg	4 750	911
Bayern	6 092	2 818
Berlin	2 951	870
Brandenburg	4 399	872
Bremen	2 485	421
Hamburg	2 280	350
Hessen	6 628	525
Mecklenburg-Vorpommern	3 972	1 121
Niedersachsen	5 403	1 027
Nordrhein-Westfalen	9 500	–
Rheinland-Pfalz	5 146	1 125
Saarland	4 624	1 088
Sachsen	4 284	1 161
Sachsen-Anhalt	4 487	997
Schleswig-Holstein	3 927	818
Thüringen	4 413	1 109

*Der Bund, Bayern und Berlin zahlen ihren Abgeordneten einen Einheitsbetrag, der auch Reise-, Verpflegungs- und Übernachtungskosten pauschal abdecken soll. Die bei den übrigen Ländern genannten Beträge sind Teil-Pauschalen, in denen Fahrtkostenerstattung, Tage- und Übernachtungsgeld nicht enthalten sind. In NRW wurden die steuerfreien Kostenpauschalen im Zuge der Diätenreform 2005 komplett gestrichen.

entschädigungen« für ihr Mandat. Und das, obwohl sie gar nicht die Zeit dafür haben. Dieses ungerechtfertigte Privileg genossen auch die Minister Joschka Fischer, Renate Künast und Jürgen Trittin, obwohl die Grünen offiziell stets die Auffassung vertraten, Ministeramt und Abgeordnetenmandat seien eigentlich unvereinbar.[233] Ist auch legitim, was legal ist?

Wer die Hoffnung hegt, in den Bundesländern lägen solche Pfründe nicht vergraben, der irrt. Es gab Zeiten, in der die Landesparlamentarier im Vergleich zu Bundespolitikern bei weitem nicht so gut versorgt waren. Doch diese Zeiten sind längst vorbei. Inzwischen haben die Ministerpräsidenten der Bundesländer und ihr Gefolge ihren finanziellen Status dem der Bundesparlamentarier angeglichen – nur die Abgeordneten in den beiden Stadtstaaten Hamburg und Bremen geben sich mit weniger zufrieden. Das ist umso unverständlicher, als bis heute der Aufgabenumfang für die Landesparlamente immer weiter geschrumpft ist. Obwohl die Landesparlamentarier also weniger zu tun haben als früher, sind die Einkünfte unverhältnismäßig gestiegen. Das mag auch erklären, warum die Parlamentsarbeit künstlich aufgebläht wird, indem Sitzungen in die Länge gezogen werden. Ob bei dieser Art unrationeller Arbeit aber überhaupt noch eine Kontrolle der öffentlichen Verwaltung auf Sparsamkeit, Effektivität und Dynamik möglich ist, sei dahingestellt.

Obwohl das Bundesverfassungsgericht in seinem Urteil von 1975 eindeutig festlegte, dass die Abgeordneten gleich zu behandeln seien, und dies 2000 in einem weiteren Urteil noch einmal bestätigte, ignorieren Bund und Länder die Vorgabe. Das Gericht hatte lediglich Ausnahmen für den Parlamentspräsidenten, dessen Stellvertreter und die Fraktionsvorsitzenden erlaubt. Ziel war es, dem Streben nach bürokratischer Hierarchisierung im Parlament einen Riegel vorzuschieben. Bis heute gibt es stolze Zuschläge für alle möglichen Funktionen, wie zum Beispiel für parlamentarische Geschäftsführer, für die Stellvertreter der Fraktionsvorsitzenden oder für Ausschussvorsitzende. Um zu kaschieren, dass es sich um verfassungswidrige Zuschläge handelt, bedienen sich die Parlamente von Bund und Ländern eines Tricks: Das Geld wird nicht in den Abgeordnetengesetzen ausgewiesen und auch nicht direkt aus der Parlamentskasse gezahlt, sondern von den Fraktionen – was letztlich nichts anderes ist als eine umgeleitete Staatsfinanzierung. Seit dem Urteil des Bundesverfassungsgerichts von 1975 haben sich diese Zuschüsse geradezu inflationär entwickelt, so dass ein ganzes System gestaffelter Entschädigungen entstanden ist: Es reicht von zwanzig Prozent bis zu hundert Prozent der Diät – zusätzlich zu dieser, versteht sich. Beispielsweise erhielten in der dritten Wahlperiode des Landtages Sachsen-Anhalt (1998–2002) von den 99 Abgeordneten 64 Abgeordnete solche abgestuften Zuschüsse – fast zwei Drittel also.[234] Das thüringische Parlament, das vom Urteil des Bundesverfassungsgerichts von 2000 direkt betroffen war, erkannte zwar die Unzulässigkeit der bisherigen Praxis an. Statt aber die Zuschüsse ersatzlos zu streichen, nutzt es einen anderen Umgehungspfad: Es zahlt den bisherigen Nutznießern von Zulagen »zusätzliche steuerfreie Aufwandsentschädigungen – so, als hätten sich deren Aufwendungen nach dem letzten Urteil über Nacht drastisch erhöht«.[235]

Mit der Behauptung, so schnell wie möglich das Diäten-Urteil des Bundesverfassungsgerichts aus dem Jahr 2000 umzusetzen, gönnte sich der schleswig-holsteinische Landtag 2002 die größte Diätenerhöhung in der Geschichte des Landes, nämlich rund vierzig Prozent. Doch die Begründung war fadenscheinig, hatte das Gericht doch mitnichten eine Erhöhung der Diäten empfohlen, sondern das Gegenteil: Die höchsten Richter stuften einige Funktionszulagen im thüringischen Landtag als verfassungswidrig ein. Weil sich die schleswig-holsteinischen Parlamentarier noch mehr Zulagen genehmigten, war dringender Handlungsbedarf angesagt. Weil die Abgeordneten die Zuschüsse als Bestandteil ihres Gehalts betrachteten, diente die massive Erhöhung der Diäten einem Zweck: Wenn die verfassungsrechtlich beanstandeten Zulagen schon entfielen, sollte wenigstens kein Parlamentarier schlechter dastehen als zuvor. Im Gegenteil. Durch das Diäten-Plus um satte vierzig Prozent verloren die betreffenden Abgeordneten zwar ihre Zulagen, verdienten aber etwa 1400 Euro mehr. Heinz-Werner Arens, bis 2005 Präsident des schleswig-holsteinischen Landtags, kassierte im Zuge der Anhebung unterm Strich über dreißig Prozent mehr als zuvor, rund 10260 Euro brutto pro Monat.[236] Ähnliches strengten Edmund Stoiber (CSU) und Wolfgang Clement (SPD) durch Einberufung einer »Hofkommission« im Jahr 1999 an: »Die verfassungswidrigen Zulagen sollten durch eine gewaltige Erhöhung der Amtsbezüge ersetzt und auf diese Weise sozusagen ›gewaschen‹ werden. Die Kommission schoss aber derart über das Ziel hinaus, dass selbst Clement und Stoiber sich erschrocken von den Ergebnissen distanzierten.«[237]

Außerhalb von Parlament und Fraktion kann sich ein Abgeordneter weitere Einnahmequellen erschließen. So ist ihm erlaubt, neben seiner Arbeit als Volksvertreter seinen ursprünglichen Beruf voll oder teilweise auszuüben oder einer Beschäftigung wie »Unternehmensberater« nachzugehen, bei der überhaupt nicht mehr nachvollzieh-

Abb. 24
ABGEORDNETENBEZÜGE: EINE BEISPIELRECHNUNG [238]

Politiker Manfred Mustermann: pflichtversichert, keine Kinder, Steuerklasse 1 (höchste Steuerklasse), Konfession: katholisch	
1. *Ohne* Nebenjob/Doppelgehalt als Minister/zusätzliche Fraktionseinkünfte. Auch übt er keinen Beruf neben seinem Mandat aus.	
Diät, brutto	7009,00
Lohnsteuern	−2198,25
Solidaritätszuschlag	−120,90
Kirchensteuer	−197,84
Krankenversicherung	−274,95
Pflegeversicherung	−29,96
Netto	4187,10
zzgl. steuerfreie Kostenpauschale von	+3647,00
Zwischensumme netto	7834,10 Euro

Folgende Kosten kommen auf den Abgeordneten Mustermann zu:

2-Zimmer-Whg. in Berlin-Weißensee, warm	−500,00
Büro in seinem Wahlkreis	−500,00
Werbemittel im Wahlkreis	−30,00
Taxifahrten pro Monat	−80,00
Benzin für Dienstfahrten	−80,00
Geschenke im Rahmen der Abgeordnetentätigkeit	−50,00
Veranstaltungen im Wahlkreis (Saalmiete, Plakate …)	−50,00
	−1 290,00
Zwischensumme netto	6 544,10 Euro

Üblich ist, dass jeder Bundestagsabgeordnete an seine eigene Partei spendet. Diese Spende erhöht seine Chance, von seiner Partei zur nächsten Bundestagswahl wieder aufgestellt zu werden.

Parteispende	−1 000,00
Zwischensumme netto pro Monat	5 544,00
Abgeordnetenbezüge Gesamtsumme netto pro Jahr	66 529,20 Euro

Nebeneinkünfte
2. *Mit* einem Zweitberuf, mit 2 Nebentätigkeiten, mit einem Fraktionsgehalt

Einkommen aus dem parallel ausgeübten Beruf als Unternehmensberater	6 000,00
Aufsichtsratmitglied in *einem* Unternehmen	500,00
Aufsichtsratmitglied in einem Verband	400,00
Sitzungsgelder	70,00
Fraktionsgehalt	160,00
Zwischensumme pro Monat	7 130,00
Nebeneinkünfte Gesamtsumme pro Jahr	85 560,00
Abgeordnetenbezüge PLUS Nebeneinkünfte:	152 089,20 Euro

Quelle: eigene Berechnung, Adam Kocinba

bar ist, was der Abgeordnete außerhalb des Parlaments tut und für wen er es tut. Darüber hinaus sind viele Abgeordnete Lobbyisten für Unternehmen, Stiftungen, Vereine oder Verbände – nicht nur ehrenamtlich, sondern durchaus auf Honorarbasis. Die aus den Nebentätigkeiten erhaltenen Bezüge werden übrigens nicht mit den Diäten verrechnet.

Einem Bundestagsabgeordneten werden Büroräume in Berlin mit der entsprechenden technischen Ausstattung wie PC, Laptop, Möbel usw. gestellt. Für die Bewältigung seiner Mandatsaufgaben kann er Mitarbeiter einstellen. Dafür steht ihm ein Budget von 10 660 Euro im Monat zur Verfügung, über das er nicht selbst, sondern die Bundestagsverwaltung verfügt. Nicht verbrauchte Personalmittel verfallen am Jahresende. Der Abgeordnete kann sich seine Mitarbeiter aussuchen – unter einer Bedingung. »Der Ersatz von Aufwendungen für Arbeitsverträge mit Mitarbeitern, die mit dem Mitglied des Bundestages verwandt, verheiratet oder verschwägert sind oder waren, ist grundsätzlich unzulässig«, legt Paragraph 12 des Abgeordnetengesetzes fest. Das gilt auch »für den Ersatz von Aufwendungen für Arbeitsverträge mit Lebenspartnern und früheren Lebenspartnern«. Falls die Abgeordneten es dennoch tun, müssten sie das Gehalt aus eigener Tasche zahlen. Der Ältestenrat des Parlaments schränkte die an sich eindeutigen Bestimmungen jedoch ein, indem er nur Partner einer eingetragenen Lebensgemeinschaft mit dem Verbot der Vetternwirtschaft belegt – außereheliche Verbindungen sind davon nicht betroffen.

So nährt ein Fall aus dem Jahr 2005 den Verdacht, dass Lücken im Reglement verführerisch sind und Kontrolle eigentlich gar nicht gewollt ist. Damals geriet Hannelore Roedel (CSU) in die Kritik, weil sie ihren Lebenspartner Hans-Dieter Schmitt-Sody als Steuerexperten engagiert hatte. Die Münchener Bundestagsabgeordnete hatte Schmitt-Sody über zwei Jahre lang auf Kosten des Bundestages beschäftigt und ihm auf diese Weise mehrere tausend Euro an Steuergeld zukommen lassen. Roedel sah sich keiner Schuld bewusst – und tatsächlich handelte sie den Bestimmungen nicht zuwider: Sie war mit Schmitt-Sody nicht verheiratet. Eine Sprecherin des Bundestages erklärte damals gegenüber der Süddeutschen Zeitung: »Alles andere ließe sich auch gar nicht kontrollieren.«[239] Wirklich nicht? Roedel hatte nach eigenem Bekunden keinen Hehl aus ihrer Beziehung gemacht. Wie lässt sich ein solcher Fall gegenüber den Bestimmungen aus dem Hartz-IV-Fortentwicklungsgesetz erklären? Seit Inkrafttreten des Gesetzes am 1. August 2006 führen Außendienstmitarbeiter der Arbeitsagenturen gezielt Kontrollen durch, und wenn sie feststellen, dass der Antragsteller mit einem Partner zusammenlebt, kürzen sie die Leistungen. Dabei nehmen sich die Kontrolleure sogar das Recht heraus, die Wohnung auf ein gemeinsames Schlafzimmer und gemeinsame Kleiderschränke hin zu durchsuchen. Das Gesetz hat auch zu einer Beweislastumkehr geführt: Musste früher der Staat nachweisen, dass eine solche Partnerschaft vorliegt, so muss jetzt der Antragsteller nachweisen, dass dem nicht so ist. Als Kriterien dafür gelten die Dauer der Beziehung (ab einem Jahr Zusammenleben), ein gemeinsames Konto, gemeinsame Kinder oder die Versorgung von Verwandten. Dieses »oder« ist wichtig, denn auch wenn nur ein Kriterium zutrifft, werden die Leistungen gekürzt – ganz gleich, ob es sich um eine nichteheliche gleichgeschlechtliche oder nichtgleichgeschlechtliche Gemeinschaft handelt. Wird der Ältestenrat jetzt auch den Klüngel im Bundestag unterbinden, indem er, wie eigentlich im Abgeordnetengesetz vorgesehen, die Regeln auf nichteheliche Lebensgemeinschaften ausdehnt?

Um Abgeordneten die notwendige Mobilität zu garantieren, stellt ihnen der Bundestag Netzkarten der Deutschen Bahn erster Klasse zur Verfügung, erstattet die Kosten für Flüge im Rahmen der Abgeordnetentätigkeit und ermöglicht einen Bundestags-Fahrdienst. Zuwendungen wie diese sind sinnvoll und notwendig. Allein – die Lauterkeit der Abgeordneten beweist sich in der Praxis. Ist für die einen die strikte Trennung zwischen dienstlich und privat selbstverständlich, ist es für die anderen dagegen weniger. Affären und Ermittlungsverfahren wegen der privaten Nutzung von Dienstwagen und Bundeswehrmaschinen sind dafür ein Beispiel. Im Gesamtkontext betrachtet erscheinen solche Vergehen zwar marginal. Doch auch

Tricksereien wie diese tragen nicht dazu bei, das Vertrauen in Politiker zu stärken, erscheinen sie doch als die sprichwörtliche Spitze des Eisbergs. In einem ähnlichen Licht erscheinen Journalistenreisen, von den Steuerzahlern subventioniert. Zwar sind staatliche Stellen laut Artikel 5 Absatz 1 des Grundgesetzes zur Neutralität und Gleichbehandlung der Medien verpflichtet. Doch wer entscheidet nach welchen Kriterien, welcher Medienvertreter Politiker auf ihren zahlreichen Reisen begleiten darf? Und wie »frei« kann eine Berichterstattung dann noch sein? Zumindest sind rechtliche Bedenken angebracht – egal, ob es sich dabei um Flüge in Entwicklungsländer, Reisen in die deutschen Hochwassergebiete oder in Austragungsorte der Fußballweltmeisterschaft handelt. Die privilegierte Stellung der Abgeordneten wird darüber hinaus besonders in Bezug auf Übergangsgeld, Sterbegeld und Altersversorgung deutlich.

Übergangsgeld Ein Abgeordneter, der den Bundestag verlässt, hat für jedes Mitgliedsjahr Anspruch auf einen Monat Übergangsgeld, damit er sich »ohne finanzielle Not wieder einen Beruf suchen« kann.[240] Dieses Übergangsgeld ist in Höhe der Diät von 7009 Euro veranschlagt und wird maximal achtzehn Monate lang gewährt, was insgesamt 126 162 Euro ergibt. Dem Abgeordneten steht frei, sich die gesamte Summe auf einmal auszahlen zu lassen oder sie in Monatsraten zu beziehen.[241] Während also ein Abgeordneter anderthalb Jahre lang hundert Prozent seiner Diät erhält, muss ein Normalbürger in der Regel mit sechzig Prozent seines Nettolohns als Arbeitslosengeld im Bemessungszeitraum auskommen.

Sterbegeld Bis Ende 2003 haben die gesetzlichen Krankenkassen Sterbegeld an die Hinterbliebenen eines gesetzlich Versicherten gezahlt. Die Höhe richtete sich danach, ob der Verstorbene selbst Mitglied der Krankenkasse oder mitversichert war. Für Mitglieder war das Sterbegeld auf 525 Euro festgelegt, bei Familienversicherten betrug es 262,50 Euro. Mit Inkrafttreten der neuen Regelungen durch die Gesundheitsreform wurde das Sterbegeld ab 1. Januar 2004 ersatzlos gestrichen.

Als Anfang 2003 Kanzler und Minister über die Streichung des Sterbegeldes für gesetzlich Krankenversicherte diskutierten, genehmigten sich die Abgeordneten des sächsischen Landtages eine deutliche Anhebung des »Überbrückungsgeldes« von 7886 auf 8568 Euro. Nur wenige machten Bedenken geltend. Den Antrag der FDP im Frühjahr 2005, doch endlich das Sterbegeld auch für sächsische Abgeordnete abzuschaffen, schmetterte die Mehrheit ab. Bis dahin verteidigten zwölf von sechzehn Landesparlamenten das Privileg, das für Arbeitnehmer längst gestrichen war. Selbst im finanzschwachen Mecklenburg-Vorpommern waren die Abgeordneten nicht bereit, dem »Überbrückungsgeld« von 9750 Euro zu entsagen. Das Überbrückungsgeld für Bundestagsabgeordnete ist seit 2004 um 1050 Euro gekürzt worden – um den Betrag also, um den auch die entsprechenden Leistungen in der gesetzlichen Krankenversicherung minimiert wurden. Was aber auch heißt: Angehörige verstorbener Bundestagsabgeordneter erhalten zwischen 5959 und 9464 Euro von Vater Staat. Die oben erwähnten Summen bekommen sie erst im Todesfall der Abgeordneten – doch die Zahlungen werden nicht als Sterbegeld geführt. Sie heißen schlicht Überbrückungsgeld. Nahezu zynisch klingt daher der Erklärungsversuch seitens des Bundestags zu diesem Thema. In einer Antwort des Pressereferats des Deutschen Bundestags auf unsere Anfrage heißt es dazu: »Auch Abgeordnete müssen nun wie jedermann selbst Vorsorge für Bestattungskosten tragen.«[242]

Während das Wahlvolk seine Toten auf eigene Kosten bestatten muss und die Hinterbliebenen auf Anraten der Politik für den Fall der Fälle privat vorsorgen, gelten für viele Abgeordnete des Bundestages und der Landtage Regelungen ganz anderer Natur. So heißt es in einer Antwort des Sächsischen Landtages auf unsere Anfrage: »... das Sterbegeld für Abgeordnete wurde mit einer Neuregelung im vergangenen Jahr abgeschafft. Vorher wurde Sterbegeld in Höhe der zweifachen Grundentschädigung, also 8586 Euro, gewährt. Nach der aktuellen Regelung erhält der Ehegatte bzw. Partner einer eingetragenen Lebenspartnerschaft bzw. die

Kinder 2142 Euro für zwei Monate, um fortlaufende mandatsbedingte Kosten abzudecken.«[243]

In Mecklenburg-Vorpommern wiederum setzen Parlamentarier auf schnelle und unbürokratische Hilfe für die Hinterbliebenen – freilich nur in eigener Sache. Nicht nur gibt es für die Hinterbliebenen das übliche Überbrückungsgeld. Im Paragraph 26 des Abgeordnetengesetzes heißt es: »Der Präsident kann in besonderen wirtschaftlichen Notfällen Abgeordneten einmalige Unterstützungen, ausgeschiedenen Abgeordneten und deren Hinterbliebenen einmalige Unterstützungen und laufende Unterhaltszuschüsse gewähren. Dies kommt insbesondere in Betracht, soweit die Hinterbliebenen mandatsbedingte Aufwendungen nachweisen, für die Abgeordnete eine allgemeine Kostenpauschale erhalten.«

Weitaus verständlicher erklärte der schleswig-holsteinische Landtag die Versorgung seiner gewählten Vertreter. »Nach dem geltenden Abgeordnetengesetz, § 22, erhalten die Landtagsabgeordneten in SH ein Sterbegeld in Höhe der zweifachen Grunddiät. Ab 1.1.07 gilt die beschlossene Änderung der Diätenstruktur. Die zu versteuernde Grunddiät steigt auf 6700 Euro monatlich. Das Sterbegeld bleibt unter dem Namen Überbrückungsgeld erhalten.«[244]

Pensionsansprüche Einen Rentenanspruch haben Abgeordnete erst nach Ablauf von zwei Legislaturperioden, also nach insgesamt acht Jahren. Wer weniger als acht Jahre im Bundestag war, wird auf Antrag in der Rentenversicherung für Angestellte nachversichert. Nach achtjähriger Parlamentszugehörigkeit hat ein Abgeordneter Rentenansprüche von 1682 Euro im Monat. Den Höchstanspruch von 4836 Euro monatlich erreicht er nach 23 Jahren im Parlament. Die Rente ist steuerpflichtig.

Während das Einkommen eines Bundesministers fünfmal so hoch ist wie das eines durchschnittlichen Arbeitnehmers, was auf Grund der hohen Verantwortung sicher zu rechtfertigen ist, erreicht sein Rentenanspruch das astronomische Maß vom bis zu 35-Fachen dessen, was ein Arbeitnehmer als Rentner bekommt. Auf diese Weise kann ein Bundesminister bereits nach eindreiviertel Jahren Amtszeit eine höhere Versorgung erwerben als ein Arbeitnehmer während seines ganzen Arbeitslebens. Die Überversorgung wird auf die Spitze getrieben bei Ministern, die gleichzeitig Abgeordnete sind: Sie kassieren zwei Pensionen, die meist nicht oder wenn, dann nur teilweise verrechnet werden. Pamela Bormeister vom Bund der Steuerzahler rechnet das am Beispiel Claudia Noltes (CDU) vor, die vier Jahre lang Familienministerin unter der Regierung von Helmut Kohl (CDU) war. Für ihre 13 Jahre im Bundestag hat Claudia Nolte einen Pensionsanspruch von derzeit 3445 Euro. Zusätzlich steht ihr aus ihrer Zeit als Bundesministerin ein Pensionsanspruch von 3718 Euro zu. Der Anspruch als Abgeordnete wird geringfügig gekürzt, dann werden beide Beträge addiert. Für die Summe von 6713 Euro müsste ein Durchschnittsverdiener 257 Jahre in die gesetzliche Rentenversicherung einzahlen.

Derzeit liegt die Maximalrente für einen Arbeitnehmer bei 2103 Euro, auszahlbar ab dem 65. Lebensjahr. Dafür müsste er allerdings illusorische 45 Jahre lang durchgehend den jährlichen Höchstbetrag von 12 168 Euro an die Rentenkasse abgeführt haben.

Überversorgt sind ebenfalls die so genannten politischen Beamten wie Staatssekretäre und Ministerialdirektoren. Sie kommen nach nur zwei Jahren Amtszeit in den Genuss hoher Pensionen ab dem sechzigsten Lebensjahr, und je länger ein Minister im Amt war, desto früher hat er Anspruch auf Ruhegeld. Die Pension startet bei 15,3 Prozent des Amtsgehalts und des Ortszuschlags, zusammen rund zweitausend Euro, und erhöht sich nach einer Legislaturperiode auf 3556 Euro ab dem 55. Lebensjahr. Den höchsten Stand hat das Ruhegeld für politische Beamte nach 22 Amtsjahren erreicht: Dann beträgt es 9198 Euro. Die üppigen Pensionen für politische Beamte entfallen nur dann, wenn sie auf eigenen Wunsch ausscheiden – ebenso wie für Bürgermeister, die vor der Zeit ihr Amt aufgeben. Doch auch diese brenzlige Situation lässt sich auf glimpfliche Weise lösen. Der wohlmeinende Chef muss die Tatsachen nur verdrehen: So muss zum Beispiel ein Bundesminister, der es nicht verantworten will, dass sein trennungswilliger

Abb. 25

PENSIONSANSPRÜCHE DER BUNDESTAGSABGEORDNETEN

Zeit (nach Jahren)	Pension in Euro	Rente ausgezahlt ab	Einzahlungsjahre Arbeitnehmer
8	1 682	65	65
12	2 522	61	96
16	3 363	57	128
20	4 204	55	160
23	4 836	55	185

Quelle: Bund der Steuerzahler

Staatssekretär seine Pensionsansprüche verliert, nur vorgeben, er wolle ihn aus seinen Diensten entlassen. In diesem Fall behält der Staatssekretär seinen vollen Anspruch auf die üppigen Altersbezüge. Einem Bürgermeister ist dieser Ausweg allerdings verwehrt. Er ist gezwungen, sich abwählen zu lassen, um seine Versorgung nicht zu gefährden.

Der Vergleich zwischen Bundestagsabgeordneten und Normalverdienern (siehe Abbildung) schmerzt schon deshalb, weil die Politiker im Kanon mit Unternehmensvertretern vom Volk »mehr Eigeninitiative« bei der Altersvorsorge fordern. Sie selbst nehmen Pensionen in Anspruch, die außerhalb jeder Relation liegen – ohne je einen Cent in die Rentenkasse eingezahlt zu haben. Für das Volk dagegen überschlagen sich die Hiobsbotschaften. Schon heute ist das Rentenalter auf 67 angehoben worden, unverhohlen wird auch über ein Renteneintrittsalter von siebzig diskutiert;[245] dazu sollen die Rentenbeiträge von derzeit 19,5 auf 19,9 Prozent im Jahr 2007 steigen, die gesetzliche Rente wird im Gegenzug in Zukunft sinken. Selbst eine kurzfristige Konjunkturverbesserung kann an dieser Entwicklung nichts ändern. Längst scheint das Schreckenswort der »Grundrente« nicht der Kürzungen letzter Schluss zu sein: Der zukünftige Normalrentner sieht zu Recht seine Ruhegelder in Gefahr. Bereits im Jahr 2009 wird die Durchschnittsrente um 330

Euro niedriger ausfallen als noch 1995 vorhergesagt, Neurentner erhalten dann statt 1510 Euro nur noch 1180 Euro.

Die Durchschnittsrente ist zwar ab 1995 angestiegen, und zwar um 10,5 Prozent auf 1176 Euro brutto. Doch in der gleichen Zeit wuchs auch die Inflationsrate um 15,3 Prozent, was ein Minus von fünf Prozent ausmacht. Polit-Pensionären winkt dagegen ein frühestmöglicher Rentenbeginn mit 55. Dem Alterssicherungsbericht der Bundesregierung zufolge haben 2004 insgesamt 44 Ex-Regierungsmitglieder über 65 Jahre durchschnittlich je 5943 Euro pro Monat bezogen. Außerdem wurde an 543 ehemalige Bundestagsabgeordnete im Schnitt 3030 Euro Pension im Monat bezahlt.[246] Während die Bevölkerung nicht nur Kürzungen über sich ergehen lassen muss, einer ungewissen Zukunft entgegensteuert und sogar Diffamierungen und Beschuldigungen von Seiten ihrer gewählten Volksvertreter erträgt, halten die Politiker keineswegs Maß, wenn es um ihre eigenen Privilegien geht: Bis 2007 werden die Pensionen der Bundestagsabgeordneten auf 31,5 Millionen Euro gestiegen sein – das sind siebzig Prozent innerhalb von zehn Jahren. Laut Bundeshaushalt 2007 werden auch die Kosten für die Pensionen von Ex-Bundespräsidenten, Ministern und sonstigen Regierungsmitgliedern im Vergleich zu 2006 um eine Million auf dann elf Millionen Euro zugelegt haben.

Da sich die Altersversorgung auch in den Länderparlamenten von den Diäten herleitet, winken auch den dortigen Abgeordneten üppige Ruhestandsbezüge. Der Alterssicherungsbericht 2005 des Bundesarbeitsministeriums listet die »gesetzlichen Regelungen der Altersentschädigungen der Abgeordneten des Bundes und der Länder« für 2004 auf:

- Im Jahr 2004 erhielt ein bayerischer Landtagsabgeordneter 5861 Euro pro Monat. Wenn er zwanzig Jahre im Parlament gesessen hat und sechzig Jahre alt ist, wird seine Rente 79,8 Prozent dieses Betrags ausmachen, 4654 Euro. Lebt er noch weitere 25 Jahre, wird der Barwert seiner Rente zu seinem 85. Geburtstag bei 806 000 Euro liegen. Für diese Summe hätte er während seiner Abgeordnetenzeit bei einem Anlagezins von 3,5 Prozent monatlich 2338 Euro oder vierzig Prozent seiner Bezüge aufwenden müssen.

- In Mecklenburg-Vorpommern, dem Armenhaus Deutschlands, wo die Arbeitslosenquote durchschnittlich über 22 Prozent, in einzelnen Regionen aber auch schon mal bei dreißig Prozent liegen kann, sicherten sich die Abgeordneten im betrachteten Zeitraum die höchste Monatsentschädigung aller Länderparlamente: 6880 Euro. 75 Prozent davon stehen jedem zukünftigen Polit-Rentner zu. Diese 5160 Euro entsprechen einem Vermögen von 894 000 Euro. 38 Prozent der Entschädigung bzw. 2593 Euro hätte ein Schweriner Abgeordneter dafür monatlich ansparen müssen.[247]

In diesem Kontext betrachtet, erscheint das Einkommen der Politiker in einem ganz anderen Licht, und die Debatte um die Diäten wirkt fehlgeleitet. Sie ist nicht mehr als ein Kratzen an der Oberfläche eines Problems, das viel tiefer liegt. Die Bezüge von Politikern sind so intransparent, wie sie nur sein können: Lediglich die beiden Faktoren Diät und steuerfreie Kostenpauschale sind zugänglich, alle anderen Pfründe liegen im Dunkeln. Die Geheimniskrämerei ist der Schutz vor Kritik, die sofort als Angriff gewertet und entsprechend abgestraft wird. Dabei hat das Volk ein Recht darauf, zu erfahren, wie viel ein Politiker verdient, bei wem er sonst noch in Lohn und Brot steht und wie viel Zeit er mit seiner außerparlamentarischen Arbeit verbringt. Dahinter steckt einfach der Wunsch nach Vertrauen: Wähler wollen wissen, ob ihre Vertreter ihr Mandat auch wirklich ausfüllen und ob sie ihre Entscheidungen noch unabhängig treffen können.

Doch die Gesetze scheinen fürs Volk gemacht – für Politiker gelten andere Regeln. Während der Normalbürger immer mehr in die Pflicht genommen wird, Leistungen gekürzt oder gestrichen, kulturelle und soziale Einrichtungen geschlossen werden und die Arbeitslosigkeit ebenso steigt wie die Steuerlast, zementieren Politiker aller Parteien ein System steuerfreier Pauschalen und beitragsfreier Altersvorsorge – von den zahlreichen Vergünstigungen über Nebenkanäle ganz abgesehen. Genug ist nicht genug, so das Credo vieler Volksvertreter. Sie bekommen Schützenhilfe von den Unternehmen. So tönte Lufthansa-Aufsichtsrat Jürgen Weber 2005: »Politiker sind absolut unterbezahlt. Der Bundeskanzler, der das Unternehmen Deutschland führt, bekommt nicht einmal das Gehalt eines mittelständischen Firmenchefs.« Abgeordnete mögen solche Ansichten erfreuen. In Wirklichkeit aber kommen sie nicht von ungefähr: Politiker verkaufen ihre Unabhängigkeit an private Financiers, indem sie in Aufsichtsräten Platz nehmen. »Wes' Brot ich ess', des' Lied ich sing'« ist ein Sprichwort, das unter diesem Aspekt eine neue Dimension erhält.

Dass sie als »Angestellte« des Volkes angemessen bezahlt werden müssen, stellt niemand in Frage. Doch was bedeutet Angemessenheit, ein Begriff, unter dem jeder etwas anderes versteht? Muss ein Bundeskanzler so viel verdienen wie der Chef der Deutschen Bank, Josef Ackermann, rund zwölf Millionen Euro im Jahr? Eine Summe, für die ein durchschnittlich qualifizierter Angestellter dreihundert Jahre arbeiten müsste? Oder genügt das Fünffache eines Durchschnittsverdieners, also rund 170 000 Euro brutto pro Jahr? Die Politiker selbst orientieren sich gern an den Zahlen aus der freien Wirtschaft, ebenso gern stellen sie Vergleiche mit den USA an:

»Möglicherweise ist ein Blick ins Ausland hilfreich. 150 000 Dollar erhält ein Abgeordneter im Repräsentantenhaus des US-Kongresses für seine jährliche Arbeit ...«[248]

Dieser Vergleich allerdings hinkt in vielerlei Hinsicht. Denn im Zuge der Diäten-Reform im US-amerikanischen Kongress einigten sich die Abgeordneten 1989 auf einen strengen Ethik-Code, der Nebeneinkünfte weitgehend verbietet. Zur Wahrung ihrer finanziellen Unabhängigkeit erhöhten sich die amerikanischen Abgeordneten ihr Gehalt um vierzig Prozent, gestreckt auf zwei Jahre.

Angleichungen an die gestiegenen Lebenshaltungskosten werden zwar vorgenommen, müssen aber jedes Jahr vom Parlament verabschiedet und vom Präsidenten genehmigt werden. So mancher Abgeordnete verzichtet sogar auf seine Gehaltserhöhung. Die Diäten sind annähernd die gleichen wie die leitender Staatsdiener oder Bundesrichter. Kongress- und Senatsmitglieder verdienen heute umgerechnet 126 480 Euro im Jahr. Auch müssen sie sich von ihrem Gehalt selbst kranken- und rentenversichern. 6,2 Prozent ihres Gehalts zahlen sie in die staatliche Rentenkasse ein, weitere 1,3 Prozent in einen speziellen Beamten-Pensionsfonds. Ihre Bezüge müssen sie voll versteuern.

Zusätzlich verfügen die Abgeordneten über ein zweckgebundenes Budget in Höhe von rund 80 000 Euro im Jahr, aus dem Mitarbeiter- und Bürokosten bezahlt werden.

Deutsche Abgeordnete können dagegen nicht nur einem zweiten Beruf nachgehen, sondern – ganz legal – einem oder sogar mehreren anderen Herren dienen. Das Besetzen herausragender Positionen in Unternehmen ist ebenso wenig verboten wie das unbeschränkte Hinzuverdienen. Vielschichtige Einkünfte in Form von Zuschüssen aller Art, die für kaum jemanden überschaubar sind, haben Kongressabgeordnete nicht – ebenso wenig sind sie in Teilen ihres Einkommens von der Steuer oder anderen Abgaben befreit wie ihre deutschen Kollegen.

Auch dürfte den deutschen Abgeordneten die US-amerikanische Praxis des gläsernen Abgeordneten keineswegs gefallen. Für die Mitglieder in Kongress und Senat ist es nämlich selbstverständlich, Jahr für Jahr eine dezidierte Aufstellung ihrer Finanzen offenzulegen.[249]

Deutsche Politiker, die sich scheuen, ihre Amtseinkünfte zu veröffentlichen und die Bevölkerung über die Art, Anzahl und den Ertrag ihrer diversen Nebenjobs zu informieren, dürfte diese Freimütigkeit im höchsten Maß brüskieren. Gerne und häufig führen sie das Steuergeheimnis ins Feld, auf das sie ein Anrecht hätten. Doch auch hier legen sie die Messlatte fürs Volk hoch, für sich selbst niedrig genug. Sogar Vorstände großer Unternehmen müssen ihre

Bezüge offenlegen. Obwohl auch Politikergehälter, wie die Leistungen für Arbeitslosengeld-I- und Arbeitslosengeld-II-Empfänger, aus Steuermitteln finanziert werden, beharren sie auf ihrem Standpunkt. Fakt ist, dass sich um die Abgeordneten ein Personalapparat rankt, der in den vergangenen Jahrzehnten stetig gewachsen ist und mehr und mehr Geld verschlingt. Genügten im Jahr 1952 noch 588 Beschäftigte, um die 400 Abgeordneten administrativ zu unterstützen, waren es im Jahr 2003 1410 Mitarbeiter für 603 Abgeordnete. Heute stehen jedem der 614 Bundestagsabgeordneten in der Regel zwei Vollzeitkräfte zur Verfügung, zudem häufig noch studentische Hilfskräfte und gelegentliche Aushilfen. Die Zahl der Mitarbeiter begrenzt naturgemäß das dafür zur Verfügung gestellte Budget von 13 660 Euro im Monat. Seit 1970 haben sich die Ausgaben für Abgeordnete verfünffacht, die Ausgaben für deren Mitarbeiter verzwanzigfacht – ein Zeichen dafür, dass der Personalapparat immer mehr aufgebläht wurde. Im Jahr 2006 verfügt das Parlament über insgesamt rund 596 Millionen Euro, was 45 Millionen Euro mehr sind als 2005. Laut Bundestag ist diese Steigerung vor allem darauf zurückzuführen, dass in diesen Betrag die Versorgungsbezüge der Abgeordneten im Ruhestand mit einbezogen werden. Auch das für Investitionen verplante Geld ist angestiegen, und zwar um knapp 680 000 Euro auf rund 19 Millionen Euro. Ebenfalls gestiegen sind die Geldleistungen an die Fraktionen (um etwa 6,4 Millionen Euro auf rund 68 Millionen Euro). Zum Vergleich: Dem gleichen Zweck dienten rund 58 Millionen Euro nur drei Jahre zuvor. Ins Bild passt, dass die Steigerung des Fraktionszuschusses, berechnet pro Abgeordnetem, seit 1970 eindrucksvoll ist. Damals waren es noch rund 11 500 Euro, 2002 bereits 92 700 Euro und 2006 erreichten sie stolze 111 000 Euro.

Der Staat leistet sich Völlerei und verordnet dem Volk Hungerkuren. Obwohl die schwarz-rote Regierung Mäßigung versprochen hatte, ernannte sie im Spätherbst 2005 insgesamt dreißig neue Staatssekretäre. »Das ist Postenjägerei« schimpfte zu Recht Grünen-Fraktionschef Fritz Kuhn in Anbetracht der Kosten, die diese Erweiterung der Ministerialebene mit sich bringt. Mit 500 000 Euro im Jahr sind die Ausgaben für Staatssekretäre enorm: 118 200 Euro jährliche Amtsbezüge zuzüglich eines eigenen Büros, eines persönlichen Referenten, eines Sachbearbeiters, zweier Sekretärinnen sowie eines Dienstwagens samt Fahrer.[250] Dabei erfüllt das Amt des parlamentarischen Staatssekretärs seinen Zweck seit langem nicht mehr. Ursprünglich sollten sich talentierte Bundestagsabgeordnete als parlamentarische Staatssekretäre für ein künftiges Ministeramt profilieren können. Meist allerdings tritt das nicht ein. Für Ämterpatronage ist diese Position allerdings bestens geeignet: Parteimitglieder, die keinen Ministerposten erringen konnten, werden auf diese Weise ruhiggestellt. Eigentlich sollen sie den Ministern bei der Erfüllung ihrer Regierungsaufgaben behilflich sein. Nur: Pro Ministerium gibt es bereits ein bis drei beamtete Staatssekretäre, per Gesetz ständige Vertreter der Minister. Sie sind schlechter bezahlt als parlamentarische Staatssekretäre, leisten aber die eigentliche Arbeit. So nehmen parlamentarische Staatssekretäre entweder unbedeutende Aufgaben wahr oder sie treten als Vermittler zwischen Fraktionen und Ministerien auf. Fachleute halten diese Tätigkeit für verfassungsrechtlich fraglich, da parlamentarische Staatssekretäre als Amtsinhaber und Mandatsträger eine Doppelfunktion bekleiden, die dem Verfassungsgrundsatz der Trennung von Exekutive und Legislative widerspricht. Das Amt an sich ist also gänzlich überflüssig.[251]

Bis in die fünfziger Jahre hinein war selbstverständlich, dass sich politische Parteien ihre finanziellen Mittel aus eigener Kraft über Spenden oder Mitgliedsbeiträge erwirtschafteten. Doch die Wahlkämpfe verschlangen immer mehr Geld, die Eigenfinanzierung stieß an ihre Grenzen. So hielt die staatliche Subventionierung der Parteien Einzug in Deutschland – wie in den meisten anderen Demokratien auch. Einerseits müssen starke Parteien konkurrenzfähig sein, andererseits weckt das Schöpfen aus öffentlicher Quelle immer neue Begehrlichkeiten. Außerdem fehlt es auch hier an der notwendigen Transparenz und erst recht an Sanktionen bei Fehlverhalten. In Anbetracht der prekären Lage öffentlicher Haushalte ist kaum mehr zu vermitteln, dass die Ausgaben für die Fraktionen im Bundestag von Jahr zu Jahr wachsen. Ebenso unverständlich ist das 2006 wiederum gewährte Ausgabenplus für die Mitarbeiter der Abgeordneten. Mit rund 118 Millionen Euro steht für sie mehr Geld zur Verfügung als 2005, als 108 Millionen Euro noch ausreichten.

Seit Jahren steht die Staatsfinanzierung der Parteien in der Kritik des Bundes der Steuerzahler. Er beziffert die direkten Zuschüsse auf 133 Millionen Euro im Jahr. Zusätzlich sind Mitgliedsbeiträge und Spenden steuerbegünstigt, was die Steuerzahler auf indirektem Weg belastet und die Summe auf 260 Millionen Euro hochschnellen lässt. Exorbitant steigt die staatliche Finanzierung, rechnet man die Steuermittel hinzu, die den Parteien auf Umwegen über die Finanzierung der Fraktionen, parteinahen Stiftungen und Abgeordnetenmitarbeiter zugute kommen: 850 Millionen Euro jährlich sind es dann – ein Betrag, der gegenüber 1970 um 854 Prozent empor-

Abb. 26

ABGEORDNETENENTSCHÄDIGUNG IM EU-VERGLEICH*

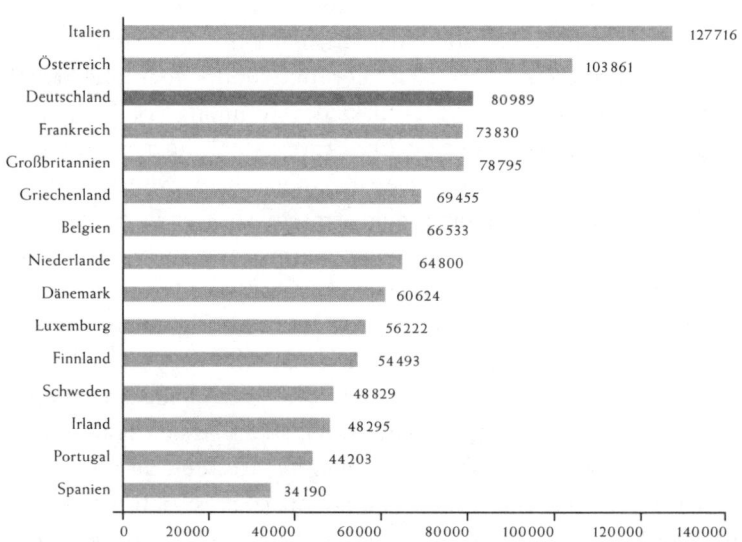

*In Euro.

Quelle: Deutscher Bundestag

geschnellt ist. Im Vergleich dazu ist der Preisindex für die private Lebenshaltung im selben Zeitraum um 164 Prozent gestiegen.[252] Schätzungen gehen davon aus, dass die politische Führung und zentrale Verwaltung von Bund und Ländern jährlich zehn Milliarden Euro verschlingt.

Zu wenig für den einzelnen Abgeordneten, zu wenig für die Parteien? Angesichts solcher Zahlen mag man dem Wehklagen der Volksvertreter kein Gehör mehr schenken. Denn Deutschland hat zwar eine der teuersten Regierungen Europas – nur leider nicht eine der besten, wie die Arbeitslosenzahlen, das Staatsdefizit, die Neuverschuldung, die PISA-Studie und nicht zuletzt die Wahlverdrossenheit, das wachsende Misstrauen und der zunehmende Extremismus zeigen.

GIERIGE MANAGER – VON SHAREHOLDER VALUE UND GOLDENEN FALLSCHIRMEN

Man solle lieber Neid als Mitleid erregen, hat einst der französische Lyriker Jaques Prevert gesagt. Er konnte nicht wissen, dass diese Maxime einmal eine derart eindrucksvolle praktische Erfüllung erfahren würde. Womöglich hätte Prevert den Hut gezogen vor Menschen mit einem Jahressalär in zweistelliger Millionenhöhe oder einer Abfindungssumme, die die Vorstellungen eines Durchschnittsverdieners sprengt. Vielleicht war er aber auch nur Realist genug, um zu erkennen, dass Neid Interesse verheißt und Macht versichert, Mitleid dagegen Desinteresse und Ohnmacht hervorruft.

In einer Zeit, in der Beschäftigung mehr mit Geldgeschäft und Geschäftigkeit zu tun hat als mit Schaffen, orientiert sich der Mensch an Vergleichen. Das Einkommen mutiert zur Selbstbestätigungsfalle und zum Maßstab dafür, welchen Wert er besitzt. Was oben und was unten ist, erlernt er während seiner marktwirtschaftlich geprägten Biographie, die den Blick auf Zahlen schärft. Solange der Mensch keinen akuten Mangel an lebensnotwendigen Dingen

207

erfährt, kann er mit dem Unerreichbaren leben und ihm nacheifern. Verbreitert sich aber die Kluft und verschlechtern sich seine Aussichten, wird er sich mit der empfundenen Ungerechtigkeit nicht mehr abfinden. Diesen Punkt hat Deutschland bald erreicht – nicht nur deutsche Politiker, sondern auch Deutschlands Top-Manager tragen ihren Teil dazu bei.

Der Unmut über die Zügellosigkeit macht sich in Internet-Foren und Leserbriefen, an Stammtischen und in Kantinen, in der heimischen Küche oder vor den abendlichen Fernsehnachrichten Luft. Nur die wenigsten können verstehen, wie Unternehmen exorbitante Manager-Gehälter zahlen, auf der anderen Seite aber Arbeitsplätze angeblich nicht mehr finanzieren können. Bestes Beispiel ist der Vorstandsvorsitzende der Deutschen Bank, Josef Ackermann, dem der Aufsichtsrat rund zwölf Millionen Euro pro Jahr zubilligt – eine Vergütung, die dem Jahresgehalt von mehr als vierhundert Bankangestellten entspricht, die gemäß Tarifvertrag mit rund 30 000 Euro entlohnt werden. Von Ackermann und einigen anderen abgesehen weiß man von kaum einem Top-Manager, wie hoch seine Bezüge sind. Das gilt nicht nur fürs gemeine Volk, sondern sogar für die Aktionäre, die Anteile an den jeweiligen Unternehmen besitzen. Das Stillschweigen hat seinen Grund: Über Geld redet man nicht, Geld hat man. Bis heute teilen viele aus der Wirtschaftselite die Meinung des Commerzbank-Vorstandschefs Klaus-Peter Müller. »Was gerechtfertigt ist, entscheidet der Markt und nicht die Politik, die Justiz oder der Zeitgeist«[253], hatte er 2003 gewettert, nachdem Bundesjustizministerin Brigitte Zypries (SPD) angedroht hatte, die Höhe der Vorstandsbezüge gesetzlich zu begrenzen und ihre Offenlegung zu erzwingen.

Müllers Worte wiegen schwer, vor allem im Hinblick darauf, dass kaum zwei Jahre später einige seiner Mitarbeiter in Misskredit gerieten. Über Konten der zweitgrößten deutschen Bank sollen sie in den neunziger Jahren veruntreutes Geld aus dem Verkauf staatlicher russischer Telekommunikationsunternehmen gewaschen haben. Im Juli 2005 hatte Personalchef Andreas de Maizière auf Grund der Ermittlungen seinen Hut genommen. De Maizière hatte damals das Mittel- und Osteuropageschäft betreut; Müller verantwortete bis 1999 das Russlandgeschäft des Kreditinstituts. So verdächtigte die Staatsanwaltschaft auch Müller – unberechtigterweise, wie jener stets versicherte. Tatsächlich war Müller nichts nachzuweisen, und so stellte die Staatsanwaltschaft im Mai 2006 ihre Ermittlungen ein: pünktlich zur Hauptversammlung, auf der die Commerzbank nicht nur die gelungene Übernahme der Eschborner Hypothekenbank Eurohypo feierte, sondern auch ein Rekord-Quartal. Der Konzernüberschuss war um 87,3 Prozent auf 740 Millionen Euro gestiegen und erreichte damit zwei Drittel der Überschüsse des gesamten Vorjahres. Die glänzenden Aussichten auf das kommende Jahr hatten bereits Monate zuvor ihren Niederschlag in einer massiven Erhöhung der Vorstandsgehälter gefunden: Gegenüber 2004 verdreifachten sie sich im Jahr 2005 knapp.[254] Über den Köpfen der Mitarbeiter senkte sich indes das Damoklesschwert der Entlassung. Kurz nach der Hauptversammlung kündigte die Bank an, insgesamt neunhundert Stellen streichen zu wollen, davon 450 im IT-Bereich und ebenso viele im Kreditgeschäft.

Es sind solche Beispiele, die das Vertrauen in den Anstand der Unternehmensbosse gründlich erschüttern. Irgendwie scheint die Wirtschaftselite das rechte Maß verloren zu haben. Man mag sich fragen, wo Dreistigkeit, gepaart mit Arroganz und Egoismus, seine Wurzeln haben. Sind sie die letzten Überbleibsel des Börsenfiebers von 1997, das die Hoffnung auf ein weiteres deutsches Wirtschaftswunder genährt und die Gier nach Geld entfacht hatte? 1997 – das magische Jahr, als an der Frankfurter Börse der Neue Markt eröffnete, ein Schauplatz des Wachstums, wo sich junge, innovative Technologieunternehmen als New Economy präsentierten, wo Aktienkurse Höhenflüge absolvierten und schnelle Millionen flossen. Die Unternehmen verdienten prächtig, und so sollte es nur rechtens sein, dass es die Top-Manager ebenso taten. Selbst die Löhne und Gehälter stiegen – wenn auch in anderen Dimensionen als die der Chefs. In den zehn Jahren zwischen 1990 und 2000 hatten die Vorstandsgehälter in Deutschland um 97 Prozent zugelegt, die der Chefsekretärinnen um 32 Prozent und die der Angestellten in der Industrie um 40 Prozent.[255] Doch mit dem Eintritt ins neue Jahrtausend platzte die Spekulationsblase und die Realität setzte der Massenhysterie ein Ende. Nachdem der Neue Markt 2002 endgültig seine Tore geschlossen hatte, blieb nichts – außer der Macht der Gewohnheit: hohe Bezüge.

Dennoch kann die Fokussierung auf den Neuen Markt die Explosion der Managergehälter nicht abschließend erklären. Selbst die Wissenschaft hält sich bedeckt und blendet das Thema aus. Das kann daran liegen, dass sich jeder, der sich mit dem Problem befasst, der Missgunst verdächtig macht. Damit seine Ergebnisse nicht im Sinne einer Neiddebatte verrissen werden können, täuscht er von vornherein Desinteresse vor und blendet das offensichtlich vorhandene Erkenntnisdefizit aus. So wird auch nachvollziehbar, dass forschende Ökonomen nie das Standardargument hinterfragt haben, die Beschlussgremien in den Unternehmen befänden über die Höhe der Bezüge – denn auch dort sitzen Manager, die mit ihrem Votum indirekt über ihre eigenen Gehälter befinden. Tatsächlich hat es die Wirtschaftselite bislang gut verstanden, Analysen der hierarchischen Strukturen und der Entscheidungsprozesse als Affront umzudeuten und dem vermeintlichen Angriff eine emotional geführte Gegenattacke folgen zu lassen.

Dass Managergehälter ihre schwindelerregenden Dimensionen keineswegs in einem jahrzehntelang anhaltenden Prozess erreicht haben, sondern beinahe im Handstreich, und dass sich im Zuge dieser Entwicklung grundlegende Maximen im Denken gewandelt haben, hat Hans-Hagen Härtel vom Hamburgischen Weltwirtschafts-Archiv (HWWA)[256] am Beispiel der Deutschen Bank belegt: 1967 erhielt der zehnköpfige Vorstand umgerechnet 2,7 Millionen Euro, was einem Pro-Kopf-Betrag von rund 270 000 Euro entspricht. Damals galt noch der Grundsatz der Gleichberechtigung der Vorstandsmitglieder, so dass davon auszugehen ist, dass jedes Mitglied in etwa die gleiche Summe erhielt. Ein Arbeitnehmer verdiente 1967 rund 5225 Euro brutto pro Jahr, was einem Verhältnis von 1:42

Abb. 27

VORSTANDSBEZÜGE DAX-UNTERNEHMEN (STAND SOMMER 2006; FREI-
WILLIGE ANGABEN DER UNTERNEHMEN BZW. FOCUS-BERECHNUNGEN)

ADIDAS-SOLOMON
Vorstand insgesamt 11,43 Millionen Euro
Vorstandsvorsitzender Herbert Hainer 4,17 Millionen Euro

ALLIANZ
Vorstand insgesamt 29,46 Millionen Euro
Vorstandsvorsitzender Michael Diekmann 5,36 Millionen Euro

ALTANA
Vorstand insgesamt 5,80 Millionen Euro
Vorstandsvorsitzender Nikolaus Schweickart 2,20 Millionen Euro

BASF
Vorstand insgesamt 16,7 Millionen Euro
Vorstandsvorsitzender Dr. Jürgen Hambrecht 3,7 Millionen Euro

BAYER
Vorstand insgesamt 8,42 Millionen Euro
Vorstandsvorsitzender Werner Wenning 3,16 Millionen Euro

BMW
Vorstand insgesamt 12,20 Millionen Euro
Vorstandsvorsitzender Norbert Reithofer 3,49 Millionen Euro

COMMERZBANK
Vorstand insgesamt 15,7 Millionen Euro
Vorstandsvorsitzender Klaus-Peter Müller 3,18 Millionen Euro

CONTINENTAL
Vorstand insgesamt 10,52 Millionen Euro
Vorstandsvorsitzender Manfred Wennemer 2,87 Millionen Euro

DAIMLER CHRYSLER
Vorstand insgesamt 34,90 Millionen Euro
Vorstandsvorsitzender Dieter Zetsche 3,75 Millionen Euro
(verdient damit deutlich weniger als sein Vorgänger Schrempp)

DEUTSCHE BANK
Vorstand insgesamt 28,71 Millionen Euro
Vorstandsvorsitzender Josef Ackermann 11,90 Millionen Euro
(erster Platz in der Liste der Topverdiener)

DEUTSCHE LUFTHANSA
Vorstand insgesamt 3,14 Millionen Euro
Vorstandsvorsitzender Wolfgang Mayrhuber 1,34 Millionen Euro
(Schlusslicht in der Gehaltstabelle der Dax-30-Manager)

DEUTSCHE POST
Vorstand insgesamt 17,40 Millionen Euro
Vorstandsvorsitzender Klaus Zumwinkel 3,33 Millionen Euro

E.ON
Vorstand insgesamt 22,47 Millionen Euro
Vorstandsvorsitzender Wulf Bernotat 5,72 Millionen Euro

FRESENIUS MEDICAL CARE
Vorstand insgesamt 9,29 Millionen Euro
Vorstandsvorsitzender Ben Lipps 2,32 Millionen Euro
(will ab 2007 Vorstandsbezüge detailliert veröffentlichen)

HENKEL
Vorstand insgesamt 14,15 Millionen Euro
Vorstandsvorsitzender Ulrich Lehner 3,54 Millionen Euro

HYPO REAL ESTATE
Vorstand insgesamt 8,18 Millionen Euro
Vorstandsvorsitzender Georg Funke 2,88 Millionen Euro

INFINEON
Vorstand insgesamt 7,83 Millionen Euro
Vorstandsvorsitzender Wolfgang Ziebart 2,50 Millionen Euro

LINDE
Vorstand insgesamt 9,68 Millionen Euro
Vorstandsvorsitzender Wolfgang Reitzle 3,87 Millionen Euro

MAN
Vorstand insgesamt 10,32 Millionen Euro
Vorstandsvorsitzender Hakan Samuelsson 2,27 Millionen Euro

METRO
Vorstand insgesamt 8,48 Millionen Euro
Vorstandsvorsitzender Hans-Joachim Körber 2,97 Millionen Euro

MÜNCHNER RÜCK
Vorstand insgesamt 24,40 Millionen Euro
Vorstandsvorsitzender Nikolaus von Bomhard 4,44 Millionen Euro

POSTBANK
Vorstand insgesamt 6,9 Millionen Euro
Vorstandsvorsitzender Wulf von Schimmelmann 1,7 Millionen Euro

RWE
Vorstand insgesamt 17,33 Millionen Euro
Vorstandsvorsitzender Harry Roels 6,78 Millionen Euro

SAP
Vorstand insgesamt 29,68 Millionen Euro
Vorstandsvorsitzender Henning Kagermann 6,08 Millionen Euro

SIEMENS
Vorstand insgesamt 29,97 Millionen Euro
Vorstandsvorsitzender Klaus Kleinfeld 3,27 Millionen Euro

THYSSEN KRUPP
Vorstand insgesamt 12,36 Millionen Euro
Vorstandsvorsitzender Ekkehard D. Schulz 2,56 Millionen Euro

TUI
Vorstand insgesamt 8,49 Millionen Euro
Vorstandsvorsitzender Michael Frenzel 3,29 Millionen Euro

VW
Vorstand insgesamt 11,27 Millionen Euro
Vorstandsvorsitzender Bernd Pischetsrieder 2,83 Millionen Euro

Quelle: Focus Online

entspricht. Nachdem diese Relation bis Anfang der siebziger Jahre auf rund 1:30 gesunken war, veränderte sie sich bis in die neunziger Jahre nicht mehr. Gegenüber 1967 betrug das durchschnittliche Vorstandsgehalt 1993 800 000 Euro – es hatte sich also mehr als verdreifacht. Der Durchschnittsverdienst eines Arbeitnehmers hatte sich im gleichen Zeitraum auf 24 600 Euro fast verfünffacht. Von jetzt an verkehrte sich bei der Deutschen Bank die Entwicklung in ihr Gegenteil. Im Jahr 1997 war das Pro-Kopf-Einkommen der Vorstandsmitglieder mit 1,4 Millionen Euro auf das 50-Fache angewachsen, 1998 mit 2,3 Millionen auf das 80-Fache, 1999 mit 5,4 Millionen auf das 200-Fache und 2000 mit 7,9 Millionen fast auf das 300-Fache. Gleichzeitig veränderte sich die Führungsstruktur grundlegend. Der Konzernvorstand wurde auf vier Mitglieder reduziert und faktisch entmachtet. Die Führung übernahm das Group Executive Committee, das aus den vier Vorstandsmitgliedern besteht und sieben dem Vorstandssprecher unterstehenden Business Heads. Die unterschiedliche Vergütung spiegelt diese Führungshierarchie wider. Vorstandssprecher Josef Ackermann erhielt 2003 mit rund 12 Millionen Euro doppelt so viel wie seine drei Vorstandskollegen (und 380-mal mehr als ein Arbeitnehmer mit 29 200 Euro Jahresverdienst). Ackermanns Einkommen ist demnach ein Vielfaches dessen, was sein Vorgänger Hermann Josef Abs 1967 verdiente. Folgt man der üblichen Argumentation, Managerbezüge orientierten sich hauptsächlich an der Leistung, könnte man zu dem Schluss kommen, dass Ackermann entweder zehnmal mehr leistete, als es seinerzeit Abs tat, oder dass Abs maßlos unterbezahlt wurde. Doch es ist das Selbstverständnis, das die beiden Managergenerationen so grundlegend voneinander unterscheidet. In einem Interview aus dem Jahr 1964 sagte Abs:

»Ich möchte die Gerechtigkeit zunächst einmal in der Einkommensentwicklung sehen ... Wenn Sie meine Bank nehmen, so sind die Tarifangestellten in den letzten sieben Jahren um siebzig Prozent in ihren Bezügen gestiegen, die Oberbeamten um etwa fünfzig, die Unterschriftsträger um vierzig, die Direktoren um zweiundzwanzig, der Vorstand um null Prozent. Es ist also eine echte Entwicklung. Sie können sagen, dass der mit null Prozent vorher schon zu viel verdient hat, und folglich ist es ganz gerecht ...«[257]

In einer Zeit, die geprägt ist von massiv gestiegenen Spitzengehältern, mäßiger Wirtschaftsentwicklung und Rekordarbeitslosigkeit steigt das Ungerechtigkeitsempfinden der Bevölkerung. Zu dieser Erkenntnis ist auch eine Erhebung des Deutschen Wirtschaftsinstituts Berlin (DIW) in Zusammenarbeit mit Infratest Sozialforschung gekommen: Im Sommer 2004 befragte das DIW im Rahmen des Sozio-oekonomischen Panels (SOEP) rund 750 Personen nach ihrem allgemeinen Gerechtigkeitsempfinden und nach ihrer Einstellung zur Angemessenheit der Entlohnung. 54 Prozent hielten ihr aktuell erzieltes Einkommen für gerecht, jedoch nur 23 Prozent das von Managern und lediglich 29 Prozent das der Hilfsarbeiter. Die Mehrheit empfände es als gerecht, wenn die Gehälter am oberen Ende der Einkommenshierarchie abgesenkt und am unteren Ende angehoben würden. Dabei war es gleich, welcher Einkommensschicht die Befragten selbst angehörten – vor allem in puncto Unangemessenheit der Managergehälter waren sie sich einig. Die empirischen Befunde offenbaren etwas, was die Neiddebatte ad absurdum führt, denn in Bezug zur empfundenen Ungerechtigkeit über das eigene

Einkommen hatte die Debatte um die Höhe von Managergehältern einen geringen Stellenwert.[258] Dagegen schlugen sich die Werte auf die Einstellung zum Wirtschaftssystem insgesamt nieder: Das Vertrauen gegenüber großen Wirtschaftsunternehmen war beträchtlich gesunken. Letzteres deckt sich mit Umfrageergebnissen des Brüsseler Instituts GfK Ad Hoc Research Worldwide im Auftrag des *Wall Street Journal* aus dem Jahr 2003. Knapp 22 000 Befragte in 21 Ländern sollten sich zur Vertrauensfrage äußern, und schon damals schnitten Wirtschaft und Manager in Deutschland besonders schlecht ab. Lediglich achtzehn Prozent der Befragten gaben an, einem Manager trauen zu können – schlechtere Werte für die Wirtschaft erzielten nur Russland und Polen.[259] In einer anderen Untersuchung war es lediglich ein Fünftel der Bevölkerung, das Vertrauen zu großen Wirtschaftsunternehmen hegt.[260]

Im krassen Gegensatz zur öffentlichen Wahrnehmung steht das Selbstbild vieler Manager, wie eine Studie von Sinus Sociovsion zu Werten und Idealen wirtschaftlicher Führungskräfte zeigt.[261] Während für die Bevölkerung Treue und Freundschaft an erster Stelle stehen, fühlen sich Manager vor allem Verantwortung, Zivilcourage und Toleranz verpflichtet. Ihrer eigenen Aussage nach stellen sie sogar ethische Prinzipien über den kurzfristigen ökonomischen Nutzen. Fast neunzig Prozent beteuerten, sie schmerze der Verlust von Arbeitsplätzen. Dass solche Aussagen wohl in erster Linie öffentlichkeitswirksam sind und nur wenig mit der Realität zu tun haben, lässt ein anderer Aspekt der Befragung erahnen: Auf die Frage, ob sie trotz guter wirtschaftlicher Lage in ihrem Unternehmen Personal abbauen würden, antworteten zwei Drittel eindeutig mit Ja.

Selbstbedienung auf der einen und Misstrauen auf der anderen Seite vereinen sich zu einem Cocktail, der Deutschland nicht bekommt. Während die Exportwirtschaft des Landes Stärke vermittelt, lahmt der Binnenmarkt, und während die Giganten Traumrenditen erzielen und von Politikern hofiert werden, schreiben kleine und mittelständische Unternehmen rote Zahlen. Zufall ist das nicht – eher der Tribut an einen Wertewandel in den Unternehmen. »Wir waren eine Generation des Commitments – der langfristigen Loyalität«, meinte Helmut Maucher, bis 1997 Chef des Schweizer Lebensmittelkonzerns Nestlé, 2004 in einem Gespräch mit dem *manager-magazin.*[262] Bis Ende der achtziger Jahre war Firmenloyalität eine Selbstverständlichkeit. Ein Unternehmen präsentierte nach außen so etwas wie eine eigene Persönlichkeit, heute als Corporate Identity bezeichnet; es war geprägt von einer beinahe individuellen Art des Handelns und Auftretens. Den Führungskräften ging es um die Qualität dieser Darstellung, galt doch die Pflege der Firmenloyalität als maßgebliches Erfolgskriterium im Kampf um Wettbewerbsvorteile. Waren die Mitarbeiter eingestimmt in diesen Chor – zogen alle an einem Strang – , hatte die Firma beste Voraussetzungen, am Markt zu bestehen. So ist auch zu erklären, warum das Management zu Herman Josef Abs' Zeiten Einkommensgerechtigkeit als wesentlich erachtete.

Maucher nennt heutige Manager treffend eine »Generation der Optionen«, die akut handelt. Ihre Entscheidungen sind keine für die Zukunft, sondern allein auf die Gegenwart ausgerichtet. »Was ist für mich oder das Unternehmen jetzt günstig?«, fragt der moderne Manager.[263] Obwohl der Ex-Nestlé-Chef seine Aussage nicht verallgemeinert wissen will, haben Normalbürger das ungute Gefühl, dass die angelsächsische Denk- und Verhaltensweise das Gros der Wirtschaftselite seit langem im Würgegriff hält – und vieles spricht dafür. Moderne Manager sind von einem ausgeprägten Shareholder-Value-Denken gelenkt: Jede unternehmerische Aktivität, jede Investition, jede Geschäftseinheit messen sie an ihrem Beitrag zur Renditeerhöhung. Konzernstrukturen der siebziger und achtziger Jahre betrachten sie als überfrachtet und verwuchert. Indem sie komplexe Systeme der Steuerung, Planung und Kontrolle »verschlanken«, wollen sie mehr Übersicht schaffen. Sie favorisieren eine »Konzentration auf Kernkompetenzen«, die das Outsourcing einzelner Unternehmensprozesse in den Mittelpunkt stellt und auf externe Produzenten oder Dienstleister setzt. Manager in Führungspositionen messen sich an Ersparnis und Effizienzsteigerung und halten sich mit Gedanken an die Zukunft kaum auf. Ihr Eifer gilt allein der Höchstrendite. Dass nach ihnen die Sintflut kommen kann, interessiert sie weniger. In der Branche kursieren Empfehlungen wie die der Deutschen Bank: Sie rät Investoren, sich besonders solchen Unternehmen zuzuwenden, die ihre Arbeitskosten deutlich senken. Wer seine Arbeitskosten für das Personal um zehn Prozent senkt, dem winkt ein Profit-Plus von vierzig Prozent.[264] Manager werden heute allein daran gemessen, wie viel Kosten sie dem Unternehmen sparen und um wie viel sie die Rendite pushen können.

»Wenn viele Manager heute nur noch kurzfristige Interessen verfolgen, handeln sie automatisch egoistischer. Sie nehmen weniger Rücksicht – auf andere Menschen, aber auch auf das Unternehmen als Ganzes. Sie sanieren heute hier und in drei Jahren woanders. Und dann kracht alles zusammen, aber sie selbst sind ja schon längst weg. Die langfristigen Folgen ihres Handelns sind ihnen egal. Sie versuchen, für sich selbst möglichst schnell möglichst viel Geld herauszuholen.«[265]

So wurde die Firmenloyalität innerhalb weniger Jahre auf dem Altar der internationalen Wettbewerbsfähigkeit geopfert. Zunehmende Technisierung, weltweite Informationsbeschaffung, Annäherung der Rechtsvorschriften und Flexibilität über Ländergrenzen hinweg haben Global Player geschaffen. Ergebnisorientierung war die logische Konsequenz dieser Entwicklung. Dass Übernahmen auch im angloamerikanischen Raum folgten, trug seinen Teil an der Explosion der Managergehälter bei; ist es doch üblich, dass Manager in Übersee das Vielfache deutscher oder europäischer Spitzenkräfte verdienen. Die meisten Wirtschaftsfunktionäre schielen daher gen Westen und argumentieren mit Schlagworten wie Angemessenheit und Entlohnungsgerechtigkeit, ohne sich darüber im Klaren zu sein, wie impertinent solche Forderungen in den Ohren derer klingen müssen, denen trotz steigender Unternehmensgewinne blaue Briefe ins Haus flattern oder die sich in Lohnverzicht und Mehrarbeit üben.

Das Schreckensbild von den Raffkes mit Rolex ging erstmals 1998 um, als die Daimler AG mit dem drittgrößten Automobilhersteller Chrysler fusionierte – der bis dahin größte Zusammenschluss in der Geschichte der Industrie, eine Vereinigung zweier Konzerne, deren treibende Kraft der Zwang war, Akzente auf allen bedeutenden Märkte der Welt zu setzen: in Nordamerika, Europa und Asien. Chrysler-Chef Robert Eaton handelte eine Vergütung von hundert Millionen US-Dollar aus; seine Gegenleistung bestand in der Unterschrift des Fusionsvertrags, der den Deal als Verbindung unter Gleichen deklarierte. Daimler-Chef Jürgen Schrempp akzeptierte die Summe – hätte er es nicht getan, wäre der Zusammenschluss allerdings etwas ganz anderes, nämlich eine Übernahme gewesen. In diesem Fall hätte Daimler den Chrysler-Aktionären einen erheblich höheren Kurs pro Aktie zahlen müssen.[266] Mit kühlem Kopf agierte die Führung auch bei anderen Kostenüberlegungen. Bis 2006 strich der Gigant insgesamt 40 800 Stellen: 26 000 bei Chrysler, 8500 bei Mercedes, 300 bei Smart und 6000 in der Verwaltung von DaimlerChrysler. Mit dieser Strategie ist DaimlerChrylser nicht allein, das Vorgehen ist typisch für die Branche: Bei jeder Neuauflage eines Modells steigert die Automobilindustrie die Produktivität um ein Viertel und mehr, das heißt, pro Auto kommt sie mit 25 Prozent weniger Mitarbeitern aus. Noch ist auch bei DaimlerChrysler nicht abzusehen, wie viele Jobs noch wegfallen. Das neue Managementmodell sieht eine Streichung von zwanzig Prozent der Verwaltungsstellen vor.[267] Autohersteller sind bei weitem nicht die einzigen Unternehmen, die den Rotstift beim Personal ansetzen – selbst dann nicht, wenn die Bilanzen optimistisch stimmen. Schlagzeilen aus neun Monaten des Jahres 2006 verdeutlichen den Trend (siehe Abb. 28).

Wo die einen bluten, haben die anderen Blut geleckt, so der Eindruck. Niemand versteht, warum sich Top-Manager Millionensaläre leisten, an andere aber Appelle zur Lohnmäßigung richten und massenhaft Mitarbeiter entlassen. Es ist weniger der Neid als die Desillusionierung über den Weg, den Deutschland eingeschlagen

Abb. 28
SCHLAGZEILEN IM JAHR 2006

05.09.2006	Intel entlässt 10 500 Mitarbeiter
05.09.2006	Marktkauf streicht 1400 Vollzeitstellen
24.08.2006	Agfa will 2000 Jobs streichen
16.08.2006	Edeka-Tochter Marktkauf streicht 1000 Stellen
08.08.2006	100 000 Arbeitsplätze stehen auf der Kippe
04.08.2006	Sun verschickt 1900 Kündigungen
03.08.2006	AOL will 5000 Stellen streichen
19.07.2006	Talanx streicht 1800 Stellen
11.07.2006	Swiss Re baut bis zu 2000 Stellen ab
11.07.2006	560 Kündigungen wegen Werksschließung bei Infineon
05.07.2006	Trotz Rekordgewinnen streicht der Allianz-Konzern 7500 Arbeitsplätze
03.07.2006	Sun Microsystems streicht in Deutschland acht Prozent der Stellen
03.07.2006	Jeder zehnte BenQ-Mitarbeiter soll gehen
02.07.2006	Zurich streicht in Deutschland 1000 Stellen
22.06.2006	Allianz streicht 7500 Stellen
20.06.2006	Dresdner Bank will 2000 Stellen streichen
03.06.2006	Postbank streicht 1200 Stellen
03.06.2006	Cabrio-Bauer Karmann streicht 1250 Stellen
31.05.2006	Commerzbank kürzt Stellen im Kreditgeschäft
26.05.2006	Postbank streicht 1200 Stellen
28.04.2006	Siemens baut im Inland 1000 Stellen bei Com-Sparte ab
14.04.2006	VW will 20 000 Stellen streichen
14.04.2006	VW plant Arbeitszeitverlängerung ohne Lohnausgleich
13.04.2006	Ford konkretisiert Schließungspläne
15.03.2006	Jobabbau im Handwerk setzt sich fort
15.03.2006	DuPont streicht 1500 Stellen
14.02.2006	France Telecom plant Abbau von 17 000 Stellen
10.02.2006	VW will 20 000 Stellen streichen
10.02.2006	Telekom will Jobabbau rasch durchsetzen
31.01.2006	Kraft streicht 8000 Stellen
24.01.2006	Weltweite Arbeitslosigkeit gestiegen
18.01.2006	Swiss Re – Abbau von bis zu 1700 Stellen
14.01.2006	Dramatischer Stellenabbau
14.01.2006	Herlitz baut Personal ab und will Stellen nach Polen verlagern
02.01.2006	1000 Opelaner ab heute arbeitslos

Quelle: Roberto Ziera, Dresden

219

hat. Indem die Unternehmen immer neue Arbeitslose in die Arme des Staates treiben, übernimmt dieser nicht nur die Aufgabe, für deren Lebensunterhalt zu sorgen, sondern befriedigt – und das wiegt viel schwerer – über die Hintertür die Profitinteressen der Konzerne. Mit Hilfe des Druckmittels, bei mangelnder Rentabilität weitere Stellen zu kürzen, entledigen sich die Unternehmen des Kostenfaktors Personal und wälzen ihn auf die Allgemeinheit ab. Steigert sich hier die Kurzsichtigkeit der Politiker zur Blindheit? Oder handelt es sich gar um eine Art doppelsinnige Toleranz? Fakt jedenfalls ist, dass bis heute keine politische Entscheidung den unheilvollen Prozess der steigenden Massenarbeitslosigkeit aufhalten konnte.

Einfühlungsvermögen ist nicht die Stärke der Wirtschaftselite. Die Empörung wächst umso mehr, je deutlicher die Diskrepanz zwischen enttäuschenden Kennzahlen und dem finanziellen Wohlbefinden der Top-Manager wird, denn rote Zahlen sind längst nicht Grund genug, an den Gehältern der Konzernlenker zu rütteln. Das ansonsten für das gesamte Unternehmen und für alle anderen Mitarbeiter geltende Leistungsprinzip verliert in den Chefetagen seine Gültigkeit. Konzernlenker werden auch dann kaiserlich entlohnt, wenn Firmenturbulenzen oder offensichtliches Versagen eine andere Verfahrensweise erfordern – dagegen bezahlen Mitarbeiter Fehler mit ihrem Arbeitsplatz. Im Deutschen ist der Begriff des »goldenen Handschlags« üblich, wenn der Abschied mit Privilegien und hohen Abfindungssummen versüßt wird; im Angloamerikanischen werden sie »Golden Parachutes« genannt – »goldene Fallschirme«, die den Absturz der Wirtschaftsbosse in niedere Sphären der gesellschaftsökonomischen Realität verhindern.

Bestes Beispiel für belohntes Missmanagement ist Karstadt Quelle, wo Aufsichtsräte und Führungskräfte jahrelang miserabel wirtschafteten. Beinahe zwanzig Jahre lang regierte Vorstandsvorsitzender Walter Deuss den Konzern – schließlich ging er nach massiver Kritik in den Ruhestand. Den von ihm hinterlassenen Scherbenhaufen konnte auch sein Nachfolger Wolfgang Urban nicht zusammenfegen. Urban wurde mit einem Trostpflaster, das zehn Millionen Euro wert war, in die Wüste geschickt. Der Nachfolger des Nachfolgers,

Christoph Achenbach, dessen Vertrag 2006 abgelaufen wäre, kassierte im April 2005 eine Abfindung von 1,5 Millionen Euro; weitere 2,8 Millionen Euro gingen an Manager Arwed Fischer, der einen Monat später sein Amt als Vorstandsmitglied für den Versandhandel niedergelegt hatte. Ex-Patriarch Deuss sorgte noch einmal für Schlagzeilen, als er 2005 seinen ehemaligen Arbeitgeber verklagte. Laut Vertrag hätte er auf Firmenkosten bis an sein Lebensende einen angemessenen, chauffierten Dienstwagen nutzen dürfen. Doch Karstadt Quelle ging es schlecht wie nie, und so legte der Konzern seinen ehemaligen Managern Verzicht nahe. Bei Deuss hätte das bedeutet, dass er die Überstunden des Fahrers selbst hätte bezahlen müssen. Deuss aber weigerte sich, klagte – und bekam im Februar 2006 Recht.

Sachlich ungerechtfertigt erscheinen Abfindungen in solchen Größenordnungen allemal. Natürlich stellt sich die Frage, warum Top-Manager zusätzlich zu ihren stolzen Entgelten noch hohe Abfindungen kassieren müssen – vor allem dann, wenn sie durch Fehlentscheidungen das Unternehmen an den Rand des Ruins oder darüber hinaus führen. Schließlich sind sie in der Regel nichts anderes als hochrangige Verwalter, keine Unternehmer. Im Gegensatz zu einem Unternehmer, der durch falsche Beschlüsse sein eigenes Geld in den Sand setzt, riskieren Manager das der anderen, der Aktionäre und der Gesellschafter. Kann es wirklich angehen, dass die Geschicke von Unternehmen von Managern gelenkt werden, deren Handlungen sich jeder Transparenz entziehen? Top-Manager, die Geld empfangen, aber keine Verantwortung übernehmen, mindern durch ihre hohen Abfindungen die Eigenkapitalbasis der Unternehmen und damit deren Marktchancen. Noch gibt es keinerlei Kontrollorgane, und wie sich gezeigt hat, stehen Moral, Anstand und Angemessenheit nicht im Gesetz.

Unbestritten ist, dass gute Arbeit entsprechend honoriert werden sollte. Allerdings kann bis heute niemand mit Kriterien für eine Vergütung aufwarten, die zugleich Höchstleistungen honoriert und achtbar ist. Viel wäre schon erreicht, wenn an die Stelle von Geheimniskrämerei und Überheblichkeit Transparenz und Informationsbereitschaft treten würden – nur dann könnte man Arbeitsleistung und angemessene Entlohnung miteinander in Beziehung setzen. Auch das Aktiengesetz bietet kaum Hilfe. Immerhin steht dort ein Grundsatz, den das höhere Management in den vergangenen Jahren auszublenden beliebte. Paragraph 87 Absatz 1 schreibt vor, dass »die Gesamtbezüge in einem angemessenen Verhältnis zu den Aufgaben des Vorstandsmitglieds und zur Lage der Gesellschaft« stehen müssen. Nähere Angaben fehlen allerdings.

Dass zwischen dem, was Top-Manager verdienen, und dem, was Arbeitnehmern gezahlt wird, ein extremes Missverhältnis besteht, ließe sich schon heute ausräumen. Nachdenklich machen sollte die Ansicht des im Jahr 2000 verstorbenen Bosch-Aufsichtsrats Hans Merkle, wonach »man mehr als 600 000 Mark im Jahr ohnehin nicht ausgeben kann«.[268] Selbst der ehemalige Präsident des Bundesverbandes der Deutschen Industrie (BDI) Michael Rogowski hielt 2004 eine Bescheidung deutscher Manager für möglich: Im Streit über die astronomischen Bezüge, der zwischen Politik und Industrielobby entbrannt war, schlug er vor, die Gehälter von Vorstandsmitgliedern beim hundertfachen Facharbeiterlohn zu begrenzen – statt der heute üblichen bis zu 380-fachen Höhe. Staatliche Eingriffe, etwa in Form einer gesetzlichen Regelung, lehnte er indes als »Schnapsidee«[269] ab. Einer der hartnäckigsten Verweigerer war Jürgen Schrempp, bis 2005 DaimlerChrysler-Boss; an ihm scheiterten auch sämtliche Bemühungen, zu einer freiwilligen Regelung zu kommen. Zum harten Kern der Schweiger gehörten ebenfalls BMW und Porsche sowie der Chemie-Multi BASF und der Versicherer Münchner Rück. Da nutzte es auch nichts, dass die Industrie bereits 2002 auf den anhaltenden Imageverfall und den zunehmenden Druck reagiert und eine Corporate-Governance-Kommission unter der Leitung des Aufsichtsratsvorsitzenden von ThyssenKrupp, Gerhard Cromme, gebildet hatte, um gesetzlichen Regelungen zuvorzukommen. Dem gleichnamigen Kodex waren bis 2005 nur zwanzig der insgesamt dreißig Konzerne im Deutschen

Aktienindex (DAX) gefolgt und hatten freiwillig die Gehälter ihrer Vorstände offengelegt. Die Chance auf Selbstregulierung blieb ungenutzt, und so verabschiedete die rot-grüne Bundesregierung im Sommer 2005 – letztlich im Einvernehmen mit der Union – ein Gesetz, das die Vorstandsmitglieder börsennotierter Unternehmen zwingt, feste und variable Gehaltsbestandteile im Jahresabschluss ebenso zu veröffentlichen wie Anreizvergütungen, Abfindungen und Pensionen. Ziel ist es, die Kontrollmöglichkeiten der Aktionäre zu stärken. Die neuen Regelungen gelten ab 2006, so dass ab 2007 mit einer regelmäßigen Offenlegung zu rechnen ist. Konsequenz bis ins letzte Detail zeigt das Gesetz allerdings nicht, denn die Hauptversammlung, das höchste Organ der Aktiengesellschaft, an der sämtliche Aktionäre teilnehmen können, kann den Einblick in die Zahlen mit einer Zweidrittelmehrheit für insgesamt fünf Jahre unterbinden (Opt-out-Regelung).

Zudem misst die Politik mit zweierlei Maß. Per Gesetz sind zwar die Aktiengesellschaften zur Transparenz verpflichtet – nicht aber die öffentlichen und halböffentlichen Unternehmen. Was der Chef der Deutschen Bahn, Hartmut Mehdorn, der Intendant des durch Rundfunkgebühren finanzierten ZDF, Markus Schächter, die Chefs der anderen öffentlich-rechtlichen Rundfunkanstalten, der Post, der Stadtwerke, der Sparkassen und Landesbanken, der Kreditanstalt für Wiederaufbau und verschiedener Versicherungen verdienen, muss nicht zwingend in den Geschäftsberichten offengelegt werden. Gleiches gilt nicht nur für Bundesunternehmen, sondern auch für Firmen, an denen Länder und Gemeinden beteiligt sind. Sie alle sind bisher lediglich an den Corporate-Governance-Kodex gebunden, ein Regelwerk, das Verhaltensempfehlungen für eine gute Unternehmensleitung und -überwachung enthält. Dass das Prinzip der Freiwilligkeit jedoch hier funktionieren soll, wo es doch schon bei den Aktiengesellschaften versagt hat, ist äußerst fraglich – zumal öffentliche und halböffentliche Unternehmen durch die personellen Verflechtungen mit Amtsträgern in ihren Aufsichts- und Leitungsgremien besonders anfällig für Mauscheleien aller Art sind. Es ist naheliegend, dass Vetternwirtschaft und Ämterpatronage auch auf die Gestaltung der Einkommen von Vorständen und leitenden Angestellten Einfluss haben können. Und das ist ganz sicher nicht im öffentlichen Interesse.

Die Mentalität, die Politiker und Manager an den Tag legen, ähnelt sich sehr – öffentliche Kritik müssen beide Seiten aber nur bedingt aushalten, und wenn, dann ist sie handzahm. Vor allem die Politik verdankt dies einem einflussreichen Verbündeten: den Medien.

GUTE NACHRICHTEN –
ÜBER DIE BEEINFLUSSUNG DER MEDIEN

Massenmedial verbreiteten Sozialstaat-Untergangs-Szenarien und Heilsversprechen durch Sozialabbau liegen ausgeklügelte strategische Konzepte zugrunde, wie das Beispiel der mit durchschnittlich fünf Millionen Zuschauern erfolgreichsten deutschen Talkshow Sabine Christiansen zeigt. Fragen wie »Bleibt Deutschland Schlusslicht?« oder »Wie viel soziale Gerechtigkeit können wir uns noch leisten?« sollen den Zuschauer auf den Abgesang des Sozialstaats einstimmen. Dafür sorgt schon der illustre Kreis der Gesprächspartner, stellte die Antikorruptionsorganisation LobbyControl in einer Studie fest:[270] Allein zwischen Januar 2005 und Juni 2006 waren fünfzig Mal Vertreter aus Wirtschaftsverbänden geladen, aber nur sechzehn Gewerkschafter. In 361 Sendungen traten gerade einmal fünf Gesprächspartner aus Sozialverbänden oder gesellschaftlichen Organisationen auf. Kamen sie zu Wort, dann lediglich als »Gäste zweiter Klasse« mit kurzen Stellungnahmen. Bezeichnend auch die Auswahl der wissenschaftlichen Diskussionsteilnehmer, denn sieben der zehn Wissenschaftler bei Sabine Christiansen gehörten neoliberalen Organisationen und Denkfabriken an. Zu ihnen zählten der Direktor des Instituts der Deutschen Wirtschaft in Köln (IW), Michael Hüther, der gleichzeitig als Kurator der von den Arbeitgeberverbänden der Metall- und Elektroindustrie finanzierten Initiative Neue Soziale Marktwirtschaft (INSM) tätig ist; der

Heidelberger Juraprofessor, ehemalige Bundesverfassungsrichter und Botschafter der INSM Paul Kirchhof; Meinhard Miegel, neben Kurt Biedenkopf (CDU) Gründer des Instituts für Wirtschaft und Gesellschaft, sowie der Ökonom Joachim Starbatty, Vorstandsvorsitzender der neoliberalen Arbeitsgemeinschaft Soziale Marktwirtschaft. Auch waren Titel wie »Melkkuh Sozialstaat – sind wir ein Volk von Abzockern?« oder »Arm durch Arbeit – reich durch Hartz IV?« keineswegs Ausrutscher, sondern hatten System: Empfänger von staatlicher Unterstützung werden als Bedrohung des Sozialstaates an den Pranger gestellt. Die Stoßrichtung ist eindeutig. Wem es gelingt, das Volk durch Polarisierung zu spalten und Missgunst zu säen, kann es leichter auf den geplanten »Umbau des Sozialstaates«, sprich, Abbau der sozialen Leistungen, einschwören. Die Sendung ist nichts als eine »Schaubühne der Einflussreichen und Meinungsmacher«, urteilt LobbyControl. Entsprechend vehement fiel der Protest des Produzenten von »Sabine Christiansen«, Michael Heiks, aus. Fliegenbeine zu zählen reiche nicht, um eine Sendung zu beurteilen, polterte er. Vielmehr müsse das während der Sendung Gesagte analysiert werden, und das sei offensichtlich nicht geschehen.[271]

Die Medien gelten nach Legislative (Parlament), Exekutive (Regierung) und Judikative (Gerichte) de facto als vierte Gewalt im Staat, als Kontrollorgan und Informationsquelle gleichermaßen. Sie sollen den Machthabern auf die Finger schauen, Missstände aufdecken und kritisch hinterfragen; die Rundfunkfreiheit soll zur Willensbildung und damit zum Bestand der demokratischen Grundordnung beitragen. Von diesem Ideal ist die Realität allerdings weit entfernt, denn in Wirklichkeit haben die Politiker die Medien ganz gut im Griff. Längst ist der Wettkampf um die höchsten Stimmanteile ein Wettkampf um Medienpräsenz und Medieninhalte geworden. Schon Roman Herzog (CDU), bis 1999 Bundespräsident, hatte vor den Auswirkungen dieses Strebens gewarnt: Die Medien sollten sich »nicht zum Spielball der Politik machen lassen«, also »nicht Teil dessen werden, was sie kontrollieren sollen«.[272] Ein hehres Anliegen, doch denkbar unattraktiv für die hohe Politik, denn ihr Ziel sind Machterhalt und Zugewinn an Einfluss. Das Bundesverfassungsgericht hat dazu eindeutig Stellung genommen. Weder darf der Rundfunk in die Hand des Staates noch in die einer gesellschaftlichen Gruppierung gelangen, noch dürfen Staatsorgane in ihrer amtlichen Funktion Einfluss auf den Prozess der Meinungs- und Willensbildung des Volkes nehmen.[273]

Doch die Freiheit des Rundfunks von staatlicher Lenkung und Beeinflussung ist ein wohl gepflegter Mythos, wie die Aufsichts-gremien bei den öffentlich-rechtlichen Rundfunkanstalten zeigen. Ursprünglich als Interessenvertretung für die Gesellschaft gedacht, haben sich die Vertreter von Parteien, Gewerkschaften, Kirchen und gesellschaftlich relevanten Gruppen zu einer Gesellschaft von Interessenvertretern entwickelt. Das vom Bundesverfassungsge-richt, von den Rundfunkgesetzen und Staatsverträgen geforderte Eintreten für die Anliegen der Allgemeinheit wird in der Praxis von parteipolitischen Präferenzen überlagert.[274] Es ist nicht nur die Politprominenz wie Kurt Beck, Leiter der Rundfunkkommission der Länder, Vorsitzender des ZDF-Verwaltungsrats und SPD-Vor-sitzender, oder Laurenz Meyer, Mitglied im ZDF-Fernsehrat und ehemaliger Generalsekretär der CDU, deren Standpunkte entspre-chendes Gewicht in den Gremien besitzen. Vielmehr hat sich seit langem Parteienproporz im Rundfunkrat der ARD, im Fernsehrat des ZDF und in den Verwaltungsräten etabliert: Personalfragen werden parteienkonform entschieden. Wenn auch zahlenmäßig in der Minderheit, haben die Parteien die anderen Mitglieder auf eine jeweils »rote« oder »schwarze« Linie eingeschworen, so dass die Gremien keineswegs die pluralistische Gesellschaft widerspiegeln (wie sie es eigentlich sollten), sondern als Freundeskreise der SPD oder der CDU das Wort reden.

Dass Politikern der Erfolg ihrer Strategie sicher ist, verwundert nicht: Parteien kennzeichnet ein starker Durchsetzungswille; sie sind geübt darin, Bündnisse zu schmieden und die Interessen ande-rer Gruppen hinter ihren eigenen zu bündeln. Aus diesen Gründen stellt sich bei einigen öffentlich-rechtlichen Rundfunkanstalten die Frage, ob die Grenze der Verfassungswidrigkeit nicht schon überschritten ist. Beispielsweise sieht es das Verwaltungsgericht Hamburg als verfassungsrechtlich bedenklich an, wenn Staatsvertreter den Aufsichtsgremien vorsitzen.[275] Vorsitzende besitzen nämlich das Recht auf »Stichentscheid«: Bei Uneinigkeit dürfen sie die Entscheidung allein treffen. So ist beispielsweise einer der Vorsitzenden im Rundfunkrat des NDR, der auch »Sabine Christiansen« und deren Nachfolge-Sendung mit Starmoderator Günther Jauch produziert, Helmut Frahm, SPD-Parteimitglied und ehemaliger Hamburger Landesvorsitzender seiner Partei.

Als Nächstes folgt die Ächtung brisanter Themen. Tatsächlich gelang es der Regierung Schröder im Wahlmonat des Jahres 2002, die für sie ungünstigen Themen aus der Medienagenda fernzuhalten. Statt zu hinterfragen und Fakten zu liefern, stellten Journalisten Mutmaßungen über die Siegchancen der Parteien an und lamentierten über die TV-Duelle der Kontrahenten und den »deutschen Sonderweg« von Kanzler Schröder in der Irak-Frage.[276] Die Frage, wer den Gegner ausstechen kann, beherrschte die gesamte Berichterstattung – über die Positionen der Parteien wurde kaum berichtet: Der Anteil aufklärerischer und zur öffentlichen Meinungsbildung essentieller Themen war im Laufe der Jahre immer weiter zurückgegangen und betrug damals nur noch 36 Prozent.[277] Falls Journalisten dennoch über Hintergründe berichten und unbequeme Fragen stellen, trifft sie der Bannstrahl der Mächtigen. Beim Überschreiten des für Politiker erträglichen Maßes an kritischer Berichterstattung hagelt es massiv Schelte – öffentlich und hinter den verschlossenen Türen der Sendeanstalten. Demokratieschädlich wirkt sich Letzteres vor allem dann aus, wenn Prophylaxe das Ziel ist: Eine Zensur ist nicht weniger verfassungswidrig, wenn sie subtil erfolgt.

Unter dem massiven Parteieneinfluss haben die Massenmedien ohnehin längst ihren Biss eingebüßt. Wie sonst sollte zu erklären sein, dass die Anzahl und der Umfang investigativer und anspruchsvoller Sendungen immer weiter abnehmen? Die Öffentlich-Rechtlichen haben den Kopfsprung ins Seichte absolviert, als sie unter dem Deckmantel des »Entrümpelns« angeblich unmoderner Formate politische Magazine erst verschoben, um sie schließlich auch

227

noch zeitlich zu beschneiden. Selbst das Politmagazin Monitor, mit rund dreizehn Prozent Marktanteil und 3,66 Millionen Zuschauern das Flaggschiff der ARD, blieb nicht verschont. Die Tagesthemen wurden auf 22.15 Uhr vorverlegt, was Monitor ein Drittel Sendezeit kostete – dreißig statt ehedem 45 Minuten »informieren, argumentieren, einmischen«[278] waren den Programmdirektoren genug. Da half auch nicht das Veto von Monitor-Chefin Sonia Mikich: »Hintergrund braucht einen langen Atem«, sagte sie.[279] Von den Streichungen betroffen sind ebenfalls Panorama, Report Mainz, Report München, Kontraste und Fakt, was den Eindruck noch verstärkt, dass den politischen Magazinen die Puste ausgehen soll. Denn Zeitnot begrenzt die Möglichkeit, Sachverhalte ebenso verständlich wie gründlich recherchiert zur Sprache zu bringen. Anderen anspruchsvollen Sendungen ging es nicht besser. Das ZDF-Auslandsjournal, das vordem freitags 45 Minuten lang aus aller Welt zur besten Sendezeit berichtete und jetzt auf dreißig Minuten gekürzt donnerstags zu späterer Stunde läuft, gehört zu den Verlierern. Auch anspruchsvolle Mehrteiler sind betroffen. Während es zum Beispiel an netten Tiersendungen im Fernsehen nicht mangelt, wurde die dreiteilige Reportage »Ware Tier« im NDR im November 2006 zu nachtschlafener Zeit zwischen Mitternacht und 1:15 Uhr ausgestrahlt. Waren die Bilder von geschundenen Tierleibern einem Millionenpublikum unzumutbarer als die allabendlichen Berichte über Opfer von Bombenanschlägen und Naturkatastrophen? Oder bestand hier eine Diskrepanz zwischen Programmauftrag und Lobbydruck, die die Verantwortlichen überbrückten, indem sie die Reportage ins nächtliche Fernsehnirwana verbannten? Natürlich verpflichtet der NDR-Staatsauftrag den Sender, »... den Rundfunkteilnehmern ... einen objektiven und umfassenden Überblick über das internationale, europäische, nationale und länderbezogene Geschehen in allen wesentlichen Lebensbereichen zu geben « (§ 5 Abs. 1 NDR-Staatsvertrag).[280] Doch wie stark ist der Einfluss der Unternehmerverbände und des Bauernverbandes im Norden Deutschlands, wo die industrielle Landwirtschaft traditionell große Landesteile beherrscht und keinerlei Interesse daran hat, dass Verbraucher kritisch zu hinterfragen beginnen? Das Programm wird so flott bagatellisiert, weil die Bandbreite an Meinungen in den Rundfunkanstalten enger geworden und ein Klima entstanden ist, »in dem etliche Journalisten wegen des politischen Drucks, aus Angst und auch, um sich aus Karrieregründen dem von der Mehrheit Gewünschten anzupassen, Abschied vom Programmauftrag genommen haben, die Wirklichkeit mit all ihren Widersprüchen wiederzugeben.«[281] Sie greifen heiße Eisen erst dann auf, wenn auflagenstarke Printmedien Alarm geschlagen haben, oder sie liefern in Interviews den Politikern noch Stichworte zur Selbstdarstellung, statt bei deren Antworten kritisch nachzuhaken. Nichts spiegelt diesen Hang zum Konformen deutlicher wider als die täglichen innenpolitischen Nachrichten, denn hier ersetzen aneinandergereihte und gegeneinandergestellte O-Töne von Politikern den nötigen Tiefgang. Während Sender wie die BBC in ihren Hauptnachrichten die Themen nach dem jeweiligen Nachrichtenwert selektieren, verkommen ausgerechnet die Nachrichtensendungen der öffentlich-rechtlichen Sender zur Meinungsplattform der Politik – oft treten Hinterbänkler des Parlaments vor die Kamera, um ihre Meinung zu äußern. Die aber hätte, aus rein journalistischer Sicht, nur in den seltensten Fällen ihre Daseinsberechtigung.

FAZIT: Der Unmut in der Bevölkerung wächst. Doch wer ist schuld an dieser Entwicklung? Die Wirtschaft dafür zur Verantwortung ziehen zu wollen, wäre nur zum Teil angebracht. Zwar setzen vor allem die großen Kapitalgesellschaften alles daran, ihre Renditen um jeden Preis zu steigern – auch dann, wenn bundesweit Hunderttausende von Jobs verloren gehen. Doch das Ziel der Unternehmen hieß seit jeher Profit. Es wäre also Sache der Politik, den Staat zum ökonomisch starken Gegenpol zu machen – gute Manager im Dienste von Vater Staat brächten mehr für das Land als Lehrer auf dem Posten eines Finanzministers oder Pädagogen im Sessel der Gesundheitsministerin. Doch anstatt einen schlauen und unabhängigen Staat zu erschaffen, setzt die Politik auf Verflechtungen ganz eigener Natur: Nebenjobs für Abgeordnete sind hierzulande erlaubt – Geldgeber sind meist jene Unternehmen, denen der Staat in der einen oder anderen Form über entsprechende Gesetze Vorteile bietet. Stromversorger, Pharmariesen, die Finanzbranche. Damit muss Schluss sein. Wer in die Politik geht, hat in Aufsichtsräten nichts zu suchen. Wer Abgeordneter ist, braucht keinen zweiten »Beraterjob«. Zudem ließen sich Seilschaften innerhalb jeder Regierung nach amerikanischem Muster eindämmen: wenn der amtierende Kanzler nach zwei Legislaturperioden abdanken müsste.

VI. PROTEST, EXTREMISMUS UND
DER DROHENDE DEUTSCHE TERRORISMUS

- Wie Extremisten zum Kampf gegen den Staat aufrüsten
- Warum rechte Parteien in der Gunst der Wähler steigen
- Wie sich die extreme Linke auf ihr Comback vorbereitet
- Warum Extremismus und Terrorismus die Wirtschaft bedrohen
- Warum das Heer der Arbeitslosen zur Gefahr werden kann

An den 10. September 2005 erinnern sich die Menschen in Aschaffenburg noch heute. Die Stadt befand sich mitten im Wahlkampf, und wie immer hatten Parteien aller Couleur ihre Stände aufgebaut, um für kurze Zeit möglichst nah am Wählervolk zu sein. An jenem verhängnisvollen Samstag sollte sich das auf tragische Weise rächen. Ein 45-jähriger Arbeitsloser näherte sich einem Infostand der SPD. Der Mann reagierte schnell und die Attacke kam überraschend: Laut »Scheiße« rufend, schüttete er zwei Eimer seines Urins über den Infostand. Rund fünfzehn Liter des übel riechenden Exkrements hatte der Mann gesammelt, nun traf sie neben Passanten auch eine SPD-Bundestagskandidatin und den Oberbürgermeister der Stadt. Selbst der in unmittelbarer Nähe aufgebaute Stand der CDU blieb nicht verschont. Der Frust des Arbeitslosen war so groß, dass weitere, in der Nähe des Geschehens abgestellte Urin-Eimer auf ihren Einsatz warteten. Doch dazu kam es nicht. Mitten in einer chaotischen Verfolgungsjagd auf den Täter brach ein 65-jähriger Mann zusammen. Die Attacke eines Arbeitslosen forderte in Deutschland ihr erstes Opfer – der Mann erlag nur eine Stunde nach dem Vorfall den Folgen seines Herzversagens.[282] Die lokale Presse beschrieb ein Bild des Entsetzens:

»Der Anschlag führt politische Gegner zusammen. CSU-Bundestagskandidat Norbert Geis ist sich mit SPD-Konkurrentin Pranghofer einig, dass dies kein Tag mehr für Wahlkampf ist. Vom Grünen-Stützpunkt am Marktplatz eilt Mitbewerberin Christine Scheel herbei, fassungslos. Über der Fußgängerzone liegt immer noch beißender Uringeruch. Passanten halten sich Taschentücher vors Gesicht. Feuerwehrmänner spritzen den Platz ab. Wolfgang Feil von den Stadtwerken alarmiert seine Kollegen: Ein Container rollt an. Wahlkampfhelfer von SPD und CSU streifen Gummihandschuhe über. Durchweichte Parteifähnchen, Prospekte und Plakate taugen nur noch für den Müll.«[283]

Über die Hintergründe waren sich die Medien schnell einig. Der Arbeitslosengeld-II-Empfänger, heißt es in den Analysen der Lokalpresse, habe schon vor der tragischen Urin-Aktion seine Schreibmaschine aus Protest in die Eingangstür der Agentur für Arbeit in Aschaffenburg geschleudert. Das Ausschütten der Eimer, folgerten die Lokalredakteure, sei ebenfalls die Folge von Demütigungen und Frustration auf Grund von Arbeitslosigkeit.

Ohnmacht, Frustration und Hass. Aus dem zunehmenden Heer der sozial Ausgegrenzten erwächst eine neue Welle des Protestes. Noch sind die meisten Aktionen legal und verlaufen friedlich – aber Ansätze der Polarisierung und die steigende Neigung zum Extremismus sind unübersehbar.

Allein im Jahr 2005 registrierte das Bundeskriminalamt (BKA) insgesamt 26 401 politisch motivierte Straftaten, immerhin rund 5000 mehr als ein Jahr zuvor. Genau 15 914 Delikte dieser Kategorie gingen auf das Konto rechter Gruppen oder Einzeltäter; auf das linksextremistische Spektrum entfielen 2305 Taten. Hinzu kamen 771 Einträge aus dem Bereich »politisch motivierte Ausländerkriminalität«, bei 4818 Taten konnten die Ermittler keine eindeutige politische Richtung ausmachen – sie fließen dennoch in die Statistik des BKA ein.

Ein Blick in den Verfassungsschutzbericht des Bundesministeriums des Innern (BMI) offenbart das wahre Bedrohungspotenzial für die

232

bestehende demokratische Ordnung im Lande: 18 501 Delikte hatten im Beobachtungsjahr einen *extremistischen* Hintergrund, davon entfielen 15 361 Straftaten auf Täter aus dem rechten Spektrum – mehr als 3000 Delikte mehr als ein Jahr zuvor. Linksextreme brachten es wiederum auf 2305 Straftaten und steigerten ihre »Quote« um über 1100 Straftaten gegenüber dem Vorjahr (2004). Zudem zeigen sich diese Gruppen zunehmend gewaltbereit. Während die politisch motivierte Gewaltkriminalität im Jahr 2004 noch zu 1800 Vorfällen führte, waren es zwölf Monate später schon 2448 Delikte.[284]

Mit Sorge beobachtet der Verfassungsschutz eine sinkende Hemmschwelle unter den Extremen. Dabei geht es nicht um Graffitis, es geht um Mordversuche, Anschläge gegen Leib und Leben der Opfer. So warf ein 17-jähriger Mann im baden-württembergischen Weissach im Tal in der Nacht des 15. Oktober 2005 »eine bereits zu Hause mit einem Benzin-Öl-Gemisch befüllte Glasflasche gegen ein von Ausländern bewohntes Haus«, wie es im Verfassungsschutzbericht dazu heißt. Das in der Szene auch als »Molli« bezeichnete Geschoss prallte lediglich gegen die Außenmauer des Gebäudes – was acht Menschen, darunter vier Kindern, das Leben rettete. Denn wie durch ein Wunder fing das Gebäude kein Feuer, und auch die im Erdgeschoss liegende Pizzeria hatte um die Zeit bereits geschlossen, so dass kein weiterer Schaden durch die Flammen entstand.

Der Täter hatte sich schon ein knappes Jahr vorher an einem Brandanschlag auf ein Ausländerheim beteiligt. Während sich die Nation im WM-Fieber wähnte und Politiker aller Couleur das Bild des toleranten Deutschland vermittelten, sahen die Fakten im Freudesommer 2006 ganz anders aus. Allein die Übergriffe mit antisemitischem Hintergrund waren innerhalb von nur zwölf Monaten um über 25 Prozent angestiegen.

Die zunehmende Gewalt innerhalb der rechten Szene lässt sich anhand von Zahlen genau festmachen. Sie zeigt auch, dass zwischen dem Verlust der Arbeit und dem Willen zur Radikalisierung ein direkter Zusammenhang besteht. So führen Sachsen-Anhalt,

Brandenburg und Thüringen gefolgt von Sachsen, Schleswig-Holstein und Mecklenburg-Vorpommern die Liste der politisch motivierten Gewalttaten der rechten Szene an. Baden-Württemberg, Bayern, Rheinland-Pfalz und Hessen weisen die wenigsten Fälle auf.

Der Verfassungsschutz schätzt die gewaltbereiten Rechtsextremisten in Deutschland auf rund 10 400 Menschen. Wie sehr, nahezu unbemerkt von der Öffentlichkeit, die Bedrohung der demokratischen Gefüge der Republik voranschreitet, zeigen zwei Urteile gegen Mitglieder rechtsextremistischer Gruppierungen.

Am 7. März 2005 verurteilte das brandenburgische Oberlandesgericht insgesamt elf Menschen wegen »Gründung und Beteiligung an einer terroristischen Vereinigung nach § 129 a StGB«. Die Anwendung des Paragraphen kennen die meisten Menschen bereits aus den Medien, und in einem anderem Zusammenhang: Auch die als »Kofferbomber« bezeichneten mutmaßlichen Täter, die Ende Juli 2006 versucht hatten, zwei Regionalzüge in die Luft zu sprengen, sahen sich nach ihrer Festnahme mit Paragraph 129 a konfrontiert – seitdem verbindet die Öffentlichkeit das Gesetzeswerk eher mit Al Kaida oder mit islamisch geprägten Terrorakten. Beamte des Staatsschutzes der Länder wissen es freilich besser: Es gibt den hausgemachten Terrorismus von innen, Extremisten spielen dabei eine Schlüsselrolle.

So hatten sich die weiter oben genannten Rechtsextremen unter der Bezeichnung »Freikorps« und »Freikorps Havelland« organisiert, »um mit systematischen, geplanten Brandanschlägen ausländische Imbissbesitzer in der Region einzuschüchtern und sie zur Aufgabe ihres Geschäfts zu nötigen«.[285] Innerhalb nur eines Jahres mussten sieben türkische und asiatische Imbissstuben dem Nazi-Terror weichen, allein der materielle Schaden belief sich auf über 600 000 Euro. Ebenfalls wegen Gründung einer terroristischen Vereinigung verurteilte das Bayerische Oberste Landesgericht acht Mitglieder der Münchner »Kameradschaft Süd«. Unter den Verurteilten war auch deren Anführer, Martin Wiese.

Dass die Terrorgruppen bei weitem nicht nur Brandanschläge

mit Benzinflaschen im Sinn haben, sondern über straff organisierte Kommandostrukturen und eine perfekte Beschaffungslogistik verfügen, mussten die Ermittler des BKA und des bayerischen Staatsschutzes feststellen. Die Neonazi-Gruppe besaß Waffen und Sprengstoff, zudem billigte und unterstützte die Terroreinheit einen geplanten Sprengstoffanschlag auf die Grundsteinlegung des jüdischen Gemeindezentrums am 9. Novemebr 2003 in München. Nur durch die vorherigen internen Ermittlungen der Sicherheitsbehörden war der Plan rechtzeitig aufgeflogen. Kein Einzelfall. Die »Alternative nationale Strausberger Dart, Piercing und Tattoo Offensive« (ANSDAPO), die den Anschlag verüben wollte, verfügte über scharfe Waffen und zählte sogar Kriegsgerät zum Arsenal: eine Panzergranate, ein MG 42 ohne Lauf, abgesägte MP-Läufe sowie ausreichend Munition.

Dabei sind solche Terrorzellen für den Staat noch nicht einmal existenziell bedrohlich. Weitaus mehr Kopfzerbrechen bereitet Verfassungsschützern ein ganz anderer Aspekt: Noch lehnt die Mehrheit der Neonazis aus taktischen Gründen die »Gewaltanwendung zur Systemüberwindung« (Neonazi-Jargon) ab. Denn terroristische deutsche Vereinigungen lassen sich im Vergleich zu islamistisch orientierten Pendants schon auf Grund der Sprache wesentlich leichter überwachen – und somit rechtzeitig enttarnen.

Aus ihrer Verfassungsfeindlichkeit machen die Rechtsextremen hingegen keinen Hehl – und setzen auf Rückendeckung aus der Bevölkerung. Dass rechtsextreme Ansichten weitaus verbreiteter sind als von Politik und Medien dargestellt, fanden Wissenschaftler der Universität Leipzig in einer umfangreichen Studie heraus. Im Herbst 2004 befragten die Forscher insgesamt 2473 Menschen, die nach dem Zufallsprinzip und damit repräsentativ ausgewählt worden waren, zu bestimmten Einstellungen. Die Probanden bekamen von den Forschern zahlreiche Aussagen vorgelesen und konnten den gemachten Statements auf einer Skala von eins bis fünf zustimmen oder sie ablehnen. Die Auswertung der Untersuchung brachte zu Tage, dass 9,8 Prozent der Deutschen der Aussage, dass eine Diktatur »unter Umständen die bessere Staatsform« sei, zustimmten.

Der Aussage, dass Deutschland eine »einzige starke Partei, die die Volksgemeinschaft insgesamt verkörpert«, bräuchte, stimmten 23,9 Prozent aller Befragten zu. Und dass Deutschland »durch die vielen Ausländer in einem gefährlichen Maß überfremdet« sei, glaubten 37,7 Prozent. Rund 17 Prozent der Deutschen vertreten Ansichten, die Historiker bis zum Erscheinen der Leipziger Studie eher dem Dritten Reich zugeordnet hätten: »Die Juden haben etwas Besonderes und Eigentümliches an sich und passen nicht so recht zu uns.« Schließlich stimmten 16,7 Prozent aller Befragten folgender Aussage zu: »Wir sollten einen Führer haben, der Deutschland zum Wohle aller mit starker Hand regiert.«

Während ausländerfeindliche Ansichten in der Bevölkerung seit 1994 auf gleichbleibend hohem Niveau vorhanden sind, beschäftigt Sozialforscher die Struktur der so Denkenden. Beängstigende Erkenntnis: Der Anteil der Menschen mit einer hohen Schulbildung nimmt unter ihnen kontinuierlich zu. »Die These, dass höhere Zustimmungswerte bei so genannten Modernisierungsverlierern anzutreffen sind, kann durch die Befragung unterstützt werden«, schrieben die Autoren der Leipziger Studie und: »Arbeitslose haben bei allen Skalen eine deutlich rechtsextremere Einstellung als andere Bevölkerungsgruppen.«[286]

Tatsächlich galt Bildung bislang als Schutzschild gegen rechtsextreme Einstellungen, Parteien am rechten Ende des Wählerspektrums punkteten über Jahrzehnte hinweg vorwiegend bei Menschen ohne hohen Bildungsgrad. Viele Medien zeichneten daher stets das gleiche Bild über die Anhänger der rechten Parteien: Sie galten als laute Stammtisch-Demagogen, als Protestwähler oder schlichtweg als gewalttätige Rechtsextreme. Dass die Zustimmung für die rechten Positionen in der Bevölkerung weitaus tiefer verwurzelt ist als landläufig angenommen, zeigte die Leipziger Studie – und wurde weitgehend ignoriert.

Die Ergebnisse zu ignorieren aber heißt, die Augen vor den unliebsamen Fakten zu verschließen. Denn die Affinität zu rechtsextremen Parolen macht sich mittlerweile dort bemerkbar, wo Soziologen und Politiker bislang das Bollwerk gegen die Feinde der Demokratie wähnten: in der Mittelschicht. »Die wirtschaftliche Krise und der strukturelle Umbau des Sozialstaates erfassen nun auch Schichten der Bevölkerung mit höherem Bildungsabschluss«, konstatieren die Leipziger Wissenschaftler.

Tatsächlich scheint die soziale Deklassierung des bundesdeutschen Mittelstandes mit den Wahlerfolgen der rechten Parteien einherzugehen. Während das soziale Netz über Jahrzehnte hinweg der Mittelschicht als Trägerin des demokratisch-freiheitlichen Grundgedankens auch in Zeiten von Arbeitslosigkeit und Krankheit ein Leben auf gleich bleibendem Niveau sicherte, veränderten die Hartz-Gesetze der Ära Schröder und der nachfolgende Abbau der Sozialleistungen diese Situation massiv. Der Direktor des Instituts für Politische Wissenschaft an der RWTH Aachen, Kurt Lenk, geht sogar von einem weiteren Abdriften der bürgerlichen Mitte ins rechte Spektrum aus. Als Erklärung liefert der Politologe eine nachvollziehbare Theorie: Neben der Angst vor dem möglichen Chaos befürchte die Mittelschicht die zusätzliche Bedrohung durch das »Aufkommen proletarischer Massen«. Die Mitte unserer Gesellschaft, resümiert der Politikwissenschaftler, sei »auf Dauer kaum davor gefeit, zum Adressaten propagandistischer Agitation zu werden«.[287]

DAS COMEBACK DER NPD

Der Vorstoß der rechten Verfassungsgegner scheint unaufhaltsam, solange der Sozialabbau der Republik voranschreitet. Keine andere Partei verkörpert diese Entwicklung besser als die NPD. Die am 28 November 1964 als Sammelbecken des »nationalen Lagers« gegründete Nationaldemokratische Partei Deutschlands (NPD) erlebte im Jahr 1968 ihr erstes fast zweistelliges Ergebnis bei einer Landtagswahl, damals in Baden-Württemberg. In ihrer Analyse waren sich Politiker und Kommentatoren rasch einig, und der Begriff der Protestwähler etablierte sich als Synonym für die Erfolge der rechten Parteien. Doch nach dem spektakulären Einzug im »Ländle« folgte der jähe Absturz für die NPD. Bis in die neunziger Jahre fiel die Partei so gut wie nicht mehr auf, nachdem sie bei der Bundestagswahl 1972 nur 0,6 Prozent der Stimmen auf sich vereinigen konnte. Und 1990, im Jahr der deutschen Wiedervereinigung, dümpelte die NPD bei kaum noch wahrnehmbaren 0,3 Prozent dahin.

Ihr Comeback erlebte die Partei im Jahr 2004 und sorgte weltweit für Aufsehen. Erstmals seit 1969 zogen Abgeordnete der NPD in einen Landtag ein; Sachsen galt fortan als Erfolgsmodell der gesamten NPD. Vor allem bei den jüngeren Wählern punkteten die Rechtsextremen – mehr als sechzehn Prozent der Sachsen wählten NPD. Aus Sicht vieler Verfassungsschützer ein erstaunlicher Erfolg, denn die Partei besaß im Freistaat nicht einmal tausend Mitglieder. Getragen von der Welle des Erfolgs, änderte die NPD ihre Strategie. Seit Jahren anhaltende Grabenkämpfe mit der Deutschen Volksunion (DVU) legte die Partei ad acta, man bemühte sich um eine einheitliche rechte Front.

Für Parteiforscher ist die Strategie der NPD offensichtlich. Es geht um die so genannte Systemüberwindung – die Beseitigung der bestehenden Staatsform. Tatsächlich erklärte der Vorsitzende der NPD, Udo Voigt, nach den Erfolgen in Sachsen-Anhalt in einem Interview mit der *Jungen Freiheit*: »Es ist unser Ziel, die BRD ebenso abzuwickeln, wie das Volk vor fünfzehn Jahren die DDR abgewickelt hat. Dies geht offensichtlich auch über die Wahlurne.«[288]

Während die Partei über Jahrzehnte hinweg eine biedere Ausländerfeindlichkeit betrieb, hat sie jetzt ganz offen die Beseitigung des bundesrepublikanischen Systems zum Ziel. Und im Vergleich zu früher setzt die Partei unverblümt auf den revolutionären Kampf. Während die NPD noch vor Jahren eher besitzbürgerlich auftrat, setzt sie nach Meinung vieler Politikforscher mittlerweile auf den offenen Klassenkampf[289] – und trifft damit zunehmend den Nerv der arbeitslosen und frustrierten Bevölkerung, wie die Wahlen im

Herbst 2006 aufzeigten, als sie in Mecklenburg-Vorpommern mehr als 7 Prozent holte und damit in den Landtag in Schwerin einzog.

Ironie des Schicksals: Als indirekte Wahlhelfer für die rechten Parteien treten durch ihre Aussagen ausgerechnet Politiker der etablierten Volksparteien in Erscheinung – ganz ohne Absicht und eher aus mangelndem Vorstellungsvermögen. So machte sich die Deutsche Volksunion (DVU) im Spätsommer 2006 Äußerungen des Bundesfinanzministers zunutze:

»Die Forderungen deutscher Politiker wie des Bundesfinanzministers Peer Steinbrück (SPD), der ›kleine Mann‹ solle auf Urlaub verzichten und das eingesparte Geld als Altersvorsorge zurücklegen sowie damit die bevorstehenden höheren Beiträge für die Kranken- und Pflegeversicherung finanzieren, hat große Teile der Bevölkerung furchtbar erbittert. Immer mehr Menschen in Deutschland kommen nämlich mit ihrem Geld gerade so über die Runden und können sich weder Urlaubsreisen leisten, noch haben sie Geld übrig für den Aufbau einer Privatrente. Besonders gilt das für Langzeitarbeitslose, die mit einem Almosen zurechtkommen müssen.«

Weiter heißt es in der gleichen Veröffentlichung der DVU vom 29. August 2006:

»An Zynismus nicht überbietbar ist da die Forderung des CSU-Generalsekretärs Markus Söder, niemand dürfe mehr Urlaub haben, der länger als ein Jahr ohne Job sei. Während die etablierten Politiker sich als unfähig erweisen, die Massenarbeitslosigkeit in den Griff zu bekommen, unterbreiten sie gleichzeitig den Deutschen unverschämte Sparvorschläge, genehmigen sich selbst aber fürstliche Bezüge und eine Vielzahl von Privilegien bis hin zu einer steuerfinanzierten Luxus-Altersversorgung.«[290]

Derartige verbale Irrlichter der etablierten Volksvertreter geraten zwar auch in den Medien ins Kreuzfeuer der Kritik. Doch im

Vergleich zu früheren Jahrzehnten verstehen es die Strategen der NPD oder DVU mittlerweile, diese Themen ebenfalls aufzugreifen – und sich dabei als Mahner im Interesse der Bevölkerung zu inszenieren.

Die in den vorherigen Kapiteln aufgezeigte Spaltung der Gesellschaft vollzieht sich unaufhaltsam. Die Ausgrenzung der verarmenden Menschen nimmt mitunter seltsame Formen an. Während die Statistiken den sozialen Niedergang ganzer Gesellschaftsschichten belegen, scheinen jene, die davon nicht betroffen sind, daran Gefallen zu finden.

Im Zeichen von Hartz IV müssen viele den Gürtel enger schnallen. Wer dabei nicht die gute Laune verlieren, sondern weiterhin das Leben genießen will, freut sich über das *Hart[z]-IV-Kochbuch* von Sigrid Ormeloh und Nicole Schlier: »eine Fundgrube köstlicher Rezepte für schmale Haushaltsbudgets«[291], heißt es beispielsweise in der Presseerklärung zu einem Buch, das Menschen, die mit 345 Euro im Monat auskommen müssen, kulinarische Lebenshilfe verspricht. Derartige Aktionen freilich sind ein gefundenes Fressen für extremistische Kräfte wie die NPD. Der Landesverband der als verfassungsfeindlich eingestuften Partei greift die Thematik auf und stellt fest:

»Genauso zynisch liest sich auch die Rezension des Berliner Kuriers: ›Raus ins Grüne, Kräuter sammeln, heißt die Devise für die neue Armenküche. Hartz-IV-Empfänger haben ja bekanntlich viel Zeit. Sie dürfen sich deshalb auf die Suche nach Bärlauch (Vorsicht, nicht mit giftigen Maiglöckchen verwechseln), Holunderblütendolden und Löwenzahnblättern machen.‹«[292]

Man muss kein Anhänger der NPD sein, um zu erkennen, dass solche Medienkommentare wenig dazu beitragen, die Not der Betroffenen zu lindern, aber viel dafür tun, den Rechten neue Anhänger zu bescheren. Armut als Geschäft oder Hartz IV als literarische Profilierungsmöglichkeit – wer so denkt, vor allem auf diese Weise agiert, treibt, ohne es zu wollen, extremistischen Parteien die Wähler zu.

Wer sich die Aussagen und Analysen der NPD im Detail anschaut, wird vor allem eine Beobachtung machen. Am ausländerfeindlichen Grundtenor hält die Partei unvermindert fest. Und nach wie vor glaubt die NPD an die Lösung der Jobmisere durch die Ausweisung der ausländischen Arbeitskräfte. Doch im Vergleich zu früheren Jahren bedient sich die NPD nun der gleichen Wirtschaftsdaten wie die im Bundestag etablierten Parteien – zieht daraus lediglich ganz andere Schlüsse, extrem ausländerfeindliche Schlüsse. Die Zeiten, in denen rechte Extremisten Parolen wie »Deutschland den Deutschen, Ausländer raus« ihr Eigen nannten, scheinen vorbei. Die Strategen der NPD haben dazugelernt.

Während Politiker der Regierungsparteien Hartz-IV-Empfängern raten, in Parkanlagen Hundekot aufzusammeln, und selbst der Vorsitzende der SPD, Kurt Beck, Menschen empfiehlt, die gesetzlich garantierten Leistungen des Sozialsystems nicht voll auszuschöpfen, fährt die NPD eine weitaus cleverere Strategie: Sie fordert das, was bei den Wählern ankommt, etwa: »Steuerfreiheit für Gewinne, die im Unternehmen in Deutschland verbleiben und somit für Investitionen und Schaffung neuer Arbeitsplätze zur Verfügung stehen«.[293]

Erst der Blick ins Eingemachte offenbart, dass die Partei nach wie vor durch die Abschiebung der Ausländer die Probleme des Landes zu lösen versuchen will:

»Während Millionen Deutsche arbeitslos sind, gibt es bei uns mehr als drei Millionen gemeldete ausländische Arbeitskräfte und mindestens eine Million illegal arbeitende Ausländer. Ein Zustand, der unhaltbar ist. In keinem anderen Land wäre dies möglich. Jede Regierung kümmert sich zuerst um Arbeitsplätze für die eigenen Bürger, für das eigene Volk. Nur in Deutschland ist das nicht so. Hier werden sogar noch fremde Arbeitskräfte im Ausland angeworben und dafür sogar neue Gesetze geschaffen (Green Card). Eine solche gegen das eigene Volk gerichtete Politik birgt ungeahnten sozialen und volkswirtschaftlichen Sprengstoff in sich.«[294]

Und weiter: »Wir fordern:

- Steuerfreiheit für Gewinne, die im Unternehmen in Deutschland verbleiben und somit für Investitionen und Schaffung neuer Arbeitsplätze zur Verfügung stehen

- Absage an die Globalisierungspolitik, Wiedereinführung einer deutschen Volkswirtschaft und Sicherung der Grenzen vor Wareneinfuhr aus Billiglohnländern

- Ein nationales Arbeitsplatzsicherungsgesetz, das die Vermittlung von ausländischen Arbeitskräften untersagt, solange qualifizierte Deutsche arbeitslos sind

- Einführung einer Sondersteuer in Höhe der jeweiligen Sozialabgaben für Unternehmen, die Ausländer beschäftigen

- Die Ausgliederung der ausländischen Arbeitskräfte aus der deutschen Sozialversicherung und Abschiebung von Ausländern, die länger als drei Monate arbeitslos sind«

Worauf die Aussagen abzielen, lässt sich unschwer erkennen: »Die Kombination lässt kaum verschleiert die Forderung der NPD nach einem ausländerfreien Deutschland durch die Abschiebung aller Ausländer erkennen«, kommentiert das von der Konrad-Adenauer-Stiftung herausgegebene *Zukunftsforum Politik*.[295]

Aus ökonomischer Sicht, das wissen vermutlich auch die Strategen der NPD, wäre das Problem der Arbeitslosigkeit damit keinesfalls gelöst. Ein simples Beispiel zeigt, dass in Zeiten der Globalisierung ausländische Mitbürger hierzulande nicht der Auslöser der enormen Arbeitslosigkeit sind: Die großen Banken entließen, wie bereits ausführlich beschrieben, massiv ihre Mitarbeiter – die Branche beschäftigt aber nur einen minimalen Anteil an Ausländern.

Auch die Autoindustrie setzt auf Sparflamme – aber nur, weil seit Jahrzehnten zunehmend Maschinen statt Menschen die Produktivität der Konzerne erhöhen. Ohnehin sind die Zeiten vorbei, in denen die Bundesrepublik Gastarbeiter einlud, um den Wirtschaftsaufschwung aufrechtzuerhalten. Was die NPD nämlich zu erwähnen vergisst: Für jeden gestrichenen Job in Deutschland kommt seit Jahrzehnten kein neuer mehr hinzu.

Das weiß zwar auch die NPD, die zu ihren Mitgliedern Betriebswirte, Volkswirte, Rechtsanwälte, Mediziner oder Juristen zählt. Nur: Im Vergleich zu den von vielen Menschen als Hohn empfundenen Aussagen à la Kurt Beck oder Markus Söder kritisiert die Partei die bestehenden Zustände in der Republik, ohne die Menschen als Sozialschmarotzer zu diffamieren – und trifft damit zunehmend den Stimmungsnerv der von Hartz IV und anderen Reformpaketen gebeutelten Bevölkerung.

Mit der Doppelstrategie Ausländerfeindlichkeit und Wirtschaftskritik erreicht die offen verfassungsfeindliche Partei sowohl die Stammtische als auch die Mittelschicht. Würden die Lösungsvorschläge der extremen Rechten tatsächlich eine Besserung herbeiführen? Und was hätten Parteien wie die NPD dem seit Jahrzehnten anhaltenden Automatisierungsdrang der Hersteller entgegenzusetzen? Würde ein Konzern wie die Deutsche Bank tatsächlich darauf verzichten, die ohnehin deutsche Belegschaft hierzulande zu reduzieren, um ihre Renditeprognosen zu erfüllen? Und wäre der Allianz-Konzern, alles andere als ein Beschäftigungsunternehmen ausländischer Arbeitskräfte, wirklich bereit, die Massenentlassungen rückgängig zu machen? Hätten die Siemens-Vorstände auf die im Herbst 2006 beschlossene Erhöhung ihrer Bezüge um dreißig Prozent verzichtet, wenn türkische Gemüsehändler nicht mehr zu Berlins Straßenbild gehörten?

Anstatt die Parteivorsitzenden der NPD mit solchen Fragen zu konfrontieren, setzen die etablierten Medien auf Verdrängung oder greifen in die Klamottenkiste. Nach dem Einzug der NPD in den Schweriner Landtag fiel den ARD-Verantwortlichen während der »Elefantenrunde« im Gespräch mit Udo Pastörs nichts anderes ein, als den NPD-Spitzenkandidaten und frisch gewählten Landtagsabgeordneten eimal mehr nach dessen Aussagen zu Adolf Hitler zu befragen, um kurz darauf die Runde zu verlassen. Gezielte Fragen nach dem Programm der NPD, vor allem aber nach dessen Umsetzbarkeit, hätten die Extremen gezwungen, mit Fakten statt Parolen zu antworten.

Die neue Rechte im Lande ist zweifelsohne ein Indiz für die Erosion des seit Gründung der Bundesrepublik etablierten Parteiensystems – sie zu ignorieren wäre ebenso fatal wie sie zu unterschätzen. In Berlin etwa ist die NPD mittlerweile gleich in vier Bezirken vertreten, darunter vor allem dort, wo Arbeitslosigkeit und Armut an der Tagesordnung sind: Marzahn-Hellersdorf oder Lichtenberg. Aber auch Treptow-Köpenick, nicht unbedingt für Plattenbauten bekannt, schickte bei den Septemberwahlen die NPD ins kommunale Parlament. Die Abkehr von den großen Parteien ist allerorts zu spüren.

DIE EROSION DER DEMOKRATIE

Das Kalkül der rechten Partei geht auf. Denn mit dem Zuwachs der Anhänger ging seit dem Sommer 2006 ein massiver Vertrauensverlust der Bevölkerung in die etablierten Parteien einher. Zwar beschönigen Politiker von CDU oder SPD den Trend als »Protestverhalten«. In Wirklichkeit aber bricht die Affinität der Bürger zu den einstigen Stützpfeilern der bundesdeutschen Demokratie immer mehr in sich zusammmen.

Nahezu beängstigend ist die Geschwindigkeit der Erosion: Allein bei den Kommunalwahlen in Niedersachsen im September 2006 blieb jeder zweite Wähler der Urne fern – nie zuvor war der Anteil der Nichtwähler so hoch gewesen. Ähnlich desolate Wahlbeteiligungen verzeichneten Berlin und Mecklenburg-Vorpommern bei den Landtagswahlen im gleichen Monat. Die großen Volksparteien schrumpfen demnach unaufhaltsam ins politische Nirwana, schon heute wählen in einigen Regionen Deutschlands mehr Menschen extreme Links- oder Rechtsparteien als CDU, SPD, Grüne oder FDP.

In einer Umfrage der ARD gaben im September 2006 beispielsweise 33 Prozent aller SPD-Wähler an, eine andere Partei wählen zu wollen. Auch die sonst eher als beständig geltende CDU-Klientel zeigte sich enttäuscht: Jeder Fünfte wollte bei einer kommenden Wahl seine Stimme an anderer Stelle abgeben. Die Umfrage sorgte für Aufsehen – und entpuppte sich im Vergleich zur Realität als harmlose Traumvariante. Denn schon die Kommunalwahlen in Niedersachsen im Herbst 2006 offenbarten das Ausmaß der Wählererosion. Nur noch 51,8 Prozent der Wahlberechtigten gingen an die Urnen, der Rest resignierte – und verabschiedete sich schlichtweg vom wahrscheinlich mächtigsten Stützpfeiler einer jeden Demokratie: von der Möglichkeit der Stimmabgabe.

Für den Göttinger Parteienforscher Franz Walter, der zu den renommiertesten Politologen der Republik gehört, sind das die massiven Anzeichen eines einsetzenden gesellschaftlichen Wandels:

»Im Rückgang der Wahlbeteiligung drückt sich seit nunmehr zwei Jahrzehnten signifikant die soziale Spaltung der Gesellschaft aus – die Kluft zwischen privilegierten und randständigen Schichten, die Ungleichgewichte bei sozialen Chancen und gesellschaftlicher Teilhabe.«[296]

Die Zahlen bestätigen derartige Überlegungen. So wählten in einem Göttinger Wahlkreis von 1215 Wahlberechtigten am 9. September 2006 lediglich 195 Menschen, der Rest verweigerte die Stimmabgabe.[297] Während die einst so großen Volksparteien die Entwicklung en passant hinnehmen und deren Vertreter in TV-Runden stereotyp vorgetragene Floskeln verbreiten, nutzen jene, die ein anderes Deutschland wollen, die Stimmung im Lande für sich. Mit Erfolg.

Nur eine Woche vor der Landtagswahl in Mecklenburg-Vorpommern zeigte sich, dass über 26 Prozent der Wähler Parteien favorisierten, die im Fokus des Verfassungsschutzes stehen. Fakt ist: Große Teile der Bevölkerung haben sich von der politischen Mitte abgewandt – und entgegen der landläufigen Meinung nicht nur aus Protest.

Das Ende der Arbeit, die Verarmung ganzer Gesellschaftsschichten, die Arroganz vieler Politiker gegenüber jenen, die um die Zukunft ihrer Kinder bangen – das alles sind Faktoren, die ein Kollabieren der Demokratie im Lande zumindest nicht mehr unwahrscheinlich erscheinen lassen. Derartige Überlegungen als Hirngespinst abzutun, wäre fatal. Führende Ökonomen wie der Präsident des ifo-Instituts, Hans Werner Sinn, zweifeln nicht an der Koppelung zwischen Arbeitsplatzmangel und Radikalisierung der Gesellschaft:

»Dieser Zusammenhang ist offenkundig. In Ostdeutschland wird das Problem besonders deutlich: Die Menschen haben keine Stellen und keine Perspektive – und werden extrem. Die hässlichen Auswüchse der wachsenden Verzweiflung über die zunehmende Arbeitslosigkeit beobachten wir nun schon viele Jahre. Sie sind ein unmittelbarer Reflex der Misere am Arbeitsmarkt.«[298]

Längst klären neben der NPD auch andere rechtsextreme Parteien, etwa die DVU, potenzielle Wähler über die Klippen des Wahlsystems auf, die es aus ihrer Sicht zu umgehen gilt: »Jedenfalls hat der 26. März gezeigt, dass sich eine Mehrheit des Volkes von den Altetablierten abwendet. Jetzt kommt es darauf an, dem gewaltigen Potenzial, das in der Enthaltung parkt, zu verdeutlichen: Wer nicht wählt, begibt sich ins Nirwana bzw. hilft den etablierten Sozialkahlschlägern. Man muss den Stimmzettel nutzen, um den rechten ›Knüppel aus dem Sack‹ zu lassen.«[299]

Für Politologen und Verfassungsschützer erinnert die Strategie an längst vergangene Zeiten. Ein Blick in die Geschichte zeigt, dass schon die Nationalsozialisten einen ähnlichen Weg einschlugen. Während die NSDAP in demokratischen Wahlen nie über eine Mehrheit verfügte, reichte der Stimmanteil dennoch aus, um Hitlers Weg an die Macht zu ebnen – ohne die NSDAP als Koalitionspartner lief am Ende der Weimarer Republik nichts mehr. Parallel zur nach außen hin verfassungskonformen Vorgehensweise der Partei setzte die NSDAP auf Einschüchterung und Repression: Die

anfänglich als pöbelnde und unterbelichtete Schlägertrupps wahrgenommenen Einheiten der SA folgten in Wirklichkeit einer straff
geführten Koordination und Logistik – und sicherten der Partei
auch auf der Straße den Weg an die Macht.

Die Parallelen zu heute sind beachtlich.

Beispiel Skinheads: Weil Bomberjacken und Springerstiefel selbst
potenzielle Anhänger aus der Mittelschicht verschreckten, setzen
Neonazi-Skins seit geraumer Zeit auf modischen Look. Nur Insider
erkennen die von Ausländern auf Grund ihrer Brutalität gefürchte-
ten Skinheads.

Im Fokus der Verfassungsschützer stehen vor allem die nach
außen hin nahezu unbekannten »Hammerskins«: Die rechtsextreme
Organisation versteht sich als geistige und planende Eliteeinheit
der rechten Skinhead-Bewegung und verfügt nach Angaben des
Verfassungsschutzes lediglich über ein paar Hundert Mann in
Deutschland. Die seit Beginn der neunziger Jahre auch in Deutschland operierende Gruppe zählt zu den aktiven extrem rassistischen
und nationalsozialistischen Organisationen hierzulande. Die im
Jahr 1986 von Wollin Lange und Scan Tarret in Dallas, Texas, gegründete Organisation ist nach militärischem Vorbild in »Divi-
sionen« unterteilt. Das eigene Plattenlabel Free Your Minds Records
sorgt für die ideologische Verbreitung der Inhalte auf Rechtsrock-
Konzerten; dort rekrutieren Hammerskins aus dem Pool der affinen
Jugendlichen ihren Nachwuchs.

Im Vergleich zu vielen so genannten Kamaradschaften, die sich
ebenfalls als Organisationsformen der rechten Szene verstehen,
sind die Aufnahmekriterien der Hammerskins extrem hoch ange-
legt. Wer trinkt, pöbelt oder durch zu auffälliges Auftreten auf sich
aufmerksam macht, hat wenig Chancen. Zudem sind Kenntnisse
in der IT- und Computerbranche, Kommunikationsbegabung und
Koordinationstalent wichtige Kriterien für die Aufnahme.

Während andere rechte Skinheadgruppen, etwa die Skinheads
Sächsische Schweiz, durch militantes und martialisches Auftreten
auf sich aufmerksam machen, operieren die Hammerskins im
Untergrund. Aus Sicht des Staatsschutzes ist das die weitaus ge-

fährlichere Variante. Zudem ist die meist überdurchschnittliche Intelligenz der Mitglieder ein Erfolgsgarant für das Fortbestehen der Organisation, die in ihren wenigen öffentlichen Statements die Errichtung eines nationalsozialistischen Deutschlands als Ziel angibt.

Wie eng die Übergänge zu den bei Wahlen zugelassenen Parteien des rechten Spektrums ist, zeigt ein Papier der Konrad-Adenauer-Stiftung auf. Darin gehen Fachleute der Frage nach, was das Wesen der rechten Szene überhaupt ausmacht. Die Definition an sich müsste aufhorchen lassen:

»Rechtsextremistisch ist jede Gruppierung und Person, die aus rassistischen (Nationalsozialisten) oder kulturellen (Deutsch-Nationalisten) Gründen bestimmten Teilen der Bevölkerung, vor allem Ausländern und Staatsbürgern ausländischer Abstammung, keine oder nur stark eingeschränkte Rechte zubilligen und diese aus dem Land treiben will.«[300]

Zwar stehen alle Parteien der rechten Szene unter der Beobachtung des Verfassungsschutzes, der seine V-Leute bis in die höchsten Gremien der Parteien einschleusen konnte. Doch ausgerechnet dieser Erfolg der Staatsschützer mutierte zum Bumerang: Das NPD-Parteiverbotsverfahren, das Bund und Länder gemeinsam angestrebt hatten, scheiterte eben an diesen Observationen. Denn aus Sicht der Richter erschien es fraglich, ob die Partei tatsächlich so verfassungswidrig sei wie von den V-Leuten dokumentiert oder ob der Verfassungsschutz Teile der Agitation nicht selbst inszeniert haben könnte, um die Extremen aus der Reserve zu locken.

Die Sicht der Richter bleib zwar unantastbar – aber sie wirft nach wie vor Fragen auf. Denn aus der angestrebten »Systemüberwindung« macht gerade die NPD keinen Hehl. Die Linie der Partei ist ebenso klar wie offen formuliert: Sie will mit Hilfe demokratischer Wahlen in die Parlamente gelangen, um dann die »Systemüberwindung« zu vollziehen.

Die Strategie der Partei lässt sich anhand der Wahlerfolge nachzeichnen. Bei den Wahlen 2004 lagen in fünfzig Gemeinden Sachsens die Anteile der NPD zwischen 15 und 23 Prozent. Kein Zufall, wie die CDU-nahe Konrad-Adenauer-Stiftung konstatierte:

»Zwei Dinge kamen bei den Landtagswahlen in Sachsen zusammen: Die NPD hatte einen für sie günstigen Nährboden geschaffen und die Rahmenbedingungen spielten der Partei in die Hände. Bereits bei den Landtagswahlen im Saarland am 5. September 2004 konnte die NPD erstmals stark von der Protestwelle gegen Hartz IV profitieren und erreichte vier Prozent der Stimmen.«[301]

Die Studien der Konrad-Adenauer-Stiftung scheinen Teilen der Union fremd zu sein. Anstatt die Folgen von Hartz IV zu überdenken und auf die Bedürfnisse der Menschen einzugehen, fordern Politiker weitere Einschnitte – und erweisen sich dadurch ungewollt als Garanten für den weiteren Aufstieg der NPD. Dass Menschen, die nach Jahren eines erfüllten Arbeitslebens durch ihren Jobverlust in kürzester Zeit vor dem existenziellen Aus stehen, Parteien wie die NPD wählen, verwundert Extremismusforscher nicht. Wohl aber darf man darüber staunen, dass die demokratischen Parteien der Republik diesen Prozess vorantreiben – indem sie Arbeitslose als Nutznießer der sozialen Sicherungssysteme darstellen, sich selbst aber alle Privilegien sichern.

DIE WIEDERGEBURT DES KLASSENKAMPFES

Die NPD ist kein Einzelfall. Extreme Positionen nehmen zu, auch außerhalb der bei Wahlen zugelassenen Parteien und auch innerhalb der linken Szene. Nahezu unbemerkt von der Öffentlichkeit finden seit Jahren Anschläge auf Einrichtungen des Bundes, der Länder oder des Staates statt, in den meisten Fällen allesamt gut koordinierte Aktionen militanter Gruppen. Das Spektrum der potenziellen Aktionen ist weit. Von legalen Demonstrationen gegen Sozialabbau bis hin zu Anschlägen auf Einrichtungen der Wirtschaft, von Kundgebungen radikaler Parteien bis hin zu Terrorakten gegen Einrichtungen des Bundes und der Länder. Von den Medien weitgehend ignoriert finden diese Aktionen meist nur in den Verfassungsschutzberichten der Länder oder in der polizeilichen Kriminalstatistik eine Erwähnung.

Schon heute bekennen sich mehr als eine Million Menschen offen zu rechtsextremen Parteien und wählten diese mit ihrer Zweitstimme in den vergangenen drei Bundestagswahlen. Linksextreme bringen es hierzulande auf weitere 33 000 Sympathisanten, wovon etwa 2400 in Berlin zu finden sind. Hinzu kommen mindestens 31 000 islamische Fundamentalisten, davon allein viertausend in der deutschen Hauptstadt.

Der Extremismus lockt vor allem diejenigen, die sich in der Gemeinschaft nicht mehr aufgehoben fühlen, am Rand der Wohlstandsgesellschaft leben, denen Orientierung für Gegenwart und Zukunft fehlt oder die sich der »Dominanzkultur« des Westens oder dem Massenkonsum nicht unterordnen wollen.

Hinzu kommt, dass das Gros der Bevölkerung zwar durchaus politisch interessiert, doch mit der »großen Politik« überaus unzufrieden ist. Kritiker sprechen bereits von »politischer Fäulnis der Demokratie«.[302] Fakt ist, dass die Menschen zwar alle vier Jahre wählen dürfen – eine Mitbestimmung findet aber nicht statt. Wichtige Entscheidungsprozesse werden ohne Mitsprache der Bevölkerung durch Politiker, Wirtschaftsvertreter und verschiedene Fachleute festgelegt.

So gab es keinen Volksentscheid über die Wiedervereinigung Deutschlands, über die Verlegung der Bundeshauptstadt von Bonn nach Berlin, die Rechtschreibreform, die Einführung des Euro, die Umgestaltung der Bundeswehr, die EU-Osterweiterung … In anderen demokratischen Ländern, etwa in der Schweiz, wären Entscheidungen dieser Tragweite ohne die Zustimmung des Volkes undenkbar. Zudem sinkt das Vertrauen in die Politik kontinuierlich; Skandale über Völlerei und das Wissen darüber, welcher Politiker in welchem Aufsichtsrat sitzt, ebnen extremistischen Vorstößen den Weg.

Das Bundesamt für Verfassungsschutz konstatiert, dass bereits Mitte der neunziger Jahre nahezu ein Fünftel aller Erwachsenen in

Deutschland an einer Demonstration gegen die Regierung teilgenommen hatte. Warum der Verfassungsschutz des Bundes und die
Pendants der Länder darüber alarmiert sind, offenbart ein Papier
des Bundesministeriums des Innern. Darin heißt es:

»Bekannt ist jedoch, dass die Anschläge nicht von Untergrund-
strukturen ausgehen, die der ehemaligen RAF vergleichbar sind.
Vielmehr ist anzunehmen, dass viele der Täter tagsüber ein ›nor-
males‹, das heißt ein unauffälliges Leben führen und berufstätig
sind und die klandestinen Aktionen quasi ›nebenbei‹ planen und
durchführen.«

Tatsächlich beobachten Staatsschützer einen zunehmenden
Trend zu kleinen, regionalen Demonstrationen, die vor allem von
rechten Kamaradschaften »spontan« inszeniert werden. In einer
Mitteilung des Sächsischen Staatsministeriums des Inneren, die
den sächsischen Verfassungsschutzbericht 2005 erläutert, heißt es
dazu:

»Die Szene erhofft sich dadurch mehr Aufmerksamkeit in der
Bevölkerung. Durch das Aufgreifen sozialer Themen bei diesen
Veranstaltungen soll zudem mehr Bürgernähe vermittelt werden.«

Tatsächlich fiel die sächsische Kamaradschaftsszene mit den Demonstrationen vom 1. Mai 2006 in Bautzen, Niesky, Hoyerswerda
und Freital durch die Aufstellung kleiner Gruppen in Bataillons-
stärke auf: Zwischen 120 und 150 Rechtsextremisten hielten Plakate
mit Aufschriften wie »1. Mai / Wir sind arbeitslos« in die Kameras
des Verfassungsschutzes. »Mit der Durchführung dieser Veranstaltungen demonstrierten die Angehörigen der rechtsextremistischen
Kamaradschaftsszene in Ostsachsen ihre Organisationsfähigkeit«,
fasste der Verfassungsschutzbericht die Aktionen zusammen.

Die Radikalisierung deutscher Gruppen erweist sich als nahezu
unlösbares Problem. Neben der genannten strategischen Änderung der NPD, in der offen auf das Ende der bestehenden demokratischen Verfassung hingewiesen wird, entschied sich auch die
extreme Linke im Lande für den revolutionären Kampf. Nahezu
zehn Jahre lang debattierten die Kader der vom Verfassungsschutz
beobachteten Deutschen Kommunistischen Partei darüber, wie die

»Systemüberwindung« eingeleitet werden solle. Am 8. April 2006 erfolgte in Duisburg die Vorstellung des neuen Parteiprogramms: »Der gravierendste Unterschied zwischen neuem und altem ...« Programm liegt in der Beantwortung der Frage, auf welchem Weg die bestehende Gesellschaftsordnung überwunden werden soll. Während im alten Programm davon ausgegangen wurde, dass die Umgestaltung mittels ›demokratischer Prinzipien und Rechten des Grundgesetzes‹ möglich ist, wird im aktuellen Programm der ›revolutionäre‹ Weg favorisiert.«

Schon zwei Jahre zuvor war die zunehmende Radikalisierung der linken Szene erkennbar. In einer Publikation der seit 1947 bestehenden politischen Gruppe »Arbeiterpolitik« beschreiben die Autoren den aus ihrer Sicht nötigen Weg zur Überwindung der sozialen Probleme – und setzen auf Klassenkampf:

»Der langsame Zersetzungsprozess der Volksparteien wird sich fortsetzen, und solange der soziale Abbau nicht auf breitere Gegenwehr stößt, werden auch die Rechtsextremen davon profitieren. Der Rechtsextremismus schöpft seine Kraft aus der Passivität und aus der Mobilisierung von Vorurteilen, von unbewussten Ängsten und Gefühlen. Eine sozialistische Alternative dagegen wird auf Dauer nur Bestand haben können auf der Grundlage von verstärkten Klassenauseinandersetzungen und der Herausbildung von politischem Klassenbewusstsein unter den abhängig Beschäftigten. Dazu bedarf es der Kritik und des Kampfes gegen die klassenversöhnende Ausrichtung der Gewerkschaften. Die soziale Spaltung zwischen Erwerbslosen und Beschäftigten – sie ist zwangsläufiges Produkt der kapitalistischen Konkurrenzgesellschaft – lässt sich nur im politischen Klassenkampf gegen diese Gesellschaftsordnung überwinden.«[303]

Die Gruppe zählt zu den etablierten Größen der linken Szene, ihr Wort hat beim Nachwuchs Gewicht. Denn in der Gruppe schlossen sich Mitglieder der Kommunistischen Partei Deutschlands – Opposition (KPO) und der 1931 gegründeten Sozialistischen Arbeiterpartei Deutschlands (SAPD) zusammen. Das Ziel: die Systemüberwindung. »Kommunistische Politik müsse von den Klasseninteressen der in Deutschland lebenden Arbeiter und Angestellten ausgehen und könne nur so einen wirksamen Beitrag zum internationalen Klassenkampf leisten«, heißt es dazu auf der Web-Seite der Organisation.[304]

Allmählich erfassen nicht nur Verfassungsschützer das Ausmaß der Bedrohung. So warnte der DGB-Bundesvorsitzende Michael Sommer, wenn auch eher beiläufig, vor einer Radikalisierung der Gesellschaft: »Die große Koalition ist zum Erfolg verdammt. Wenn sie keinen hat, werden wir eine gesellschaftliche Radikalisierung in diesem Land erleben, die wir alle nicht wollen.«[305]

DIE RÜCKKEHR DER BEWAFFNETEN LINKEN

Wer sich ein Bild über die Stimmung im Lande verschaffen will, muss zuhören und mit den Menschen reden können – auch jenseits von Wahlterminen. Wer das als Politiker nicht tut, hat dennoch die Chance, es wenigstens virtuell nachzuholen. Doch das, was das Web an Einsichten zu bieten hat, ist freilich wenig geeignet, die Gemüter zu beruhigen. Denn das Netz offenbart vor allem eins: Die Liebe zur Demokratie bröckelt.

Unzählige Foren und Chaträume im Internet dienen als Kommunikationsplattform und Ventil zugleich. Das Potenzial der Gefrusteten haben auch die Medien für sich entdeckt. Große Nachrichtenmagazine und Illustrierte bieten Diskussionsforen an, in denen jeder registrierte Nutzer seine Meinung zu Themen wie Hartz IV, Gesundheitsreform oder Politikverdruss kundtun kann – moderiert und von Redakteuren wieder aus dem Netz genommen, wenn die Inhalte zu schroff oder gar staatsfeindlich sind.

Der harte Kern der sich radikalisierenden Gesellschaft kommuniziert hingegen unzensiert und vollkommen anonym. Für Einrichtungen wie Staats- oder Verfassungsschutz sind diese Plattformen kaum zu überblicken und noch weniger zu kontrollieren. Denn zum einen surfen die Mitglieder der radikalen Szene unter immer wieder wechselnden, falschen Namen. Zum anderen nutzen sie Anonymisierungsdienste wie JAP, elektronische Tarnkappen also, mit denen niemand ihre Herkunft zurückverfolgen kann: Wo der Chatter gerade sitzt, bleibt auf diese Weise nicht nur der Community, sondern auch dem Verfassungsschutz verborgen.

Während Bundestagsabgeordnete über die »Heuschreckenmentalität« der Arbeitslosen öffentlich diskutieren, plagen Menschen ohne Job ganz andere Sorgen, wie das Netz der Netze offenbart:

»Ich hab echt eine Sauangst vor dem nächsten Termin bei der Arbeitsagentur. Wenn mich jemand existenziell angreift und ich das Gefühl habe, am Ende zu sein, dann kann es durchaus passieren, dass ich fünf Sekunden rotsehe. Die Folgen wären für die ›Beraterin‹ mit einem eingeschlagenen Gesicht weit weniger dramatisch als für mich. Hoffentlich darf ich eine Begleitperson mitnehmen.«

Gewalt avanciert in der Szene zum probaten Mittel, wie ein anderes Beispiel demonstriert:

»Macht es wie in Frankreich, lasst die Barrikaden brennen, denn ihr seid völlig im Recht. Wir waren lange genug friedlich, doch es hat sich nichts geändert. Der Steineschmeißer und Polizistenverprügler Joschka Fischer durfte das auch ungestraft tun. Was Politiker dürfen, darf das Volk schon lange.«[306]

Das Gesamtsystem Bundesrepublik ist in Gefahr. Neben dem Aufstieg der Rechtsextremen erlebt auch die militante Linke seit Anfang des neuen Jahrtausends ein fulminantes Comeback. Die Frage, ob Gewalt ein legitimes Mittel zur Beseitigung des bestehenden Systems ist, haben die militanten Gruppen nach einer mehr als zehn Jahre andauernden Diskussion für sich entschieden – und setzen zur Durchsetzung ihrer Ziele wieder auf den bewaffneten Kampf.

Die nach dem Ende der Roten Armee Fraktion (RAF) von den Medien so gut wie nicht mehr wahrgenommene neue Generation der linken Autonomenszene agiert im Vergleich zu ihren Vorgängern als loses Netzwerk – eine logistische Finesse, die hierzulande lange vor dem Netzwerkgedanken der Al Kaida umgesetzt wurde. Die operierenden Einheiten der militanten Linken bestehen meist aus Zweiergruppen; auf diese Weise lässt sich der lästige Paragraph 129 a des Strafgesetzbuches im Falle einer Verhaftung aushebeln. Dem Gesetz zufolge besteht nämlich eine terroristische Vereinigung aus mindestens drei Tätern.

Die Rückkehr der bewaffneten Linken begann Anfang der neunziger Jahre, wenn auch von der Öffentlichkeit wenig beachtet. Für viele Insider gilt der 27. Oktober 1994 als entscheidender Tag, und in der Tat markiert das Datum einen Einschnitt in der linken Autonomenszene. Denn damals beschäftigten noch Aktivitäten der dritten Generation der Roten Armee Fraktion die Ermittler des Bundeskriminalamtes (BKA) und der Bundesanwaltschaft (BAW). Doch während die letzte Generation der RAF nach altbewährtem Muster agierte und ihre Anschläge in erster Linie den Führungspersönlichkeiten der Politik und der deutschen Wirtschaftselite galten – das letzte Anschlagsopfer der RAF war der im Jahr 1991 durch einen RAF-Scharfschützen ermordete Chef der Treuhandanstalt, Detlev Karsten Rohwedder –, bastelte eine bis dahin unbekannte Gruppierung, das KOMITEE, am bewaffneten Kampf des kommenden Jahrtausends. Im Vergleich zu den spektakulären Anschlägen der RAF fielen die Aktionen der neuen Gruppe kaum auf. Aber die Anschläge des KOMITEE läuteten eine neue Strategie des bewaffneten Kampfes der linken autonomen Szene ein: Sie richteten sich in erster Linie gegen wirtschaftliche und staatliche Einrichtungen, weniger gegen einzelne Personen.

»Als erstes Objekt unserer Kampagne haben wir ein Gebäude des Verteidigungskreiskommandos 852 der Bundeswehr in Bad Freienwalde, Kreis Märkisch Oberland, mit einem Brandsatz zerstört«, teilten die Mitglieder der Gruppe in einem entsprechenden Schreiben, das den Autoren des Buches vorliegt, mit. Als Grund für die Wiederaufnahme der Gewalt gab das KOMITEE bereits im Jahr 1994 an: »Wir hatten Aktionen überlegt zu verschiedenen Bereichen wie faschistische Organisierung, Faschisierung der Gesellschaft, sexistischer Rollback, Abbau des sozialen Netzes.«

Obwohl derartige Slogans nach Meinung des Staatsschutzes schon immer zum Rechtfertigungsrepertoire der linken Extremisten gehört haben, erhalten sie angesichts von Hartz IV und dem Einzug der NPD in einzelne Länderparlamente eine andere Dimension. Die seit dem Fall der Mauer und der Selbstauflösung der RAF ohne klares Feindbild dümpelnde Linke könnte sich nach Ansicht von Staatsschützern nun vor neue Herausforderungen gestellt fühlen und verstärkt zuschlagen.

Schon im Jahr 2001 bestätigte das für Polizei und Staatsschutz wichtige Fachblatt *Kriminalistik* das Umdenken der lange Zeit als ruhig eingestuften Szene. Konsterniert stellten die Autoren eines Fachbeitrages fest, dass Teile der extremen Linken bereits damals »verschärfte und großverbrecherische Verhältnisse« als gegeben betrachteten und militante Gegenmaßnahmen planten.

Dass die Szene seit Mitte der neunziger Jahre dazu willens, vor allem aber auch logistisch in der Lage ist, zeigt ein Blick in die jüngere Vergangenheit.

So verhinderte nur der Zufall im Jahr 1995 einen Anschlag, bei dem eine 120-Kilogramm-Bombe die im Bau befindliche Justizvollzugsanstalt Grünau hätte zerstören sollen. Fehler in der Ausführung ließen die mit vier Propangasflaschen und einem extrem explosiven Chemikaliengemisch beladenen Autos der Täter ins Visier der Polizei geraten, die auf diese Weise in letzter Sekunde die Katastrophe verhindern konnte. Im Vergleich zu den Sprengsätzen der islamischen Kofferbomben-Täter des Sommers 2006 verfügten die Mitglieder des KOMITEE schon im Jahr 1995 über genaue Kenntnisse im Umgang mit Sprengstoff – die Sprengladung wäre auf jeden Fall detoniert. Auch die weitere Planung lässt auf Fachwissen schließen:

»Die tragende Substanz sollte so weit zerstört werden, dass auf Grund der statischen Schäden der gesamte Knast hätte abgerissen werden müssen«, heißt es dazu in dem den Autoren vorliegenden Schreiben der KOMITEE-Mitglieder von einst.

Das Scheitern des Anschlags führte zwar zur Selbstauflösung der Gruppe, nachdem einige Mitglieder verhaftet worden waren.

Aus den Fehlern jedoch lernte die Szene schnell und agierte fortan in kleinen, dezentral organisierten Einheiten. Zudem operieren die Einheiten heute so gut wie nie unter gleichen Namen, wie ein aktives Mitglied der linken Extremistenszene im persönlichen Gespräch erklärt:

»Aus Gründen der Repression habe ich mich – und viele andere auch – entschieden, nicht unter dem gleichen Namen, sondern jedes Mal unter einem anderen Namen aufzulaufen. Du wirst im Falle einer Verhaftung nur für eine Aktion haftbar gemacht und nicht für alle Aktionen, die im Namen einer Gruppe stattgefunden haben. Die Kontinuität erklärt sich aus dem inhaltlichen Bezug.«

Dass die Reformen der Bundesregierung nahezu zwangsläufig zu einem Aufflackern der Gewaltbereitschaft führen mussten, war abzusehen. Erste Zusammenhänge zwischen Sozialabbau und Anschlagsbereitschaft der linken militanten Szene registrierten Staatsschützer des Landeskriminalamtes Berlin in der Silvesternacht des 31. Dezember 2002, als das Finanzamt Neukölln-Süd in Flammen aufging.

»Wir setzen mit unserem Brandanschlag gegen das Finanzamt Neukölln-Süd in der Buschkrugallee 95 in Berlin vom 31. Dezember 2002 unsere militante Linie gegen Institutionen der sozialen Verelendung und Deklassierung fort«, heißt es dazu in der »Anschlagserklärung« der ausführenden »militanten gruppe« (mg), und: »Die Armutsökonomie ist in den letzten Jahren zu einem sozialtechnokratischen Angriffsziel geworden.«

Keine drei Monate später schlug die mg erneut zu, wie sie in einem von den Medien nicht wahrgenommenen Bekennerschreiben mitteilte:

»Wir haben in den Morgenstunden des 26.02.2003 mehrere Jeeps der Bundeswehr auf dem Gelände des Mercedes-Benz-Vertragshändlers Weilbacher GmbH in der Petershagener Chaussee in Petershagen/Strausberg (östlich von Berlin) mit Brandsätzen angegriffen.«

Das Datum des Anschlags ließ Ermittler aufhorchen. Denn nur fünf Tage bevor die Fahrzeuge der Bundeswehr in Flammen

257

aufgingen, hatte der damalige US-Verteidigungsminister Donald Rumsfeld bekannt gegeben, dass die Stärke der US-Truppen in der Golfregion für einen Angriff auf den Irak erreicht sei. Die enorm schnelle Reaktionszeit der »militanten gruppe« machte klar, dass die Extremisten logistisch und personell in der Lage waren, auf politische Ereignisse zu reagieren, eine Tatsache, die sich im Bekennerschreiben wiederfindet: »Wir sehen militante Aktionen gegen die Logistik und Technik... vor dem Hintergrund des drohenden Angriffskrieges gegen den Irak, als politische Notwendigkeit der radikalen Linken in der BRD an.«

Die linke extremistische Szene belegte damit schon vor Jahren, dass sie auf politische Situationen, die aus ihrer Sicht untragbar scheinen, unverzüglich reagieren kann. Wie schnell die Situation eskalieren kann, zeigt ein Blick in die internen Diskussionspapiere der »militanten gruppe«:

»Schüsse auf Nazis sind auch schon mal diskutiert worden, aber dann abgelehnt worden, weil die Meinung sich durchsetzte, dass wir derzeit nicht die gesellschaftlichen Verhältnisse vorfinden, in denen politischer Mord gerechtfertigt und notwendig wäre... Es gab die Überlegung, ein Nazi-Wehrsportlager, von dem wir wussten, wann und wo es stattfindet, zu überraschen, alle anwesenden Nazis zu fesseln und dann gezielt die Kader herauszusortieren und ihnen mit diversen Werkzeugen gezielt so die Beine und Knie zu brechen, dass sie bleibende Schäden davongetragen hätten.«

Die am 30. März 2000 gemachten Aussagen erhalten heute eine ganz neue Bedeutung. Denn aus Sicht der extremen Linken ist der Einzug der Rechtsextremen NPD in Landtagen der neuen Bundesländer eine Kampfansage. »Militanz ist ein Mittel, kein Programm«, hieß es im Jahr 2000 in den internen Diskussionen der Szene zur Anwendung von Gewalt.[307] Zwar sind gegeneinander gerichtete Gewalttaten beider Lager kein Novum, die Anti-Antifa der rechten Szene beispielsweise bekämpft seit den achtziger Jahren die linksextreme Antifa. Doch seit

Hartz IV erhalten die Grabenkämpfe eine neue Dimension: Sowohl linke als auch rechte Parteien, die auf Grund ihrer Haltung vom Verfassungsschutz beobachtet werden, erfreuen sich eines massiven Wählerzulaufs. Wie polarisiert die Gesellschaft mittlerweile ist, zeigt auf beängstigende Weise Mecklenburg-Vorpommern. Dort entfielen bei der Landtagswahl 2006 16,6 Prozent der Stimmen auf die Linke und 7,3 Prozent auf die NPD. Weitaus aussagefähiger ist die Betrachtung der Zweitstimmen. Im Wahlkreis 35 (Uecker-Randow I) brachte es die Linke auf 18,1 Prozent, während die NPD dort 15 Prozent der Zweitstimmen auf sich vereinte. Damit hatte nahezu ein Drittel der Wahlberechtigten die vom Verfassungsschutz als bedenklich oder als extrem eingestuften Parteien gewählt.

WIRTSCHAFT IM VISIER DER EXTREMISTEN

Der zunehmende Extremismus bedroht mittlerweile auch die Wirtschaft. Deutsche Firmen wiegen sich in falscher Sicherheit. Erst im Schadensfall nehmen sie das Problem wirklich ernst, urteilt Carsten Baeck vom Arbeitskreis Unternehmenssicherheit der IHK Berlin. Die Sorglosigkeit vieler Unternehmen erleichtert Attacken von innen und von außen. Dabei wird die Gefährdung der Wirtschaft durch kriminelle oder terroristische Handlungen weiter wachsen, erwarten 78 Prozent der in der siebten WIK-Sicherheits-Enquete interviewten Fachleute. Keiner der 224 Befragten geht von einem Rückgang aus.[308] Insgesamt wird es vor allem Hackern leichtgemacht, denn nach wie vor investieren deutsche Unternehmen lieber in Schutzzäune und Alarmanlagen. Sie geben fünfmal so viel Geld dafür aus, den Zutritt auf das Betriebsgelände zu verhindern, anstatt den elektronischen Einbruchschutz zu verbessern.

Zum Schutz vor (physischer) Kriminalität setzen einzelne Firmen sogar auf die Unterstützung noch aktiver oder ehemaliger Staatsdiener. Beispielsweise gibt die Deutsche Bahn AG jährlich einen dreistelligen Millionenbetrag dafür aus, dass der Bundesgrenzschutz (nunmehr Bundespolizei) als Bahnpolizei deutsche Bahnhöfe schützt. Die Bahnpolizei und der DB-Sicherheitsdienst BSG halten gemeinsame Übungen ab oder gehen zusammen auf Streife.

Schon heute sind 39 Prozent aller deutschen Unternehmen einmal Opfer von Wirtschaftskriminalität oder Industriespionage geworden, jedes zweite von Computerkriminalität. Weil Informationstechnologie mittlerweile den gesamten Produktionsprozess durchdringt und immer komplexere Abläufe verknüpft und koordiniert, wird sich das Problem in den folgenden Jahren noch verstärken: Viele Arbeitsgänge sind ohne IT-Unterstützung nicht denkbar; der oft nachlässige Umgang mit Zugangscodes, die nationale und internationale Vernetzung der Unternehmen sowie der obligatorische Internetanschluss bieten beste Möglichkeiten für Hacker. Auch die Zahl der unternehmensinternen Verbrechen nimmt zu. Laut polizeilicher Kriminalstatistik hat es im Jahr 2003 mehr als eine Million Betrugs-, Veruntreuungs- und Unterschlagungsfälle gegeben – ein Anstieg um 11 Prozent gegenüber dem Vorjahr. Bei der Gesamtschadenssumme von rund 5,6 Milliarden Euro weist die Statistik sogar ein Plus von fast 25 Prozent aus. Die durchschnittliche Schadenssumme liegt bei 23 000 Euro. Allerdings ist der volkswirtschaftliche Schaden meist höher, denn in der Statistik werden Faktoren wie Verlust von Arbeitsplätzen, Wettbewerbsverzerrungen, Produktionsausfälle oder der Vertrauensverlust in den Wirtschaftsstandort nicht berücksichtigt.

Mögliche Gründe für Sabotage sind Ärger über Vorgesetzte und Kollegen, Unzufriedenheit mit der Entlohnung oder der eigenen Position im Unternehmen. Andere Mitarbeiter betreiben Mobbing oder wollen gestohlene Daten für die eigene Existenzgründung verwenden. Manche manipulieren Datenbestände, lesen an Kollegen adressierte E-Mails, setzen Viren frei, kopieren die Festplatte oder verkaufen geheime Daten an Wettbewerber. In rund achtzig Prozent der Fälle sind die kriminellen Machenschaften von Mitarbeitern auf finanzielle Interessen zurückzuführen, hat die IHK Osnabrück-Emsland festgestellt. Wer meint, vor allem die unteren Gehaltsgruppen seien involviert, der irrt. Besonders wenn es um hohe Schadenssummen geht, sind meist hochrangige Mitarbeiter die Täter. Der charakteristische Wirtschaftskriminelle ist männlich, deutscher Staatsbürger, zwischen dreißig und fünfzig Jahre alt. Er verfügt über eine gute Ausbildung, eine hohe Intelligenz und Kommunikationsfähigkeit sowie eine ausgeprägte, auch internationale Mobilität.

Der Verfassungsschutz konstatiert eine Zunahme von Anschlägen gegen Unternehmen und wirtschaftliche Institutionen:

»Vor diesem Hintergrund sind gegenwärtig vor allem folgende Wirtschaftsbereiche als potenziell gefährdet anzusehen:

- Firmen und Banken, die in Großstädten und Ballungszentren an Projekten zur Stadtsanierung und Strukturverbesserung beteiligt sind (Schwerpunkt Berlin als Regierungs- und Parlamentssitz);

- Unternehmen, die mit der Versorgung, Unterbringung oder Rückführung von Asylbewerbern beauftragt sind (z. B. Fluggesellschaften), private Wach- und Sicherheitsdienste sowie der Frankfurter Rhein-Main-Flughafen (vor allem im Zusammenhang mit der Abschiebung von Flüchtlingen);

- Firmen und Einrichtungen, die in den Bereichen Nutzung von Kernenergie sowie Lagerung und Transport von Atommüll tätig sind;

- Betriebe und Einrichtungen aus dem Bereich Bio- und Gentechnologie;

- Rüstungsbetriebe (z. B. wegen Waffenlieferungen in die Türkei, aber auch wegen logistischer Unterstützung bzw. Ausrüstung der Bundeswehr für Auslandseinsätze);

- Transport- und Reiseunternehmen, die Rechtsextremisten oder vermeintliche Rechtsextremisten zu Veranstaltungen fahren, sowie Betriebe aus dem Hotel- und Gaststättengewerbe, die diesem Personenkreis oder seinen Vereinigungen Räume für Veranstaltungen zur Verfügung stellen.«[309]

Im Visier der Extremisten stehen laut Verfassungsschutz unter anderen Mercedes-Benz, DASA, Eurocopter, Krauss-Maffei, Blohm & Voss, Lürssen Werft, Howaldswerke Deutsche Werft AG, Rheinmetall, STN Atlas Elektronik sowie Heckler & Koch.
Laut Verfassungsschutz verüben allein linksradikale Gruppen jährlich über 1300 Anschläge. Mit dem Ziel, das derzeitige politische System in Deutschland zu zerschlagen, richten sich solche Angriffe – wie zu Zeiten der RAF – vermehrt gegen Unternehmen als »kapitalistische Ausbeutergesellschaften«. Gerechtfertigt wird dies häufig mit tatsächlich umstrittenen politischen Entscheidungen.

Einige Beispiele:

In den frühen Morgenstunden des 25. Oktober 2001 verübten unbekannte Täter im Berliner Stadtteil Lichtenberg einen Brandanschlag auf eine Filiale der Lebensmittelkette Extra. Dabei zerstörten sie zunächst die Scheiben der Eingangstür und warfen mindestens zwei Molotowcocktails in den Kassenbereich, der dabei völlig zerstört wurde. Dadurch entstand Sachschaden in Millionenhöhe. Im entsprechenden Bekennerschreiben dazu heißt es:

»Dieser supermarkt ist einer jener supermaerkte, die an dem rassistischen chipkartensystem fuer fluechtlinge mitverdienen. innerhalb dieses chipkartensystems wird fluechtlingen ihr ohnehin geringer lebensunterhalt ... nicht mehr als bargeld ausgezahlt, sondern sie sind nunmehr gezwungen, mit einer chipkarte in wenigen supermaerkten an speziellen kassen einzukaufen ... durch diese ganze prozedur erfolgt eine weitere ausgrenzung, diskriminierung und entmuendigung, welche nicht hinzunehmen ist!«

Radikale Randgruppen sind für die Behörden noch am leichtesten einschätzbar. Häufig sind ihre Organisationsstrukturen und Hierarchien bekannt, ebenso wie ihre Aktivisten und führenden Köpfe. Allerdings erschwert auch hier die Internationalisierung und Digitalisierung eine Überwachung – gerade zu Zeiten von Personalmangel und leeren Staatskassen.

Zudem setzen die Extremisten auf die bewährte Zwei-Mann-Strategie oder agieren vollkommen autonom. Was das Terrornetzwerk Al Kaida schaffte, nämlich die Etablierung eines terroristischen Grundgedankens, der Täter ohne starre Muster und unabhängig voneinander agieren lässt, gehört seit Anfang des neuen Jahrtausends auch zum Repertoire der deutschen Extremistenszene. Sowohl rechte als auch linke Gruppen haben die Vorteile dieser Vorgehensweise erkannt: Wo keine Organisation ist, wo kein Verband oder Verein hinter den Anschlagsplanungen steckt, kann der Staat nur schwer eingreifen – geschweige denn die Strukturen mit eigenen V-Leuten durchwandern. Dass die Täter nicht nur anonym bleiben, sondern auch über die technische Ausbildung für Anschläge gegen die Wirtschaft verfügen, erfuhr im September 2005 der deutsche Fahrzeugsitzhersteller Recaro, Kirchheim unter Teck. Das Unternehmen musste seinen Mailserver vom Netz nehmen und per Notabschaltung stoppen, nachdem das System außer Kontrolle geraten war. Anlass waren Beschwerden von dreihundert Geschäftsfreunden, Behörden und Journalisten aus aller Welt, deren Computer durch E-Mail-Massenpost von Recardo überflutet worden waren. Das Unternehmen vermutete als Ursache einen Angriff unbekannter Täter mit Sabotagesoftware.

Die Armada der neuen Extremisten besteht nicht nur aus politisch motivierten Tätern der linken oder rechten Szene. Oft richten kriminelle Einzeltäter erhebliche Schäden an, ohne dass konkrete Ziele dahinterstecken. Zu den spektakulärsten Fällen gehört die Erpressung des Nestlé-Konzerns durch den Schlosser und Landschaftsgärtner Alexandru Nemeth, der das Unternehmen zwischen August 1996 und September 1998 in Atem hielt. Indem er Lebensmittel des Konzerns mit Blausäure versetzte, verlieh er seiner Forderung nach 25 Millionen Mark in Rohdiamanten Nachdruck. Der finanzielle Schaden, den Nemeth bis zu seiner Festnahme anrichtete, war enorm. Nestlé musste insgesamt dreißigtausend Produkte aus den Supermarktregalen nehmen und gegen neue Waren austauschen. Die Kosten für das Auffinden und Beseitigen der vergifteten Produkte lagen bei rund 3,5 Millionen Mark. Den Umsatzverlust bezifferte Nestlé auf 34 Millionen Mark.

Ein Einzelfall war dies nicht. Der Lebensmittelkonzern Nestlé wird etwa einmal pro Monat erpresst. Vierzig bis sechzig Prozent der Erpresser geben nach der ersten Kontaktaufnahme mit dem Unternehmen ihr Vorhaben auf. Nur in zehn Prozent der Fälle dauert die Erpressung länger als eine Woche.

In Zukunft werden zusätzlich zum gewöhnlichen Kriminellentyp jene »großen Unbekannten« agieren: frustrierte Hochqualifizierte, deren Motive schwer zu durchschauen, die schlecht zu lokalisieren, bestens informiert und in kleinen Netzwerken mit Gleichgesinnten verbunden sind.

TERROR ALS FREIZEITBESCHÄFTIGUNG UND FRUST-ABBAU

Als am 31. Juli 2006 nur die technische Unkenntnis zweier Bombenleger das Schlimmste verhinderte und die von ihnen deponierten Kofferbomben in Dortmund und Koblenz nicht explodierten, fokussierte sich die Aufmerksamkeit der Medien und Politik ausschließlich auf den islamistisch geprägten Terrorismus. Die mutmaßlichen Täter, von denen einer im Libanon verhört wurde, gehörten jedoch weder einer internationalen Terrororganisation an, noch waren sie Teil eines gut koordinierten Netzwerkes. Sie hatten schlichtweg »auf eigene Rechnung« gehandelt – und genau das macht die Verhinderung solcher Attentatsversuche im Grunde unmöglich.

Neben der bitteren Erkenntnis, gegen derartige Self-made-Terroristen machtlos zu sein, sehen sich Polizei und Verfassungsschutz einer weiteren Bedrohung ausgesetzt: Der zunehmende Extremismus und die mittlerweile offen propagierte Gewaltbereitschaft könnte eine neue Welle des Terrors über das Land schwappen lassen. Die Gründe hierfür liegen aus Sicht linker und rechter Gruppen klar auf der Hand. Jeder Terrorakt führt zu Panik und Angst in der Bevölkerung; der machtlose Staat, so die Argumentation der militanten Gruppen, verliert dadurch immer mehr an Vertrauen – die von linken und rechten Extremisten angestrebte »Systemüberwindung« rückt aus ihrer Sicht Stück für Stück näher. Zu glauben, dass nichtislamistische Terrorgruppen harmlos wären, ist eine Illusion. Der im Jahr 1980 ausgeführte Bombenanschlag auf den Bahnhof von Bologna, bei dem 85 Menschen ums Leben kamen und für den damals die rechtsradikalen »Bewaffneten Revolutionären Stoßtrupps« die Verantwortung übernahmen, zeigt das wahre Gesicht des europäischen Terrors. Kein Einzelfall, wie die folgenden Beispiele belegen:

Am 26. September 1980 detonierte um 22:19 Uhr eine mit 1,39 Kilogramm TNT befüllte Rohrbombe auf dem Münchner Oktoberfest. Die verheerende Bilanz: 13 Tote, 211 Verletzte. 1982 stellte die Bundesanwaltschaft die Ermittlungen ein. Ergebnis der damaligen Untersuchungen: Der bei der Explosion selbst ums Leben gekommene Rechtsextremist Gundolf Köhler aus Donaueschingen hatte die Tat alleine begangen – der Mann galt als sozial isolierter und verbitterter Einzeltäter.

Nur drei Jahre später, in der Silvesternacht 1983, explodierte in einem französischen Hochgeschwindigkeitszug, dem TGV, südlich von Lyon eine Bombe. Auch im Bahnhof Marseille-St-Charles detonierte ein Sprengsatz, insgesamt verloren vier Menschen ihr Leben. In beiden Fällen war der linksradikale Terrorist Carlos verantwortlich. Weitere sechzehn Menschen starben am 23. Dezember 1984, als im Schnellzug von Neapel nach Mailand in einem Tunnel in der Nähe von Bologna eine Bombe explodierte – 266 Reisende wurden damals teils lebensgefährlich verletzt. Die italienischen Ermittler klärten den Fall nie auf, hielten aber sowohl die Mafia als auch Rechtsextremisten für potenzielle Täter.

Mittlerweile gibt es interne Dokumente der Sicherheitsbehörden, die von einem Terror-GAU ausgehen und diesen sogar zu simulieren versuchen. Die Ergebnisse sind mehr als beunruhigend. Nahezu die gesamte Infrastruktur der Republik ließe sich innerhalb von wenigen Tagen lahmlegen, weil effektive Sicherheitsmaßnahmen, entgegen allen öffentlichen Beteuerungen, nach wie vor fehlen. Käme es zu einem Angriff mit biologischen Waffen, wären ganze Landstriche de facto unbewohnbar und eine Panik enormen Ausmaßes würde zwangsläufig folgen. Im Falle eines Anschlags auf deutsche Atomkraftwerke würden fünf Reaktoren »unbeherrschbar« sein, wie eine Studie im Auftrag des Bundesministeriums für Umwelt nachweist. Schließlich sind auch die Telekommunikationssysteme durch Cyberattacken gefährdet – das Kollabieren der Finanzmärkte wäre nur eine der möglichen Folgen.

Tatsächlich geht ein Sicherheitspapier von einer akuten Bedrohung des »Gesamtsystems Bundesrepublik« aus. Während Angriffe auf einzelne Ziele, wie etwa den Frankfurter Flughafen, schon eine Vielzahl an Opfern fordern würden, brächte eine koordinierte Aktion die Gesamtgesellschaft Bundesrepublik ins Wanken. Besonderes Kopfzerbrechen bereiten Antiterrorexperten vor allem die Folgeereignisse im Falle eines *synchronisierten* Angriffs, weil *keines* der folgenden, potenziellen Ziele geschützt ist:

- Telekommunikation
- Finanzen
- Energie
- Gesundheitswesen
- Regierung / Verwaltung
- Transport / Verkehr
- Medien

Für diese Bereiche sind Terrorangriffe laut Dokument »wahrscheinlich« und »möglich«. Die Schäden in jeder einzelnen dieser Kategorien wären enorm: Tausende Menschen würden sterben, die Finanzmärkte kämen ins Trudeln, die Infrastruktur würde zusammenbrechen. Ungewohnt kritisch im Vergleich zu den beschwichtigenden, doch weltfremden Äußerungen amtierender Politiker kommt das Sicherheitspapier zu einem beängstigenden Schluss: Auch politisch motivierte Terrorakte können strategische Dimensionen annehmen.

Die Realität freilich ist ernüchternd. Die strategischen Punkte der Republik sind nicht nur weitgehend unbewacht. Sie sind vor allem auch für *jedermann* aufzuspüren, weil Landesämter und Behörden sensible Daten ganz offen ins Internet stellen. So lässt sich beispielsweise anhand von detaillierten Karten erkennen, welche Gaspipelines in Bayern verlaufen. Solche Karten erlauben nicht nur die akribische Planung von Terrorangriffen, sie ermöglichen auch die Kalkulation der unmittelbaren Folgen: welche Stadt innerhalb welcher Zeit von der Gasversorgung abgeschnitten sein wird, wie schnell Hilfs- und Rettungsfahrzeuge vor Ort sein können und wie viel Einsatzkräfte vonnöten wären.

Ähnliche Verhältnisse gelten für das deutsche Stromnetz. Und wer als Extremist Staudämme in die Luft jagen wollte, um bei minimalem Einsatz verheerende Resultate zu erzielen, wäre mit dreidimensionalen, digitalen Karten, die für weniger als zweihundert Euro zu haben sind, bestens versorgt – GPS-Navigationsdaten inklusive.

Die vitalen Punkte im Nah- und Fernverkehr, in und um Chemiefabriken und Atomkraftwerke, Häfen, Einkaufszentren, Gaspipelines und Wasseraufbereitungsanlagen sind tagtäglich einer Gefahr ausgesetzt, die beispiellos ist.

Beispiel Frankfurter Flughafen
Im Sommer 2004 gelang es einem ZDF-Filmteam, mit selbst ausgedruckten »Ausweisen« in den Sicherheitsbereich des Frankfurter Flughafens zu gelangen. In Begleitung eines Notars überwand das

Team selbst jene Sperren, die nur mit einer speziellen Zugangszahl zu öffnen sind – indem die Fernsehleute vorbeigehende tatsächliche Mitarbeiter des Flughafens baten, ihre Geheimnummer einzugeben. Am Ende gelangte das Team aufs Rollfeld – ein Terrorkommando hätte spätestens jetzt die optimale Position für einen Anschlag gefunden.

Beispiel Düsseldorfer Flughafen
Als die Autoren dieses Buches im Jahr 2004 die Besucherterrasse des Düsseldorfer Flughafens betraten, gab es keinerlei Kontrollen, Sicherheitspersonal war weit und breit nicht zu sehen. Nicht nur, dass der Zugang in die unmittelbare Nähe zum Tower möglich war: Auch die mit Passagieren besetzten Maschinen standen lediglich wenige Meter von uns entfernt – schon simpelste Mittel hätten ausgereicht, um ein Inferno auszulösen.

SZENARIEN DES SCHRECKENS: DEUTSCHE EXTREMISTEN, ISLAMISCHE TERRORKOMMANDOS

Über die Formen der terroristischen Bedrohung herrscht weitgehend Einigkeit: Zum Repertoire des Todes gehören Anschläge mit konventionellen Waffen, mit konventionellen Sprengstoffen und früher oder später mit atomaren oder biologischen Mitteln. Diese Bedrohung lediglich den großen internationalen Terrororganisationen wie Al Kaida zuzutrauen, wäre ein Irrtum. Jede radikale Organisation, die eine Destabilisierung der gesellschaftlichen Ordnung zum Ziel hat, kann ebenso agieren.

Dass die Bedrohung der Republik durch Terrorismus weitaus größer ist als nach außen hin verlautbart, belegen anerkannte Studien des IABG. Die 1961 auf Initiative des Bundes als zentrale Analyse- und Testeinrichtung für die Luftfahrtindustrie und das Verteidigungsministerium gegründete Einrichtung zählt heute zu den weltweit renommiertesten technisch-wissenschaftlichen Dienstleistungsunternehmen. Die mittlerweile privat geführte Firma erstellt Analysen und Risikobewertungen für Unternehmen und staatliche Einrichtungen – und gilt in politischen Fachkreisen als absolut zuverlässig in ihren Aussagen.

Ein von der Abteilung I K 51 publiziertes Papier des I A B G dürften daher die Entscheidungsträger des Bundes und der Länder mit Sorge zur Kenntnis genommen haben. Denn entgegen der in vielen Medien wiedergegebenen Meinung stellen islamistische Terrorgruppen lediglich eine Facette der allgegenwärtigen Bedrohung dar. »Substaatliche Strukturen« und die organisierte Kriminalität nennt das Papier in einem Atemzug mit Al Kaida – und weist damit in beeindruckend nüchterner Weise auf die eigentliche Gefahr für den Staat hin: Schon einzelne Extremisten können – unabhängig von ihrer Ideologie – enormen Schaden anrichten.

»Eine neue Dimension stellt der symbiotische Terrorismus dar, der terroristische Verbrechen und organisierte Kriminalität verbindet und sich durch generalstabsmäßige Planung und modernste Mittel auszeichnet«, schreibt der I A B G-Experte Walter Schmitz, und: »Der neue internationale Terrorismus bewegt sich logistisch und operativ auf der Höhe der Globalisierung.«[310]

Anders ausgedrückt: Extreme Ansichten führen zu einem neuen Terrorismus des 21. Jahrhunderts. Der aber wird, entgegen der landläufigen Meinung, nicht von islamistischen Gruppen allein bestimmt werden. Der Feind des Staates, hat es den Anschein, ist auch heimischer Natur – und doch international zu Hause.

Noch agieren die Täter häufig konventionell, und nach wie vor gehören klassische Sprengstoffe, Handfeuerwaffen oder Brandsätze zum Repertoire des Terrors. Aber die Zeit läuft gegen uns. Wir zeigen im Folgenden exemplarisch die Arten der Bedrohung auf und demonstrieren anhand ausgewählter Beispiele, wie leicht sich kleinste Gruppen mit den nötigen Materialien versorgen und zuschlagen könnten. Es sind Szenarien des Schreckens – die als solche auch in den Schubladen der Sicherheitsbehörden existieren. Im Gegensatz zur landläufigen Meinung sind viele dieser Szenarien dabei keinesfalls auf den islamisch orientierten Terrorismus beschränkt.

In puncto Ausführung kennt die Hydra des Extremismus keine ideologischen Unterschiede. Aus nachvollziehbaren Gründen nennen wir weder Substanzen noch Verfahren der Herstellung im Detail. Die Angaben an sich sind indes belegbar, und das Risiko ist den Sicherheitsbehörden ebenfalls bekannt. Extremismus, und daraus resultierender Terrorismus, verfolgt unabhängig von der Gesinnung stets das gleiche Ziel: die Destabilisierung der bestehenden gesellschaftlichen Verhältnisse.

Die im Buch aufgezeigte Zunahme des Extremismus führt daher zwangsläufig zu einer wachsenden Bedrohung der Republik – und anders als der islamistisch geprägte Terror führen die im Buch beschriebenen Erosionserscheinungen der sozialen Gefüge mit hoher Wahrscheinlichkeit zu einer neuen Welle des deutschen Terrorismus.

Bioterrorismus Die Gefahr von Terroranschlägen mit Pockenviren ist nach Meinung von Medizinern ungeahnt hoch. Genetisch veränderte Supererreger könnten einer Studie zufolge Tausende töten. Seitdem die Pockenseuche als ausgerottet gilt, haben die Industrienationen darauf verzichtet, die Bevölkerung flächendeckend impfen zu lassen. Das Gros der Deutschen ist daher ohne Impfschutz.

Die Nachricht im renommierten *International Journal of Infectious Diseases (IJID)* ist schlicht formuliert, die Kernaussage unmissverständlich: »Die meisten Biowaffenexperten glauben, dass die Herstellung von Pockenviren im großen Maßstab nur mit hohem Aufwand möglich ist. Aber es gibt Belege für das Gegenteil.« Auf über vierzig Seiten berichten Fachleute aus aller Welt über die aktuelle Sicherheitslage und weltweite Bedrohung durch Pockenviren. Eine Attacke, so die Meinung der Experten, sei lediglich eine »Frage der Zeit«.

Die Gefahr, dass hierzulande Terrorgruppen Zugang zu entsprechenden biologischen Substanzen erhalten, ist groß. Denn die weitaus größte Zahl der deutschen Biotechlabors befindet sich in privater Hand und ist für ihren Schutz selbst verantwortlich. Welches Labor an welchen Projekten arbeitet, lässt sich mühelos via Internet herausfinden – einem bewaffneten Überfall oder Einbruch haben die Jungunternehmen nichts entgegenzusetzen. Zudem lassen sich wichtige Materialien einfach per Katalog bestellen; der Versand erfolgt an Universitäten, Institute und Briefkastenfirmen gleichermaßen. Was im Rahmen des Betäubungsmittelgesetzes bei Rauschgiften funktioniert – die Übermittlung der Bestelldaten an die Polizeibehörden –, greift bei biologischen Materialien nicht.

Ohnehin wäre die Bundesrepublik im Falle eines biologischen oder chemischen Terrorangriffs nicht ausreichend auf den Schutz ihrer Bevölkerung vorbereitet. Dabei stünden bereits heute leistungsfähige Abwehrmaßnahmen zur Verfügung. Zu diesem Fazit gelangen Forscher des Instituts für Energie- und Umwelttechnik (IUTA) an der Universität Duisburg-Essen in einer entsprechenden Studie.[311]

Danach ließe sich durch leistungsfähige Überwachungssysteme in öffentlichen Gebäuden ein deutlich besserer Schutz gegen Angriffe mit biologischen und chemischen Kampfstoffen erreichen, etwa als fester Bestandteil raumlufttechnischer Anlagen oder für den mobilen Einsatz bei Großveranstaltungen.

Das IUTA hatte im Auftrag des NRW-Wissenschaftsministeriums überprüft, inwieweit verschiedene vorhandene analytische Erkennungsverfahren sich für die kontinuierliche Überwachung der Raumluft eignen. Der Ergebnisbericht listete schon im Jahr 2003 im Detail auf, wie leistungsfähig die verschiedenen vorhandenen Systeme bereits sind, welche Vor- und Nachteile und welche Entwicklungs- und Kombinationsmöglichkeiten sie haben. Nur: Seitdem ist so gut wie nichts passiert.

Ausgangspunkt war die Frage, ob die Bevölkerung, vor allem in Ballungsgebieten, ausreichend vor kriminellen und terroristischen Anschlägen mit biologischen oder chemischen Kampfstoffen geschützt ist. Bislang sind beispielsweise die Wartezonen des öffentlichen Personennahverkehrs, Einkaufszentren, Regierungsgebäude oder Veranstaltungshallen kaum mit entsprechenden Sicherungssystemen ausgestattet.

Dirty Bombs Als nukleare Sprengsätze, bei denen mit Hilfe einer »normalen« Bombe radioaktives Material in die Umgebung geschleudert wird, zählen die so genannten »dirty bombs« zu den gefürchtetsten Waffen, die Terroristen bauen könnten. An das entsprechende radioaktive Material heranzukommen ist leichter, als die meisten glauben. Allein die entsprechenden Laborabfälle deutscher Universitäten gelangen oftmals vollkommen ungesichert in den Entsorgungskreislauf als Sondermüll – oder, bei entsprechender Kenntnis, in die Hände von Terroristen. Zudem sind Labors deutscher Universitäten praktisch ungeschützt. Diplomanden und Doktoranden verfügen über Generalschlüssel, die Zutritt zu ganzen Bereichen mit radioaktiven Substanzen gewähren. Das Eindringen in solche Labore ist ein Kinderspiel, die Entfernung der radioaktiven Materialien würde in vielen Fällen nicht einmal auffallen.

Chemische Waffen Die Herstellung chemischer Kampfstoffe erfordert militärische Produktionsanlagen – oder ein gut ausgerüstetes Labor im Keller, wenn der Akteur über die entsprechende Ausbildung als Chemiker verfügt. So lassen sich über deutsche Universitäten mühelos die Bestandteile zur Herstellung von Nervengasen beziehen, wie sie teils im Ersten Weltkrieg zum Einsatz kamen. Die Bestellung erfolgt über spezielle Kataloge, über die im Grunde jeder Arbeitskreis eines Chemieinstituts verfügt. Kontrollen gibt es kaum, die Einzelsubstanzen unterliegen keiner staatlichen Kontrolle.

Sprengsätze Zu den mittlerweile leichtesten Übungen gehört die Beschaffung militärischer Sprengsätze, beispielsweise von Hexogen (Plastiksprengstoff). Die »Handelswege« verlaufen über den Balkan in den Nahen Osten oder nach Russland, wo gegen Bares der Erwerb von Waffen, Munition und Sprengstoff kein Problem darstellt. Selbst Trittbrettfahrer wären hierzulande in der Lage, durch den simplen Einkauf in Großmärkten an Materialien zu gelangen, die auf einfachste Weise zusammengebaut hochwirksame Bomben ergeben.

Desinformation als Waffe Desinformation als Waffe wirkt nach Meinung von Psychologen ebenso wirksam wie eine echte Bedrohung.

Die Taktik ist zudem leicht umzusetzen und birgt für Terroristen so gut wie kein Risiko – lockt aber die Sicherheitsorgane aus der Reserve und verrät wichtige Details für den Ernstfall. So waren im Sommer 2004 insgesamt fünfzehn Mal die so genannten Alarmrotten der Luftwaffe aufgestiegen, nachdem sie Kenntnis darüber erhalten hatten, dass Passagiermaschinen bedroht wurden. In einem anderen Fall mussten zwei zivile Flugzeuge nach eingegangenen Terrorwarnungen in Begleitung von Jagdbombern auf andere Flughäfen ausweichen und vorzeitig landen. Alle Zwischenfälle erwiesen sich zum Glück als falscher Alarm – derjenige, der sie mittels falscher Informationen ausgelöst hatte, wusste aber nun, wie die Sicherheitsorgane im Ernstfall reagieren.

Der Energie-Gau Wissenschaftler vom Deutschen Institut für Internationale Politik und Sicherheit skizzieren die ökonomischen Auswirkungen eines terroristischen Anschlags auf die großen Erdölumschlagsplätze, von denen Deutschland direkt betroffen ist. Schon der Verlust von zwanzig Prozent der 22 Millionen Barrel Öl, die täglich aus der Golfregion geliefert werden, würde eine Schieflage auslösen, die die Ölkrise 1973 bei weitem übertrifft. Der psychologische Effekt, der durch einen brennenden Ölhafen entstehen würde, dürfte die Ölpreise explodieren lassen – und das Land auf Dauer in eine Rezession stürzen.

Neben den Verladestationen sind auch die Öl- und Gastanker ein leichtes Ziel. Der Angriff auf die französische »Limburg« am 6 Oktober 2002 vor der jemenitischen Küste zeigt, wie eine Attacke mit einfachsten Mitteln durchgeführt werden könnte. Vor allem die Flüssiggastanker, die ihre Ladung im Hafen von Ras Laffan im Scheichtum Katar bunkern, gleichen schwimmenden Bomben.

Dass die deutsche Gasversorgung indes vorwiegend durch eine entsprechende Pipeline aus Russland gesichert ist, erweist sich keinesfalls als Grund zum Aufatmen. Im Gegenteil. Weil Ämter und Ministerien detaillierte Karten ins Internet stellen, lassen sich Anschläge sogar sauber am Reißbrett entwerfen und die wirtschaftlichen Folgen genau kalkulieren.

So hatten wir im Rahmen der Recherchen zu diesem Buch Einblick in die genauen Karten des gesamten bayerischen Gas- und Stromversorgungsnetzes – ohne auch nur eine amtliche Stelle darum zu bitten; die Unterlagen ließen sich auf legale Weise aus dem Internet beziehen. Mit diesem Material lassen sich beispielsweise sowohl die miteinander über Pipelines verbundenen Städte als auch die dazugehörigen Kraftwerke ermitteln. Selbst Angaben über die Durchmesser der Rohrleitungen sind akribisch aufgelistet, ebenso wie Atomkraftwerke, die in unmittelbarer Nähe der Netze stehen.

Atomkraftwerke als Zielscheibe Der ehemalige Bundesumweltminister Jürgen Trittin sah es als Aufgabe der Länder und der Industrie an, Konsequenzen aus der Gefahr terroristischer Angriffe auf Atomkraftwerke zu ziehen. Er reagierte damit auf die Forderung des Bundesamtes für Strahlenschutz, das auf der Grundlage einer Studie der Gesellschaft für Anlagen- und Reaktorsicherheit (GRS) empfohlen hatte, fünf deutsche Atomkraftwerke wegen der Terror-Risiken vorzeitig vom Netz zu nehmen. Das Amt nannte die Meiler Philippsburg I, Obrigheim, Isar I, Biblis A und Brunsbüttel. Dabei handele es sich um Anlagen älterer Bauart, die nicht ausreichend gegen Angriffe mit entführten Passagierflugzeugen geschützt seien. Die Folgen *eines* Anschlages allein wären verheerend – bei einem Synchronangriff wie auf das World Trade Center in den USA würde praktisch mehr als die Hälfte der Territorialfläche der Bundesrepublik unbewohnbar. Doch trotz der unbestrittenen Gefahr geschah bisher nichts; die Meiler bleiben attraktive Terrorziele.

Kann uns der Staat vor diesen Bedrohungen beschützen? Wenn man eine ehrliche Antwort geben soll, muss man sagen: nur sehr bedingt. Für die Sicherheit im Lande sorgen derzeit insgesamt sechzehn Landeskriminalämter, ebenso viele Landesverfassungsschutzämter, der Bundesnachrichtendienst, der Militärische Abschirmdienst, das Bundeskriminalamt, die Bundespolizei (vormals Bundesgrenzschutz). Dazu kommen noch das Zollkriminalamt und die Bundesanwaltschaft, nicht zu vergessen die Innenministerien der Länder und des Bundes, das Verteidigungsministerium und das Finanzministerium. An oberster Stelle der Staatsschützer steht in der Hierarchie das Bundeskanzleramt.

Wem nutzt das alles? Experten wie Walter Schmitz jedenfalls zweifeln am Erfolg dieser veralteten Strukturen:»So hat die Nachbereitung desaströser polizeilicher Einsätze gezeigt, dass der Ursprung allen Übels stets die fehlbehandelte Information gewesen ist. Überbordende Bürokratie bei den Meldewegen, unnötige Dateivielfalten, die Bund-Länder-Rivalitäten bei den Spitzenbehörden lassen jeden Fachmann erschaudern.«[312]

DIE KOMMENDEN REVOLTEN

Mit bin Laden oder den Anschlägen vom 11. September 2001 hatten die 1544 IT-Spezialisten der Bundesagentur für Arbeit nichts zu tun – und gerieten im Jahr 2005 trotz alledem ins Visier der Terrorfahndung. Im Rahmen der so genannten»einfachen Sicherheitsüberprüfung« hatte man beim Bundeszentralregister und bei den Sicherheitsbehörden Informationen über die Mitarbeiter eingeholt. Der Grund: Sie gehörten zu jenen Beschäftigten der Bundesagentur für Arbeit, die mit der Einführung von Hartz IV betraut waren und die mitunter die Software für die Auszahlung des Arbeitslosengeldes II einsetzten.

Das Verfahren, eigens zur Terrorbekämpfung initiiert, hatte für die Beobachteten gravierende Folgen.

Erscheinen nämlich in Fällen wie diesen auf den Monitoren der Sicherheitsüberprüfer verwertbare Ergebnisse, schalten sich Verfassungsschutz und der Militärische Abschirmdienst automatisch ein. Selbst wer die Abfrage ohne Ergebnis übersteht, bleibt im Visier der Fahnder: Sie übermitteln dem Arbeitgeber die Daten der Beobachteten – zur Vorbeugung. Was im Rahmen der Terrorbekämpfung nachvollziehbar erscheint, lässt bei der lückenlosen Überprüfung von knapp 4000 Mitarbeitern der Bundesagentur für Arbeit die Frage aufkommen: Sind diese Menschen potenzielle Staatsfeinde?

275

Sicher nicht. Doch die von der Frankfurter Rundschau im Jahr 2005 aufgedeckte Aktion der übereifrigen Staatsschützer offenbarte vor allem eins: Die Nerven der Bundesregierung liegen blank. Denn ohne jede Beschönigung der Lage beschreibt ein interner Bericht der Bundesregierung den Kern der Sache – unter Politikern grassiert die Angst vor möglichen Unruhen in der Bevölkerung als Folge der Einführung von Hartz IV.

Aus diesem Grund waren neben den im IT-Bereich arbeitenden Experten auch Mitarbeiterinnen der Bundesagentur in die Überwachung geraten, die »Zugang zu hoch empfindlichen sozialrelevanten Daten« hatten, wie es in einem Statement aus Nürnberg gegenüber dem Neuen Deutschland hieß.[313] Die Frankfurter Rundschau wiederum lieferte gleich das gesamte interne Dokument der Bundesregierung als Beleg – und schockte die Republik. Denn das Papier, ursprünglich nicht für die Öffentlichkeit bestimmt, beschreibt erstmals ganz offiziell ein bis dahin undenkbares Szenario:

»Die sensible öffentliche Reaktion auf ›Computer-Pannen‹ bei dem Start von Hartz IV Anfang 2005 unterstreicht, dass die Beeinträchtigung dortiger Aufgabenwahrnehmung – die für das Funktionieren des Gemeinwesens unverzichtbar ist – erhebliche Unruhe in erheblichen Teilen der Bevölkerung entstehen lassen würde.«[314]

Für linke Organisationen wie das im Jahr 1938 gegründete Internationale Komitee der Vierten Internationale (IKVI) sind derartige Aktionen erste Auflösungsindizien der gesellschaftlichen Stabilität. In der etablierten Internet-Publikation World Socialist Web machen die Linken auf die aus ihrer Sicht bestehenden Zusammenhänge zwischen staatlicher Überwachung und Hartz IV aufmerksam – und liefern damit nahzu wortgleich die Ansichten des Evaluierungsberichts der Bundesregierung. So schreiben die Sozialisten unmissverständlich:
»Die nach dem 11. September verabschiedeten Antiterrorgesetze werden eingesetzt, um sozialen Unruhen vorzubeugen.«[315]

Dass sich das sozial benachteiligte Wählervolk nicht nur durch Protestwahlen oder Enthaltung zu Wort melden kann, erfuhr die französische Regierung im Herbst 2005. Die gewaltsame Entladung des angestauten Frustes führte damals nicht nur zum Tod zweier Jugendlicher im Pariser Vorort Clichy-sous-Bois. Die gewalttätigen Jugendunruhen in rund 250 französischen Städten erschütterten die gesamte französische Republik. Ist so etwas auch in Deutschland vorstellbar? Stehen der Republik französische Verhältnisse bevor?

Zweifelsohne sind solche Fragen berechtigt. Denn der soziale Niedergang ganzer Landstriche findet seit Jahrzehnten ununterbrochen statt – nicht nur in den französischen Banlieus, sondern auch in Deutschland. Ob Berlin-Lichtenberg oder Marzahn, ob Hannover-Sahlkamp oder Frankfurt-Bonames: Wo einst Sozialwohnungen das Symbol staatlicher Fürsorge waren und den Menschen in Zeiten finanzieller Not ein Leben in Würde ermöglichten, gilt heute das Gesetz der Straße. Perspektivlosigkeit, Armut und Zukunftsangst sind eine gefährliche und explosive Mischung, und so scheint es nur eine Frage der Zeit, bis der Funke aus Frankreich auf die Vergessenen Deutschlands überspringt.

Längst erreicht der Slogan »Du bist Frankreich« die Herzen einer breiten Masse – am Anfang galt die Parole als Kampfaufruf eher militanter Studenten, die sich gegen die eingeführten Studiengebühren damit medienwirksam zu Wort meldeten. Doch heute steht »Frankreich« für Protest. Im März 2006 erklärte sich die DGB-Jugend solidarisch mit französischen Demonstranten, die gegen eine Verschärfung des Arbeitsrechts auf die Straße gingen.

Wochenlang hatte die Protestwelle in Paris angehalten, Hunderttausende waren dabei auf die Straße gegangen. Die Regierung hatte zuvor angekündigt, die Probezeit für Berufsanfänger unter 26 Jahren auf zwei Jahre zu verlängern und die soziale Absicherung für Arbeitnehmer zu schwächen. Dem Gesetzentwurf zufolge sollten Betroffene im Falle einer Kündigung während der Probezeit keinen Anspruch auf das reguläre Arbeitslosengeld mehr erhalten.

Ausgerechnet die im Jahr 2005 vorausgegangenen Unruhen in

den Pariser Vorstädten hatten Premierminister Dominique de Villepin veranlasst, diese Liberalisierung des Arbeitsrechts auf Jugendliche unter 26 Jahren auszudehnen. Der Schritt erwies sich jedoch als fatal. Denn das geplante Gesetz führte zu einer Solidarisierung zwischen Gewerkschaften und Jugendlichen: Allein im März und April des Jahres 2006 demonstrierten mehrere Millionen Menschen nicht nur in der französischen Hauptstadt – und forderten die Rücknahme der geplanten Maßnahmen.

Zwar waren die Demonstrationen des Jahres 2006 im Vergleich zu ihren gewalttätigen Pendants 2005 weitgehend friedlich. Aber die Forderungen von mehreren Millionen Menschen – und Wählern – zu ignorieren, erschien der französischen Regierung zu riskant. Wohl aus diesem Grunde gab am 10. April 2006 der Premierminister nach und legte einen geänderten Gesetzentwurf vor. Darin kam der umstrittene Ersteinstellungsvertrag, gegen den die Massen auf die Straße gezogen waren, nicht mehr vor.

Für Christian Kühbauch, DGB-Bundesjugendsekretär, sind die Gründe der Protestwelle und damit verbunden die Parallelen zu Deutschland nicht zu übersehen: »Die Verlängerung der Probezeit bedeutet eine weitere Prekarisierung von Berufseinsteigern. Und die Erfahrungen in Deutschland haben gezeigt, dass der Abbau des Kündigungsschutzes keine neuen Jobs produziert. Hier werden Unternehmerinteressen auf Kosten von jungen Menschen durchgesetzt.«

Ungewohnt kämpferisch verwies der Deutsche Gewerkschaftsbund im Frühjahr 2006 auf die Pläne der Bundesregierung hierzulande – ohne zu vergessen, im gleichen Atemzug an die Geschehnisse in Frankreich zu erinnern:

»Auch die Große Koalition in Berlin plant – wie im Koalitionsvertrag bekundet – eine ähnliche Reform. Die Probezeit solle demnach für Neueinstellungen auf zwei Jahre verlängert werden. Das Argument wie in Frankreich: um Jobs zu schaffen. Bisher konnte aber noch nicht in einem Fall nachgewiesen werden, dass der Abbau des Kündigungsschutzes neue Arbeitsplätze geschaffen hat. Insbesondere Berufseinsteigern würde ein solches Gesetz schaden. Denn schon jetzt gestaltet sich der Berufseinstieg zunehmend schwieriger. Immer mehr junge Menschen arbeiten – wenn sie überhaupt einen Job finden – unter prekären Bedingungen in Honorarjobs, Scheinselbständigkeit oder Praktika. Eine verlängerte Probezeit würde die Phase der Prekarität noch ausweiten. Es ginge dann für die Betroffenen nur noch um die Frage: Prekär oder arbeitslos?«[316]

Wie angespannt die Lage in Deutschland wirklich ist, offenbaren nicht nur interne Dokumente wie der eingangs erwähnte Evaluierungsbericht der Bundesregierung. Schon der simple Blick in einschlägige Foren des Internets zeigt die Stimmungslage der über sieben Millionen Menschen ohne Job. Folgende Zitate stehen exemplarisch für unzählige andere Meinungen, die sich im World Wide Web finden:

»*Nur eine lang anhaltende revolutionäre Stimmung wie in Frankreich könnte was bewirken. Freiwillig und auf Grund kluger Argumente und Einsichten gibt niemand seine Besitzstände auf, sondern allenfalls aus Angst, dass ansonsten bei ihm noch mehr abfackeln könnte. Sorry, ich bin kein Freund von Gewalt und an Gewaltakten noch nie auch nur ansatzweise beteiligt, aber es ist leider so, dass man nur Gehör auf Grund gewaltsamer Aktionen findet, wenn es um die grundlegende Verteilung der Wirtschaftsgüter in einem Staat geht.*«

»*Gibt es eine gewaltfreie Revolte, bin ich die Erste, die ... das Haus verlässt und sich für gerechte Lohnverteilung die Kehle wund schreit. Ich persönlich glaube, dass es auch in D bereits Gruppierungen im Untergrund gibt, die das eine oder andere planen. Und da die Öffentlichkeit, wie in Frankreich zu sehen, erst dann aufmerksam wird, wenn Gewalt und Randale ausgeübt wird, kann ich mir ähnliche Dinge auch in unserem Land vorstellen.*«

»*Während unsere Nachbarn aufstehen und alles lahmlegen, wenn die Politik mal wieder zu selbstherrlich zugeschlagen hat, sitzen wir Deutschen jammernd hinterm Ofen ... Die Obrigkeitshörigkeit ist nunmal drin seit Kaisers Zeiten .... Ich bin mein Leben lang Pazifist gewesen ... In letzter Zeit brauche ich nur Nachrichten zu sehen und ich komme ernsthaft ins Überlegen.*«

Wer diese Menschen in die Kategorie der Extremisten rückt, liegt falsch. Es sind ganz persönliche Schicksale ganz normaler Bürger, die sich vom Staat verlassen fühlen. So schreibt ein Forumsmitglied:[317]

»Ich frage mich schon lange, warum wir uns das alles tatenlos gefallen lassen... Mit mittlerweile fast fünfzig Jahren und fast fünfunddreißig Jahren Berufsleben bin ich nun zwei Jahre arbeitslos... habe fünfunddreißig Jahre schön brav meine Steuern gezahlt... nebenher zwei Kinder erzogen... und stehe nun aktuell – wie viele andere – vor einer perspektivlosen Zukunft.«

Unterschwellig und unaufhaltsam entsteht eine Welle des Protestes. Als im Jahr 2004 in Leipzig die Montagsdemos wieder aufflackerten und Zehntausende wieder gegen die Regierenden auf die Straße zogen, hielt sich die Aufmerksamkeit der Politiker für diese Gruppe der Demonstranten in Grenzen. Dabei wären die Verantwortlichen in Berlin gut beraten gewesen, den Menschen in Leipzig genauer zuzuhören. Die Friseurin Regina Richter sprach am 30. August stellvertretend für viele im Lande:

»Wir sind nicht länger bereit, uns mit ›Hauptsache Arbeit‹ zu jedem Hungerlohn abspeisen zu lassen. Wir wollen keine Gesetze, die die Reichen systematisch reicher machen und Millionen in die Armut drängen. Wir kommen wieder, und wir wissen: Millionen sind stärker als Millionäre!«[318]

Die Zeichen stehen demnach möglicherweise auf Sturm – aber kaum jemand in der Politik ist bereit, daraus die richtigen Schlüsse zu ziehen. Die soziale Bedrohung von Millionen Menschen ist der Nährboden für einen aufkeimenden Extremismus, der einerseits in einer neuen deutschen Terrorwelle münden könnte. Andererseits scheint mittlerweile auch die breite Masse der sozial Benachteiligten bereit, für ihre Interessen auf die Straße zu gehen – Gewerkschaften stehen dem aufkeimenden Protestwunsch des Volkes mittlerweile positiv gegenüber. In der Mitgliederzeitschrift der größten deutschen Gewerkschaft ver.di finden sich seit 2006 zunehmend Themen, die den Widerstand gegen den Sozialabbau mobilisieren sollen. »Land unter« beispielsweise hieß es im Oktober 2006 auf der ersten Seite der Zeitschrift Publik, die alle Mitglieder von ver.di frei Haus erhalten. Einen Monat zuvor hatte die Publikation auf der ersten Seite zum offenen Protest aufgerufen: »Die große Koalition vergreift sich am Sozialstaat. Die Bevölkerung wird nicht gefragt. Gewerkschaften planen ein Signal gegen die soziale Demontage.«[319]

Diesem Appell folgten am 21. Oktober 2006 Demonstrationen und Kundgebungen in Berlin, Dortmund, Frankfurt am Main, München und Stuttgart. Einen Monat später zogen die Gewerkschaftler eine Bilanz: »Und so kann man die Demonstrationen vom 21. Oktober auch als Indiz für das wachsende Unbehagen über die soziale Entwicklung in Deutschland wahrnehmen, als Ausdruck einer tiefen Verunsicherung der Menschen über ihre eigenen Lebenschancen und -perspektiven.«[320]

Zwar ließe sich das Ruder noch rechtzeitig herumreißen. Doch weil eher das Gegenteil passiert, läuft ein Teil der Gesellschaft in die Arme der Extremisten oder findet sich auf – noch – friedlichen Kundgebungen in Großstädten wieder. Ein anderer Teil, darunter Handwerker und geistige Eliten, erkennt die Vorboten der kommenden Unruhen – und verlässt das Land.

FAZIT: Viele spüren es, die Politik möchte davon nichts wissen – es gibt eine zunehmend explosive Stimmung im Lande. Und die lässt sich durch Daten der Sicherheitsdienste eindeutig belegen. Nicht nur hat sich die extreme Linke für die Wiederaufnahme des bewaffneten Klassenkampfes entschied. Auch die extremen Rechten sind im Aufwind – und setzen unverhohlen auf die »Abwicklung« des Systems Bundesrepublik. Die breite Mehrheit geht – zum Glück – noch ganz demokratisch auf die Straße. Herbstdemonstrationen gegen die Demontage des Sozialstaates sind wieder aktuell – Gewerkschaften haben, nach einem Jahrzehnt der Abstinenz, ihre Rolle wiedergefunden. Der Blick in die Geschichte aber zeigt, dass eine Polarisierung der Gesellschaft, verbunden mit Massenprotesten, stets der Vorläufer großer Umwälzungen war. Selbst in einem demokratischen Regime gingen diese oft undemokratisch vonstatten. Die Regierung erkennt diese Gefahr als potenzielle Bedrohung und verfasst dazu interne Evaluierungsberichte – an den Ursachen des Unmuts jedoch mag sie nichts ändern. Bleibt alles so, wie es ist, steht unser Land vor einer Zeit der Revolten.

VII. DEUTSCHE KEHREN DEUTSCHLAND DEN RÜCKEN

– Warum Auswanderung zu einem ernsten Problem wird
– Wie die deutsche Elite von anderen Staaten geködert wird
– Warum selbst Handwerker das sinkende Schiff verlassen

Arbeiten, um zu leben, und leben, um zu arbeiten: Dieser Traum ist ausgeträumt. Einst bestimmten Schaffen und Leisten das Dasein der Deutschen, heute sind es Arbeitslosigkeit und Hartz IV. Nichts ist mehr sicher, und nichts hat mehr Zukunft. So denken viele. Eine Umfrage des Londoner Meinungsforschungsinstituts IPSOS-MORI im Jahr 2005 hat ergeben, dass zumindest jeder Zweite vom Auswandern träumt. Während früher zumeist der sonnige Süden lockte, ist es heute die Aussicht auf einen Job. Die Chance darauf nutzen immer mehr.

160 000 Menschen kehrten Deutschland 2005 den Rücken – das ist, als würde ganz Osnabrück die Koffer packen. 160 000 Menschen – das sind sechzig Prozent mehr als noch Anfang der neunziger Jahre und ein unrühmlicher Rekord seit 122 Jahren. Das allein wäre schon erschreckend genug, gäben die Statistiken die absoluten Zahlen wieder. In Wirklichkeit aber schönen sie eine beängstigende Entwicklung. Denn die Bundesstatistik zählt nur diejenigen, die sich ordnungsgemäß bei den deutschen Behörden abgemeldet haben. Aber das sind bei weitem nicht alle. Manche vergessen einfach nur, es zu tun. Andere wollen sich aber eine Hintertür für den Fall offenlassen, dass es nicht so klappt, wie sie es sich vorgestellt haben.

Vorsichtige Schätzungen gehen davon aus, dass jährlich 250 000 Deutsche ihr Glück im Ausland versuchen. Das Statistische Bundesamt in Wiesbaden beziffert die Zahl in einer älteren internen

283

Erhebung sogar auf 815 000. Zwar verzeichnen besonders die ostdeutschen Beratungsstellen seit 2002 einen rasanten Zuwachs von Rat suchenden Auswanderungswilligen, doch letztlich sind es mehr Westdeutsche, die gehen. Doch egal, wie viele es tatsächlich sind und aus welchem Bundesland sie auswandern, jeder Verlust schmerzt. Das Fatale an der Auswanderung ist, dass sie eine eigene Dynamik entwickelt. Diejenigen, die den Schritt ins Ungewisse gewagt haben, melden den Zurückgebliebenen: Alles halb so schlimm, uns geht es gut hier. Deshalb, folgern Wissenschaftler wie Klaus J. Bade, Leiter des Instituts für Migrationsforschung und Interkulturelle Studien (IMIS) an der Universität Osnabrück, droht Deutschland eine regelrechte Auswanderungswelle mit dramatischen und bislang kaum abschätzbaren Folgen für Wirtschaft, Staat und Gesellschaft.

NICHTS WIE WEG HIER – DIE JUNGE GENERATION FLÜCHTET AUS DER HEIMAT

Anno 2006 sind die typischen Auswanderer jung, gut ausgebildet, hoch motiviert und manchmal auch international erfahren. Zu ihnen zählen Akademiker ebenso wie Handwerker, Landwirte und Arbeiter. Gut die Hälfte ist im besten Rentenzahlalter – also zwischen achtzehn und vierzig Jahren alt.

Den Wunsch, der allgemeinen schlechten Stimmung im Land zu entgehen, hegen aber auch Schüler. Sie erleben den PISA-Schock als Versagen des dreigliedrigen Schulsystems, das die Kinder nach dem vierten Schuljahr auf Gymnasien, Real- und Hauptschulen aufteilt und so die Dreiklassengesellschaft des 19. Jahrhunderts reflektiert, die Ungleichheit vergrößert, ohne den Durchschnitt zu verbessern. Und sie sehen, dass vieles im Argen liegt. Falls sie studieren wollen, erwarten sie überfüllte Hörsäle, von Etatkürzungen betroffene Arbeitsbereiche, eine mangelhafte Ausstattung, lange Anmeldelisten für Kurse und schließlich Dozenten, die keine Zeit für sie haben. Nicht besser sieht die Lage aus, wenn sie eine Lehre absolvieren wollen. Denn trotz der besseren Wirtschaftslage im Jahr 2006 meldete die Bundesagentur für Arbeit (BA) noch 194 000 Bewerber ohne Ausbildungsplatz – im Jahr zuvor waren es mit 183 000 deutlich weniger. Eine Trendwende, wie sie die Politik seit langem ankündigt, ist nicht in Sicht. Einer BA-Berechnung zufolge fehlen allein in diesem Jahr 31 000 Ausbildungsplätze, 28 300 Lehrstellen waren es 2005. Dass es sich dabei um eine sehr verhaltene Bewertung handelt, machen andere Zahlen deutlich: Laut Gewerkschaften fehlen in Deutschland mehr als 279 000 Lehrstellen. Die Situation wird sich vermutlich auch nicht entschärfen, denn die erfolglosen Bewerber aus dem Vorjahr werden im Folgejahr erneut auf den Markt drängen. So ist verständlich, dass die Jungen, die ihr Leben noch vor sich haben, mit einem Wechsel ins Ausland liebäugeln.

Noch vor Jahren waren es besonders Hochschulkräfte und Studenten, die es in die weite Welt zog. Immerhin jeder siebte Student, der hierzulande seine Promotion abschließt, geht in die Vereinigten Staaten, und 30 Prozent bleiben auf Dauer. Umfassendes weiß man allerdings nicht über die Migration der Hochqualifizierten – nur so viel: Die Datenquellen sind insgesamt nicht sehr ergiebig. Bisher hat sich die Wissenschaft nicht sonderlich für die Motivation der Auswanderungswilligen interessiert; auch gibt es keine Systematik, die deren Bildungsniveau erfasst. Die Organisation für wirtschaftliche Zusammenarbeit und Entwicklung (OECD) hat in einer Erhebung festgestellt, dass in den USA rund 40 Prozent der Deutschstämmigen über einen weiterführenden Abschluss verfügen. 15 Prozent von ihnen sind in den neunziger Jahren zugewandert, in der Zeit also, als in Deutschland das erste Mal vom drohenden Braindrain, vom Akademiker-Exodus, die Rede war. Zwischen 1995 und 2000 waren es 4 Prozent der deutschen Hochschulabgänger, die sich in die USA aufmachten, und ebenso viele mit Promotion. Die Zahl deutscher Wissenschaftler in den USA, die als Deutschgebürtige, »Resident Aliens« oder Besitzer zeitlich begrenzter Visa im Hochschul- und hochschulnahen Bereich tätig sind, bezifferte das U.S. Bureau of the Census, das amerikanische Pendant zum deutschen Mikrozensus, im Jahr 2004 auf fünfzehn- bis zwanzigtausend. Genau weiß das allerdings niemand, da es keine offiziellen An- oder Abmeldestatistiken oder Zu- und Abwanderungslisten gibt.[321] Hinzu kommen etwa 7200 Deutsche im Bereich Science & Engineering, Ingenieure sowie Natur- und Wirtschaftswissenschaftler sowie Soziologen, berichtet die National Science Foundation (NSF). Das International Institute for Education (IIE) unternahm 2003 unter der Bezeichnung »Open Doors« eine Befragung und kam auf 4650 deutsche Forscher. Damit nahm Deutschland unter allen europäischen Ländern eine absolute Spitzenstellung ein und lag insgesamt hinter China (15 206), Korea (7286), Indien (6565) und Japan (5706) auf dem fünften Platz.[322]

Wie aber lässt sich die Emigration der Intelligenz messen, wie beurteilen? Geht es um die deutschen Nobelpreisträger, da doch immerhin drei von vier Nobelpreisträgern deutscher Herkunft ihre Karriere in Amerika gemacht haben? Oder sollte man eher bedauern, dass so viele Postdocs das Land verlassen? Ist es letztendlich sogar um jeden Einzelnen, der hierzulande studiert und Deutschland danach verlässt, schade?

Die Zahlen jedenfalls geben kaum Anlass zur Besorgnis, will man meinen. Dennoch besteht für eine auf Innovation und Wachstum angelegte Gesellschaft Sorge, wenn man es nicht vom Standpunkt der Quantität, sondern der Qualität betrachtet. Denn es sind vor allem die klügsten Köpfe unter den Absolventen, die zum Forschen in die USA gehen. Hier wirkt das Prinzip der »doppelten Bestenauswahl«. Die meisten jungen Forscher gehen mit einem Stipendium ins Ausland; die strengen Maßstäbe der Geldgeber trennen bereits hier die Spreu vom Weizen. Von diesen Stipendiaten erhält wiederum nur ein Teil ein Bleibeangebot von den jeweiligen Forschungseinrichtungen. Nachhaltig wird das Problem vor allem extrem innovative Bereiche treffen wie zum Beispiel die Molekulargenetik oder die Neurowissenschaften, deren Grundlagen jetzt erst gelegt und die Landwirtschaft, die Lebensmitteltechnologie und die Medizin revolutionieren werden. Eine Studie des Bundesministeriums für Bildung und Forschung (BMBF) befürchtet deshalb, »dass der Rückstand Deutschlands in diesen Bereichen mittelfristig festgeschrieben wird«.[323]

So haben viele von denen, die gehen, das Potenzial, hervorragende Forscher zu werden – sie werden es eben nur nicht im eigenen Land. Bereits 2005 beklagte Willi Fuchs, Direktor des Vereins Deutscher Ingenieure, ein Fehlen von rund viertausend Hochqualifizierten – Informatikern, Ingenieuren, Naturwissenschaftlern und Mathematikern –, und er rechnete nicht mit einer Besserung. Im Gegenteil. Deutschland ist weit entfernt von einer Akademikerschwemme. Im Vergleich zu 1991 hatten im Jahr 2005 20 Prozent zwischen 25 und 34 Jahren eine Hochschulausbildung. Im gleichen Zeitraum schoss die Akademikerquote in Kanada von 33 Prozent auf eindrucksvolle 53 Prozent in die Höhe. Auch in Norwegen, Finnland und Schweden konnten 2003 vier von zehn Einwohnern unter 35 Jahren ein abgeschlossenes Studium vorweisen.[324]

Das demographische Desaster, das Deutschland in den kommenden Jahrzehnten ereilen wird, fordert zusätzlich seinen Tribut. Jürgen Strube, Aufsichtsratsvorsitzender der BASF AG und Präsident des europäischen Industrie- und Arbeitgeberverbandes (Unice), wagte 2004 einen Blick in die Zukunft und bezifferte den Fachkräftemangel auf drei Millionen – in fünfzehn Jahren.

Weil die Ansprüche in der Arbeitswelt ständig steigen, wächst auch der Bedarf an Spitzenkräften. Eine Hoch- oder Fachhochschulausbildung ist eine lohnende Investition. Menschen mit Bildung winkt ein ansprechender Job – und häufig auch ein höheres Einkommen. Die Wissensgesellschaft fordert ihren Tribut, und in naher Zukunft kann das Angebot die Nachfrage nicht befriedigen. Schon aus diesem Grund ist wenig wahrscheinlich, dass Akademiker die Angst vor der Arbeitslosigkeit ins Ausland treibt. Eine Arbeitslosenquote von etwa 4 Prozent, Tendenz fallend, dürfte daher auch kaum der Grund für die Abkehr von Deutschland sein.

»Deutschland ist nicht nur Vize-Weltmeister im Export von Waren, sondern auch Europameister im Export von Fachleuten«, formulierte einst Hans-Olaf Henkel, ehemaliger Präsident des Bundesverbandes der deutschen Industrie (BDI).[325] Warum das so ist, darüber rätseln Experten noch. Könnte es sein, dass Deutschlands Wirtschaftskraft eine (vorübergehende) Abwanderung forciert? Immerhin gehören deutsche Unternehmen tatsächlich zu den wichtigsten ausländischen Investoren. Um die Geschäfte abwickeln zu können, sind Fachleute vonnöten, meint auch Georges Lemaitre, OECD-Direktion Beschäftigung, Arbeit und Soziales.[326] Aber ist es wirklich so? Brillenhersteller Rodenstock investiert in Tschechien, die Reifenfirma Continental in Rumänien, VW in der Slowakei, Siemens in China. Besonders beachtlich sind die Zahlen aus der IT-Branche. Hier sind es drei von vier deutschen Unternehmen, die die Vorteile von Niedriglohnländern zu nutzen wissen. Jakob F. Kirkegaard vom Institute of International Economics in Washington schätzt, dass rund 45 Prozent aller Jobs in den USA theoretisch auch im Ausland erledigt werden könnten – eine Schätzung, die durchaus auch auf Deutschland übertragbar ist. High-Tech-Cluster überall auf der Welt, die Spitzenkräfte vor Ort einkaufen, sie nach ortsüblichen Billigtarifen entlohnen und nur die wenigsten aus Deutschland »importieren«, sind mittlerweile Realität.

DEUTSCHE ELITE ALS EXPORTRENNER

Für deutsche Forscher ist inzwischen weder das Arbeitsland noch das Forschungsland Bundesrepublik mehr attraktiv genug. Während Ersteres gekennzeichnet ist durch permanente Abwanderung der Unternehmen – trotz massiver Zugeständnisse von Seiten der Politik –, darbt Letzteres auf Grund von Kosteneindämmung und Fehlnutzung seiner Ressourcen. Seit Jahren werden Universitäten und andere Denk-Fabriken kaputtgespart, überall im Bereich Bildung fehlt es an Geld. Da sind die Aussichten auf dem globalen Bildungsmarkt schon wesentlich rosiger, denn der Marktführer USA versteht sein Handwerk: »Dort wird Humankapital angesaugt, und zwar aggressiv und mit allen Mitteln des Wettbewerbs«, sagt der

Vizepräsident des Deutschen Akademischen Austauschdienstes (DAAD), Max Huber. Inzwischen wird die Hälfte aller Forschungsleistungen in Amerika von Ausländern erbracht – in Deutschland sind es dagegen nur magere 10 Prozent. Unter den fünfzig Spitzenuniversitäten der Welt sind nur fünfzehn nichtamerikanische. München als einzige deutsche Hochschule bringt es gerade auf Rang 48 (siehe Abbildung).

Wissenschaftler finden in den Vereinigten Staaten beste Arbeitsbedingungen vor. Auf diese Weise subventioniert Deutschland die Forschung in den USA – ein Umstand, der kaum hinzunehmen ist. Denn das geistige Potenzial talentierter Menschen steht am Beginn einer langen Wertschöpfungskette und legt den Grundstein für die spätere Leistungsfähigkeit eines Landes. Nur der Rohstoff Wissen heizt die Fabriken der Zukunft an, denn wo keine Forscher sind, finden sich auch keine kreativen Unternehmer. Erkannt ist das

Abb. 29
DEUTSCHE AKADEMIKER IN DEN VEREINIGTEN STAATEN

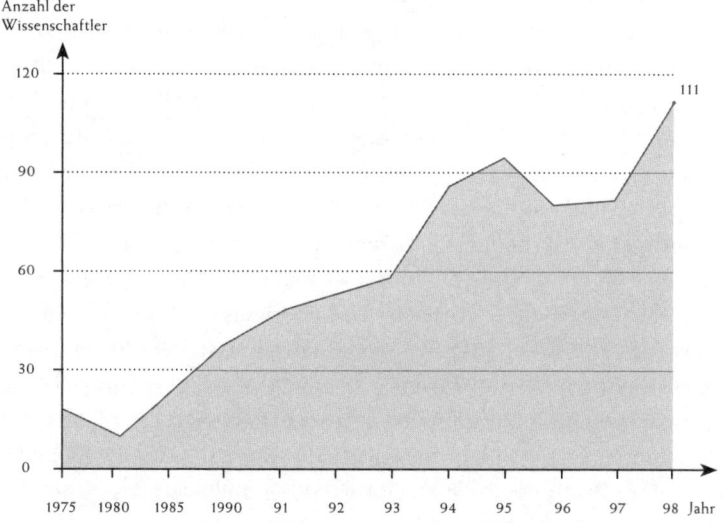

Anzahl der
Wissenschaftler

Quelle: FAZ[328]

289

Problem, und verzweifelte Versuche, es zu beheben, gibt es ebenfalls. Ralf-Michael Weimar, Minister für Innovation, Wissenschaft, Forschung und Technologie in Nordrhein-Westfalen, richtete 2005 sogar einen offenen Brief an die in den USA tätigen Forscher.[327] Er wirbt für die Rückkehr der Wissenschaftler, indem er auf das in seinem Bundesland »mit Abstand freiheitlichste Hochschulrecht Deutschlands« verweist. Ähnliche Ambitionen haben die im gleichen Jahr gegründete Initiative »Zukunft Wissenschaft«, die von mehr als fünfhundert deutschen Forschern unterstützt wird, und das Projekt GAIN (German Academic International Network). Wie erfolgreich sie sind, während sich die Verhältnisse in Deutschland nicht grundlegend ändern, sei dahingestellt.

Wissenschaftler, Studenten, Manager und Globetrotter waren schon immer weltoffen und haben einige Jahre im Ausland verbracht. Doch mittlerweile macht sich eine neue Generation von Auswanderern auf, ihre Heimat zu verlassen. Raus aus der Depression – das ist das Motiv der Friseure, Maurer, Zimmerleute, Schlosser, Tischler, Landmaschinenmechaniker, Schlosser und Brummi-Fahrer, die Deutschland Adieu sagen. Im eigenen Land nicht mehr gebraucht zu werden und mit der Angst im Nacken leben zu müssen, schon bald den Rand der Gesellschaft zu bevölkern, ist keine gute Aussicht. Fünf Millionen offizielle Arbeitslose, mehrere Millionen Minijobber mit vierhundert Euro im Monat, unaufhörlicher Arbeitsplatzabbau und ein totgesagter Sozialstaat sind die Argumente, die sie antreiben. Sie haben nicht mehr das Gefühl, ihr Leben in die eigenen Hände nehmen zu können – wollen sich andererseits aber nicht ihrem Schicksal ergeben. Üblicherweise ist es der Leidensdruck, der die Idee, auszuwandern, reifen lässt. Doch die Leute gehen nicht sofort; sie warten erst einmal ab. Erst wenn sich die Lage nach einigen Jahren nicht gebessert hat, wird der Plan in die Praxis umgesetzt.[329] Nach Angaben des Raphaels-Werks in Hamburg, einer Beratungsstelle für Auswanderer und Auslandstätige, das 22 Zweigstellen in Deutschland unterhält, ließen sich 2002 rund 200000 Auswanderwillige über die Möglichkeiten informieren, sich außerhalb der deutschen Grenzen eine neue Existenz aufzubauen. Als Hauptgrund für ihren Wunsch gaben 61 Prozent der Befragten an, sie sähen in Deutschland keinerlei berufliche Perspektive mehr. 7 Prozent wollten mit dem Wechsel ihre wirtschaftliche Lage verbessern, zwanzig Prozent nannten familiäre Gründe.

Dass sich inzwischen sogar die tief Verwurzelten aufmachen, lässt Rekordzahlen der Zentralstelle für Arbeitsvermittlung (ZAV) bei der Bundesagentur für Arbeit vermuten. Die ZAV kümmert sich um die Vermittlung von Fachkräften ins Ausland und vermittelte im Jahr 2000 exakt 1936 Deutsche ins europäische Ausland – 2005 waren es bereits viermal so viele.[330] Die Menschen reizt weniger der Aufstieg auf der Karriereleiter, wie das bei Akademikern der Fall ist. Sie wollen einfach nur arbeiten – selbst unter der Voraussetzung, womöglich weniger Geld zu verdienen.[331] Besser schlechter bezahlt als gar keine Arbeit, ist ihre Devise. Dass viele der neuen Auswanderer kaum Englisch und selten die Sprache ihres Gastlandes sprechen, ist so wichtig nicht. Was sie mitbringen, hat größere Bedeutung: ihr Können, ihre praktische Erfahrung, ihre Ausdauer und der Wille, etwas zu leisten.

Nach wie vor genießt nämlich die duale Ausbildung, die ein paralleles Lernen in der Berufsschule und im Betrieb ermöglicht, im Ausland einen guten Ruf. So ist nicht verwunderlich, dass die Zahl der Jobmessen in den vergangenen Jahren ständig zunahm. Mehr als zweihundert dieser Recruiting- und Informationsmessen werden Jahr für Jahr in Deutschland veranstaltet. Sie zeigen, dass auch europäische Länder Zukunft bieten können (siehe Abbildung). In Österreich beispielsweise ist die Zahl deutscher Gastarbeiter heute höher als die der türkischen. Die Schweiz verdrängte 2005 sogar die USA von ihrer Spitzenposition als beliebtestes Auswanderungsziel. 14 409 Deutsche zog es in unser südliches Nachbarland – das war jeder zehnte Auswanderer. Seit Jahren verzeichnet die Schweiz einen steigenden Anteil deutscher Migranten, innerhalb von nur fünf Jahren wuchs deren Zahl auf das Doppelte. Dass vor allem auch Arbeitslose Erfolg bei der Jobsuche im Ausland haben, belegt die ZAV. 2005 vermittelte sie 8228 Menschen langfristig in EU-

Abb. 30
DAS AUSLAND LOCKT

Rangliste der beliebtesten Ziele	
1. Schweiz	14 409
2. USA	13 569
3. Österreich	9 314
4. Polen	9 229
5. Großbritannien	9 012
6. Spanien	7 317
7. Frankreich	7 316
8. Italien	3 435
9. Niederlande	3 404
10. Kanada	3 029

Quelle: Statistisches Bundesamt

Länder – drei Viertel von ihnen waren zuvor arbeitslos gewesen. Forsa, die Gesellschaft für Sozialforschung und statistische Analyse, wollte im Juni 2006 wissen, wie es um die Attraktivität Europas bei deutschen Auswanderern bestellt ist. Tatsächlich ist die Liebe zum heimischen Kontinent erheblich: Für beinahe die Hälfte der 1005 Befragten liegt das Auswanderungsziel innerhalb Europas; Spanien (22,1 Prozent), Italien (12,5 Prozent) und die Schweiz (9,7 Prozent) sind am gefragtesten. Besonders heikel ist, dass es so viele sind, die es in die Ferne treibt: 40 Prozent würden ihrer Heimat am liebsten den Rücken kehren; von den Studenten sind es sogar 56 Prozent. Die Deutschen sprechen damit der Zukunftsfähigkeit ihres Landes ein Misstrauensvotum aus.

Nicht jeder wagt den Schritt ins Ungewisse. Letztlich sind es die Aktiven, die gehen – also genau die, die auf dem Arbeitsmarkt noch am ehesten eine Chance hätten, und diejenigen, die Wirtschaft und Gesellschaft so nötig haben. Und es sind diejenigen, die (noch) über ausreichende finanzielle Reserven verfügen, um zumindest einen Neustart wagen zu können. Bei vielen anderen scheitert die Auswanderungsabsicht schon am Kauf der Flugtickets, von Rücklagen für Lebenshaltungskosten, Schul- und Kindergartengeld ganz abgesehen.

So liegt die Vermutung nahe, dass geht, wer gut ausgebildet und durchschnittlich begütert ist oder wenigstens auf die Hilfe von Freunden und Verwandten zurückgreifen kann, die ihn unterstützen. Einkommensschwache haben dagegen das Nachsehen. »Hartz IV bleibt hier« könnte demnach zum Schlagwort eines bedenklichen gesellschaftlichen Trends avancieren, der Depression, Desintegration und Aggression zur Folge hat.

Dem Problem der Abwanderung steht das der Zuwanderung gegenüber: Während Erstere beständig zuzunehmen scheint, ist Letztere rückläufig. Migrationsforscher Klaus J. Bade sieht Deutschland »in einer migratorisch suizidalen Situation«.[332] Allein der Blick auf die Wanderungsbewegungen von Deutschen offenbart die Misere. So verließen 2005 erstmals mehr Deutsche das Land als einwanderten. Mit einer Differenz von 17 000 allein 2006 war der Wanderungssaldo wiederum negativ. Im Jahr 2001 zogen laut Statistischem Bundesamt in Wiesbaden noch 273 000 mehr Menschen nach Deutschland als weg. Ein Jahr später waren es bereits zwanzigtausend weniger. Vor allem Spätaussiedler und ihre Angehörigen haben für die Zuwanderung gesorgt – doch wird es von ihnen immer weniger geben. Mittlerweile sagt jeder zweite Ausgewanderte, er denke nicht an eine Rückkehr – vor wenigen Jahren war es noch jeder vierte. Wenn qualifizierte Einwanderer das Defizit ausgleichen würden, fiele der Verlust kaum ins Gewicht. Im Gegensatz zu Deutschland ist es vielen anderen Nationen, und nicht nur den klassischen Einwanderungsländern USA, Kanada und Australien, gelungen, einen stattlichen Einwanderungsüberschuss bei den Hochqualifizierten zu verbuchen. Nur: Wie lässt sich die verfehlte deutsche Einwanderungspolitik eines Vierteljahrhunderts wieder gutmachen? Erst heute beginnt sich die Erkenntnis durchzusetzen, dass Deutschland ein Einwanderungsland ist. Zuwanderung wird noch immer maßgeblich beschränkt statt zielgerichtet gesteuert:

Deutsche Fachkräfte wandern ab und ausländische machen einen Bogen um dieses Land. Die Forschungseinrichtung der Deutschen Bank, das Deutsche Bank Research (DB Research), schreibt dazu:

»Während der Braindrain zunehmend diskutiert wird, stößt die abnehmende Zahl der Zuwanderer dagegen bedauerlicherweise kaum auf Beachtung in den Medien. Ein Grund dafür könnte sein, dass deren Rückgang in Zeiten von hoher Arbeitslosigkeit und umfangreichen Integrationsproblemen von vielen als wenig bedrohlich oder sogar nützlich angesehen wird. Dabei sind beide Phänomene als Teil eines Grundproblems (sprich: einer sinkenden Nettozuwanderung) anzusehen – mit langfristig gravierenden volkswirtschaftlichen Folgen.«[333]

Auch 2005 sind wieder weniger Ausländer nach Deutschland eingewandert. Ein Wanderungsüberschuss von nur 79 000 konnte nicht ausgleichen, dass in Deutschland mehr Menschen starben als geboren wurden. In der Folge schrumpfte die Einwohnerzahl um rund hunderttausend Bewohner. 79 000 Zuwanderer – das sind 71 Prozent weniger als noch 2001. Nicht weniger dramatisch bestellt ist es um die Qualifikation derer, die kommen, denn ihnen mangelt es nicht nur an Sprachkenntnissen, sondern vor allem an einer Ausbildung. Selbst junge Ausländer haben größte Schwierigkeiten mit dem Lernen, besonders dann, wenn das Elternhaus keinen großen Wert auf Schulbildung legt. Weil Jobs für Geringqualifizierte zur Mangelware geworden sind, tragen Ausländer ein dreimal so hohes Armutsrisiko wie Deutsche und sind doppelt so oft von Arbeitslosigkeit bedroht. Russische Zuwanderer zum Beispiel weisen eine Arbeitslosenquote von mehr als 50 Prozent auf.[334] Grotesk ist andererseits, dass Deutschland viele der im Ausland erworbenen Bildungsabschlüsse nicht anerkennt. Feststoffphysiker, die Taxi fahren müssen, obwohl Physiklehrer an deutschen Schulen fehlen, oder Ärzte, die sich als Hausmeister verdingen, obwohl in manchen Gegenden Ostdeutschlands Mediziner gesucht werden, sind nicht die Ausnahme, sondern die Regel.[335] Auch das seit Anfang 2005 gültige

»Gesetz zur Steuerung und Begrenzung der Zuwanderung und zur Regelung des Aufenthalts und der Integration von Unionsbürgern und Ausländern« hat die Hoffnung auf eine systematische deutsche Einwanderungspolitik nicht erfüllt. Nach wie vor ist Diskriminierung an der Tagesordnung, insbesondere auf dem Wohnungs- und dem Arbeitsmarkt. Neben der Integrationspolitik versagt auch die Bildungspolitik: Unzureichend gefördert, wird das Potenzial der zweiten und dritten Einwanderergeneration verschleudert. Arbeit und Bildung sind die Achsen, um die sich die Gesellschaft dreht. Dort, wo sie zu brechen drohen, warten Stillstand und Agonie. Einerseits investieren Deutsche ihre Energie und ihr Wissen jenseits ihres Landes, andererseits verhindert eine »Einwanderungspolitik wider Willen«, dass sich qualifizierte Ausländer in Deutschland niederlassen, und zum Dritten spitzt sich das Scheitern der Bildungspolitik zu einer Bildungskatastrophe zu, deren Bannstrahl Deutsche wie Ausländer gleichermaßen trifft. Für Migrationsforscher Bade steht deshalb fest: »Deutschland blutet aus.«[336]

FAZIT: Die Bundesrepublik war einst das Traumziel vieler Migranten. Wer es zu etwas bringen wollte, wer willens war, sein Wissen hierzulande einzubringen, zog nach Deutschland. Inzwischen machen gut ausgebildete Migranten einen großen Bogen um die Republik – und Deutsche kehren Deutschland den Rücken. Die Abwanderung kennt keine gesellschaftlichen Grenzen. Handwerker, Ärzte und Wissenschaftler verlassen das Land ebenso wie Lehrer, Geisteswissenschaftler oder Mittelständler. Für viele Medien sind das lediglich spannende und quotenträchtige Schicksale. In Wirklichkeit geht es um mehr. Die Erosion der meisten Systeme in den ehemaligen Ostblockstaaten begann zunächst mit der Auswanderung der Eliten. Danach folgten Handwerker, und am Ende wollte jeder das Land verlassen. Wer in Deutschland heute Parallelen zu den Jahren vor 1989 sucht, wird sie finden – auch wenn hierzulande Staat und Sicherheitsdienste niemandem im Wege stehen, der das Land verlassen will. Die Welle der Auswanderer aber verdeutlicht, wie tief die Enttäuschung über das eigene Land sitzen muss. Ein neues Leben in der Fremde zu beginnen, ist kein Abenteuer – es ist ein Abschied von Deutschland und symbolisiert das Versagen der Politik, seinen eigenen Bürgern bessere Lebensbedingungen zu bieten als andere Staaten.

VIII. DER SCHLAUE STAAT ALS
LETZTE CHANCE

- Wie der Sozialstaat überleben kann
- Warum wir eine Steuer-Revolution brauchen
- Wie eine bessere Bildung die Zukunft sichert
- Wie wir für Einkommensgerechtigkeit sorgen

Politiker und Wirtschaftsvertreter werden nicht müde, die USA als Siegernation im globalen Wettkampf um wirtschaftlichen Erfolg zu preisen. Dann und wann streuen sie in ihre Ausführungen auch Beispiele aus Großbritannien, Schweden, Dänemark oder der Schweiz ein, um ihre Politik des Gürtel-enger-schnallen-Müssens zu rechtfertigen – je nachdem, zu welchem Glied ihrer Argumentationskette die Vorbilder passen. Warum aber ausgerechnet die USA als Generalbeweis für die Nichtfinanzierbarkeit der Sozialsysteme herhalten muss, hat einen Grund: Würden sie sich auf ein anderes Land fokussieren, dessen Sozialstrukturen, politische Institutionen und Wertvorstellungen viel eher mit denen Deutschlands vergleichbar sind, würde das die Grundfesten ihrer Glaubenslehre erschüttern und all die »Reformen«, die der Bevölkerung bis heute zugemutet werden, als unsinnig und überflüssig entlarven. Denn ordnungspolitisch ausgeblendet wird, dass Schweden oder Dänemark trotz erheblicher Veränderungen in den vergangenen zehn Jahren nach wie vor über intakte sozialstaatliche Strukturen verfügen – und damit für eine Stabilisierung und teils sogar für einen Ausbau der Sozialsysteme stehen.

Beispielsweise kann Schweden mit Daten aufwarten, die auf den ersten Blick aus einem anderen Jahrzehnt zu stammen scheinen. So lag die Arbeitslosigkeit im Jahr 2003 bei 5,6 Prozent und damit noch unter der amerikanischen Quote von 6 Prozent. Die Erwerbsbeteiligung abhängig Beschäftigter betrug 79 Prozent; die der USA fiel mit 75,8 Prozent geringer aus. Von den abhängig Beschäftigten waren in Schweden 76,9 Prozent Frauen – diese Zahl übertrifft die der USA mit 69,7 Prozent deutlich. Interessant ist auch, dass die Zahl der Langzeitarbeitslosen in den USA seit 1990 kontinuierlich wächst, während sie in Schweden nach einem dramatischen Anstieg im Jahr 1997 wieder gesenkt werden konnte (siehe Abbildung).[337]

Solche Zahlen gewinnen noch mehr an Gewicht, betrachtet man sie angesichts der Tatsache, dass Schweden nach wie vor Grundzüge jenes Typs von Sozialstaat aufweist, den deutsche Neoliberale als Ursache allen Übels geißeln. Während hierzulande die Reformen seit der Ära Schröder zum massiven Sozialabbau und zu Hartz IV führten, behielten die nördlichen Länder ihren Kurs der sozialen Absicherung unbeirrt bei – und stehen heute besser da als die Bundesrepublik. Die in Skandinavien konsequent umgesetzte »Idee des aktivierenden Sozialstaates« hat sich in den Zeiten der Globalisierung als die ökonomisch cleverere Variante erwiesen. Zu dieser Erkenntnis kommen nicht etwa frenetische Querdenker, sondern die Institution, die eher für ihr helles Ohr am Puls des Liberalismus bekannt ist: die Elite-Analyseeinheit der Deutschen Bank Gruppe, die

Abb. 31
ENTWICKLUNG DER LANGZEITARBEITSLOSIGKEIT IN SCHWEDEN

Jahr	Quote Langzeitarbeitsloser	
	Arbeitslosigkeit über 6 Monate	Arbeitslosigkeit über 12 Monate
1990	15,9 %	4,7 %
1997	46,7 %	29,6 %
2003	35,4 %	17,8 %

Vergleich USA		
2003	22,0%	11,8 %

Quelle: IAW, Institut Arbeit und Wirtschaft

Deutsche Bank Research. In ihrer Studie »Wirtschaftliche Entwicklung in Skandinavien und Deutschland – ein Systemvergleich«[338] listet sie die Fakten auf. Während sich die Arbeitslosenquote in der Bundesrepublik seit der Wiedervereinigung nahezu verdoppelte und mittlerweile flächendeckend im zweistelligen Bereich liegt, ging sie in den skandinavischen Ländern sogar unter 5 Prozent zurück. Dänemark, Finnland und Schweden haben es geschafft, ihre Haushalte von großen Defiziten zu Überschüssen zu führen.[339] Im Gegensatz dazu leistet sich Deutschland ständig rote Zahlen. Dabei kann es nicht unbegrenzt Schulden machen. Zum einen ist das Land nach Artikel 115 des Grundgesetzes verpflichtet, dafür zu sorgen, dass die Kredite nicht die Summe der Investitionen überschreiten. Zum anderen ist es an den Maastricht-Vertrag von 1992 gebunden, den die EU-Länder im Zuge der Euro-Einführung abgesegnet haben. Er schreibt vor, dass das Haushaltsdefizit maximal 3 Prozent des Bruttoinlandsprodukts (BIP) ausmachen und dass die Gesamtverschuldung 60 Prozent des BIP nicht überschreiten darf. Mittlerweile hat die deutsche Wirtschaftspolitik das Land in ganz andere Sphären katapultiert: Auf 3,7 Prozent des BIP belief sich 2005 die deutsche Neuverschuldung (nur die Griechen machten mit 6,6 Prozent mehr Schulden); 65,9 Prozent betrug die Gesamtverschuldung 2005 (1960 waren es noch 18,7 Prozent).[340]

Dabei sanieren die Nordländer keineswegs ihren Haushalt auf Kosten der Bevölkerung: 55 Prozent des Bruttoinlandsprodukts gibt Vater Staat in Dänemark für das Sozialsystem aus, in Finnland macht diese Größe 50 und in Schweden 58 Prozent aus. Zum Vergleich: Der deutsche Staat zahlt 48 Prozent seines Bruttoinlandsprodukts für soziale Sicherungssysteme, bietet im Gegenzug aber wackelige Renten, Hartz IV, Massenarbeitslosigkeit und begünstigt massiv Unternehmen. »Skandinavische Länder sind bei Anpassungen an Globalisierung und demographischen Wandel deutlich voraus«, attestiert Deutsche Bank Research.

Was also ist das nordische Erfolgskonzept? Es ist verblüffend einfach: Der Staat finanziert seine Sozialleistungen aus Steuergeldern.

In der Effizienz kann sich das nordische Wirtschaftsmodell durchaus mit dem angelsächsischen vergleichen.[341] Skandinavier haben erreicht, wovon die Deutschen träumen: Während hierzulande Menschen, die ihre Stelle verlieren, nach zwölf Monaten als Hartz-IV-Empfänger mit 345 Euro im Monat auskommen und Anstands-Debatten über sich ergehen lassen müssen, erhalten Skandinavier rund 80 Prozent des letzten Lohns. Selbst im Arbeitsleben sind sie im Gegensatz zu ihren deutschen Kollegen besser gestellt, denn sie erhalten nahezu doppelt so viel Lohn. In Deutschland machen Politiker und Unternehmen nach wie vor Stimmung gegen angeblich noch immer zu hohe Löhne.

Natürlich ist auch Skandinavien nicht die Insel der Seligen im Ozean weltweiten Gewinnstrebens und globaler Konkurrenz. So hat beispielsweise das Sozialsystem Schwedens zahlreiche Schrammen davongetragen, nachdem 1991 die bürgerliche Regierung unter Carl Bildt mit ihrem Projekt »New State for Sweden« dem Land eine angebotsorientierte wirtschafts- und sozialpolitische Rosskur verordnete. Anfang der neunziger Jahre übte sie vermehrt Druck auf die abhängig Beschäftigten und die Erwerbslosen aus, verstärkte die Tendenzen zur »Entstaatlichung des Staates« durch Flexibilisierung und Deregulierung und löste damit ein drastisches Anwachsen der Arbeitslosigkeit, Einschnitte ins soziale Netz und Veränderungen der industriellen Beziehungen aus. Allerdings scheiterte Bildt am Widerstand der Bevölkerung; die Sozialdemokraten (SAP) kehrten an die Spitze des Staates zurück, Linkspartei und Grüne rückten als Koalitionspartner auf, schließlich wurde der Sozialstaat teils restabilisiert.[342]

Diese Entwicklung zeigt, dass die Krise des Sozialstaats eben nicht einer unabwendbaren Naturkatastrophe gleichkommt, unter der die sozialen Standards erodieren und die Gewerkschaften entmachtet werden müssen. Und sie zeigt, dass der Auflösung des Sozialstaats mit dessen eigenen Mitteln entgegengesteuert werden kann – wenn der politische Wille und wenn der Rückhalt in der Bevölkerung vorhanden sind. Wo allerdings, wie in Deutschland, die Politiker über Parteigrenzen hinweg das Hohelied des Neoliberalismus singen, sich die politischen Identitäten verwischen und für den Wähler einerlei wird, welche Partei an der Macht ist, da er ohnehin stets das Gefühl hat, der Betrogene zu sein, stehen die Chancen auf Umkehr schlecht.

MEHR GELD FÜR MEHR LEISTUNG: DAS POLITIKERGEHALT VON MORGEN

Statt nicht nur vom Volk gewählt, sondern auch für das Volk aktiv zu sein, verfangen sich deutsche Politiker in den Netzen der Wirtschaft, werden zu Lobbyisten mit Parteiabzeichen und unterbreiten hanebüchene Vorschläge als Auswege aus dem Sozialkahlschlag. Sie fordern Zwangsdienst für Hartz-IV-Empfänger und Meldepflicht für Arbeitslose (Stefan Müller, CSU, arbeitsmarktpolitischer Obmann der Unionsfraktion im Bundestag), raten der Bevölkerung zum Verzicht auf Urlaubsreisen (Peer Steinbrück, SPD, und Peter Harry Carstensen, CDU) und auf ein neues Auto (Walter Riester, SPD, früherer Bundesarbeitsminister) oder sprechen Hartz-IV-Empfängern gänzlich das Recht ab, ihren Heimatort für drei Wochen im Jahr verlassen zu dürfen (Markus Söder, CSU-Generalsekretär). Die Stigmatisierung der Menschen, die jahrelang Beiträge entrichtet haben, um schließlich als Opfer von Maximalrenditen selbst zum Sozialfall zu werden, ist ein raffinierter Schachzug. Politiker wollen glauben machen, Arbeitslose wären die Ursache der deutschen Misere, nicht deren Folge. Nur so lassen sich immer deutlichere Einschnitte ins Sozialsystem rechtfertigen, und nur so brennt sich ins kollektive Hirn, dass allein Sparsamkeit den Staat saniert. Der Appell an den in der deutschen Mentalität tief verwurzelten Glauben an solidarische Genügsamkeit und individuellen Notpfennig würde an Perfidie einbüßen, gingen die führenden Politiker mit bestem Beispiel voran.

Das aber ist nicht der Fall. Im Gegenteil überbieten sich Politiker in der Klage darin, zu wenig zu verdienen, und werden nicht müde, auf die Diskrepanz zwischen Vergütung und Verantwor-

301

tung hinzuweisen, indem sie Vergleiche aus der Wirtschaft heranziehen. Während beispielsweise ein Bundeskanzler pro Jahr mit einem Amtsgehalt von rund 192 600 Euro rechnen kann, erhält der Vorstandsvorsitzende eines Dax-30-Unternehmens jährlich etwa drei Millionen Euro. Der Schein trügt. Zwar dürfen Bundeskanzler und Minister nur dann zuverdienen, wenn der Bundesrat zustimmt, doch basteln die führenden Köpfe der Regierung schon während ihrer Amtszeit an ihrer späteren Karriere an den Spitzen der Unternehmen, wie die Beispiele von Ex-Kanzler Gerhard Schröder (SPD) oder des ehemaligen Bundeswirtschaftsministers Martin Bangemann (FDP) zeigen. Im Übrigen ist es den anderen Volksvertretern gestattet, so viele und so hoch dotierte Nebenjobs anzunehmen, wie ihnen beliebt und wie sie mit ihren moralischen Grundsätzen oder ihrer Vorstellung von notwendiger Arbeitszeit als Abgeordneter vereinbaren können.

Niemand kann und will in Abrede stellen, dass Politiker über ein solides Einkommen verfügen sollten, um ihr Mandat im Sinne des Wählers ausfüllen zu können. Doch was sich derzeit im deutschen Parlament abspielt, ist kaum mehr akzeptabel und führt in regelmäßigen Abständen zu kontroversen Debatten bis hin zum beschämenden Schlagabtausch zwischen Politik, Boulevardpresse und Stammtisch. Schon aus Gründen des inneren Friedens ist deshalb eine transparente, angemessene und vor allem leistungsabhängige Bezahlung angebracht. Tatsächlich existieren dafür bereits Konzeptvorschläge – sie müssten lediglich wahrgenommen, sachlich diskutiert und umgesetzt werden. Towers Pin, eine der führenden Management-Unternehmensberatungen mit weltweit mehr als neuntausend Mitarbeitern und achtzig Büros in 23 Ländern, hat ein entsprechendes Papier vorgelegt.[343] Als Bemessungsgrundlage für die Leistungsbewertung schlägt Towers Pin Ziele vor, denen Regierung und Abgeordnete gleichermaßen verpflichtet sind, und rechnet damit, dass die Festlegung dieser verbindlichen und allgemein akzeptierten Staatsziele zu einer stärkeren, parteiübergreifenden Kohäsion aller am politischen Entscheidungsprozess beteiligten Politiker führt.[344]

Basis der Überlegungen ist ein stark vereinfachtes Berechnungs-
modell. An die Stelle der derzeitigen gesplitteten, unübersicht-
lichen Vergütung tritt eine Entlohnung, die zu 40 Prozent als fixes
Grundgehalt und zu 60 Prozent aus einem Bonus-Part besteht.
Dieser Bonus-Part bildet die Grundlage für die leistungsabhängige
Vergütung. Towers Pin schlägt zwei Varianten für die Berechnung
des Bonus-Parts vor: das Ranking-Modell und das Bonus-Malus-
Modell. In beide Modelle fließen gesellschaftliche und wirtschaftliche Parameter wie das Wachstum des Bruttoinlandsprodukts, die
Inflation, die Neuverschuldung und die Arbeitslosenquote ein. Diese
als »Fundamentaldaten« bezeichneten Faktoren sollen sowohl das
gesamtgesellschaftliche Gleichgewicht reflektieren als auch sozialpolitische Implikationen berücksichtigen.

Abb. 32
ENTWICKLUNG DER FUNDAMENTALDATEN 2001/Beispiel 1
Schritt 1

Entwicklung der Fundamentaldaten 2001(Basisjahr 1995)				
Euroland	Wachstumsrate BIP in %	Inflationsrate in %	Neuverschul- dung in %	Arbeitslosen- quote in %
Belgien	0,99	2,4	0,2	6,6
Deutschland	0,74	2,7	4,9	9,1
Finnland	1,83	1,8	−1,4	8,6
Griechenland	4,10	3,7	0,1	10,5
Irland	5,90	4,0	1,7	3,8
Italien	1,79	2,3	−1,4	9,4
Luxemburg	3,46	2,4	5,0	2,0
Niederlande	1,13	5,1	0,2	2,4
Österreich	1,02	2,3	0,1	3,6
Portugal	1,65	4,4	0,1	3,6
Spanien	2,76	2,8	0,0	10,6
Ranking Deutschland	12	4	12	7

Schritt 2

Auswertung für Deutschland	
Fundamentaldaten	Ranking
BIP-Wachstum	12
Inflation	4
Neuverschuldung	12
Arbeitslosenquote	7
Durchschnitt pro Jahr	8,8
Bonusauszahlung	59 %

Schritt 3

Fiktives Gesamtgehalt eines Abgeordneten auf der Grundlage des Ranking-Modells für 2001	
Grundvergütung	78 000
Ziel-Bonus	52 000
Bonusauszahlung in Prozent	59 %
Tatsächlicher Bonus	30 680 Euro (59 Prozent von 52 000 Euro)
Gesamtvergütung	108 680 Euro (78 000 Euro + 30 680 Euro)

Quelle: Towers Perrin

Das Ranking-Modell vergleicht die Fundamentaldaten Deutschlands mit denen der anderen Euro-Länder, um auch die globalen Konjunktureinflüsse einbeziehen zu können.[345] Aus der Platzierung Deutschlands ergibt sich ein Berechnungsfaktor, der schließlich über die Höhe der Bonusauszahlung bestimmt. Die Bonusauszahlung ist linear: Rang zwölf bedeutet den schlechtesten Platz im Länder-Ranking und damit null Prozent Auszahlung, Rang eins ist die Spitzenposition, bei der zweihundert Prozent ausgezahlt werden.

304

Beispiel eins verdeutlicht das Ranking-Modell am fiktiven Gehalt eines Abgeordneten mit Hilfe tatsächlicher Fundamentaldaten.

Das zweite von Tower Pin vorgeschlagene Modell mit der Bezeichnung Bonus-Malus stellt ebenfalls einen Vergleich an, allerdings nicht mehr zu den anderen Euro-Ländern, sondern zwischen den aktuellen Fundamentaldaten und denen des Vorjahres. Wird einer der Werte des Vorjahres übertroffen, werden Pluspunkte gewährt, verschlechtert sich ein Fundamentalwert, werden Punkte abgezogen (Minuspunkte = »Maluspunkte«). Beim Bonus-Malus-Modell bemisst sich die Höhe der Bonusauszahlung nach der erreichten Punktezahl. Wenn sich die Fundamentaldaten weder verbessert noch verschlechtert haben, wird der Ziel-Bonus zu hundert Prozent ausgezahlt; dann beträgt die Summe der Punkte null. Die maximal mögliche Bonusauszahlung beträgt zweihundert Prozent des Ziel-Bonus; sie wird bei plus hundert Punkten erreicht. Bei minus hundert Punkten wird der Bonus gestrichen. Und so funktioniert das Bonus-Malus-Modell:

Vorausgesetzt ist, dass
- der minimale Bonus minus hundert Punkte beträgt, was null Prozent entspricht,
- der Ziel-Bonus null Punkte beträgt, was hundert Prozent entspricht,
- der maximale Bonus plus hundert Punkte beträgt, was zweihundert Prozent entspricht.

Für dieses Modell ist maßgeblich, für wie wichtig man die einzelnen Fundamentaldaten hält. Nehmen wir an, dass der Arbeitslosigkeit die größte Bedeutung beigemessen werden sollte, der Neuverschuldung die geringste, BIP-Wachstum und Inflation halten wir für gleichwertig. Auf Grund dieser Überlegung legen wir pro 0,1 Prozentpunkte fest:

Abb. 33

ENTWICKLUNG DER FUNDAMENTALDATEN 2001/Beispiel 2

Schritt 1

Inflation	pro 0,1 %	+/−2 Punkte
Arbeitslosigkeit	pro 0,1 %	+/−4 Punkte
BIP-Wachstum	pro 0,1 %	+/−2 Punkte
Neuverschuldung	pro 0,1 %	+/−1 Punkt

Schritt 2

	Jahr 2000	Jahr 2001	Differenz
Ist-Inflation	2,1 %	2,4 %	0,3 %
Ist-Arbeitslosenquote	7,9 %	7,9 %	0 %
Ist-BIP-Wachstum	3,0 %	0,56 %	−2,44 %
Ist-Neuverschuldung	1,2 %	−2,7 %	−3,9 %

Aus den Differenzen ergibt sich entsprechend der zuvor festgelegten Punktzahl für die Fundamentaldaten:

für die Inflation	−6 Punkte
für die Arbeitslosenquote	0 Punkte
für das BIP-Wachstum	−49 Punkte
für die Neuverschuldung	−39 Punkte

Summe	−94 Punkte
Auszahlung des Ziel-Bonus	6 Prozent

Schritt 3

Wie im ersten Beispiel nehmen wir ein fiktives Zielgehalt eines Abgeordneten von 130 000 Euro pro Jahr an. Wiederum betragen die Grundvergütung 78 000 Euro und der Ziel-Bonus 52 000 Euro. Legt man nun die errechneten sechs Prozent zugrunde, ergibt sich ein tatsächlich auszuzahlender Bonus von 3120 Euro. Der Bundestagsabgeordnete erhielte insgesamt also 81 120 Euro Jahressalär.

Ähnliche Modelle ließen sich auch für die Bundesländer ableiten. Im Sinne einer Erziehungswirkung müsste allerdings gleichzeitig das Nebentätigkeitsrecht reformiert werden – wie die derzeitigen Verhältnisse lehren, würde sonst das Kompensationsbestreben einiger Abgeordneter Entlohnungsmodelle wie diese unterhöhlen und sie damit in Verruf bringen. Diäten sind das Reizwort der Nation. Dass sich dennoch in den Parlamenten keine Mehrheit für Reformen findet, die diese Bezeichnung auch verdienen, liegt wohl daran, dass die Politiker weit zufriedener mit ihren Einkünften sind, als sie vorgeben. Das einzige Bundesland, in dem sich beim heiklen Thema wirklich etwas bewegt hat, ist Nordrhein-Westfalen. Im Januar 2005 hatte der Bund der Steuerzahler eine Volksinitiative in 69 Städten gestartet: 66 000 Unterschriften sollten gegen die Privilegien der NRW-Landtagsabgeordneten zusammenkommen. Der Druck lohnte sich, die Abgeordneten verabschiedeten tatsächlich eine Diätenreform. Seitdem beziehen sie zwar mit 9500 Euro fast doppelt so hohe Entschädigungen wie zuvor, müssen sich aber sonst bescheiden: Die Luxus-Alterssicherung aus Steuermitteln und die steuerfreien Kostenpauschalen wurden abgeschafft, ebenso die Beihilfe zur Krankenversicherung. Für Krankheit und Alter müssen die Abgeordneten nun selbst aufkommen; für Letzteres wurde ein Versorgungswerk eingerichtet, in das sie monatlich 1500 Euro einzahlen. Die NRW-Reform ist ein erster Schritt in die richtige Richtung, vereint sie doch die Forderung nach Transparenz, nach Angemessenheit und danach, dass die Volksvertreter unter anderem für das Alter selbst vorsorgen müssen und nicht aus dem Steuertopf bedient werden, ohne je eingezahlt zu haben. Er wäre noch konsequenter gewesen, wäre das Einkommen der Abgeordneten an ihre Leistung gekoppelt worden und hätten sie den Mut gehabt, die übliche Freizügigkeit im Nebentätigkeitsgeschäft zu beschneiden. Dennoch ist das Modell zur Nachahmung empfohlen. Anfänglicher Applaus, so zum Beispiel von Bundesfinanzminister Peer Steinbrück (SPD), der dem Bundestag die NRW-Neuerungen ans Herz legte, erstarb allerdings recht schnell, als sich schon bald die üblichen Bedenkenträger zu Wort meldeten. In Rheinland-Pfalz beispielsweise müsse zur Umsetzung erst das Einkommenssteuerrecht reformiert werden; außerdem sei es schwierig, ein Versorgungswerk nur für rheinland-pfälzische Abgeordnete aufzubauen, mäkelten die Abgeordneten aus Mainz. Gegen solche Einwände lässt sich argumentieren: Landeseigene Lösungen kann finden, wer danach sucht. Selbstredend sind Bedenken ein gutes Mittel, die Debatte so lange künstlich zu verlängern, bis sich das Thema von selbst erledigt hat, weil Aktuelleres zu drängen scheint.

STEUERN: MUT ZUR REVOLUTION

Beim Thema Steuern scheiden sich die Geister. Zwischen Verteufeln und Rühmen finden sich alle Spielarten der öffentlichen Bewertung. Doch Steuern per se zu verdammen, widerspricht aller Logik: Nur ein Staat, der Steuern einnimmt, ist handlungsfähig, kann nicht nur seine Streitkräfte und Bediensteten bezahlen, sondern auch die Infrastruktur ausbauen und erhalten und nicht zuletzt seinen sozial- und kulturpolitischen Aufgaben gerecht werden. Bis heute haben es neoliberale Politiker von CDU über SPD bis hin zu den Grünen hervorragend verstanden, Einzelinteressen in gesamtgesellschaftliche und arbeitsmarktpolitische Argumente zu kleiden. Die Litanei, niedrige Unternehmenssteuern führten zu mehr Arbeitsplätzen und stützten die Konjunktur, findet über die Medien Zugang in jedes Wohnzimmer. Gleichzeitig verlangen die Politiker wirtschaftskonform »mehr Freiheit« und »weniger Staat«, beschwören die Paralyse des Sozialstaates und eine aktive Bürgergesellschaft, die mehr Eigenverantwortung auszeichnet.

Der Sinn und Zweck solcher Forderungen besteht darin, an gesellschaftliche Tugenden wie Sparsamkeit, Opferbereitschaft und Bescheidenheit zu appellieren – die Bevölkerung soll in die neoliberale Ideologiefalle tappen, soll die »Verschlankung« des Sozialstaats als Heilsbotschaft für den Wirtschaftsaufschwung verstehen. Keine Frage, eine Kritik an dem Rundum-Sorglos-Paket ist sicher angebracht; Zwangssolidarität ist weder zeitgemäß noch gerecht. Doch wer das Verschließen der Kanäle befürwortet, durch die die Mittel in die Staats- und damit Sozialkassen fließen, nimmt in Kauf, dass der Sozialstaat tatsächlich nicht mehr finanzierbar wird.

Auf die fatalen Auswirkungen eines solchen Steuersenkungswettbewerbs weist die »Arbeitsgruppe alternative Wirtschaftspolitik« hin: Wäre die Steuerquote beispielsweise im Jahr 2004 genauso hoch gewesen wie im Jahr 2000, hätte der Staat schon allein durch diese Differenz über steuerliche Mehreinnahmen von rund sechzig Milliarden Euro verfügen können.[346] Daher ist die Krise des Sozialstaates auf eine gigantische Umverteilung der Steuerlasten zugunsten der privaten Unternehmen und Vermögen, auf eine sinkende Lohnquote und Bruttolohnsumme (als Einnahmequelle der Sozialversicherung) und die schwindende Kaufkraft der Nettoeinkommen aus abhängiger Arbeit zurückzuführen.[347] Die »Umverteilung von unten nach oben« hat nach dem Antritt der rot-grünen Regierung eine neue Dimension erreicht und erlebt unter dem Diktat der großen Koalition seine Fortsetzung.

Letztlich kann nur eine grundlegende Reform Abhilfe schaffen, die das Steuerrecht vereinfacht und für Transparenz sorgt. Steuerbefreiungen und Steuervergünstigungen müssen abgebaut, die Erbschaftssteuer angepasst und die Vermögenssteuer wieder eingeführt werden. Ebenso ist sicherlich fraglich, ob sämtliche Steuersubventionen wirklich notwendig sind, von denen das gegenwärtige Steuerrecht geradezu strotzt. Ins Visier der neoliberalen Finanzfachleute sind jedoch vor allem fünf Posten gerückt, die wieder einmal die »Normalverdiener« belasten: die Eigenheimzulage mit 11,5 Milliarden Euro, die Entfernungspauschale mit 5 Milliarden Euro, der Arbeitnehmerpauschbetrag mit 3,5 Milliarden Euro, der Sparerfreibetrag mit 2,5 Milliarden Euro und die steuerfreien Sonn- und Feiertagszuschläge mit zwei Milliarden Euro. Dass es sich hierbei um Zugeständnisse an das Volk handelt, ist nicht zu übersehen. Daher ist nachvollziehbar, wie schnell der Regierung Kürzungen in diesem Bereich von der Hand gehen. Mittlerweile ist die Eigenheimzulage gestrichen, und von 2007 an wird die Entfernungspauschale erst ab dem 21. Kilometer gewährt. Der Sparerfreibetrag wird ebenfalls ab 2007 für Ledige von bisher 1370 Euro auf 750 Euro und für Verheiratete von 2740 Euro auf 1500 Euro zurückgestutzt. Sonn- und Feiertagszuschläge sind zwar bis zu einem Grundstundenlohn von fünfzig Euro steuerfrei, für einen Stundenlohn ab fünfundzwanzig Euro müssen aber Sozialversicherungsbeiträge gezahlt werden (Stand 2006).

Diese fünf Maßnahmen sind allesamt einfache Lösungen für ein weitaus komplexeres Problem. Die Koalition hat sich scheinbar nicht die Mühe gemacht, die Steuergesetze nach Seltsamkeiten und Überflüssigem zu durchforsten. Sie nutzt nach wie vor das Instrumentarium des Steuerrechts, um ...

... Berufsverbände und politische Parteien von der Steuer zu befreien,

... bei bestimmten Betriebsverkäufen Ermäßigungen des Steuersatzes zuzulassen,

... den Tabakanbau zu unterstützen, obwohl sie doch gleichzeitig Millionen für die Raucherentwöhnung ausgibt,[348]

... Lastkraftwagen von Karusselbesitzern zu subventionieren, damit die Fahrgeschäfte möglichst günstig von Kirmes zu Kirmes abgewickelt werden können,[349]

... den Schiffsbau in Taiwan anzukurbeln,

... die Filmindustrie durch Steuernachlässe zu fördern,

... den Erwerb von Flugzeugen durch verkürzte Abschreibungsfristen anzuregen und vieles andere mehr.[350]

Obwohl es auch lohnen würde, die Steuersubventionen für Unternehmen, Parteien, Verbände und Berufsstände zu eliminieren, fällt es den Regierenden natürlich leicht, mit den Vergünstigungen fürs Volk zu beginnen – ohne zeitliche Verzögerung, ohne größere Umstände und vor allem: ohne erheblichen Widerstand fürchten zu müssen.

Das Konzept, das Steuerrecht von Subventionen zu entrümpeln und gleichzeitig radikal die Steuersätze zu senken, stammt aus der

Feder des Unions-Finanzfachmanns Paul Kirchhof. Würden die derzeit geltenden Subventionen, Privilegien und Schlupflöcher wegfallen, könnte der Staat mit einem Einheitssteuersatz von höchstens 25 Prozent auskommen, rechnet er vor. Das sind die Eckpunkte der Kirchhof-Reform:

– Der Spitzensteuersatz liegt bei 25 Prozent.
– Es gibt nur noch vier Steuerarten.
– Zehntausend Euro Einkommen je Haushaltsmitglied sind steuerfrei. Der Betrag setzt sich zusammen aus einem Grundfreibetrag von achttausend Euro sowie einer »Erwerbskosten-Pauschale« von zweitausend Euro für jeden Bürger im erwerbsfähigen Alter. Diese dienen für Kosten im Zusammenhang mit dem Weg zur Arbeit, für ein Arbeitszimmer und Ähnliches.
– Volle Steuerpflicht ab zwanzigtausend Euro Einkommen (nach Abzug der Freibeträge).
– Sämtliche Subventionen fallen weg (z. B. Pendlerpauschale), Nacht- und Feiertagszuschläge werden normal besteuert.
– Volle Steuerpflicht für Gewinne aus Immobilien und Wertpapierverkäufen.

»25 Prozent für alle!« – Das klingt zunächst wirklich gut, würde es doch das Steuerrecht extrem vereinfachen und für eine »horizontale Steuergerechtigkeit« sorgen: Sämtliche Einkommen gleicher Höhe würden gleich besteuert. Bei der »vertikalen Steuergerechtigkeit« jedoch, die die Lastenverteilung zwischen Normal- und Spitzenverdienern bis hin zu Einkommensmillionären bezeichnet, offenbart sich der Knackpunkt des Konzepts. Zwar könnten sich Betuchte nicht mehr arm rechnen, weil ihnen dafür die Möglichkeiten per Gesetz genommen wurden, doch will Kirchhof alle Arbeitnehmereinkommen oberhalb von 20000 Euro ausnahmslos dem Einheitssteuersatz unterwerfen. Das ist ein klarer Bruch mit dem bisher geltenden Prinzip, dass mit steigendem Einkommen höhere Steuersätze fällig werden.[351] Denn es ist ein großer Unterschied, ob ein Durchschnittsverdiener 25 Prozent Steuern zahlen muss oder ein Reicher: Ersteren wird der Verlust wesentlich mehr schmerzen als Letzteren. Ein lediger Manager mit einem Spitzengehalt von fünf Millionen Euro im Jahr würde nach der Kirchhof-Rechnung beispielsweise 60000 Euro weniger bezahlen als heute. Verlierer wären diejenigen Arbeitnehmer, die lange Arbeitswege haben oder nachts arbeiten und heute noch von der Pendlerpauschale bzw. vom Nachtzuschlag profitieren. Eine Krankenschwester mit einem Jahresgehalt von dreißigtausend Euro würde durch die Reform fast zweitausend Euro mehr an Steuern berappen müssen als heute.[352] Das Deutsche Institut für Wirtschaftsforschung (DIW) hat errechnet, dass die unteren Einkommensgruppen bis fünfzehntausend Euro brutto im Jahr unter den Bedingungen der Kirchhof-Reform schlechter gestellt sind. Entlastet würden dagegen die Einkommen, die deutlich darüberliegen – und zwar mit steigender Tendenz. So hätten Beschäftigte mit einem Jahresbrutto zwischen 50000 und 75000 Euro ein um 3,4 Prozent höheres Nettoeinkommen zur Verfügung, diejenigen mit einem Jahresbrutto zwischen 750000 und einer Million Euro aber schon 9,2 Prozent mehr. Weil die hohen Einkommen den größten Nutzen aus der Reform ziehen und damit im Vergleich zu heute weniger Steuern entrichten müssten, führt das zu Einnahmeausfällen für den Staat: 26 Milliarden weniger sind es vermutlich im ersten Jahr.

Abb.34
STEUERSÄTZE DER KIRCHHOF-REFORM

Einkommen	Steuersatz
Bis 10000 Euro	0 %
Weitere 5000 Euro	15 %
Weitere 5000 Euro	20 %
Jede weiteren 5000 Euro	25 %

Quelle: Focus Online

Eigentlich ist es höchst verwunderlich, dass eine reiche Gesellschaft wie die deutsche strukturelle Probleme aufweist, Steuerausfälle hinnimmt und eine permanente Spardebatte führt. Immerhin gab es bereits 1991 nach den USA und nach Japan nirgendwo auf der Welt mehr Milliardäre als in Deutschland. Im Unterschied zu den japanischen erweisen sich deutsche Milliardäre als wesentlich beständiger und machtvoller: Mehr als die Hälfte datiert ihren Familienreichtum auf die Zeit vor 1945.[353] Diese Zahl widerspricht dem landläufigen Mythos, dass allein Kreativität, Risikofreude und Entschlossenheit Quell des Reichtums wären. Reichtum als Leitbild unserer Gesellschaft gilt als Krönung des Lebenslaufs. Schon Sendungen wie »Wer wird Millionär« spiegeln die Hoffnung wider, sich mit etwas Glück und Verstand in die monetären Sphären eines Michael Schumacher katapultieren zu können. Doch die Wirklichkeit ist weit weniger verheißungsvoll: Hauptquelle des Reichtums ist der Reichtum.[354] Innerhalb der vergangenen zehn Jahre stieg das Bruttoeinkommen der Unternehmer und Vermögenden um etwa die Hälfte; 2004 wurden etwa zweihundert Milliarden Euro vererbt. Die Steuereinnahmen aus dieser Summe betrugen lediglich rund vier Milliarden Euro, was einer Quote von mageren zwei Prozent entspricht und nur wenig mehr ist, als die Kaffee-, Bier- und Branntweinsteuer zusammen einbringen. Viel spricht deshalb dafür, die Erbschaftssteuer zu erhöhen. Erstaunlicherweise finden sich sogar Befürworter, die selbst betroffen wären: Im Herbst 2005 hatte der Hamburger Reeder Peter Krämer einen entsprechenden Brief an die politische Führung verfasst, unterschrieben von vielen anderen Millionären und bekannten Künstlern.[355] Da die Erbschaftssteuer eine Ländersteuer ist, müssten die Länderparlamente für eine Erhöhung sorgen – doch obwohl sie mit der Zustimmung einer Wählermehrheit rechnen könnten, meiden sie die Debatte: Das Risiko, Wohlhabende auf Dauer zu vergraulen, erachten sie als zu groß; auch sei die Erbschaftssteuer viel zu unberechenbar. Gestorben allerdings wird immer, so dass den Zeiten, in denen relativ wenig Erbschaftssteuer anfällt, solche folgen, in denen relativ viel anfällt.

Wie groß der private Besitz in Deutschland genau ist, listet keine Statistik auf, weil sie auf Selbstauskünften beruht und Geld ein Tabuthema ist. Seriöse Schätzungen gehen von vier bis zehn Billionen Euro an Privatvermögen aus; allein in Hamburg leben zwischen tausend und zweitausend Einkommensmillionäre. Da solche Zahlen der Einkommensstatistik entnommen sind, fallen Steuerflüchtlinge durchs Raster – was die Vermutung nahelegt, dass es noch mehr reiche Deutsche gibt. Theoretisch müsste ein Betuchter bei einer Million zu versteuerndem Einkommen rund 404 000 Euro zuzüglich Solidaritätszuschlag von 22 300 Euro an den Staat abführen. Um diesen Verlust zu drücken, bedient er sich jedoch der Hilfe von Steuer- und Anlageberatern, die ihn, dem deutschen Steuerrecht sei Dank, arm rechnen können. In unserem Beispiel müsste der Millionär nach derzeitigem Steuerrecht maximal etwa 280 000 Euro Steuern entrichten (Stand 2006). Wer darüber hinaus zu den reichsten der Reichen gehört, kann außerdem von seinem Gestaltungsprivileg Gebrauch machen und an das Finanzamt einen zuvor ausgehandelten Betrag zahlen. Eine Vermögenssteuer gibt es in Deutschland seit 1997 ohnehin nicht mehr. Das Bundesverfassungsgericht hatte die damaligen Regelungen für verfassungswidrig erklärt, weil unter anderem Vermögenswerte wie Aktien und Immobilien ungleich bewertet worden waren. Doch statt Immobilien, wie vom Gericht gefordert, höher zu bewerten und damit stärker zu besteuern, setzte die schwarz-gelbe Regierung die Steuer ganz aus. Auch bei den zurückliegenden Koalitionsverhandlungen zwischen SPD und CDU stand die Wiedereinführung der Vermögenssteuer nicht auf der Agenda, entsprechende Pläne verschwinden in den Schubläden der großen Parteien. Wer das Thema anschneidet, wird mit der Erklärung abgespeist, die Erhebungskosten stünden in keinem Verhältnis zum Ertrag, weil das gesamte der Steuer unterliegende Vermögen bewertet werden müsse, der Verwaltungsaufwand daher nicht zu rechtfertigen sei. In Wirklichkeit aber ist eine Neuauflage der Vermögenssteuer politisch gar nicht gewollt, das Argument bei näherer Betrachtung fadenscheinig. Denkbar wäre nämlich, dass die Vermögenssteuer wie die Einkommenssteuer auch über eine Steuererklärung abzugeben ist. Das Finanzamt hätte dann die Aufgabe, die Angaben zu überprüfen und im Ernstfall ihre Steuerfahnder zu aktivieren. Nur: Der genaue Check der Steuererklärungen gilt als harter Standortfaktor.

So haben die Bundesländer nur ein eingeschränktes Interesse an einer effizienten Arbeit ihrer Finanzbehörden – sie beharren aus egoistischen Interessen auf der föderalistischen Struktur des Finanzwesens in Deutschland und sehen von einer angemessenen Ausstattung mit Personal und technischem Gerät ab. Das Projekt FISCUS (Föderales Integriertes Standardisiertes Computer-unterstütztes Steuersystem) zeugt vom Unwillen der Länder, am Status quo etwas zu ändern. Geplant als einheitliche Software für die 650 Finanzämter der Bundesländer, sollte FISCUS bundesweit den elektronischen Datenaustausch ermöglichen. Bis 2005 verschlang das Programm fast eine Milliarde Euro, ohne ein brauchbares Ergebnis zu liefern. Wie sinnvoll und erfolgreich das Nachfolgeprojekt »Konsens« (Koordinierte neue Softwareentwicklung der Steuerverwaltung) sein wird, sei dahingestellt. Der Bund jedenfalls hat sich davon ausgeschlossen. Die Kapitulation vor der Macht der Länder trägt zur Misere des gesamten Landes bei. Denn eine Übernahme der Länderfinanzverwaltungen durch den Bund wäre äußerst effektiv, weil sich nur auf diese Weise die eklatanten Schwächen des derzeitigen Steuerföderalismus ausmerzen lassen.

Statt das Übel an der Wurzel zu packen, modelten die Parteien bisher mehr herum, als dass sie änderten: Sie kappten die Pendlerpauschale, setzten die Absetzbarkeit der Kinderbetreuungskosten herauf und kürzten Kleinanlegern den Sparerfreibetrag, doch Unternehmen, die eine geerbte Firma zehn Jahre lang weiterführen, wollen sie die Erbschaftssteuer erlassen. Handwerker müssen jeden Euro in Deutschland versteuern – doch Konzerne verschieben ihre Gewinne ganz legal in Steueroasen ...[356] Und während Letztere immer weniger Körperschaftsteuer bezahlen (nur Ungarn, Tschechien und Österreich ziehen noch weniger Körperschaftsteuer ein), erhöht die Regierung die Mehrwertsteuer um drastische 3 Prozent auf 19 Prozent und winkt damit die größte Steuererhöhung der deutschen Geschichte durch. Wer von solchen Regelungen profitiert, ist klar: Es sind nicht die Durchschnittsverdiener.

Seit Jahren verzichtet der Staat flächendeckend und permanent auf Steuereinnahmen; in der Summe sind das bis heute mehrere Hundert Milliarden Euro: In den vergangenen Jahrzehnten hat sich der Beitrag der Kapital- und Gewinneinkünfte zum Steueraufkommen halbiert, die Belastung der Arbeitseinkommen dagegen fast verdoppelt. Der Faktor Arbeit ist die Melkkuh des Fiskus.[357] So wird auch deutlich, wie doppelzüngig das Verlangen von Wirtschaftselite und führenden Politikern ist, wenn sie im Namen der Nation Steuersenkungen fordern: Indem sie das Volk vor ihren Karren spannen, suggerieren sie, in dessen Sinne zu handeln, haben aber in der Regel vorrangig eine Steuerentlastung für Vermögende und Unternehmen im Sinn. Deshalb sollte sich die Bevölkerung verabschieden vom Irrglauben, die Steuern seien allgemein zu hoch: Unter zu hohen Steuern leiden derzeit in erster Linie die Arbeitnehmer – und damit die Leistungsträger der Gesellschaft.

Immer weniger Steuern führen letztlich dazu, dass die öffentlichen Kassen austrocknen, die Grundversorgung privatisiert wird und sich die Gesellschaft in sozial Starke und sozial Schwache spaltet – eine Spaltung, die nicht nur an der Steuergerechtigkeit zweifeln lässt, sondern auch den sozialen Frieden bedroht und letztlich sogar den demokratischen Verfassungsstaat gefährdet. Bedenklich ist, dass Deutschland im Strudel des neoliberalen Mainstreams gefangen ist und politische Machthaber ebenso wie führende Wirtschaftsforscher der Meinung sind, wenn der Staat sich nur weit genug zurückzöge, lösten sich alle Probleme von selbst. Staatlichen Institutionen wird das Existenzrecht abgesprochen, sie sollen dem Einzelnen nicht mehr helfen, sondern ihm selbst die Verantwortung überlassen, getreu dem Motto: Wenn jeder an sich selbst denkt, ist an jeden gedacht. Auf diese Weise werden Alternativen für Wachstum, Beschäftigung und mehr Gerechtigkeit von vornherein blockiert.

Selbst der internationale Wettstreit um möglichst geringe Steuern muss nicht zwangsläufig zu einer steuerlichen Maximalentlastung der Unternehmen führen, um sie an Deutschland zu binden. So wäre denkbar, dass die Europäische Union das Steuerrecht unter den Mitgliedsstaaten vereinheitlicht. Wer der Entscheidungsfreude der EU nicht traut, kann auch darauf hoffen, dass die Regierung den Mut hat, internationale Steuern einzuführen.

Im Gespräch ist unter anderem eine Devisentransaktionssteuer (Tobin-Steuer), eine Spekulationssteuer auf Devisengeschäfte also, die vornehmlich zwei Ziele verfolgt: Sie soll als eine Art demokratische Finanzmarkt-Kontrolle die Wechselkurse stabilisieren und damit spekulationsbedingte Finanzkrisen möglichst verhindern, und sie soll für eine gerechte Umverteilung von Gewinnanteilen aus der Globalisierung sorgen und so die großen Weltprobleme bekämpfen helfen wie unzureichende Trinkwasserversorgung, Hunger oder Aids. Berechnungen zufolge wären die Erträge beträchtlich. Zum Beispiel würde eine Devisentransaktionssteuer bei einem Steuersatz von 0,01 Prozent in den Euro-Ländern bis zu 38 Milliarden Dollar einbringen. Die Idee geht auf den US-Ökonomen und Nobelpreisträger James Tobin zurück, nach der sie benannt ist. Auch andere internationale Steuern sind denkbar. So könnte eine variable Steuer auf ausländische Direktinvestitionen den weltweiten Wettlauf um Lohndumping und abnehmende Arbeitnehmerrechte begrenzen, der vor allem in den Ländern der Dritten Welt tobt. Mit Hilfe einer einheitlichen Steuer auf Unternehmensgewinne der global operierenden Konzerne könnte man den Konkurrenzdruck vermindern, unter dem sich die armen Länder in Steuerparadiese für die Multis verwandeln. Und man könnte sämtliche Transaktionen zwischen Heimatland und Steueroase besteuern. Der Fantasie sind fast keine Grenzen gesetzt, und auch die technische Umsetzung dürfte keine allzu großen Schwierigkeiten bereiten. Per Computer ließen sich sicher die grenzüberschreitenden Bewegungen von Waren, Mitarbeitern, Geld, Kapital und Devisen nachvollziehen. Wer fürchtet, die ganze Welt vernetzen zu müssen, kann sich getrost zurücklehnen, denn die wichtigsten Finanzmärkte sind Großbritannien mit 34 Prozent, die USA mit 19 Prozent und Japan mit 9 Prozent; ganz Europa macht einen Anteil von 50 Prozent aus, Japan und die EU zusammen 75 Prozent. Es mangelt aber am politischen Willen. Unter dem Druck der Lobbyisten knicken viele interessierte Politiker ein – ein Phänomen, das kein nationales ist. Zudem sieht sich manche Regierung in ihrer Souveränität beschnitten. Nach wie vor ungeklärt ist auch, wie mit dem Geld verfahren werden soll: Sollte die UNO über das Geld verfügen oder müsste eine neue internationale Steuerbehörde geschaffen werden? Oder soll das Geld bestimmten zweckgebundenen Fonds zugewiesen werden?[358] Die Vorteile der Erschließung solcher multilateraler Finanzquellen sind einleuchtend: Solche Steuern belasten nicht die Armen, sondern nur global aktive Reiche oder diejenigen, die Nutznießer der Globalisierung sind wie Konzerne beispielsweise.

Bereits 2001 hatten sich die Vereinten Nationen im »Zedillo Panel Report« erstmals für internationale Steuern ausgesprochen. Vorreiternation hierfür ist Frankreich. Im gleichen Jahr verabschiedete das französische Parlament ein Gesetz zur Einführung einer zweistufigen Tobin-Steuer, im Jahr 2004 folgte Belgien mit einem ähnlichen Gesetz. Erst wenn sich andere Staaten ebenfalls bereit erklären, werden diese in Kraft treten. Bis es so weit ist, hat Frankreich eine weitere Möglichkeit gefunden, internationale Steuern zu erheben: Seit Juli 2006 kassiert das Land Steuern auf Flugtickets. Für die Economy Class berechnet es pro Flug einen Euro, für die Business Class innerhalb Europas zehn Euro und für Interkontinentalflüge bis zu vierzig Euro.

KLUGE KÖPFE BRAUCHT DAS LAND

Bildung ist Zukunft, doch Deutschland verdummt. In Deutschland gibt es keine Bildungselite, aber eine erschreckende Bildungsarmut.[359] Degeneriert das Volk der Dichter und Denker, weil es an Geld mangelt? Die Antwort auf diese Frage ist ein eindeutiges Ja. Schülertests wie PISA (Programme for International Student

Assessment) oder die ein Jahr zuvor durchgeführte Timss/III-Studie (Third International Mathematics and Science Study), die das mathematische und naturwissenschaftliche Können der Schüler überprüfte, haben für Wogen der Empörung gesorgt und die Debatten ausufern lassen, schnitten deutsche Kinder und Jugendliche doch erschreckend schlecht ab. In den Sphären der hohen Politik wird seitdem viel geredet von der Ausbildung des Nachwuchses und der Zukunftsfähigkeit des Landes, doch den schönen Worten folgen keine Taten. Nach wie vor krankt das Land am Sparwahn einer verfehlten Wirtschafts-, Bildungs- und Zuwanderungspolitik:

- In den Kindergärten regiert der Rotstift: Es fehlt an Geld für die Einrichtungen, für die Umsetzung pädagogischer Konzepte, für sinnvolles Spielzeug, für Unternehmungen. Die Eltern müssen einspringen, damit Erzieher(innen) ihre fachlichen Ideen umsetzen können.

- Nirgendwo in Europa werden Erzieher(innen) so schlecht ausgebildet wie in Deutschland und Österreich. In Italien, Finnland und Schweden ist ein Universitäts-Abschluss für Menschen, die den Grundstein für die Entwicklung der Kinder legen, selbstverständlich. In Deutschland dagegen werden sie oft mit schlechten Abschlusszeugnissen auf Fachschulen geschickt. Ihre Arbeit erfährt wenig gesellschaftliche Anerkennung – sie hat den gleichen Stellenwert wie die einer Hausfrau oder eines Hausmannes.[360]

- Kooperationen zwischen Kindergarten und Grundschule sind vom Engagement Einzelner abhängig und finden im Prinzip nicht statt. Die Zahl der Entwicklungsdefizite ist beängstigend: Die Kinder beherrschen ihre eigene Muttersprache nicht, können einfachste körperliche Bewegungen, wie zum Beispiel Auf-einem-Bein-Hüpfen, nicht ausführen, können sich kaum etwas merken, können nicht beobachten oder Dinge, die sie sehen, nicht zeichnen.

- Anreize für Lehrer, einen qualitativ hochwertigen Unterricht anzubieten, gibt es nicht. Eine deutschlandweite Fortbildungspflicht oder wenigstens ein Belohnungssystem ist nicht in Aussicht.

- Hochschulen und Universitäten sind notorisch unterfinanziert. In Westdeutschland gingen die Ausgaben pro Student innerhalb von zwanzig Jahren um 30 Prozent zurück.

- Überfüllung ist an den Hochschulen symptomatisch. 1,8 Millionen Studenten kommen auf eine Million formal ausgewiesene Studienplätze. Die Überfüllung bewirkt, dass ein Studienabbruch als Entlastung empfunden wird und nicht als Versagen.

- Der Staat gibt erheblich mehr für ein Studium aus als für eine Berufsausbildungskarriere. Der berufliche Weiterbildungssektor ist ins Hintertreffen geraten.

- Die Hauptschule hat nicht nur ein massives Imageproblem. Der Anteil der Ausländer ist sehr hoch, Lehrer fehlen. An keiner anderen Schulart werden so viele Unterrichtsstunden von Lehrern gegeben, die für das Fach überhaupt keine Befähigung (Fakultas) besitzen.[361]

- Die Integration von Ausländern ins deutsche Bildungssystem ist fehlgeschlagen. Migranten sind Bildungsverlierer. Seit 1994 hat sich der Anteil Auszubildender mit einem Migrationshintergrund fast halbiert. Von 1,55 Millionen Lehrlingen im Jahr 2003 hatten nur 4,4 Prozent einen ausländischen Pass. Derzeit sind doppelt so viele Ausländer arbeitslos wie der Durchschnitt der Bevölkerung. 70 Prozent der ausländischen Arbeitslosen sind Ungelernte.[362]

- Deutschland gibt im internationalen Vergleich weniger für die Bildung aus. Die Ausgaben zeigen eine deutliche Schieflast:

88 Prozent des Geldes wird für das Personal ausgegeben, in anderen OECD-Ländern sind es nur 80 Prozent.

Der OECD-Bericht »Education at a glance« vom September 2006 hat zum wiederholten Male gezeigt, dass Deutschland im Vergleich zu anderen Ländern weniger für die Bildung ausgibt – quantitativ betrachtet. Einen Aspekt berücksichtigen die Statistiken allerdings nicht: die künftigen Pensionszahlungen für Lehrer. Würden diese mit einbezogen, reichen die Bildungsausgaben an die anderer OECD-Länder heran. Die Gesamtstatistik kann kaum mehr als einen Überblick geben. Sie sagt nichts darüber aus, woran das Bildungssystem krankt, denn das Geld fließt nicht dort, wo es dringend gebraucht wird. Während beispielsweise finnische und schwedische Kinder, die in der Schule schwächeln, individuellen Unterricht erhalten, kümmern sich in Deutschland die Eltern um Nachhilfe und bezahlen sie aus eigener Tasche – oder sie lassen es. So nimmt das schulische Versagen gerader jener seinen Lauf, die eine Förderung am nötigsten hätten: Verlierer sind die sozial benachteiligten und die ausländischen Kinder. Sie werden von vornherein um die Chance gebracht, eine weiterführende Schule zu besuchen, eine Berufsausbildung abzuschließen oder ein Studium aufzunehmen, um eben nicht das Heer der Schulabbrecher, der Ungelernten, der Niedriglohnempfänger und schließlich der Arbeitslosen zu mehren.

Dabei mangelt es, absolut betrachtet, keineswegs an Geld, gibt doch Deutschland kaufkraftbereinigt pro Bildungsteilnehmer rund 7800 US-Dollar aus – 17 Prozent mehr als im OECD-Durchschnitt.[363] Folglich würde die Misere nicht behoben, wenn noch mehr Geld in dieselben Kanäle gepumpt würde wie bisher. Wer in die Zukunft seines Landes investieren will, muss die Bildung vom Kopf auf die Füße stellen. Der Staat muss die Förderung des Nachwuchses so früh wie möglich beginnen: im Kindergartenalter, in der Grundschule – dort also, wo Basiswissen und Basisfähigkeiten entwickelt werden und wo die Defizite eines desinteressierten oder überforderten Elternhaus noch ausgeglichen werden können. Der Staat muss Verantwortung für die heranwachsenden Generationen übernehmen und kann sie nicht allein dem Gutdünken der Familien überlassen. Kompetenzen im Schreiben, Lesen und Rechnen sind dabei ebenso wichtig wie solche im sozialen Miteinander. Sie zu erlangen spart der Gesellschaft spätere Kosten für Nachschulungen und Transferzahlungen für schwer vermittelbare oder schwer integrierbare Gruppen. Gerade der Mangel an sozialen Fähigkeiten ist nicht nur ein Problem von Kindern aus Elternhäuseren mit geringem sozialem Status.

Es gibt zunehmend mehr Kinder durchschnittlicher oder wohlsituierter Familien, die eine Wohlstandsverwahrlosung erleben: Sie erfahren eine übersteigerte materielle Zuwendung – dagegen fehlt es ihnen an emotionaler und intellektueller Aufmerksamkeit sowie zwischenmenschlicher Anregung und an Gesellschaft. Auf diese Weise verzögert sich ihre Persönlichkeitsentwicklung. Dieses Defizit äußert sich als aggressives Verhalten, als Rückzug in Scheinwelten, als Unvermögen, Mitgefühl zu empfinden oder Bindungen zu anderen aufzubauen.[364] Ein Staat, der einerseits mit einer steigenden Überalterung der Bevölkerung und der damit einhergehenden Zunahme an Pflegeaufwendungen umgehen lernen muss und der andererseits unter der Last der sozialen Kosten ächzt, kann sich eine Generation an Egomanen und Sozialverweigerern nicht leisten.

Ebenso schädlich für den gesellschaftlichen Zusammenhalt und das Funktionieren des demokratischen Systems sind die derzeit zu beobachtende schlechte interkulturelle Integration, die Ghettoisierung und die (Selbst-)Ausgrenzung von sozialen Randgruppen. Moralische Werte abseits der Maxime »Jeder sorge für sich selbst, dann ist für alle gesorgt« zu vermitteln, muss Aufgabe perspektivisch denkender Politik sein. Dass das Gemeinwesen zersplittert und sich fundamentalistisches und radikales Denken durchsetzt, kann sie unmöglich hinnehmen, wenn sie den inneren Frieden im Land nicht gefährden will. Die Moral der nachfolgenden Generationen darf nicht dem Markt mit seinen rein monetären Interessen überlassen werden. Eine funktionierende Gesellschaft braucht Wertmaßstäbe außerhalb einer »Geiz ist geil«- oder »Mein Haus, mein Auto, mein Boot«-Mentalität; Solidarität muss höher bewertet werden als Selbstsucht. Nur wenn sich Kinder als Teil des Ganzen begreifen lernen, werden sie einen Gerechtigkeitssinn entwickeln, der sie später befähigt, politisch zu urteilen und zu handeln. Der Grundstein dafür wird im Kindergarten und in den ersten Klassen gelegt, integrative und instruktive Maßnahmen im Jugendalter setzen zu spät an.

Zudem wird häufig übersehen, dass Bildung die Neigung zu fremdenfeindlichen Einstellungen vermindert. Wenn man bedenkt, dass Männer eher fremdenfeindlich gestimmt sind als Frauen, Ältere eher als Jüngere, Menschen ohne Kontakte zu anderen Kulturen eher als solche mit entsprechenden Erfahrungen, und man darüber hinaus berücksichtigt, dass Unzufriedenheit mit der eigenen wirtschaftlichen Situation oder das Maß an Autoritätshörigkeit eine Rolle spielen – selbst dann übt die Bildung einen deutlichen Einfluss aus.[365] Auf der anderen Seite stehen diejenigen Migrantenkinder, die zwar vom Kindergarten an aufwärts ausschließlich deutsche Bildungseinrichtungen besucht haben, deren schulische Leistungen aber denkbar schlecht sind. Die Bildungspolitik hat auch in diesem Punkt versagt – ebenso wie die damit verbundene Integration. So besteht nicht nur die Gefahr, dass die Eingewanderten der Gesellschaft endgültig entgleiten und dem demokratischen System abschwören. Auch das geistige, kulturelle und soziale Potenzial nichtdeutscher Menschen geht dem Land verloren, eine Ressource, die im Globalisierungswettkampf ungleich nützlich sein kann. Abhilfe kann nur ein Gesamtkonzept schaffen, das zum einen Beratungsstellen, kommunale Einrichtungen und Institutionen miteinander vernetzt und Maßnahmen koordiniert und zum anderen eine interkulturelle Bildung für Schüler, Lehrer und Eltern einrichtet sowie Partizipationsmöglichkeiten für ausländische Familien erschließt, gleichzeitig aber praktikable Lösungen für die Alltagsarbeit bietet. Das können zum Beispiel sein:

– Intensive Vermittlung von Deutschkenntnissen im Kindergarten. Beginn der kulturellen Verständigung durch nichtdeutsche Mitarbeiter(innen.

- Dolmetscher für Gespräche im Kindergarten und in der
  Schule (insbesonders bei der Elternarbeit)
- Information über das deutsche Bildungssystem in der Mutter-
  sprache der Migranten
- Gemeinsame Integrationsprojekte (zum Beispiel multinatio-
  nale Lernpartnerschaften, Bürgertreffs, Veranstaltungen, Sport-
  vereine, Hilfe zur Selbsthilfe, Sprachkurse für nichtdeutsche
  Eltern mit Kinderbetreuung, Aggressionsprävention über
  Deeskalationstraining, Nachmittagsaktivitäten, Hausauf-
  gabenhilfen, Schulfeste, Stadtteilfeste ...)
- Feste Anlaufstelle, mehrsprachig, bei Lern- und Kontakt-
  schwierigkeiten
- Übersetzungshilfen für die »Amtssprache«

Für die Finanzierung solcher Maßnahmen sind kluge Köpfe gefragt – und das Interesse, der Wille von Bürgern, Eltern, Lehrern,
Behörden- und Wirtschaftsvertretern. Manches ist ohne zusätzliche Gelder, allein über (ehrenamtliches) Engagement zu realisieren;
anderes über den Etat der Dienststellen, über Landes- und Projekt-
mittel, vieles über Sponsoren, Vereine oder Wohlfahrtsverbände.
Geld ist genug da, doch krankt dieses Land an Initiative. Auch die
große Politik ist gefragt: Sie muss endlich ein akzeptables Einwan-
derungsgesetz schaffen und über einen gezielt forcierten Wertewandel dafür sorgen, dass ein Usus wie dieser, freiwillig Verantwortung für andere zu übernehmen, wieder hoffähig wird.

Bildung ist für die »eiserne« Unterschicht, für Menschen also, die
bereits in der zweiten, dritten oder vierten Generation von staatlicher Unterstützung leben, das einzige Ticket in die Welt der anderen. Im hannoverschen Salkamp, im Essener Meerkamp oder im
sächsischen Johanngeorgenstadt offenbart sich das wahre Elend
weniger in der Fülle des Portemonnaies. Viele Menschen, die hier
leben, kennen Orientierung nur noch vom Hörensagen, sie zele-
brieren ihre eigene Kultur. Moderne Unterhaltungselektronik? Ja.
Bücher? Nein. Nachkommen? Vielleicht. Erziehung? Nein. Fußball

auf der Spielkonsole? Ja. Bolzen vor der Haustür? Nein. Billig Essen? Ja. Gesunde Ernährung? Nein.

Mancher »Unterschichtler« hat die Kontrolle über sein Leben verloren, und die Gesellschaft schaut darüber hinweg. Seit Jahrzehnten agiert sie wie der Passant, der dem Bettler einen Euro zuwirft: Das Gewissen wird mit Geld besänftigt, die Ursache des Übels aber nicht bekämpft. »Fürsorgliche Vernachlässigung« nennt das Paul Nolte, Professor für Sozialgeschichte an der International University in Bremen.[366] Doch mit Geld allein ist der Krise, die sich jenseits der gepflegten Vorgärten abspielt, nicht beizukommen. Die »erlernte Hilflosigkeit« ist ein Phänomen, das Lerntheoretikern hinlänglich bekannt ist. Menschen, die lange Phasen durchleben mussten, die sie nicht kontrollieren und nicht beeinflussen konnten (wie das bei erzwungenem Nichtstun in Form von lang anhaltender Arbeitslosigkeit der Fall ist), verlernen ihre früher vorhandenen Handlungs- und Überwindungsstrategien und verfallen stattdessen in ein gänzlich anderes Grundverhaltensmuster. Hier geht es nicht mehr, wie oft fälschlicherweise unterstellt wird, um ein Nichtwollen, sondern um verloren gegangene Kompetenzen und ein Nicht-(mehr-)Können. Erst ein Wiedererlernen der verlernten Strategien holt Betroffene aus der Deprivation.[367]

Aktiv für die eigene Zukunft zu werden, setzt eine innere Ruhe voraus, die viele in diesem Land nicht mehr empfinden. Denn Zufriedenheit und Optimismus sind keine objektiven Faktoren, sie gehören zu den subjektivsten Variablen überhaupt. Was zufrieden und optimistisch stimmt, haben Psychologen und Ökonomen schon vor Jahren herausgefunden. So ist dem Menschen relativ egal, ob er 800 oder 1000 Euro in der Tasche hat. Entscheidend ist das Gefühl, dass es aufwärtsgeht, dass man mit Nachbarn, Freunden und Bekannten Schritt halten kann. Das kollektive Aufstiegsversprechen, sagt Soziologe Berthold Vogel, ist wichtig für den Zusammenhalt einer Gesellschaft – »vermutlich noch wichtiger als die geschriebene Verfassung«.[368] Ausgeschlossen zu sein und den Anschluss verloren zu haben, besiegelt dagegen das Schicksal. Praktizierte Hilfe zur Selbsthilfe ist als Basis wichtig, aber nicht

ausreichend. Bildung ist das, was die Verlorenen unserer Lohnar-
beitsgesellschaft wirklich brauchen.

Das Institut der deutschen Wirtschaft Köln mahnt seit langem
eine Bildungsreform an. Die Forderungen reichen von einem Pflicht-
besuch des Kindergartens zwischen dem vierten Lebensjahr und der
Einschulung bis hin zu Ganztagsschulen. Um den wachsenden Ansprüchen an die Bildung der Kleinsten gerecht zu werden, müssen
Erzieher wesentlich besser ausgebildet und natürlich auch bezahlt
werden. Die zusätzlichen Kosten für einen solchen Umbau würden
sich 2008 auf rund 5 Milliarden Euro belaufen, bis 2020 auf mehr
als 20 Milliarden. »Nicht finanzierbar« sind solche Ausgaben indes
nicht, denn sie stehen Ersparnissen durch Effizienzverbesserungen
gegenüber. Weil die Schüler von vornherein intensiver unterstützt
würden, müssten weniger die Klasse wiederholen oder berufsvor-
bereitende Kurse besuchen – was einer Einsparung von rund einer
Milliarde Euro im Jahr 2010 und zehn Milliarden Euro im Jahr 2020
entspricht. Auch die demographische Entwicklung trägt ihr Übriges bei. Zwar ist schlecht für Wirtschaft und Rentenkassen, dass es
in Zukunft mehr Alte als Junge geben wird, doch entlastet die geringere Kinderzahl das Bildungsbudget um weitere vier Milliarden
im Jahr 2008 und um dreizehn Milliarden im Jahr 2020.[369]

Es gibt zahlreiche Modelle zur Verbesserung unseres Bildungs-
systems – nur sind selbst die besten kaum umzusetzen. Ein wesent-
licher Hemmschuh für grundlegende Änderungen ist das Föderа-
lismusprinzip: Bildung ist größtenteils Ländersache, obwohl ein
ganzes Volk unter der Kleinstaaterei der Bildungspolitik leidet. Dass
sich die Länder in chronischer Finanznot befinden, tut ein Übriges,
müssen sie doch abwägen, welchem Sektor die knappen Mittel zu-
fließen sollen. Bildung befindet sich in permanenter Konkurrenz
mit der Alterssicherung und den Gesundheitsausgaben – einer Konkurrenz, der sie nicht gewachsen ist. Auf eine starke Interessen-
gemeinschaft in Form von Verbänden oder ganzen Bevölkerungsgruppen, wie beim Thema Renten und Gesundheit, kann sie nicht
zählen.

Die oft vorgebrachte Forderung nach kleineren Klassen ist wissenschaftlich zwar fundiert, praktisch aber nicht bezahlbar. Andererseits gibt der Staat derzeit doppelt so viel Geld für einen Studienabsolventen wie für eine Berufsausbildung aus – schon unter dem Aspekt der sozialen Gerechtigkeit ist das kaum zu akzeptieren. Auch die Hofierung der Großkonzerne durch die Politik mutiert, bei diesem Licht betrachtet, zum Bumerang. Denn es sind vor allem die kleinen und mittelständischen Betriebe, die ausbilden: Mit 80 Prozent stehen sie an der Spitze der Unternehmen, die den Nachwuchs ausbilden. Wer glaubt, dass expandierende Wirtschaftszweige mehr Ausbildungsplätze schaffen, der irrt. Das Gegenteil ist der Fall. Beispielsweise sank die Ausbildungsquote im Dienstleistungssektor wesentlich stärker als im besonders krisenanfälligen Baugewerbe.[370] Großkonzerne indes vergelten dem Staat seine horrenden Steuergeschenke weder mit zusätzlichen Arbeits- noch mit zusätzlichen Ausbildungsplätzen. Während zum Beispiel mittelständische Unternehmer zwischen 1990 und 1995 rund eine Million neuer Stellen freigaben, strichen Großkonzerne 750 000 Arbeitsplätze.[371] Aus diesem Grund könnte der Staat zunächst einmal da ansetzen, wo er die Lage kurzfristig entschärfen kann: bei einer gezielten Unterstützung des Mittelstandes, verbunden mit der Vereinbarung, dafür Ausbildungsplätze anzubieten.

Deutschland hat ein massives Zukunftsproblem. Wir sind nur dann in der Lage, in einer von Naturwissenschaft und Technik geprägten Welt mit der rasanten globalen Entwicklung Schritt zu halten, wenn wir in die Leistungsfähigkeit und das Wissen unserer Gesellschaft investieren – was letztlich über den Wirtschaftsstandort Deutschland entscheidet. Trotz aller gegenteiligen Meldungen aus dem Bundesministerium für Bildung und Forschung (BMBF) wird der Bund den wachsenden Ansprüchen an Bildung, Forschung und Entwicklung nicht gerecht. Während Länder wie Schweden oder Finnland mehr als 3,5 Prozent ihres Bruttoinlandsprodukts für diesen Bereich ausgeben, lag die Quote hierzulande seit der Vereinigung der beiden deutschen Staaten nie höher als 2,5 Prozent. So entscheidet nicht nur die Verwendung der Mittel, sondern auch deren absolute Höhe darüber, wo sich Deutschland im globalen Wettbewerb wiederfindet: Schließlich sind gut ausgebildete Wissenschaftler, Ingenieure, Techniker und Handwerker der einzige Rohstoff, mit dem das Land aufwarten kann.

Wie man Forschung und Lehre verbessert und dennoch gleichzeitig das staatliche Budget aufbessert, demonstrieren unsere britischen Nachbarn. Was wie eine moderne Version Marx'scher Lehren klingt, praktizieren sie in einem äußerst sensiblen Bereich mit großem Erfolg. Ausgerechnet einer der lukrativsten Märkte, der Pharmamarkt, erlebt nämlich in Großbritannien eine staatliche Renaissance. Das britische Modell ist denkbar einfach. Um Arbeitsplätze zu schaffen und die Medikamentenpreise auf nationaler Ebene zu senken, fördert die Regierung über staatliche Programme die universitäre Forschung. Dadurch entwickeln Universitätslabore das, was bislang ausschließlich die Pharmaindustrie vorweisen konnte: innovative und Profitgenerierende Therapeutika. Doch im Vergleich zu früher verbleiben die Patente immer öfter bei den Universitäten. Weil diese die Präparate nicht nur entwickeln, sondern auch noch in Eigenregie klinisch testen, steigt der Wert der entsprechenden Patente um ein Vielfaches dessen, was die reine Formulierung (die Zusammensetzung der Einzelstoffe) einbringen würde. Auf diese Weise halten die Universitäten nach rund acht bis zehn Jahren Patente in den Händen, die zwischen hundert Millionen und zweihundert Millionen Euro je Präparat wert sind. Bislang kaufte die Industrie die Vorstufen ohne klinische Prüfung – zu Discountpreisen unterhalb der Millionengrenze, versteht sich. Die staatliche Offensive spülte nicht nur Geld in die Kassen der Universitäten, sie produziert darüber hinaus neue Jobs, die direkt aus den Profiten der verkauften Patente finanziert werden können.

Großbritannien ist kein Einzelfall. So gehört ausgerechnet im Vorzeigeland des Kapitalismus, den USA, die Nationale Gesundheitsbehörde (NIH) zu den stärksten Forschungseinrichtungen auf dem Gebiet der Medizin. Im Bereich der Kernfusion gilt das kalifornische Lawrence Berkeley National Laboratory (LBNL) als wirtschaftlich höchst profitable Einrichtung. Über den Technologie-Transfer am LBNL fließen Millionenbeträge in die Kassen der Forschungseinrichtung – weil das LBNL seine weltweit begehrten Innovationen für teures Geld der Industrie als Lizenzen vergibt. Dabei gehen die Erfinder keineswegs leer aus. 35 Prozent der Lizenzgebühren erhalten LBNL-Tüftler direkt ausgezahlt. Der Rest aber fließt in den großen Geldpool des LBNL und sichert auf diese Weise sowohl die Arbeitsplätze als auch die vermutlich innovativste Technik, auf die Forscher zurückgreifen können.

Bildung ist weit mehr als nur eine ökonomische Schlüsselkategorie in Deutschland, das kaum einen anderen Rohstoff als den des Wissens feilbieten kann. Wer indes das Stiefkind einer kurzsichtigen Sparpolitik retten will, muss über Lösungen abseits des derzeitigen Föderalismus- und Wertigkeitsprinzips nachdenken. Denn es ist die Bildung, die über Standort und sozialen Frieden mitentscheidet.

DER AKTIVIERENDE SOZIALSTAAT – AFFRONT ODER CHANCE?

Die Produktivität steigt ununterbrochen. Während die Industrie in Deutschland 1991 noch 9,2 Milliarden Arbeitsstunden benötigte, waren es zehn Jahre später 3 Milliarden weniger: Maschinen, nicht mehr ausschließlich Menschen, stellen Güter her. An sich ist das eine recht erfreuliche Entwicklung, könnte man daran doch die Hoffnung auf drastische Arbeitszeitverkürzung knüpfen. Allerdings gehen solche Überlegungen von falschen Tatsachen aus. In Wirklichkeit hat das Kapital nämlich ein ureigenes Interesse daran, teure Anlagen besser auszulasten und die Lohnstückkosten weiter zu senken – mit Hilfe längerer Arbeitszeiten. Deshalb verwundert es nicht, dass auf der Agenda von Konzernen und Regierungspolitikern seit langem eine Verlängerung der Wochenarbeitszeit möglichst ohne Lohnausgleich steht, um, wie es heißt, die Wettbewerbssituation der Betriebe zu verbessern und einen Impuls für mehr wirtschaftliche Dynamik zu geben. Mit großem medialem Getöse verbreiten Politik und Wirtschaft die Mär vom »Irrweg 35-Stunden-Woche«. Mit Erfolg: Die tarifliche Revision ist an der Tagesordnung. Das zeigen Beispiele bei Siemens, wo für die Standorte Kamp-Lintfort und Bocholt zunächst eine unbezahlte Arbeitszeitverlängerung auf vierzig Stunden vereinbart wurde, oder bei DaimlerChrysler in Sindelfingen, wo man die Arbeitszeit im Forschungs- und Entwicklunsgbereich auf vierzig Stunden heraufsetzte.[372] Gleichzeitig sinkt die Nachfrage nach zusätzlichen Arbeitskräften. In den zehn Jahren zwischen 1991 und 2001 wurden 2,5 Millionen Beschäftigte der Industrie überflüssig, zwei Drittel davon Arbeiter. Das Ziel kapitalistischer Produktion besteht eben nicht darin, Arbeitsplätze zu schaffen, sondern darin, mit Hilfe immer weniger Arbeitskräfte immer höhere Renditen zu erwirtschaften. Die großen politischen Parteien unterstützen dieses Ziel, wie wir in den vergangenen Kapiteln gezeigt haben.

Auf der These zu beharren, unter bestimmten Bedingungen sei Vollbeschäftigung dennoch erreichbar, gleicht der Behauptung, die weltweiten Quellen fossiler Energieträger wären unerschöpflich: Sie klingt zu schön, um wahr zu sein. Vollbeschäftigung ist eine Illusion – Massenentlassungen sind die Realität.

Das derzeitige Wirtschaftssystem forciert die Arbeitslosigkeit und wälzt deren Folgen auf die Erwerbslosen und deren Familien ab. Betroffene müssen sich mit ärmlichen Lebensbedingungen zufriedengeben, während Großkonzerne expandieren. Würden die Unternehmen gezwungen werden, jedem Arbeitslosen, den sie hervorbringen, Unterhalt zu zahlen, gäbe es womöglich weniger Menschen ohne Arbeit. So aber kommt der Staat für die Folgen des Maximalgewinnstrebens auf. Der Staat – das sind seine Bürger, das sind diejenigen, die noch in Lohn und Brot stehen. Denn die Gelder, mit denen Erwerbslose leben müssen, sind im Kern Lohnbestandteile in Form von Lohnsteuer und Sozialversicherungsbeiträgen, die der Staat auszahlt. Sie werden nicht von den Unternehmen aufgebracht, die die Arbeitslosigkeit verursachen, sondern eben vorrangig von den Lohnabzügen der arbeitenden Bevölkerung. Der Staat mit seinen »Agenturen für Arbeit« bestimmt lediglich über einen Teil des mit Hilfe ihrer Arbeitskraft erwirtschafteten Geldes, er verfügt allein über dessen Verwendung, formuliert die daran gekoppelten Bedingungen und ist bestrebt, die ausgezahlte Höhe so gering wie möglich zu halten, um das Ersparte anderweitig einsetzen zu können. Je mehr Erwerbslose es gibt, desto geringer ist die Summe, über die der Staat befinden kann. Auf diese Weise setzt sich die Abwärtsspirale fort – immer mehr rutschen in die Armutsfalle, und der Druck auf die Politik und jeden Einzelnen wächst.

Der »eisernen« Unterschicht gesellt sich eine neue hinzu: Es sind nicht mehr nur die schlecht Ausgebildeten, die Niedriglöhner, die Alleinstehenden und deren Kinder, die Langzeitarbeitslosen, die Menschen mit Migrationshintergrund und die sozial Schwachen; das Damoklesschwert des sozialen Abstiegs trifft zunehmend die ehemaligen Gewinner der Aufstiegsgesellschaft Deutschland, die gescheiterten Anwälte, Architekten, Kleinunternehmer. Während Sozialforscher abwertend von der A-Bevölkerung (Arme, Arbeitslose, Ausländer) sprechen, verkennt die Öffentlichkeit, dass es *den* Unterschichtler schon längst nicht mehr gibt. Die Mittelschicht erodiert, denn die Konkurrenz um die immer marginaler werdende Anzahl an Arbeitsangeboten ist einfach zu groß; es fehlt an Jobs und ebenso an Aufträgen.

Mittlerweile ist das fiskale System an seine Grenzen gestoßen: Steuerflucht, Steuerschlupflöcher und Steuergeschenke sind für Unternehmen und Wohlhabende an der Tagesordnung, die Steuer- und Abgabenlast der Normalbevölkerung wächst dagegen weiter. Die offizielle Diagnose für die deutsche Krise ist aber nicht, dass Unternehmen auf Grund ihrer übersteigerten Renditeorientierung Massenarbeitslosigkeit und Armut produzieren. Vielmehr trügen die Ansprüche der Lohnarbeiter, ob beschäftigt, arbeitslos oder in Rente, Schuld an der deutschen Krise. Dank massenmedialer Endlosschleife scheint mittlerweile sogar das Gros der Bevölkerung davon überzeugt zu sein, dass zu hohe Bruttolöhne und zu hohe Lohnnebenkosten die Gewinne so stark dezimierten und dass es sich kaum rentiere, mehr Menschen zu beschäftigen. Ein Rückgang der Löhne und Lohnnebenkosten sei daher das Gebot der Stunde. Um das zu erreichen, müssten wiederum Arbeitslosenunterstützungen und sonstige Sozialleistungen gesenkt werden.[373] Nur so sei in Zukunft Vollbeschäftigung und Wachstum möglich.

Schon auf dem EU-Gipfel von Lissabon im März 2000 hat die Europäische Union die Vollbeschäftigung erstmals zu einem strategischen Ziel der Gemeinschaft erklärt, erreichbar durch ein jährliches Wirtschaftswachstum von 3 Prozent bis 2010 und ausgelöst durch technologische Innovationen, die Transformation der Gesellschaft zur »Wissensgesellschaft« sowie den »aktivierenden Sozialstaat«. Die damalige rot-grüne Bundesregierung folgte dem EU-Gipfel in seiner Agenda 2010. Grundlage des 2000er Gipfels war ein beschäftigungspolitischer Sondergipfel im Jahr 1997 in Luxemburg, auf dem vier Leitlinien erarbeitet wurden: Beschäftigungsfähigkeit, Unternehmensgeist, Anpassungsfähigkeit und Chancengleichheit von Frauen und Männern. Die Umsetzung dieser strategischen Ziele erfolgt aber zunehmend repressiv: Das Mittel zum Zweck ist der »aktivierende Sozialstaat«. Er will möglichst viele Arbeitslose möglichst schnell und mit möglichst geringen Kosten in Lohn und Brot bringen, auch wenn die Arbeit nicht der Qualifikation oder den Berufswünschen der Betroffenen entspricht, schlecht bezahlt wird oder sozial ungeschützt ist.[374]

Nicht erst seit der Initiative des hessischen Ministerpräsidenten Roland Koch (CDU), der die Sozialleistungen nach amerikanischem Vorbild »neu ordnen« wollte, oder der Forderung des CSU-Abgeordneten im Bundestag Stefan Müller, Zwangsdienst für Hartz-IV-Empfänger durchzusetzen, wird darüber diskutiert, dass Hilfeempfänger Gegenleistungen für die Gemeinschaft zu erbringen haben. Maßgeblichen Einfluss hatte sicherlich Bill Clintons Präsidentschaftswahlkampagne »to end welfare as we know it«, realisiert im »personal responsibility and work opportunity reconciliation act« von 1996, der einen radikalen Wechsel in der amerikanischen Sozialpolitik einleitete. Bereits zwei Jahre später verkündete die Clinton-Administration, dass die Gesamtzahl der Hilfeempfänger erheblich zurückgegangen war, während gleichzeitig 35 Prozent der erwachsenen Hilfeempfänger zwanzig Stunden angestellt waren oder in einem Förderprogramm arbeiteten.[375] International erfuhr der »aktivierende Sozialstaat« eine unglaubliche Resonanz. Egal, wie das Konzept auch genannt wurde (Clinton: enabling state, Blair: dritter Weg, Schröder: Politik der neuen Mitte) – die Prämisse ist klar: workfare statt welfare.

Sinn dieser Politik ist es, bisher als öffentliche Aufgaben betrachtete Bereiche an halbstaatliche Institutionen oder private Akteure abzutreten, so dass der Staat nur mehr für das Festzurren der Rahmenbedingungen zuständig ist und Millionen sparen kann. Die »Bürgergesellschaft« wird nicht nur von der SPD und Vertretern der CDU und CSU, der FDP und der Grünen beschworen, sondern auch von Wirtschaftsvertretern beklatscht. Verständlicherweise, waren und sind doch die sozialpolitischen Regulierungen des Staates neoliberalen Kritikern stets ein Dorn im Auge gewesen. Sie werfen dem Sozialstaat vor, seine Bürger zu entmündigen und unternehmerische Initiative und Wettbewerb zu behindern. Die Versorgungsmentalität des demokratischen Wohlfahrtsstaates habe seine Bevölkerung zur Passivität erzogen.

Die Instrumentarien des »aktivierenden Sozialstaates« sind hart. Flankiert von vielfältigen sozialstaatlichen Kürzungen werden Erwerbslose heute auf vergleichbare Weise diszipliniert wie 2002:

– Spätestens nach einem halben Jahr Arbeitslosigkeit haben Erwerbslose laut Sozialgesetzbuch III jede zumutbare Beschäftigung anzunehmen.
– Fehlt die Bereitschaft dazu, verhängt die Agentur für Arbeit Sperrzeiten (300 000 im Jahr 2000), die im Wiederholungsfall den Verlust des gesamten Anspruchs zur Folge haben können (17 000 im Jahr 2000).
– Sämtliche Zahlungen werden »auf das zum Lebensunterhalt Unerlässliche eingeschränkt«: Das bedeutete im Jahr 2002 beispielsweise eine Kürzung um 25 Prozent der 287 Euro für einen Alleinstehenden pro Monat.
– In letzter Konsequenz können dem Hilfeempfänger bei

andauernder Weigerung sämtliche Geldleistungen gestrichen werden (§ 147 SGB III, § 25 BSHG). Einen Ermessensspielraum hat der Gesetzgeber den Behörden nicht eingeräumt.[376]

Obwohl die Schärfe der gesetzlich vorgesehenen Disziplinierung wohl kaum zu übersehen ist, rissen die Forderungen nach weitergehenden Maßnahmen auch in den vergangenen Jahren nicht ab. Verbalattacken gegen Erwerbslose von politischer Seite waren an der Tagesordnung und reichten vom Vorwurf des Schmarotzertums über das Nahelegen von Fußfesseln für Arbeitslose bis hin zu Konsumverzicht und täglicher Meldepflicht. Wissenschaftler mokieren sich über die Realitätsferne der derzeitigen Politik. »Wer ... angesichts des bereits vorhandenen Instrumentariums ... nach noch mehr Repressionsmöglichkeiten zur Aktivierung von bereits marginalisierten Bürgern ruft, provoziert entweder die Frage nach seinem Sachverstand ... oder nach der bewussten oder unbewussten Mitwirkung bei sozialen Selektionsprozessen über Arbeitszwang und drohenden Existenzsicherungsverlust«, schreibt Achim Trube, Professor für Sozialpolitik, Arbeitsmarktpolitik und Sozialadministration an der Universität Siegen.[377]

Die Vorwürfe sind berechtigt, kann doch die Arbeitslosigkeit nicht in den Griff bekommen, wer Minderheiten lediglich stigmatisiert. Indem die eigentlichen Opfer der Krise zu Tätern umdeklariert werden und das Strukturproblem der Massenarbeitslosigkeit auf das Individualproblem der Arbeitsunwilligkeit heruntergebrochen wird, umschiffen die Regierenden bewusst die gefährlichen Klippen, die sie zu einer Abkehr ihrer kontraproduktiven Politik bewegen müssten. Bis heute sind sie nämlich den empirischen Beleg für den vielventilierten ausufernden Leistungsmissbrauch schuldig geblieben. Auch verhallen Fragen wie die folgenden ohne befriedigende Antwort: Was tut die Politik, um die Unternehmen – die Verursacher für Massenarbeitslosigkeit und Armut – stärker zu fordern? Eine kapitalorientierte Marionettendemokratie kann die Probleme im Land nicht lösen, kann Vorstände und Aufsichtsräte nicht zu mehr Verantwortlichkeit bewegen. Im Gegensatz dazu bekennt sie sich zu Maximalrenditen und nimmt Massenentlassungen hin. Aber ist eine Rendite von 25 Prozent wirklich nötig – genügen nicht 20 Prozent, um im Gegenzug auf Entlassungen zu verzichten und angemessene Löhne zu zahlen? Was ist das geflügelte Wort vom ach so wichtigen »Humankapital« mehr als ein Lippenbekenntnis neoliberaler Marktfreiheitskämpfer? Was erreicht der »aktivierende Sozialstaat« anderes, als die Kluft zwischen denen, die noch Arbeit haben, und denen, die ihre verloren haben, zu vergrößern und Ungunst und Unfrieden zu schüren? Ohnehin gerät seine Maxime des »Förderns und Forderns« zur Farce, weil sie unterstellt, dass sich Rechte und Pflichten von Staat und Bürgern in etwa die Waage halten. In Wirklichkeit aber ist der Arbeitslose im Nachteil: Während er gezwungen ist, jedes Angebot anzunehmen, sind alle Offerten wie Orientierungs- oder Arbeitsbeschaffungsmaßnahmen Ermessensleistungen – der Arbeitslose kann also keinen individuellen Rechtsanspruch darauf ableiten. Überhaupt muss sich derjenige, der den »aktivierenden Sozialstaat« als Disziplinierungsmaßnahme präferiert, fragen lassen, wo die Arbeitsplätze sind, die mit Arbeitsunwilligen besetzt werden können, und ob wirklich mit einem Aufschwung zu rechnen ist, wenn Langzeitarbeitslose Abfall aus Rinnsteinen fegen. Denn weder mit Sanktionen noch mit Zwang oder schriftlichen Vereinbarungen lassen sich arbeitsplatzgenerierende Effekte erzielen.

DAS BEDINGUNGSLOSE GRUNDEINKOMMEN: GELD FÜR ALLE

In einer Zeit wachsender Arbeitslosigkeit und zunehmender Verarmung, in der sich der Staat aus sozialen Verantwortlichkeiten zurückzieht, hat der Gedanke an ein bedingungsloses Grundeinkommen (BGE) durchaus seinen Reiz. Die Überlegung ist, das BGE jedem Bürger zukommen zu lassen – ganz gleich, wie alt er ist, wie viel er sonst verdient, über welche Qualifikation er verfügt, ob er verheiratet, ledig oder geschieden ist, ob er Kinder ernähren oder jemanden pflegen muss, ob er chronisch krank ist oder in der Blüte seines Lebens steht.

Ein solches Grundeinkommen würde die Existenz sichern und einem sozialen Absturz vorbeugen, es würde aber auch Freiraum schaffen für andere Aktivitäten wie soziales Engagement, Hobbys oder Weiterbildung. Um in den Genuss eines bedingungslosen Grundeinkommens zu kommen, wäre kein Empfänger gezwungen, seine finanziellen Verhältnisse offenzulegen oder einen Bedürftigkeitsnachweis zu führen. Auch bestünde nicht die Verpflichtung, irgendeine Tätigkeit oder Arbeit aufnehmen zu müssen. Das BGE würde vom Staat gezahlt und finanzierte sich aus Steuern. Jeder kann unbeschränkt hinzuverdienen, falls er das möchte, muss es aber nicht. Angerechnet wird ein eventuelles Zusatzverdienst nicht. Weil das Steuersystem im Zuge eines BGE enorm vereinfacht wird und eine Bedürftigkeitsprüfung entfällt, sinkt der bürokratische Aufwand enorm. Derzeit werden verschiedene Modelle diskutiert, die beispielsweise einen schrittweisen Ersatz der Sozialleistungen durch das BGE vorschlagen. Denkbar wäre ein Grundeinkommen in der Höhe des Arbeitslosengeldes II oder darüber hinaus. Geht man von achthundert Euro monatlich für achtzig Millionen Bürger aus, ergeben sich Kosten von vierundsechzig Milliarden Euro pro Monat, wovon schätzungsweise zehn Milliarden Euro an Mehrwertsteuern zurück an den Staat fließen würden. Einer Modellrechnung des Thüringer Ministerpräsidenten Dieter Althaus (CDU) zufolge müsste der Staat mit jährlichen Kosten von 583 Milliarden Euro rechnen – das heutige System kostet 735 Milliarden Euro und wäre damit teurer. Eine schrittweise Einführung von zum Beispiel einem Euro pro Tag und Person würde zum einen den Etat nicht übermäßig belasten und zum anderen die Überprüfung der Effekte auf die Wirtschaft und das Steueraufkommen ermöglichen.[378]

Das BGE folgt nicht dem Motto »Sozial ist, was Lohnarbeit schafft« und trägt dennoch der hohen Produktivität Rechnung. Während diese steigt, werden immer mehr Erwerbstätige in die Arbeitslosigkeit und damit in die Perspektivlosigkeit entlassen – der Pool derjenigen, die gar nicht mehr in der Lage sind, für ein eigenes Auskommen zu sorgen, füllt sich. Sie alle profitieren von einem bedingungslosen Grundeinkommen. Das BGE ist dabei mehr als nur eine Art Niedrigstlohn ohne Gegenleistung, denn es wirkt einer extremen Ungleichverteilung von Arm nach Reich entgegen. So ist durchaus denkbar, dass sich dank des BGE ein neuer Sozialstaat herausbilden könnte. Auch stigmatisiert ein BGE nicht, wie beispielsweise Hartz IV, sondern verhilft seinem Empfänger zu mehr Selbstbestimmung und Selbstachtung. Wer den Rücken von sozialer Not frei hat, kann sich zudem häufiger zu Wort melden und demokratische Prozesse aktiv mitgestalten.

Während sich naturgemäß einige Wirtschaftsvertreter und Politiker nicht mit dem Gedanken eines bedingungslosen Grundeinkommens anfreunden können, weil sie in ihm unter anderem ein Edikt zum Müßiggang vermuten, gibt es auch unter Wirtschafts- und Sozialwissenschaftlern kritische Stimmen. Rainer Roth, Professor für Sozialwissenschaften an der Fachhochschule Frankfurt am Main und Mitherausgeber des vom Bundeswirtschaftsministerium scharf attackierten Leitfadens »Arbeitslosenhilfe II/Sozialhilfe von A bis Z«[379] gibt unter anderem zu bedenken,

- dass das bedingungslose Grundeinkommen in seiner angedachten Form ausnahmslos auch für Wohlhabende und Reiche gilt, weil es ja keinen Bedürftigkeitsnachweis gibt. Damit hätte Josef Ackermann, Vorstandsvorsitzender der Deutschen Bank und jährlicher zwölffacher Einkommensmillionär, ebenso Anrecht auf das BGE wie Liesel Müller, alleinerziehende Mutter zweier Kinder aus Berlin Hohenschönhausen;

- dass das BGE unabhängig vom Alter vergeben wird. Ein Säugling erhielte somit ebenso viel wie ein Erwachsener. Betrachte man das BGE als eine Art Kindergeld, entlaste es das Kapital völlig davon, sich über den Lohn an den Kosten für den Nachwuchs zu beteiligen;

- dass das BGE die Spaltung zwischen Erwerbslosen und Erwerbstätigen nicht aus dem Weg räumt, weil es auf einen Arbeitszwang für Erwerbslose verzichtet. Das BGE aber wäre steuerfinanziert: Die Arbeitenden müssten für die Erwerbslosen mitarbeiten; das Kapital kann Löhne UND Sozialleistungen abbauen und würde geschont – eine im Grunde nicht akzeptable Ungleichverteilung der BGE-Lasten.

Roths Ansichten sind durchaus nachvollziehbar. Er will die Bevölkerung nicht mit einem bedingungslosen Grundeinkommen abgespeist sehen, sondern rüttelt an den Grundfesten neoliberaler Wirtschaftspolitik. Zu seinen Grundforderungen gehört die Festlegung eines Mindestlohns auf mindestens zehn Euro, eine deutliche Erhöhung des Arbeitslosengeldes II auf mindestens fünfhundert Euro und eine Arbeitszeitverkürzung auf dreißig Stunden wöchentlich bei vollem Lohn- und Personalausgleich.

Egal ob bedingungsloses Grundeinkommen, Lohnerhöhungen oder Arbeitszeitverkürzung – es ist an der Zeit, dass sich die Vorzeichen ändern. Bislang haben die regierenden Parteien den Eindruck hinterlassen, eine Politik gegen das Volk geführt zu haben. Deutschland ist zu einer Konzerngesellschaft mutiert: Die Macht im Land geht nicht mehr vom Volk aus, sondern von Großunternehmen. Das Vertrauen der Menschen in ihre gewählten Vertreter ist nicht nur erschüttert, es ist zerstört. Die Deutschen halten politische Parteien und Legislativorgane an erster beziehungsweise dritter Stelle für die korruptesten Institutionen der Gesellschaft überhaupt[380] – eine deutlichere Signalwirkung kann von solchen Umfrageergebnissen gar nicht ausgehen. Was aber ist ein Wahlsystem wert, das Bürgern das Gefühl vermittelt, eigentlich keine Wahl zu haben? Egal, welche Partei an der Macht ist, der Einfluss des Wahlvolks auf politische Entscheidungen ist marginal, weil Konzerne Bundestag und Länderparlamente fest im Griff haben: Lobbyismus und Vetternwirtschaft bestimmen den politischen Alltag, Entscheidungen werden manipuliert. Die Aussicht auf eine Karriere in der freien

Wirtschaft nach der politischen Laufbahn, der Verlust an Boden-ständigkeit, zunehmende Dünkelhaftigkeit und Arroganz gegenü-ber der arbeitenden (und arbeitslosen) Bevölkerung lässt Politiker, massenmedial verbreitet, als Sprachrohre des Kapitals erscheinen und treibt das Volk in die Arme von Fundamentalisten und Radi-kalen. Statt einen politischen Rahmen festzulegen, der den Wäh-lern und ihren Familien eine Perspektive auf Beschäftigung, soziale Sicherheit und Bildung bietet, sichern Politiker aller Couleur die Pfründe der Konzerne. Die von den Gegnern einer solchen Politik immer wieder beklagte Umverteilung von unten nach oben wird durch die Steuer- und Deregulierungsmaßnahmen, wie wir sie im Buch beschrieben haben, noch forciert. Der Widerstand der Politik gegenüber empirischen und wirtschaftswissenschaftlichen Argu-menten ist bemerkenswert; sie unternimmt keinen Versuch, den Teufelskreislauf von Wachstumsschwäche, Umverteilung und Ar-beitslosigkeit zu durchbrechen.

Wie aber soll ein Gemeinwesen funktionieren, wenn das Volk seinen Repräsentanten misstraut? Die deutsche Bevölkerung hat die Erfahrung gemacht, dass sie Dinge ändern kann: 1989 ging der Osten auf die Straße, obwohl er fast vierzig Jahre lang unter dem Joch eines Staates gelebt hatte, der nicht nur das Handeln, sondern auch das Denken diktierte.

Wie steht es dann erst um die Courage freiheitlich erzogener Bürger? Die Frustrationsgrenze ist längst überschritten. Unüber-hörbar ist der Aufschrei der Unzufriedenheit – nur Politiker halten sich die Ohren zu. Ein schlauer Staat ist die letzte Chance, um den drohenden Kollaps des demokratischen Systems abzuwenden.

FAZIT: Der Point of no Return rückt näher – doch der drohende Kollaps des gesamten Erfolgssystems Bundesrepublik ließe sich ver-meiden. Dazu aber müsste die Politik auf wirklich innovative Ideen setzen, die im Ausland längst umgesetzt worden sind. Mehr staatli-ches Engagement für seine Bürger sichert nachhaltig die wirtschaft-liche Position in den harten Zeiten der Globalisierung, attestiert auf beeindruckende Weise eine Analyse der Deutschen Bank Research.

Dass ausgerechnet ein Papier der größten deutschen Bank auf bessere soziale Absicherung der Menschen im Lande setzt, spricht für sich. Skandinavien macht es seit einem Jahrzehnt vor: geringe Arbeitslosenzahlen bei Erhaltung der sozialen Sicherungssysteme lassen die Nordländer als wahre Gewinner der Globalisierung erscheinen.

Geld für alle heißt eine andere, von heimischen Ökonomen favorisierte Alternative zum Kahlschlag der deutschen Politik der vergangenen Zeit. Der Staat kümmert sich um alle Menschen und zahlt ihnen einen Grundbetrag, der im Vergleich zu Hartz IV höher liegt und erst mal Steuergelder kostet. Doch diesen Betrag darf jeder behalten – auch dann, wenn er arbeiten geht. Mehr Geld durch Arbeit wäre die Folge – keine Armut auf Grund von Jobverlust die stabilisierende Konsequenz.

Die eigentliche Zukunft des Landes aber liegt in einer offensiven Bildungspolitik. Anstatt multinationale Großkonzerne über Jahrzehnte hinweg mit Millionenbeträgen zu finanzieren, wäre das Bundesministerium für Bildung und Forschung beispielsweise gut beraten, diese Mittel in die universitäre Forschung zu investieren und die Schulen der Republik auf den neusten Stand zu bringen. Kinder und Studenten sind das wahre Potenzial des Landes. Ihnen eine sichere Zukunft zu bieten, ist daher die höchste Pflicht der Politik. Gelingt das nicht, droht Deutschland eine Zeit der sozialen Erosion – und am Ende ein unkalkulierbares Risiko.

IX. EPILOG:
WARUM UNSER LAND VOR EINER ZEIT DER REVOLTEN STEHT

Osterode am Harz ist eine beschauliche Stadt. Rund 25 000 Einwohner leben hier, und wenn der Wind, aus Südwest kommend, die Wolken über die Gipfel treibt, lässt er zu, dass der Blick über die sanften Berge des Mittelgebirges schweifen kann. Dort, in der Ferne, leuchtet der Funkmast über Torfhaus, einem Ortsteil der Bergstadt Altenau, und von hier ist es bis zum Brocken nicht mehr weit. Doch Schönwetterlagen sind selten im Harz – das gilt vor allem beim Thema Arbeit. Wenn ein Harzer seinen Job verliert, kann er auf die Angebote der Bundesagentur hoffen – oder darauf setzen, dass regionale Firmen ihm den Wiedereintritt ins Arbeitsleben ermöglichen. Denn seit 2005 gilt das Prinzip Hoffnung – zumindest im Raum Osterode. Damals etablierte sich eine spezielle Koordinierungsstelle für die regionale Wirtschaft. Wer als Unternehmen Mitarbeiter sucht oder als Investor ein Unternehmen gründen will, kann sich dort melden und dem dafür zuständigen Projektmanager sein Anliegen erläutern. Der wiederum kümmert sich um alles Weitere: Genehmigungen, Verwaltungsvorschriften und alle sonstigen Hürden des Gesetzes werden zwar nicht weniger aufwendig bearbeitet als sonst – nur schneller, weil sich der Projektmanager im Rathaus intern um die Beschaffung der Unterlagen kümmert. Der Erfolg dieser Stelle ist beachtlich.

Verfahren, die vor Einführung der Koordinationsstelle zwei Wochen in Anspruch nahmen, sind heute manchmal in 48 Stunden erledigt. Die neue Schnelligkeit in der Stadtverwaltung macht sich bemerkbar, viele regional ansässige Firmen fragen mittlerweile direkt beim Projektmanager im Rathaus an, wenn sie kurzfristig Arbeitskräfte benötigen. Der kümmert sich dann um die weiteren Formalitäten mit dem Jobcenter oder mit der Arbeitsagentur. Dass kurze Wege eine Lösung vieler Probleme sein können, bestehende Gesetze aber nicht verändern, ist dem Bürgermeister des Städtchens am Harz zwar bewusst. Doch er weiß auch, dass ohne solche Neuerungen aus der eigenen Ideenschmiede vieles im Argen bliebe. Es gäbe vermutlich noch mehr Menschen ohne Job. Osterode ist kein Einzelfall, und innovative Ideen auf regionaler Ebene finden sich in vielen Orten und Gemeinden. Allerdings: Das Versagen der vergangenen Bundesregierungen in Sachen Arbeitsmarkt können Bürgermeister und Gemeinden nicht ungeschehen machen.

Die Bilanz der Politik ist verheerend. Denn die Arbeitslosigkeit in Deutschland steigt seit über dreißig Jahren kontinuierlich. Selbst die Phasen der großen Wirtschaftsaufschwünge verbesserten die Lage auf dem Arbeitsmarkt nicht nachhaltig – was keinen der verantwortlichen Politiker daran hindert, diesen Aspekt auszublenden und mittels geschönter Statistiken zu verschleiern, wie dramatisch die Situation wirklich ist. Glaubt man den monatlich vorgestellten Arbeitslosenzahlen, sind je nach Jahr und Wirtschaftslage lediglich 4,5 bis 5 Millionen Menschen arbeitslos. In Wirklichkeit aber sind schon heute mehr als 7 Millionen ohne Beschäftigung und leben nahezu 10 Prozent aller Deutschen in Armut. Hinzu kommen jene, die für Hungerlöhne arbeiten müssen, jedoch nicht als arbeitslos geführt werden. Die Ära der Vollbeschäftigung ist definitiv vorüber und »Arbeit für alle« Schnee von gestern.

Die Folgen für die Betroffenen sind fatal. 23 Prozent der Arbeitslosen bezeichnen ihren Gesundheitszustand als miserabel oder weniger gut. Gleiches sagen über sich im Gegensatz dazu nur 11 Prozent der Berufstätigen.[381] Obwohl es ihnen sowohl objektiv als auch subjektiv schlechter geht als dem Bevölkerungsdurchschnitt, nehmen Menschen ohne Arbeit seltener Vorsorgeuntersuchungen wahr. Und was für sie selbst gilt, gilt erst recht für ihre Kinder. So verwundert es nicht, dass Arbeitslose wesentlich öfter krank sind. Männer ohne Job verbringen mehr als doppelt so viele Tage im Krankenhaus wie berufstätige; bei arbeitslosen Frauen sind es 1,7 Mal so viele.[382] Bei Langzeitarbeitslosen verschärft sich die Situation noch, denn je länger die Arbeitslosigkeit andauert, desto schlechter wird ihr Gesundheitszustand[383] und desto schwerwiegender sind die Folgen. Ihre Arbeitslosigkeit reißt Löcher in die Erwerbsbiographie, die im Nachhinein kaum mehr zu stopfen sind. Arbeitslose nehmen kaum an den notwendigen Weiterbildungen teil, um auf dem neuesten Stand zu bleiben, was ihre Rückkehr ins Erwerbsleben zusätzlich erschwert. Kommt dann noch eine körperliche oder psychische Erkrankung dazu, tendiert die Chance, irgendwann wieder in Lohn und Brot zu stehen, gegen null.

Der Staat schaut zu – und verspielt dadurch auch die Zukunft seiner Kinder. Schon Ende 2004 verzeichnete die offizielle Sozialhilfestatistik 965 000 Kinder in der Sozialhilfe, ein halbes Jahr später waren mehr als 1,5 Millionen Kinder unter fünfzehn Jahren auf Sozialhilfe, Sozialgeld nach dem SGB II oder Kinderzuschläge auf Sozialhilfeniveau angewiesen. Bezieht man auch hier die Dunkelziffer ein, fällt die Zahl mit 1,7 Millionen noch drastischer aus: Jedes siebte Kind in Deutschland lebt in Armut.

Dabei haben es die westlichen Bundesländer besser als die im Osten. Während die Kinderarmutsquote im Westen der Republik bei 12,4 Prozent liegt, macht sie in Ostdeutschland 23,7 Prozent aus. »Jedes vierte Kind in den neuen Ländern muss als einkommensarm gelten«, konstatiert der Paritätische Wohlfahrtverband. Kinderarmut kommt in allen Regionen vor. Selbst der immer wieder hoch gelobte Süden Deutschlands schneidet schlecht ab: In Hof, Schweinfurt oder Nürnberg liegt die Armutsquote bei bis zu 20 Prozent. In Berlin leben 29,9 Prozent aller Kinder unter fünfzehn Jahren von Sozialgeld, in ostdeutschen Städten wie Görlitz, Halle oder Schwerin sind es bis zu 35 Prozent. Hinzu kommt ein weiterer, destabilisierender Prozess: Die Erosion der Einkommen hat längst auch die Mittelschicht erfasst, ein Phänomen, das nachdenklich stimmen müsste, war diese doch bislang das Rückgrat der Gesellschaft.

Eine mehr als erstaunliche Entwicklung. Denn entgegen der Kritik von Politik und Konzernen an den angeblich zu hohen Lohnnebenkosten hat Deutschland kein Arbeitskostenproblem – und eigentlich keinen Grund, eine derartige Spaltung der Gesellschaft in Arm und Reich zu dulden. Das belegen sämtliche statistischen Daten des Statistischen Bundesamtes, der Europäischen Kommission, der Organisation für wirtschaftliche Zusammenarbeit und Entwicklung (OECD), der Bundesbank, des Deutschen Instituts für Wirtschaftsforschung (DIW) und des Rheinisch-Westfälischen Instituts für Wirtschaftsforschung (RWI). Sie alle gelangen zu dem Schluss: Die preisliche Wettbewerbsfähigkeit der deutschen Volkswirtschaft hat seit Mitte der neunziger Jahre zu- und nicht abgenommen.

Wenn aber Arbeit in Deutschland keinesfalls so teuer ist wie vielfach von Politik und Wirtschaft dargelegt, müssen andere Faktoren die enormen Entlassungswellen bei deutschen Unternehmen bestimmen.

Selbst das kräftige Plus an volkswirtschaftlichem Einkommen erreicht die breite Masse der Bevölkerung nicht mehr, weil die Lohneinkommen in den letzten Jahren so gut wie nicht mehr gestiegen sind. Im November 2005 publizierte der angesehene Verteilungsforscher Claus Schäfer eine Fachstudie, die diesen Trend eindrucksvoll belegt. Schäfer zufolge schlägt die BIP-Erhöhung fast ausschließlich auf die Erhöhung der Gewinn- und Vermögenseinkommen durch.[384] Die offiziellen Daten des Statistischen Bundesamtes geben Schäfers Aussagen Recht. Während die arbeitende Bevölkerung immer weniger verdient, steigen die Unternehmensgewinne stetig und erheblich an.

Um welche Dimension es sich dabei handelt, zeigt der Blick in die Gewinne der Kapitalgesellschaften. So machten im Jahr 1980 die Bruttounternehmensgewinne 39,51 Milliarden Euro aus, im wiedervereinigten Deutschland des Jahres 1991 waren es bereits 195,80 Milliarden. Nur dreizehn Jahre später erreichten die Unternehmensgewinne schließlich 368,77 Milliarden Euro.

Im Jahr 2005 verdienten die Konzerne so viel wie nie zuvor in der Geschichte der Bundesrepublik – und mit ihnen die Manager der jeweiligen Unternehmen. Allein die Top-30-Unternehmen der deutschen Wirtschaft brachten es auf eine Gewinnsteigerung von rund 36 Prozent auf über 51 Milliarden Euro, wie die Frankfurter Rundschau nach der Auswertung der Bilanzen dieser Kapitalgesellschaften im März 2006 berichtete.[385] Während sich 8,6 Millionen Menschen in Deutschland nur mit Hilfe staatlicher Unterstützung von der Bundesagentur für Arbeit über Wasser halten konnten, schwebten die Bosse in ganz anderen Sphären: Der damalige Chef der Deutschen Bank, Josef Ackermann, ließ sich die Bezüge gleich um 12 Prozent erhöhen und kassierte damit rund zwölf Millionen Euro im Jahr.

Über dem deutschen Durchschnittsbürger schwebt heute ständig das Damoklesschwert der Arbeitslosigkeit. Da verwundert es nicht, dass die Bevölkerung den enormen Einfluss der Wirtschaftskapitäne mit Argusaugen beobachtet. Wie das Meinungsforschungsinstitut Forsa im Auftrag des *stern* und des Fernsehsenders RTL 2005 herausfand, fürchten die Deutschen die Macht der Bosse. Wer hierzulande wirklich das Sagen hat, dafür haben sie einen siebten Sinn: 76 Prozent gehen davon aus, dass die führenden Köpfe der Wirtschaft viel oder sehr viel Einfluss auf die Geschicke des Landes haben. Lediglich 8 Prozent meinen, dass die Bürger selbst Einfluss nehmen können. »Es ist der Eindruck entstanden, dass die Wirtschaft hier ungebändigt von anderen Kräften in der Gesellschaft wirken kann«, fasste Forsa-Chef Manfred Güllner zusammen, »insgesamt halten die Bürger die wirtschaftlichen Kräfte für böse.«[386]
Dieses ungute Gefühl macht sich Luft an der Urne – oder eben anders.
Aus Frust wird bei manchen Betroffenen Hass – gegen den Staat und gegen seine Institutionen. Der Extremismus wird zum Auffangbecken der Frustrierten. Wer sich im Internet bewegt, wird dazu fündig. Viele der in diesem Buch aufgezeigten Strukturen der aufkeimenden extremistischen Szene stammen aus Foren, die auf der Beobachtungsliste des Staatsschutzes stehen. Sie sind mit einfachen Suchmaschinen nicht direkt zu finden, lassen sich aber trotzdem aufspüren – die Szene setzt auf digitale Informationsverarbeitung und spielt mit den Wächtern des Staates mittlerweile

Katz und Maus. Während Politiker in der Öffentlichkeit über die Bedrohung durch Al Kaida und den islamistischen Terror debattieren, verschwiegen sie das hausgemachte Problem: Weite Teile der deutschen Bevölkerung haben sich innerlich von der Demokratie als Staatsform verabschiedet und befürworten extreme Positionen. Meldungen über brennende Arbeitsagenturen oder Finanzämter dringen so gut wie nie an die Öffentlichkeit – das Wissen um die aufkeimende Unruhe im Volk wird von Politik und Landeskriminalämtern wohl gehütet.

Legal, aber nicht minder explosiv, kommt der Unmut der breiten Bevölkerungsmasse hinzu. Gewerkschaftlich organisierte Demonstrationen gegen den Sozialabbau sind seit Herbst 2006 auch in Deutschland Realität – wenn auch wenig beachtet. Sieben Millionen Menschen ohne Job, unzählige Millionen unterhalb der Armutsgrenze, ein gigantisches Heer der Vernachlässigten wächst heran. Und die Politik schaut zu.

Inzwischen mobilisieren Gewerkschaften die breite Masse der Unzufriedenen. Herbstdemonstrationen gegen den sozialen Abbau gehören zum Alltag der Republik – viele Medien aber, in denen wie durch ein Wunder auch Politiker die Rundfunk- und Fernsehräte besetzen, gehen bei der Nachrichtenselektion erstaunlich lasch mit der Berichterstattung über die Demonstranten um. Vollmundige Versprechungen auf Parteitagen beherrschen die Nachrichtensendungen, wenn aber Arbeitslose in Halle, Frankfurt oder Hannover auf die Straße gehen, ist das nur selten ein Thema für Tagesschau & Co. Die Botschaft der Demonstrationen aber ist unmissverständlich. Als am 21. Oktober 2006 der Deutsche Gewerkschaftsbund (DGB) zu Demonstrationen in Berlin, Dortmund, Frankfurt am Main, Stuttgart und München aufrief, erhallte erstmals eine neue Parole, vielleicht als letztes Warnsignal an die Politik: »Widerstand ist unsere Antwort auf eure ›Reformen‹!«[387]

Deutschland steht vor massiven Veränderungen, die Menschen wollen ein Mehr an sozialer Sicherheit – die Ära der Reformen hat das Land innerlich gespalten wie kein anderes Ereignis zuvor. Kommt es eines Tages zu Revolten und gewalttätigen Unruhen? Die Antwort darauf liefert die Bundeszentrale für politische Bildung, zu deren Aufgaben die Aufklärung der Bevölkerung in Sachen demokratische Werte gehört:

»Ob diese Veränderungen friedlich verlaufen werden, ist fraglich. Denn die tragenden Strukturen des Staates drohen zu verfallen, weil keine der politischen Parteien eine Lösung zu bieten hat.«[388]

DANKSAGUNG

Ein Buch wie *Brennpunkt Deutschland* schreiben zu dürfen, ist kein leichtes Unterfangen. Und so gebührt unserem Literaturagenten Joachim Jessen unser ganz besonderer Dank: Aus einem vagen Gefühl für die Thematik heraus brachte er das Projekt auf den Punkt – und riet uns, über die Zeit der drohenden Revolten nachzudenken.

Schon während der Recherchen zum Exposé erkannten wir die Brisanz der Inhalte. Umso mehr möchten wir Nicola Bartels, verantwortlich für die Zusammensetzung des Sachbuchprogramms im Lübbe Verlag, für ihren Mut danken: Sie hat diesen Titel gewollt und für eine ausgezeichnete Platzierung im Verlag gesorgt.

Ohne die auf höchstem Niveau professionelle Arbeit unseres Lektors Jan Wielpütz wiederum wären Teile dieses Buches nie so stringent geworden. Er bewies Gefühl und Augenmaß – dort, wo wir uns emotional in weitläufige Bögen verirrten, schlug er sinnvolle Kürzungen vor, an anderen Stellen wiederum ermutigte er uns, die Thesen klar und provokativ verstärkt herauszuarbeiten. Dafür danken wir ihm aufrichtig.

Ebenso wie den vielen anderen Mitarbeiterinnen im Verlag, die das Manuskript zur Korrektur lasen, die Grafiken erstellten, auf die Form achteten. Ohne ihre Hilfe wäre *Brennpunkt Deutschland* nicht zu dem geworden, was es ist.

Last, but not least danken wir all jenen, die uns durch Informationen, Gespräche und Ratschläge unterstützten: Beamten der Länder und des Bundes, Dr. Claus Schäfer vom WSI in der Hans-Böckler-Stiftung, der Pressestelle des Deutschen Bundestages und dem Bundestagspräsidenten Dr. Norbert Lammert für die uns über sein Pressereferat zugestellten Antworten und vielen anderen Menschen, die wir nennen möchten, aber zum Schutz unserer Informanten nicht dürfen.

Unseren Eltern danken wir für die Unterstützung während des Projekts und unseren Kindern, denen wir dieses Buch widmen und die es eines Tages hoffentlich nur als Szenario der Vergangenheit zur Kenntnis nehmen werden, für ihre Geduld.

ANMERKUNGEN

I. Einführung

1 Mehrheit der Deutschen zweifelt an der Demokratie«, in: www.spiegel.de, 2. November 2006.
2 R. Müller-Helmerr: *Gesellschaft im Reformprozess*, Friedrich-Ebert-Stiftung und TNS Infratest Sozialforschung, Juli 2006.
3 Ebd.
4 »Forschungsfelder des IPG«, Institut für Psychologie der Arbeit, Arbeitslosigkeit und Gesundheit, www.ipg.uni-bremen.de.
5 T. Dürr: »Bewegung und Beharrung. Deutschlands künftiges Parteiensystem«, in: Aus Politik und Zeitgeschichte 32–33/2005.

II. Das Ende der Arbeit

6 »5.000.000 Jobless?«, in: TIME, 12. März 1928.
7 D. Windemuth, BG Institut Arbeit und Gesundheit, HVBG (Online-Präsentation), www.hvbg.de, Dezember 2006.
8 »Eckwerte des Arbeitsmarktes nach Rechtskreis und Art der Trägerschaft«, Statistik der Bundesagentur für Arbeit, Mai 2006.
9 Bundeszentrale für politische Bildung, 2005, IAB 11.2004.
10 Bundeszentrale für politische Bildung, 2005, IAB.
11 »Jahresgutachten 2005/06 des Sachverständigenrates zur Begutachtung der gesamtwirtschaft-lichen Entwicklung«, Deutscher Bundestag, Drucksache 16/65.
12 *Zahlenfibel 2004*, Bundeszentrale für politische Bildung, Institut für Arbeitsmarkt- und Berufsforschung der Bundesagentur für Arbeit (Hg.), 2005.
13 »Beck fordert mehr Anstand von Hartz-IV-Empfängern«, in: www.spiegel.de, 8. Juni 2006.
14 T. Kalina / C. Weinkopf: »Mindestens sechs Millionen Niedriglohnbeschäftigte in Deutschland: Welche Rolle spielen Teilzeitbeschäftigung und Minijobs?«, in: IAT-Report, März 2006.
15 Ebd.
16 European Commission 2004: 171f.
17 »Niedriglohn in Deutschland: Mindestens sechs Millionen arbeiten unter der Schwelle«, in: Pressemitteilung, Claudia Braczko, Institut Arbeit und Technik (IAT) 2006.
18 »A lesson from Tony Blair«, in: The Economist, 13. Mai 2006.
19 Böckler Impuls, 11/2006 (www.boeckler.de).
20 »Was muss passieren, um die Arbeitslosigkeit in Deutschland abzubauen?«, in: Ifo Standpunkt Nr. 61, 11. Februar 2005.
21 Ebd.
22 www.boerse.ard.de, 22. Juni 2006.
23 »DGB-Chef kritisiert Stellenstreichungen«, in: www.tagesschau.de, 24. Juni 2006.
24 IAB Kurzbericht, Ausgabe Nr. 24, 8. Dezember 2005.

25 *Deutschland altert. Die demographische Herausforderung*, Institut der Deutschen Wirtschaft Köln (Hg.), Deutscher Industrie Verlag, Köln 2004.

26 »Sozialkassen: Loch von 3,3 Milliarden Euro«, in: www.spiegel.de, 30. Mai 2006.

27 Ebd.

28 V. Georgescu: »Anfang vom Ende. Der unvermeidbare Kollaps des Rentensystems«, in: www.spiegel.de, 5. November 2002.

29 Ebd.

30 M. Platzeck: »Vorgezogene Rente mit 67 ab 2029 unausweichlich«, in: http://archiv.spd.de, (SPD-Archiv), 1. Februar 2006.

31 »Ruhestand: Bundespräsident plädiert für spätere Rente«, in: www.spiegel.de, 16. Mai 2006.

32 »Rente mit 67 – Pro und Kontra«, Wissenschaftlicher Dienst (WD) des Deutschen Bundestages, Dokument Nr. 25/06.

33 Ebd.

34 »Hartz-IV – ein »Milliardengrab?«, Sachverständigenrat zur Begutachtung der gesamtwirtschaftlichen Entwicklung, Auszug aus dem Jahresgutachten 2005/2006, Ziffern 366 bis 375.

35 »Arbeitsmarktreformen 2005. Aktualisierte Schätzungen zum Start von ALG II«, in: IAB Kurzbericht Nr. 11, 23. September 2004.

36 Unterrichtung durch die Bundesregierung, Deutscher Bundestag, Drucksache 16/505, 1. Februar 2006.

37 »Anti-Hartz-IV-Demo: Rangeleien zwischen Polizei und Protestierern«, in: www.spiegel.de, 3. Juni 2006.

38 »Protestforscher Dieter Rucht fordert ein Ende der politischen Zahlenspiele«, WZB, Pressemitteilung vom 2. September 2004.

39 Ebd.

40 Ebd.

41 Ebd.

42 R. Luxemburg: *Gesammelte Werke, Bd. 2*, Berlin 1986, www.marxists.org/deutsch/archiv/luxemburg/1906/mapage/index.htm.

III. Die neue Armut

43 »BMGS: Sozialbericht 2005«, in: www.sozialpolitik-aktuell.de, 18. Januar 2006.

44 »Studie zu verdeckter Armut. Mindestens 1,8 Millionen Bedürftige leben ohne staatliche Hilfe«, in: Böckler Impuls 1/2006.

45 »Einkommensverwendungsbedingte Armutsschwelle, Stand: 2003«, in: WSI-Mitteilungen 11/2205.

46 R. Martens: »Der Paritätische Wohlfahrtsverband«, in: *Expertise. Kinder und Hartz IV: Eine erste Bilanz der Auswirkungen des SGB II (Grundsicherung für Arbeitssuchende)*, Gesamtverband, Berlin, 24. August 2005.

47 Ebd.

48 Ebd.

49 Weitere Informationen und Infografiken im Böckler Impuls 12/2006: www.boeckler.de/pdf/impuls_2006_12_2.pdf.

50 C. Schäfer: »Weiter in der Verteilungsfalle – Die Entwicklung der Einkommensverteilung in 2004 und davor«, in: WSI-Mitteilungen 11/2005.

51 »Rekordgewinne und Stellenabbau«, in: Frankfurter Rundschau, 24. März 2006.

52 WSI-Mitteilungen 11/2005.

53 WSI-Mitteilungen 11/2005.

54 Statistisches Bundesamt, Pressemitteilung vom 7. August 2003.

55 S. von Borstel: »Sieben Millionen Menschen leben von Hartz IV«, in: Die Welt, 10. Juni 2006.

56 Statistisches Bundesamt,

Pressemitteilung vom
7. August 2003.
[57] Ebd.
[58] Ebd.
[59] Siehe dazu auch Grafiken des
IAB unter: http://doku.iab.de/
grauepap/2004/halle2004_koller.
pdf.
[60] M. Koller: »Determinanten der
Beschäftigung – die makro-
ökonomische Sicht«, IAB Workshop am 15. und 16. November
2004. 15 Jahre nach dem Fall der
Mauer: Einkommen und Finanzkraft in Deutschland.
[61] »Die soziale Situation in Deutschland«, in: Bundeszentrale für
politische Bildung, www.bpb.de.
[62] Ebd.
[63] »The rich, the poor and the
growing gap between them«, in:
The Economist, 17. Juni 2006.
[64] O. Groh-Samberg: »Die Aktualität
der sozialen Frage – Trendanaly-
sen sozialer Ausgrenzung 1984
bis 2004«, in: WSI-Mitteilungen
11/2005.
[65] Ebd.
[66] Ebd.
[67] Vierteljahrshefte zur
Wirtschaftsforschung des DIW
Berlin, Heft 1 (2006).
[68] »Hartz-IV-Debatte: Kritik an
Beck aus den eigenen Reihen«, in:
www.spiegel.de, 9. Juni 2006.
[69] »CSU-Idee: Politiker fordert
Zwangsdienst für Hartz-IV-
Empfänger«, in: www.spiegel.de,
14. Juni 2006.
[70] Institut für sozial-ökologische
Wirtschaftsforschung, München.
[71] Deutscher Bundestag März 02/2000,
www.bundestag.de.
[72] Institut für sozial-ökologische
Wirtschaftsforschung München,
www.isw-muenchen.de.
[73] Stern, 16. Januar 2002.
[74] Eine Unternehmensbeteiligung
oder auch Kapitalbeteiligung

heißt, Anteile an einem Unternehmen zu besitzen. Ein Eigner
an einer Aktiengesellschaft ist
beispielsweise ein Aktionär, an
anderen Unternehmen ein
Mitunternehmer.
[75] DGB Einblick 8/2002.
[76] Ebd.
[77] Stern 20/2006.
[78] www.focus.de, 15. August 2006.
[79] WISO 3/2004.
[80] Süddeutsche Zeitung, 22. Januar
2004.
[81] Monitor Nr. 530, 17. März 2005.
[82] Main Echo, 25. Juni 2005.
[83] manager-magazin, 6. Oktober 2003.
[84] Ebd.
[85] Süddeutsche Zeitung, 22. Januar
2004.
[86] manager-magazin, 6. Oktober 2003.
[87] W. Rügemeier: »Hartz IV – der
gläserne Mensch«, in: Blätter für
deutsche und internationale Politik,
11/2004.
[88] Quelle: Prof. Ernst-Ulrich Huster,
Evangelische Fachhochschule
Rheinland-Westfalen-Lippe.
[89] »Schumacher bittet erneut zur
Kasse. Formel-1-Pilot führt die
Geldrangliste an«, in: www.zdf.de,
07.03.2006.
[90] H. Berg: »Das fiskalische Bermuda-
dreieck Länderfinanzausgleich.
Memo der Universität Bremen«,
Arbeitsgruppe Alternative
Wirtschaftspolitik, www.memo.
uni-bremen.de, Dezember 2006.
[91] Ebd.
[92] Berliner Zeitung, 3. März 2006.
[93] WISO 3/2004.
[94] H. Berg: »Das fiskalische Bermuda-
dreieck Länderfinanzausgleich.
Memo der Universität Bremen«,
Arbeitsgruppe Alternative Wirtschaftspolitik, www.memo.uni-
bremen.de, Dezember 2006.
[95] www.wiwi.uni-jena.de, Universität
Jena.
[96] Landesrechnungshof, Schleswig-

Holstein, Pressemitteilung vom
23. April 2004.

[97] Deutscher Gewerkschaftsbund:
*Phantom Reichtum. Ein anderer Blick
auf Niedersachsen,* Materialien zur
Veranstaltung, www.niedersachsen.
dgb.de/pdf/phantom_mat.pdf,
Dezember 2006.

[98] Stuttgarter Zeitung, 5. Juli 2006.

[99] *Vorrang für die Anständigen – gegen
Missbrauch,* »Abzocke« *und Selbstbedienung im Sozialstaat,*
Bundesministerium für Wirtschaft
und Arbeit, August 2005.

[100] Ebd.

[101] A. Müller: *Die Reformlüge,* Droemer
Knaur, 2004.

[102] Welche Faktoren tatsächlich dazu-
gehören, ist strittig, da es keine
einheitliche Definition gibt.

[103] www.wikipedia.de, November 2006.

[104] W. Kessler: »Gesellschaften
unter Mobilisierungsdruck«, in:
Bundeszentrale für politische
Bildung, Informationen zur
politischen Bildung (Heft 280),
www.bpb.de/publikationen/
SN187N,0,Gesellschaften_unter_
Globalisierungsdruck.html.

[105] www.manager-magazin.de,
28. November 2002.

[106] idw, Pressemitteilung vom
24. September 2002.

[107] Ebd.

[108] A. Holtrup, L. Peter (Hg.):
»Von den USA lernen? Zur
Zukunft der Arbeits- und
Sozialpolitik in Deutschland«,
in: IAW-Arbeitspapier,
15. Februar 2005.

[109] D. Hirschel: »Lohnzurückhaltung
und Beschäftigung im internationalen Vergleich«, in: WSI-
Mitteilungen 8/2004.

[110] Ebd.

[111] idw, Pressemitteilung vom 13. Juni
2005.

[112] D. Hirschel: »Lohnzurückhaltung
und Beschäftigung im inter-

nationalen Vergleich«, in:
WSI-Mitteilungen 8/2004.

[113] Wirtschaftspolitische Informationen 5/2004, Ver.di.

[114] DIW Wochenbericht 1–2/2005.

[115] Peter Bofinger im Interview mit
dem Goethe-Institut www.goethe.
de/ges/wrt/dos/dos/diu/
de1085915.htm, 7. Dezember 2006.

[116] Wirtschaftspolitische Informationen
1/2005, Ver.di-Bundesvorstand.

[117] Frankfurter Rundschau, 26. April
2003.

[118] Kranken- und Rentenversicherung
Deutschland Ost/West
3562,40 Euro pro Monat,
Pflegeversicherung Ost
4400,00 Euro pro Monat,
Pflegeversicherung West
5250,00 Euro pro Monat.

[119] Rede von Franz Müntefering
am 31. August 2005 auf dem
außerordentlichen Parteitag der
SPD.

[120] GATS listet insgesamt 150
verschiedene Dienstleistungen auf.

[121] Quelle: Attac Deutschland.

IV. Menschen, die anders sind –
Arbeitslosigkeit, Armut und die
Folgen

[122] Bundesverband der Betriebskrankenkassen und Hauptverband
der gewerblichen Berufsgenossenschaften, Pressemitteilung vom
24. August 2005, in: IGA-Barometer
2005.

[123] »Im Gespräch mit … Anne Kathrin
Stich«, www.arte-tv.com,
23. Mai 2006.

[124] T. Kieselbach: »Arbeitslosigkeit
als psychosozialer Stressor«,
in: Hauptsache gesund!
Wissenschaftliche Arbeitsstelle
des Oswald-Nell-Breuning-Hauses
(Hg.), Jahrbuch für Arbeit und
Menschenwürde, Band 4/2003,
Münster, LIT Verlag.

125 Das SOEP ist eine seit 1984 jährlich durchgeführte Befragung privater Haushalte in Deutschland (Deutsche, Ausländer, Zuwanderer).

126 St. Hradil: *Soziale Ungleichheit in Deutschland*, Leske und Budrich, Opladen 2001.

127 Ebd.

128 I. Dennis, I. D. Guio: »Armut und soziale Ausgrenzung in der EU«, in: Statistik kurz gefasst, Thema 3/2003, Europäische Gemeinschaften.

129 Ohne Neumitglieder.

130 W. Karr: »Conceptual problems in the understatement of long-term unemployment«, in: IAB Labour Market Research Topics, No. 21.

131 R. Rosenbrock: »Arbeitslosigkeit und Krankheit«, in: Journal für Gesundheit der Plan- und Leitstelle Gesundheit Berlin-Hohenschönhausen, II. Quartal 1997.

132 K. A. Hanisch: »Job loss and unemployment research from 1994 to 1998: A Review and Recommendations for Research and Intervention«, in: Journal of Vocational Behaviour, Bd 55 Heft 2, Oktober 1999.

133 Robert-Koch-Institut, Statistisches Bundesamt: Gesundheitsberichterstattung des Bundes, Heft 13: Arbeitslosigkeit und Gesundheit.

134 Ebd.

135 www.gesundheitberlin.de/index. php4?request=themen&topic=1947 &type=infotext.

136 T. Steinle: *Gesundheitsökonomische Aspekte der Arbeitslosigkeit. Literaturreview und empirische Analyse der Daten des sozioökonomischen Panels.* Magisterarbeit an der Universität Ulm, 2000.

137 R. B. Freeman: »Why do so many young American men commit crimes and what might we do about

this?«, in: Journal of Economic Perspectives, Nr. 7, 1996.

138 U. Fink: »Arbeit ist mehr als Broterwerb«, in: H. Hofmann/ D. Kramer (Hg.): *Arbeit ohne Sinn?*, 1994.

139 Vgl. M. Jahoda: *Wie viel Arbeit braucht der Mensch? Arbeit und Arbeitslosigkeit im 20. Jahrhundert*, BeltzPVU, 1995.

140 A. Hassel, K. Moser, K. Paul: »Es deprimiert dich ohne Ende – metaanalystische Ergebnisse zum Zusammenhang von Arbeitslosigkeit und psychischer Gesundheit«, in: A. Hollederer, H. Brand (Hg.): *Arbeitslosigkeit und Gesundheit*, Huber, 2006.

141 A. Büssing: »Arbeitslosigkeit – differentielle Fragen aus psychologischer Sicht«, in: Arbeit, Heft 1, 1993.

142 Ebd.

143 V. Faust: »Die Arbeitslosigkeit und ihre psychosozialen Folgen«, in: Arbeitsgemeinschaft Psychosoziale Gesundheit, www.psychosoziale-gesundheit.net/impressum.html.

144 P. Förster, H. Berth, Elmar Brähler: *Arbeitslosigkeit und Gesundheit. Ergebnisse der Sächsischen Längsschnittstudie 17. Welle 2003*, Berlin, 2004.

145 M. E. P. Seligman: *Pessimisten küsst man nicht*, Droemer Knaur, 2001.

146 T. Berghändler: »Depression«, in: *Evidenzbasierte Innere Medizin*, Deutscher Ärzteverlag, Köln 2005.

147 A. Weber, G. Hörmann, V. Köllner: »Psychische und Verhaltensstörungen – die Epidemie des 21. Jahrhunderts?«, in: Deutsches Ärzteblatt, Heft 13, 2006.

148 Deutscher Führungskräfteverband, http://ula.de, November 2006.

149 R. W. Connell: *Masculinities*, University of California Press, Berkely and Los Angeles, 1995.

150 A. M. Möller-Leimkühler: »Geschlechtsrolle und psychische

Erkrankung«, in: Journal für Neurologie, Neurochirurgie und Psychiatrie 3/2005.

[151] M. Driessen, E. Fischbach, J. Heuer: »Zur Entwicklung der Alkoholabhängigkeit in Deutschland – Ergebnisse einer Multicenterstudie«, in: Psychiatrische Praxis 31/2004.

[152] www.medknowledge.de, November 2006.

[153] M. Wolfersdorf, C. Franke, F. König: »Einschätzung von Suizidgefahr«, in: Notfall & Rettungsmedizin, Springer-Verlag, 2002.

[154] H. Schulte-Wefers, M. Wolfersdorf: »Suizidalität bei Männern«, in: der mann. Wissenschaftliches Journal für die Männergesundheit, 2006, 4 (2).

[155] T. A. Blakely, S. C. Collins, J. Atkinson: »Unemployment and suicide. Evidence for a causal association?«, in: Journal of Epidemiology and Community Health, 57, 2003.

[156] H. Schulte-Wefers, M. Wolfersdorf: »Suizidalität bei Männern«, in: der mann. Wissenschaftliches Journal für die Männergesundheit, 2006, 4 (2).

[157] Ebd.

[158] Stern, 21. März 2005.

[159] G. Trabert, Gerhard-Simon-Ohm Fachschule, Nürnberg, www.nationale-armutskonferenz.de/publications/Fachbeitraege%20Armut%20Gesundheit/3Wohnungslosigkeitund Gesundheit.pdf, 7. Dezember 2006.

[160] A. Böhn, J. Kuhn: »Soziale Ungleichheit und Gesundheit bei Kindern. Ergebnisse von Einschulungsuntersuchungen im Land Brandenburg«, in: Soziale Arbeit 9/2000.

[161] Kindergesundheit und soziale Lage. Bericht des Landkreises Oberspreewald-

Lausitz zu den Ergebnissen der Einschulungsuntersuchung im Jahr 2000, www.osl-online.de/gesundheitsamt/berichte.htm, November 2006.

[162] C. Kraus: Ergebnisse der Schuleingangsuntersuchung durchgeführt vom Gesundheitsamt Stadt und Landkreis Göttingen. Protokoll des Arbeitskreises »Armut und Gesundheit« Landesvereinigung für Gesundheit Niedersachsen e. V., Hannover 1998.

[163] G. Trabert, Gerhard-Simon-Ohm Fachschule, Nürnberg, www.nationale-armutskonferenz.de/publications/Fachbeitraege%20Armut%20Gesundheit/3Wohnungslosigkeitund Gesundheit.pdf, 7. Dezember 2006.

[164] PSB 2001 Erster Periodischer Sicherheitsbericht, Bundesministerium des Inneren, Bundesministerium der Justiz (Hrsg.), Berlin 2001. www.bmj.bund.de/enid/Kriminologie/Erster_Periodischer_Sicherheitsbericht_der_Bundesregierung–5q.html, 7. Dezember 2006.

[165] Armuts- und Reichtumsbericht. Bundesministerium für Arbeit und Soziales. www.bmas.bund.de/BMAS/Navigation/Soziale-Sicherung/berichte,did=89972.html, 7.12.2006.

[166] Ebd.

[167] J. J. W. Powell, S. Wagner: Daten und Fakten zu Migrantenjugendlichen an Sonderschulen in der Bundesrepublik Deutschland, Max-Planck-Institut für Bildungsforschung, Arbeitspapier. Berlin 2001.

[168] M. R. Textor: Familie und Arbeitslosigkeit. Kindergartenpädagogik, Online-Handbuch, www.kindergartenpaedagogik.de/34.html, November 2006.

[169] H. J. Ebenrett, D. Hansen, K. J. Puzicha: »Verlust von Humankapital in Regionen mit hoher

Arbeitslosigkeit«, in: Aus
Politik und Zeitgeschichte
(B 06-07/2003).

[170] H. Entorf: *Kriminalitätsvermei-
dung: Was lehrt und PISA?*, Technische
Universität Darmstadt, April 2002.

[171] D. Oberwittler, T. Köllisch,
Th. Naplava, T. Blank: *Soziale
Probleme und Jugenddelinquenz
im sozialökonomischen Kontext.
MPI-Schulbefragung Breisgau /
Markgräfler Land*, DFG-Projekt
der Kriminologischen
Forschungsgruppe, Max-Planck-
Institut für ausländisches und
internationales Strafrecht Freiburg
im Breisgau. Ergebnisbericht,
Freiburg, Januar 2002.

[172] Von Shell seit 1952 unterstützte
Jugendforschung zur Situation
Jugendlicher in der Bundesrepublik.

[173] Klaus Hurrelmann in einem
Interview, in: Das Parlament,
Nr. 44, 31. Oktober 2005.

[174] T. Kieselbach, G. Beelmann:
»Arbeitslosigkeit als Risiko sozialer
Ausgrenzung bei Jugendlichen in
Europa«, in: Politik und Zeit-
geschichte, Bd. 6–7, Beilage zur
Wochenzeitung Das Parlament,
B 6–7/2003, 32–39.

[175] Schwarzarbeit ist in erster Linie
nichtkontrollierte Arbeit von
Arbeitenden, die nebenher
verdienen wollen – nicht von
Arbeitslosen.

[176] T. Kieselbach, G. Beelmann:
»Arbeitslosigkeit als Risiko sozialer
Ausgrenzung bei Jugendlichen in
Europa«, in: Politik und Zeit-
geschichte, Bd. 6–7, Beilage zur
Wochenzeitung Das Parlament,
B 6–7/2003, 32–39.

[177] W. Stangl: »Auswirkungen
von Arbeitslosigkeit auf Jugendliche aus psychologischer Sicht«,
in: Junge Kirche. Fachzeitschrift für
Kinder- und Jugendpastoral,
Jg. 37, Heft 3/2003, 9–11.

[178] Klaus Hurrelmann in einem
Interview, in: Das Parlament,
Nr. 44, 31. Oktober 2005.

[179] T. Kieselbach in einem Interview in:
G.I.B. info 4/2005.

V. Die Gründe des Zorns

[180] http://www.bundestag.de/mdb/
mdb15/bio/M/merz_fr0.html,
7. Dezember 2006.

[181] http://www.bundestag.de/mdb/
mdb15/bio/K/kolb_he0.html,
7. Dezember 2006.

[182] http://www.bundestag.de/mdb/
mdb15/bio/L/laurisi0.html,
7. Dezember 2006.

[183] http://www.bundestag.de/mdb/
mdb15/bio/O/otto_ha0.html,
7. Dezember 2006.

[184] http://www.bundestag.de/mdb/
mdb15/bio/D/danckpe0.html,
7. Dezember 2006.

[185] »Vom General zum Sekretär«,
in: www.spiegel.de, 19. Dezember
2004.

[186] Financial Times Deutschland,
21. Dezember 2004.

[187] dpa, 21. Dezember 2004.

[188] Süddeutsche Zeitung, 15. Januar
2005.

[189] K.O. Sattler: »Minister Walter
Döring unter Druck«, in:
Das Parlament, Bundeszentrale
für politische Bildung (Hg.),
Nr. 23–24, 1. Juni 2004, www.
bundestag.de/dasparlament/
2004/23–24/Inland/002.html,
7. Dezember 2006.

[190] Ebd.

[191] www.spiegel.de, 13. Januar 2005.

[192] Die Welt, 15. Juli 2006.

[193] Norbert Lammert: Antrittsrede als
Bundestagspräsident, www.unser-
parlament.de/download/SHOW/
reden_und_dokumente/1990_2005/
nl_2005/#search=%22Lammert%20
Antrittsrede%20Bundestag%22,
7. Dezember 2006.

194 www.campact.de/nebenekft/home, 7.12.2006.
195 Deutscher Bundestag, Pressereferat, E-Mail im Namen von Dr. Norbert Lammert, 19. Spetember 2006, an die Autoren.
196 Mitteilung des Bundesministeriums der Justiz, 18. Mai 2005, www.bmj. bund.de/enid/Corporate_Governance/Individualisierte_Offenlegung_von_Managergehaeltern_ s9.html, 7. Dezember 2006.
197 Wolfgang Clement: Rede anlässlich der Verabschiedung des bisherigen Präsidenten der BGR Prof. Friedrich-Wilhelm Wellmer und Amtseinführung seines Nachfolgers Prof. Bernhard Stribrny, Hannover, 24. Juni 2005.
198 Benannt nach dem Ort der Klimakonferenz in Kyoto, Japan. Seit 1997 beschlossenes Zusatzprotokoll zur Ausgestaltung der Klimarahmenkonvention der Vereinten Nationen für den Klimaschutz. Es schreibt verbindliche Ziele fest.
199 Die Welt, 11. November 2005.
200 www.heise.de/tp/r4/artikel/23/23170/1.html, 7. Dezember 2006.
201 Kontraste, Rundfunk Brandenburg, 2. März 2006.
202 »Korruption und die Umsetzung in den Medien«, Dokumentation. Eine Tagung von Transparency International und Netzwerk Recherche Kronberg/Taunus, Januar 2002.
203 M. Vollborn, V. Georgescu: Die Gesundheitsmafia, S. Fischer, 2004.
204 Korruption: Schatten der demokratischen Gesellschaft, netzwerk recherche, Transparency International, Bund der Steuerzahler (Hrsg.), 22. März 2002.
205 KPD-Verbotsurteil, BVerfGE 5, 85, Teil 10, 17. August 1956.
206 netzwerk recherche, www. netzwerkrecherche.de.

207 www.spiegel.de, 1. Juli 2006.
208 Berliner Zeitung, 30. März 2006.
209 T. Leif: Die fünfte Gewalt. Lobbyismus in Deutschland, Vs Verlag, 2006.
210 Werner J. Patzelt: »Rekrutierungsbasis wird immer schmaler«, in Das Parlament 35/36, 25. August 2003.
211 Ebd.
212 H.-J. Papier: »Zum Spannungsverhältnis von Lobbyismus und parlamentarischer Demokratie«, Vortrag anlässlich der Vorstellung des Buches Die fünfte Gewalt. Lobbyismus in Deutschland im Berliner Reichstag, 24. Februar 2006.
213 Ebd.
214 ddp, 20. August 2006.
215 Cerstin Gammelin, Götz Hamann: Die Strippenzieher, Ullstein, 2005.
216 Die Zeit, 18. August 2005.
217 netzwerk recherche, www. netzwerkrecherche.de.
218 www.bmwi.de.
219 ddp, 20. August 2006.
220 M. Vollborn, V. Georgescu: Die Gesundheitsmafia, S. Fischer, 2005.
221 Ebd.
222 www.insm.de/Die_INSM.html.
223 die tageszeitung, 22. September 2005.
224 Interview mit Oswald Metzger (B90/Die Grünen), in: www.insm. de/Presse/Interviews/Interviews/ Interview_mit_Oswald_Metzger_ _Viele_Politiker_glauben_heute_ noch_an_die_Vaterfunktion_des_ Staates._.html;jsessionid=AEDE28F D3573E337145EC9C4C7A4F165, 7. Dezember 2006.
225 www.oswald-metzger.de/content. asp?area=hauptmenue&site= tvhoerfunk&cls=01&akt, 7. Dezember 2006.
226 K. C. Engelen: »Battle of the Economist – The Inside Story of Germany's Internal Policy Knifefight«, in: The International Economy, 2005, www.internatio-

nal-economy.com/TIE_W05_ Engelen.pdf, 7. Dezember.2006

227 H. H. von Arnim: »Die Besoldung von Politikern«, in: Zeitschrift für Rechtspolitik, 2003.

228 www.bundestag.de/bp/2002/ bp0208/0210024a.html, 7. Dezember 2006.

229 dpa, 16. März 2005.

230 www.bundestag.de/mdb/mdb_ diaeten/1334.html, 7. Dezember 2006.

231 Zum Beispiel Kosten für doppelte Haushaltsführung, berufliche Haftpflichtversicherung, Bewerbungskosten, Kosten für Bücher, Fachliteratur, Bürobedarf etc., Kosten für Fahrten vom Wohnzum Arbeitsort usw.

232 Hans Herbert von Arnim: *Die Besoldung von Politikern*, Zeitschrift für Rechtspolitik, 2003.

233 J. Weichold: »Die vergoldeten Diäten. Zusatzeinkünfte und Versorgung der Abgeordneten« in: www.linksnet.de, 7. Dezember 2006.

234 Hans Herbert von Arnim: *Die Besoldung von Politikern*, Zeitschrift für Rechtspolitik, 2003.

235 Hamburger Abendblatt, 25. Mai 2002.

236 H. H. von Arnim: *Politik, Macht und Geld*, Knaur Verlag, 2001.

237 Nach Adam Kociuba (SPD), in: www.adam-kociuba.de, 7. Dezember 2006.

238 Süddeutsche Zeitung, 9. September 2005.

239 www.bundestag.de/wissen/glossar_ daten/u/ueberg_geld.html, 7. Dezember 2006.

240 Wenn ein ehemaliger Abgeordneter innerhalb dieser Zeit eine Arbeit findet, werden die Einkünfte daraus ab dem zweiten Monat nach dem Ausscheiden aus dem Bundestag auf das Übergangsgeld angerechnet.

241 E-Mail von Anna Rubinowicz-Gründler, Referat Presse und Kommunikation PuK 1, Deutscher Bundestag, 25. September 2006.

242 E-Mail Sächsischer Landtag, Pressestelle, 26. Juni 2006.

243 E-Mail Schleswig-Holsteinischer Landtag, Pressestelle, 22. September 2006.

244 »Altersvorsorge: Wirbel um die Rente mit 70«, in: www.stern.de, 7. Dezember 2006.

245 Bild am Sonntag, 12. März 2006.

246 Frankfurter Allgemeine Zeitung, 4. April 2006.

247 Blickpunkt 10/2002.

248 Der Tagesspiegel, 22. August 2002.

249 ddp, 24. November 2005.

250 Der Tagesspiegel, 26. November 2005.

251 Bund der Steuerzahler, Pressemitteilung vom 31. Mai 2006.

252 die tageszeitung, 22. Mai 2003.

253 http://focus.msn.de/finanzen/ geldanlage/vorstandsgehaelter/ commerzbank_aid_10905.html, 7. Dezember 2006.

254 die tageszeitung, 22. Mai 2003.

255 Das HWWA ist ein Institut für Wirtschaftsforschung.

256 H.-H. Härtel: »Managergehälter in der Kritik«, in: Wirtschaftsdienst 6/2004.

257 Wochenbericht des DIW Berlin 47/2004.

258 www.gfk.com.

259 Wochenbericht des DIW Berlin 21/2004.

260 Navigator, Der Newsletter von Sinus Soiciovision, Ausgabe 3/2006.

261 manager-magazin, 8/2004.

262 manager-magazin, 8/2004.

263 Die Zeit, 29/2005.

264 manager-magazin, 8/2004.

265 Wirtschaftsdienst, 6/2004.

266 Die Zeit, 11. Mai 2006.

267 Süddeutsche Zeitung, 21. Mai 2003.

268 AP, 21. Juli 2004.
269 H. Klein, U. Müller: Schaubühne
für die Einflussreichen und
Meinungsmacher – der neoliberal
geprägte Reformdiskurs bei
»Sabine Christiansen«.
LobbyControl Initiative für
Transparenz und Demokratie,
www.lobbycontrol.de/
blog/download/Christiansen-
Schaubuehne_kurz.pdf.
270 www.zeit.de/online/2006/36/
lobby-christiansen, 7.12.2006.
271 Zitiert nach D. Hahn: »Kontrolle
des öffentlich-rechtlichen
Rundfunks, Rundfunkrat und
Parteien«, in: MIP, 2000; Roman
Herzog anlässlich der 31. Mainzer
Tage der Fernsehkritik, Die Zeit
21/1998.
272 BVerfGE 12, 205 (262), BVerfGE
57, 295 (322,339), BVerfGE
44, 125 (141, 155), zitiert
nach D. Hahn: »Kontrolle des
öffentlich-rechtlichen Rundfunks,
Rundfunkrat und Parteien«, in:
MIP, 2000; Roman Herzog
anlässlich der 31. Mainzer Tage der
Fernsehkritik, Die Zeit 21/1998.
273 Hermann Meyn: Massenmedien in der
Bundesrepublik Deutschland, Edition
Colloquium im Wissenschaftsverlag
Volker Spiess GmbH, 1994.
274 VG Hamburg, DVBl. 80, 491,
493. Herrmann sieht bei der
»Besetzung leitender Stellen von
Rundfunkunternehmen durch
politische Parteien« eine Gefahr
für die Staatsfreiheit des Rundfunks;
Herrmann, Rundfunkrecht, § 7
Rn. 84., zitiert nach Wolfgang
Schulz (Hrsg.): Staatsferne in
Aufsichtsgremien öffentlich-
rechtlicher Rundfunkanstalten.
Materialien zur Diskussion einer
Reform. Juni 2002.
275 F. Brettschneider, J. von Deth,
E. Roller (Hrsg.): Die Bundes-
tagswahl 2002. Analysen der

Wahlergebnisse und des Wahlkampfes,
Wiesbaden 2004.
276 »Auf den Kanzler kommt es in
den Medien an«, in: Medien-
Tenor-Forschungsbericht Nr. 128,
15. Januar 2003.
277 Monitor-Diskussionsthema zum
40. Geburtstag der Sendung am
10. Juni 2005.
278 N. Reinhard: »Eine politisch
korrekte Party. Monitor feiert
40. Geburtstag«, in: www.wdr.de,
10. Juni 2005.
279 NDR-Staatsvertrag, 1. August 2005,
www1.ndr.de/container/ndr_style_
file_default/0,2300,OID1626966_
REF11186,00.pdf, 7. Dezember
2006.
280 Hermann Meyn: Massenmedien in
der Bundesrepublik Deutschland,
Edition Colloquium im Wissenschaftsverlag Volker Spiess GmbH,
1994.

VI. Protest, Extremismus und der
drohende deutsche Terrorismus

281 Main-Echo,12. September 2005.
282 Ebd.
283 Verfassungsschutzbericht 2005,
Bundesministerium des Inneren,
Mai 2005, www.bmi.bund.de.
284 Ebd.
285 O. Decker, E. Brähler:
»Rechtsextreme Einstellungen in
Deutschland«, in: Aus Politik und
Zeitgeschichte, 42/2005.
286 K. Lenk: »Rechtsextreme
Argumentationsmuster«, in:
Aus Politik und Zeitgeschichte,
42/2005.
287 »Ziel ist, die BRD abzuwickeln.«
Der NPD-Vorsitzende Udo Voigt
über den Wahlerfolg seiner Partei
und den Zusammenbruch des
liberal-kapitalistischen Systems,
in: Junge Freiheit, 24. September
2004.
288 Der an der TU Chemnitz lehrende

Politikwissenschaftler Eckhard
Jesse sieht in solchen Aussagen eine
neue Strategie der NPD.
[289] www.dvu.de, 11. September 2006.
[290] www.hartz-iv-kochbuch.de/presse/
pressetexte.php?p=presse_basis,
1. Mai 2005.
[291] http://jn-nds.de/npd-
niedersachsen/index.htm
[292] www.npd.de
[293] www.npd.de, Oktober 2006.
[294] S. Kailitz: »Rechtsextremismus
in der Bundesrepublik Deutschland.
Auf dem Weg zur ›Volksfront?‹«,
in: Zukunftsforum Politik.
Broschürenreihe Konrad-Adenauer-
Stiftung e. V., Nr. 65/2005,
Sankt Augustin.
[295] F. Walter: »Auf Nimmerwieder-
sehen, Wähler!«, in: www.spiegel.
de, 11. September 2006.
[296] Ebd.
[297] H.-W. Sinn: »Erhebliche Unterschiede«, in: Berliner Zeitung,
12. Februar 2005.
[298] www.dvu.de, 12. September 2006.
[299] S. Kailitz: »Rechtsextremismus
in der Bundesrepublik Deutschland.
Auf dem Weg zur ›Volksfront‹«?,
in: Zukunftsforum Politik.
Broschürenreihe Konrad-Adenauer-
Stiftung e. V., Nr. 65/2005, Sankt
Augustin.
[300] Ebd.
[301] »Ein Blick auf den beispiellosen
Niedergang der Politik«, in:
World Socialist Web, 11. Juni 2003.
[302] Arbeiterpolitik, 3/2004, www.
arbeiterpolitik.de/aktuelles/
aktuelles13.htm, 7. Dezember 2006.
[303] www.arbeiterpolitik.de,
7. Dezember 2006.
[304] www1.ndr.de/ndr_pages_std/
0,2570,OID2218644_REF_SIX9,00.
html, 7.12.2006.
[305] www.volksaufstand.tk, November
2006.
[306] Interim 498, Runder Tisch
militanter AktivistInnen zur

Vergangenheit und Zukunft der
linksradikalen Bewegung,
30. März 2000.
[307] Die Umfrage ist eine Untersuchung
der Zeitschrift für die Sicherheit
der Wirtschaft.
[308] Sicherheitslage der Wirtschaft in
Deutschland, Bundesamt für
Verfassungsschutz, Mai 2003.
[309] W. Schmitz: »Kritische Infra-
strukturen – Bedrohungsanalyse
und Handlungsbedarf« in:
IABG, IK51, 16. August 2005.
[310] (idw) Mitteilung der Gerhard-
Mercator-Universität Duisburg,
9. Januar 2003.
[311] W. Schmitz: »Kritische Infra-
strukturen: Bedrohungsanalyse und
Handlungsbedarf«, IABG IK51,
16. August 2005.
[312] »Hartz-IV-Software: Sicherheits-
überprüfungen nicht nur bei
A2LL-Spezialisten«, Heise online,
www.heise.de, 13. April 2005.
[313] Ebd.
[314] M. Kreickenbaum: »Bundesregierung nutzt Anti-Terror-
Gesetze, um sozialen Protesten
vorzubeugen«, in: www.wsws.org/
de/2005/apr2005/sich-a14.shtml,
14. April 2005.
[315] Protestbewegung in Frankreich,
DGB-Jugend erklärt sich
solidarisch, www.dgb-jugend.
de/UNIQ116332932401639/
doc206883A.html?foo&print,
7. Dezember 2006.
[316] www.sozialhilfe24.de/sozialhilfe-
forum/ftopic1817.html,
7. Dezember 2006.
[317] »Sand im getriebe 27: Weg mit
Hartz-IV«, Internationaler
deutschsprachiger Rundbrief
der ATTAC-Bewegung,
22. November 2004.
[318] Ver.di PUBLIK 09/2006.
[319] Ver.di PUBLIK 10/2006.

VII. Deutsche kehren Deutschland
den Rücken

320 Junge Welt, 30. September 2004.
321 Ebd.
322 C. F. Buechtemann: *Deutsche
Nachwuchswissenschaftler in den USA.
Perspektiven der Hochschul- und
Wissenschaftspolitik*, BMBF, 2001,
(Ergebnisse der Vorstudie),
www.bmbf.de, 12. Dezember
2006.
323 Informationsdienst des Instituts
der deutschen Wirtschaft Köln,
15. Dezember 2005.
324 »Die Situation ist katastrophal«, in:
Netzeitung, 18. August 2004.
325 Süddeutsche Zeitung, 23. August
2006.
326 Informationsdienst Wissenschaft,
7. Dezember 2005.
327 www.faz.net/RubEC1ACFE1E
E274C81BCD3621EF555C83C/
Doc~EF1A7D2A103AA493183911
240B41FF921~ATpl~Ecommon~
Sdetail_image~Aimg~E1.
html?back=/sRubEC1ACFE1EE
274C81BCD3621EF555C83C/
Doc~EF1A7D2A103AA493183911
240B41FF921~ATpl~Ecommo
n~Scontent%C2%A7Phtml,
7. Dezember 2006.
328 manager magazin, 7/2006.
329 Frankfurter Allgemeine Zeitung,
4. Mai 2006.
330 Georg Mehnert, Leiter des Berliner
Raphael-Werks, in »Mein neues
Leben«, Kabel Eins, Sendung vom
6. Juli 2006.
331 www.spiegel.de, 22. Juni 2006.
332 Deutsche Bank Research,
Kommentar vom 26. Juli 2006,
http://www.dbresearch.com/
servlet/reweb2.ReWEB?rwkey=
u10165331, 7. Dezember
2006.
333 Informationsdienst für die deutsche
Wirtschaft, 6. April 2006.
334 www.tagesschau.de, 3. Juli 2006.

335 H. Müller: »Wir bluten aus«, in:
manager magazin, 22. Juni 2006.

VIII. Der schlaue Staat als
letzte Chance

336 A. Holtrup, L. Peter (Hrsg.):
*Von den USA lernen? Zur Zukunft
der Arbeits- und Sozialpolitik
Deutschlands*. IAW Arbeitspapier 15,
Februar 2005.
337 Deutsche Bank Research.
338 Deutsche Bank Research.
339 Bund der Steuerzahler.
340 A. Sapir: *Deutsche Bank Research:
Wirtschaftliche Entwicklung in
Deutschland und Skandinavien – ein
Systemvergleich*, IHK Flensburg,
25. April 2006, www.
dbresearch.com/PROD/
DBR_INTERNET_EN-PROD/
PROD0000000000198357.pdf,
7. Dezember 2006.
341 A. Holtrup, L. Peter (Hrsg.):
*Von den USA lernen? Zur Zukunft
der Arbeits- und Sozialpolitik
Deutschlands*, IAW-Arbeitspapier 15,
Februar 2005.
342 *Die Zeit ist reif. Modell einer trans-
parenten und erfolgsorientierten
Vergütung für Politiker*, Towers Perrin
(Hg.), Studie vom August 2002.
343 Ebd.
344 Der Grund für die Auswahl ist
der Maastricht-Vertrag, in
dem sich alle 12 Länder zur Ein-
haltung der Stabilitätskriterien
verpflichtet haben.
345 Arbeitsgruppe Alternative
Wirtschaftspolitik: »Memorandum
2005. Sozialstaat statt Konzern-
Gesellschaft«, in: www.memo.
uni-bremen.de/docs/memo05-kurz.
pdf, 7. Dezember 2006.
346 A. Holtrup, L. Peter (Hrsg.): *Von
den USA lernen? Zur Zukunft der
Arbeits- und Sozialpolitik Deutschlands*,
IAW Arbeitspapier 15, Februar
2005.

347 Hamburger Abendblatt,
    8. September 2005.
348 Ebd.
349 Ruprechts-Karls-Universität
    Heidelberg. Ruperto Carola
    1/2004.
350 Die Zeit, 25.8.2005.
351 die tageszeitung, 2. September
    2005.
352 G. Nollmann, H. Strasser:
    Armut und Reichtum in Deutschland,
    Bundeszentrale für politische
    Bildung, www.bpb.de,
    11. Dezember 2006.
353 Ebd.
354 www.deutschlandradio.de,
    30. November 2005.
355 Stern, 1. Juni 2006.
356 Ebd.
357 Zitiert nach Freitag vom 3. Mai
    2006, www.freitag.de/2006/
    18/06180601.php, 7. Dezember
    2006.
358 M. Höpner: »Deutschland«, in:
    Mitbestimmung 7/2004.
359 Die Zeit, 6. Juli 2006.
360 K. S. Cortina, J. Baumert,
    A. Leschinsky, K. U. Mayer,
    L. Trommer: »Das Bildungswesen
    in der Bundesrepublik Deutsch-
    land. Strukturen und Entwicklungen
    im Überblick«, Handout eines
    Pressegesprächs vom 17. Oktober
    2003.
361 die tageszeitung, 20. September
    2006.
362 Informationsdienst des Instituts
    der deutschen Wirtschaft Köln,
    7. September 2006.
363 M. Vollborn, V. Georgescu:
    *Konsumkids. Wie Marken unseren
    Kindern den Kopf verdrehen*, S. Fischer
    Verlag, Frankfurt am Main 2006.
364 M. Höpner: »Deutschland«, in:
    Mitbestimmung, 7/2004.
365 Stern, 23. Dezember 2004.
366 A. Trube: »Paradigmenwechsel
    im Sozialstaat?«, in: Utopie kreativ,
    Juli/August 2002.
367 Die Zeit, 8. Januar 2005.
368 Informationsdienst des Instituts
    der deutschen Wirtschaft Köln,
    7. September 2006.
369 K. S. Cortina, J. Baumert,
    A. Leschinsky, K. U. Mayer,
    L. Trommer: *Das Bildungswesen in
    der Bundesrepublik Deutschland*,
    Rowohlt Taschenbuch Verlag,
    2003.
370 P. Rauen: »Die Bedeutung der
    mittelständischen Unternehmer
    für die deutsche Wirtschaft.
    Arbeitspapier der Mittelstands-
    und Wirtschaftsvereinigung
    von CDU und CSU MIT«, in:
    www.mittelstand-hat-vorfahrt.de,
    7. Dezember 2006.
371 R. Bispinck: »Immer flexibler –
    und immer länger?«
    Elemente qualitativer Tarif-
    politik Nr. 57, Hans-Böckler-
    Stiftung 2005.
372 R. Roth: *Nebensache Mensch.
    Arbeitslosigkeit in Deutschland*, DVS
    Verlag, 2003.
373 Arbeitsgruppe Alternative
    Wirtschaftspolitik, Memorandum
    2001.
374 N. Wohlfahrt: »Der aktivierende
    Sozialstaat. Ein neues sozial-
    politisches Konzept und seine
    Konsequenzen«, in: www.
    transparentonline.de,
    7. Dezember 2006.
375 A. Trube: »Paradigmenwechsel
    im Sozialstaat«, in: Utopie kreativ,
    Juli/August 2002.
376 Ebd.
377 http://de.wikipedia.org/wiki/
    Grundeinkommen, 7. Dezember
    2006.
378 R. Roth, H. Thomé: »Zu den
    Angriffen des Bundesministeriums
    für Wirtschaft und Arbeit auf
    den Leitfaden Arbeitslosenhilfe II/
    Sozialhilfe von A bis Z. Stellung-
    nahme der Autoren«, Frankfurt/
    Wuppertal, 3. November 2005,

www.harald-thome.de / media / Arbeitsmaterialien / 12. Dezember 2006.

379 Aus einer Stellungnahme von Transparency International Deutschland zum Verfahren über die Anträge 2 BvE 1/06 vor dem Bundesverfassungsgericht.

»Politiker machen Fehler, die Medien nicht. Sie liegen immer im Trend, denn der Trend sind sie selbst.«

Wolf von Lojewski
DER SCHÖNE SCHEIN
DER WAHRHEIT
Politiker, Journalisten und der
Umgang mit den Medien
256 Seiten
Gebunden mit Schutzumschlag
ISBN 978-3-7857-2147-6

Sind die Medien nur die Boten guter und schrecklicher Nachrichten oder ein Machtfaktor, der sich die aktuelle Wirklichkeit selbst erschafft?
Der Versuch von Politik und Medien, sich gegenseitig zu manipulieren, Journalismus zwischen seriöser Berichterstattung und dem Sog der Unterhaltung – Wolf von Lojewski weiß, wovon er spricht.
Aufschlussreiche Erlebnisse und Anekdoten aus seinem reichen Journalistenleben und scharfe Beobachtungen fügen sich zu einer brillanten Analyse, die zum Nachdenken über den Umgang mit den Medien anregt.

Gustav Lübbe Verlag

Die Große Koalition in Berlin am Ende?

Manfred Lahnstein
DIE GEFESSELTE KANZLERIN
Wie die Große Koalition
sich selbst blockiert
304 Seiten
Gebunden mit Schutzumschlag
ISBN 978-3-7857-2286-9

Was nach der Bundestagswahl 2005 bei den Reformvorhaben mit großem Elan begonnen wurde, hat mittlerweile ziemlich an Fahrt verloren. Ernüchterung und Enttäuschung machen sich nach über einem Jahr Regierungszeit breit. Statt Reformen erlebt das Wahlvolk nur Polithickhack um Nebensächlichkeiten.
Prof. Manfred Lahnstein zieht ein ernüchterndes Fazit: Als ehemaliger Bundesfinanzminister kennt er die Materie von Grund auf und macht pragmatische Vorschläge, die sich bei einigermaßen gutem Willen in Politik umsetzen ließen.
Statt Stillstand ist jetzt Handeln angesagt – dringendst!

Gustav Lübbe Verlag

Alles, was die Deutschen bewegt.
Alles, was man kennen muss.
Alles in einem Band.

DAS BUCH
DER DEUTSCHEN
Alles, was man kennen muss
Herausgegeben von
Johannes Thiele
832 Seiten
Gebunden in Buchleinen
mit Schutzumschlag
ISBN 978-3-7857-2131-5

Dieses grundlegende Werk unternimmt erstmals und konkurrenzlos den Versuch, einen Kanon der Texte deutscher Identität zusammenzustellen: aus Geschichte und Politik, Literatur, Poesie und Philosophie, Recht und Verfassung. Es erhebt den Anspruch, in einem Band die wichtigsten und unverzichtbaren Dokumente der Deutschen zu vereinen und damit den wichtigen Anstoß zur öffentlichen Auseinandersetzung um Werte, Traditionen und Grundlagen unserer Kultur zu geben.

Ein unverzichtbares Standardwerk!

Gustav Lübbe Verlag